"十二五"职业教育国家规划教材
经全国职业教育教材审定委员会审定

新编21世纪高等职业教育精品教材
经济贸易类

国际商法

（第六版）

沈四宝　刘刚仿　编著

中国人民大学出版社
·北京·

图书在版编目（CIP）数据

国际商法/沈四宝，刘刚仿编著．--6版．--北京：中国人民大学出版社，2025.7.--（新编21世纪高等职业教育精品教材）．-- ISBN 978-7-300-34022-7

Ⅰ．D996.1

中国国家版本馆CIP数据核字第2025CX2136号

"十二五"职业教育国家规划教材
经全国职业教育教材审定委员会审定
新编21世纪高等职业教育精品教材·经济贸易类
国际商法（第六版）
沈四宝　刘刚仿　编著
Guoji Shangfa

出版发行	中国人民大学出版社		
社　址	北京中关村大街31号	邮政编码	100080
电　话	010－62511242（总编室）		010－62511770（质管部）
	010－82501766（邮购部）		010－62514148（门市部）
	010－62511173（发行公司）		010－62515275（盗版举报）
网　址	http://www.crup.com.cn		
经　销	新华书店		
印　刷	北京宏伟双华印刷有限公司	版　次	2005年5月第1版
开　本	787 mm×1092 mm　1/16		2025年7月第6版
印　张	20.5	印　次	2025年7月第1次印刷
字　数	455 000	定　价	49.00元

修订前言

早在20世纪80年代，由沈达明、冯大同、赵宏勋三位教授编著的《国际商法》正式出版，至今已40余年。该书作为对外经贸院校的法律教材，在教学实践中发挥了巨大作用，其影响和作用远远超越了外经贸校园的书斋，影响了外经贸战线的几代学子，并在外经贸法律教育战线树立了一面鲜明的旗帜。

对外经济贸易大学法学院（原国际经济法系）已经走过了近40年的教学实践，深切地认识到作为财经类院校中的法学院，主要任务就是为两个市场，即国内市场和国际市场培养高级实用型法律人才。党的二十大报告指出，“未来五年是全面建设社会主义现代化国家开局起步的关键时期”，主要目标任务包括“改革开放迈出新步伐，国家治理体系和治理能力现代化深入推进，社会主义市场经济体制更加完善，更高水平开放型经济新体制基本形成”。我们要“增强国内大循环内生动力和可靠性，提升国际循环质量和水平”。“推进高水平对外开放。依托我国超大规模市场优势，以国内大循环吸引全球资源要素，增强国内国际两个市场两种资源联动效应，提升贸易投资合作质量和水平。稳步扩大规则、规制、管理、标准等制度型开放。推动货物贸易优化升级，创新服务贸易发展机制，发展数字贸易，加快建设贸易强国。”“中国坚持对外开放的基本国策，坚定奉行互利共赢的开放战略，不断以中国新发展为世界提供新机遇，推动建设开放型世界经济，更好惠及各国人民。中国坚持经济全球化正确方向，推动贸易和投资自由化便利化，推进双边、区域和多边合作，促进国际宏观经济政策协调，共同营造有利于发展的国际环境。”虽然财经类院校的法学专业历史短、经验少，但专业对口，置身于市场经济之中，社会需求量大，就业率高，容易办出特色，能满足市场和社会的需要，这是办好此类院校法学专业的强大动力。他们将在建立和完善我国社会主义市场经济的过程中，在建设社会主义法治国家的过程中起到重要的生力军作用。

市场和社会的需要就是我们教学的目标。为了达到此目的，即为了使该类院校的法学教学能担负起上述任务，其教学内容和教学方法都应具有自身的特点。自建立国际法专业以来，对外经济贸易大学法学院就长期坚持具有特色的教学方向和教学方法。在教学方向上，经过近40年的努力，已经取得了一些成果，尤其在培养适应市场要求的“三会”人才方面，即培养我们的学生既懂法律，又懂经贸，还能熟练运用外语（英语）的综合型人才方面，积累了一些经验，经受住了社会和市场的验证。本院的毕业生，特别是硕士生的就业率一直居于高位。2002 年我院的国际法专业被评为全国重点学科；经过激烈的招投标竞争，该专业也荣幸地承担了欧盟法律专业人士的法律培训任务。

贯彻落实党的二十大精神，我们必须坚持解放思想、实事求是、与时俱进、求真务实，一切从实际出发，着眼解决新时代改革开放和社会主义现代化建设的实际问题，不断回答中国之问、世界之问、人民之问、时代之问，作出符合中国实际和时代要求的正确回答，得出符合客观规律的科学认识，形成与时俱进的理论成果，更好地指导中国实践。因此，在教学方法方面，我们坚持在法学教学中实行案例教学和双语教学，意在培养学生综合分析问题的能力，锤炼他们分清主次和识别真伪的能力以及理论联系实际的能力。案例教学，力求使在校的学生能有更多的机会贴近社会、接触实践，使我们的教学能够达到下述宗旨，即研究理论为了解决实践问题，研究外国经验是为了解决中国问题。在 40 多年的时间里，经过几代人的努力，在培养懂法律、懂经贸和熟练运用外语（英语）的综合型人才，满足国内市场和国际市场的人才需求道路上，对外经济贸易大学法学院已成为国内外经贸法律教育中一个具有特色和风格的人才培养基地和输送站。

为了突出案例教学的特点，适合高职高专经济贸易类专业的需要，我们编写了这本以案例实用、内容简洁为特色的国际商法教材。本教材在突出案例教学特点的基础上，力求做到与时俱进，满足现代国际商事活动的需求。本书通过设置导入案例、本章小结、重要概念、思考与练习等环节，意在帮助、引导学生全面、系统地掌握国际商法的基本理论和知识，及时消化、吸纳所学的知识，提高学习效率，强化学习效果。本书自 2005 年第一版出版以来，受到了广大师生的欢迎。这次我们在保留原版特色的基础上，更新了相关数据和内容，对教材进行了与时俱进的修改和完善。

本书共十二章，其中第一章、第二章、第三章、第四章、第八章、第十二章由沈四宝教授和沈健博士编写；第五章、第六章、第七章、第九章、第十章、第十一章由刘刚仿副教授编写。

如书中存在不足之处，敬请读者提出修改意见。

编　者

目　录

第一章 导论

导入案例

美国加州某公司是一家非公开上市的股份有限公司，其决定增资 500 万美元，为此该公司颁布了招股书。该招股书规定，最低认购额为 5 000 美元。A 先生决定认购 5 000 美元的股份，并按规定向该公司的董事会办公室寄出了明确的认购书。公司接到认购书后，将 A 先生作为股东登记在册并向他邮寄了认购股份的确认书。但不幸的是，A 先生没有接到该确认书。12 个月后，A 先生突然接到公司清算人寄来的催缴股金 5 000 美元的通知书，并表明公司正在破产过程中，限他一个月内缴付。A 先生十分愤怒，向法院提起诉讼，要求该公司赔偿其精神损失。

问题：

1. 你认为 A 先生能否胜诉？为什么？
2. 假设此案情发生在德国或中国，其结果分别是什么？为什么？

第一节　国际商法的概念、渊源和主要内容

一、国际商法的概念

国际商事法（国际的生意法律），简称“国际商法”，它是指调整商事组织和国际商事交易的各种法律规范的总称。它强调的是各国商人（企业）之间从事商业活动尤其是贸易和投资活动方面的法律规范。这种法律规范调整的对象，随着世界经济全球化进程的加快

和知识经济时代的到来，早已突破了传统的商事法范围而增加了许多新的领域，比如：传统意义上的（货物）买卖法，已经演变成除货物买卖法以外的技术贸易法及服务贸易法。此外，如投资、租赁、融资、工程承包及合作生产也都超出了传统的商事法调整的范围。因此，西方国家往往把调整上述各种商业交易的法律用国际商事交易法（国际的生意交易的法律）来概括。

应注意的是，国际商事法和国际经济法，既有联系也有区别。其共同点为：都是调整跨国之间商事活动（包括商事组织本身）的各种关系的法律规范总和。其主要不同点就在于：国际商事法的主体仅限于各国的商人及各种商事组织，如合伙企业及公司，而不包括国家、国际组织。也就是说，国际经济法的主体更加广泛，它除包括商人及商事组织之外，还包括国家及国际组织。

二、国际商法的渊源

国际商法的渊源，主要是指国际商事法产生的依据及其表现形式，它包括国际商事条约、国际商事惯例和各国商事立法。

（一）国际商事条约

国际商事条约是指国家之间缔结的调整国际商事活动的条约或者公约。

各国缔结的有关国际经济活动的国际条约或公约历来被普遍认为是国际商事法的重要渊源。如1980年通过的《联合国国际货物销售合同公约》、1988年通过的《联合国国际汇票和国际本票公约》、2008年通过的《联合国全程或部分海上国际货物运输合同公约》、1958年通过的《承认与执行外国仲裁裁决公约》等。

国际商事条约又分双边条约和多边条约（又称公约）。

（二）国际商事惯例

国际商事惯例是指国际经济法主体重复类似的行为而上升为对其具有拘束力的规范。

法律上的惯例与习惯是有本质的不同的。前者一旦被当事人加以采用，便对该当事人具有法律拘束力，后者只是一种习惯的行为。从这个意义上说，虽然国际惯例没有普遍的约束力，无法与国际公约的效力相比，但在某些具体的当事人之间却有像国际公约一样的强制力。有些国际惯例已经被某些国家纳入其国内的成文法，从而具有了法律的普遍约束力。还有些国家的国内法规定，国际惯例的适用无须当事人明示表示同意。由此可见，目前国际惯例与国际公约在强制力上的这种区别已经被渐渐淡化了，采用国际惯例已经成为国际上的一种趋势。我国对国际商事活动中的国际惯例，历来给予高度的重视，并严格予以遵守。

（三）国内法

国际经贸关系具有多样性和复杂性，现有的国际公约和惯例不可能满足实践中的需求；而且个人或企业在从事超越国境的经贸和商事活动时，也可能选择某国的国内法为准则，因此，国内法在国际商法中仍占有重要地位。

国内法的范围涵盖实体法、程序法和冲突法。

三、国际商法的主要内容

国际商法的内容主要有：

（1）国际商法绪论；

（2）国际商事组织法，包括独资企业法、合伙法、公司法和外商投资法；

（3）国际商事交易法，包括商事合同法，国际货物买卖法，产品责任法，代理法，国际海上、航空和铁路运输法，国际海上保险法，票据法，等等；

（4）国际商事仲裁法。

应该说，上述内容并不等于国际商法的全部内容。随着国际经济的发展和各国商事立法的加强，国际商法的内容将越来越丰富。

第二节 大陆法系的概念和特征

西方国家的法制在其长期的历史发展中，形成了大陆法系（又称民法法系）和普通法系（又称英美法系）两大法系。西方国家的这两大法系，都有着悠久的历史，都受到罗马法的深刻影响，同时都在世界各国的立法历史上产生过重大的影响，尤其对各国商法的形成和发展、国际商法的产生和发展产生了重大影响。

一、大陆法系的概念及分布范围

（一）大陆法系的概念

大陆法系（continental family）一般是指以罗马法为基础而形成和发展起来的一个完整的法律体系的总称。

大陆法系名称的由来就是由于该法系首先是在欧洲大陆出现和形成的，它具有法典的特征，因此，大陆法系又称为法典法系（code family）。

大陆法系还有一个重要的名称，即民法法系（civil law family）。法国在 19 世纪初编纂的《法国民法典》和德国在 19 世纪末编纂的《德国民法典》，对大陆法系的发展都具有强大的推动作用，以至于人们把大陆法系又直接称为民法法系。

（二）大陆法系的分布范围

大陆法系国家是以法国和德国为主，包括比利时、西班牙、葡萄牙、意大利、奥地利、瑞士、荷兰以及法国、西班牙、葡萄牙、荷兰的早期殖民地。北欧各国即挪威、瑞典、丹麦、芬兰和冰岛的法律，通称为斯堪的纳维亚法律，基本上也属于大陆法系。

在亚洲，日本自1868年“明治维新”以来的法律以及泰国等国的法律，亦属大陆法系。

在北美，美国的路易斯安那州及加拿大的魁北克省的法律，因历史上的原因，也属于大陆法系。

在非洲，卢旺达、布隆迪等国，由于曾经是殖民地的历史原因，其法律属于大陆法系；北非各国的法律，如阿尔及利亚、摩洛哥、突尼斯等国的法律，也深受大陆法系的影响。

二、大陆法系的特点

大陆法系的首要特点就是强调成文法的作用，它在结构上强调法律的系统化、归类化、法典化和逻辑性。

其次，大陆法系国家把全部法律区分为公法和私法两大部分。

再次，大陆法系国家都进行大规模的法典编纂工作。1804年颁布的《法国民法典》是19世纪大陆法系法典的一个典型。除民法典之外，还有商法典、刑法典、刑事诉讼法典等。

此外，在大陆法系国家，司法判决不是主要的法律渊源，而仅仅是对法律的注释。大陆法系国家法律的效力渊源，主要是制定法，又称为成文法，而不是判例。在司法过程中，法官的判决只是起着加强对法律的解释作用。

大陆法系的上述特征，都是全面地、直接地受到罗马法影响的结果，或者说，大陆法系全面地继承了罗马法的主要内容，才形成了上述特征。

三、大陆法系国家的法院组织

大陆法系国家的法院组织虽然各有特点，但都有一些共同之处，主要表现在：法院的层次基本相同；除普通法院以外，都有一些专门法院与普通法院同时并存。

大陆法系国家的法院基本上都分为三级，即第一审法院、上诉法院和最高法院。

第三节　普通法系的概念和特征

一、普通法系的概念及分布范围

（一）普通法系的概念

普通法系（common law），又称英美法系，是指英国中世纪以来的法律，特别是指以普通法为基础的、与以罗马法为基础的大陆法系相比较而存在的一种法律制度。

普通法系以英国普通法为基础，但并不仅仅是指英国普通法，它是指在英国的三种法律，即普通法、衡平法和制定法的总称。

美国法律作为一个整体来说，属于普通法法系，但它有不同于英国法的很多特征。

（二）普通法系的分布范围

英国、美国及其他过去曾受英国殖民统治的国家和地区，主要包括加拿大、澳大利亚、新西兰、爱尔兰、印度、巴基斯坦、马来西亚和新加坡，都采用普通法。南非的法律是大陆法与普通法的混合物，斯里兰卡也有类似情况。菲律宾的法律也是一种混合体。

二、英国法的渊源

（一）判例法

判例法（case law）是英国法的主要渊源，它是由高等法院的法官以判决的形式发展起来的法律规则。判例法的一个主要特点是，法院在判决中所包括的判决理由必须得到遵循，即对作出判例的法院本身和对下级法院日后处理同类案件均具有约束力。

19 世纪上半叶确立起来的所谓“先例约束力的原则”（rule of precedent）包括以下四个方面的内容：

（1）上议院的判决是具有约束力的先例，对全国各级审判机关都有约束力，一切审判机关都必须遵循，但上议院可不受其先例的约束。

（2）上诉法院的判决可构成对下级法院有约束力的先例，而且对上诉法院本身也有约束力。

（3）高级法院的每一个庭的判决对一切低级法院都有约束力，对高等法院的其他各庭以及对王冠法院也有很大的说服力。

（4）有些法院，还要遵守其以前判决中的原则。

由此可见，只有上议院上诉法院、高级法院的判决才能构成先例，才具有约束力。

（二）成文法

成文法（statute law）是英国法的重要渊源。成文法是由英国的议会制定的。

成文法要通过判例法才能起作用。这是英国法的另一个特点。

（三）习惯法

在英国普通法形成的过程中，法的渊源是判例法而不是习惯法（custom law）。因此，习惯法现在在英国法律中所起的作用极小。

三、美国法的结构和渊源

（一）美国法的结构

美国与英国一样以判例法作为法的主要渊源，而把成文法看作是对判例法的补充或修正。美国法也存在普通法与衡平法的区别。但美国法律分为联邦法与州法两大部分，这是美国法律结构的一个主要特点。

联邦法院是否要受州判例法的约束，以及是否存在一种总的联邦普通法，对此尚有争议。美国宪法规定：除联邦国会法律所管辖的事项外，应适用州法，而州法应当包括州的成文法和判例法。但是，对于纯粹属于联邦立法权范围内的事项，联邦法院可以发展联邦的普通法；在这些问题上，联邦法院的判决特别是联邦最高法院的判决具有约束力。

（二）美国法的渊源

美国同英国一样，都属于判例法国家，判例是美国法的主要渊源。美国至今仍然强调判例法，即使是成文法也要通过法院判决的解释方能发挥作用。

1. 判例法

美国法主要来源于判例法，尤其是在私法方面，主要由判例法组成。

在美国的司法实践中，判例的拘束力主要体现为：

(1) 在州法方面，州的下级法院须受其上级法院判例的约束，特别是受州最高法院判例的约束；

(2) 在联邦法方面，须受联邦法院判例的约束，特别是受美国最高法院判例的约束；

(3) 联邦法院在审理涉及联邦法的案件时，须受其上级联邦法院判例的约束，而在审理涉及州法的案件时，则须受相应的州法院的判例的约束，但以该判例不违反联邦法为原则；

(4) 联邦和州的最高法院不受它们以前确立的判例的约束，它们可以推翻过去的判例，并确立新的法律原则。

美国法律制度的发展，是成文法与判例法相互作用的结果。立法机关可以通过成文法改变判例法中某些已经过时的法律规则，使法律适应社会经济、政治发展的要求；但成文法又必须经过法院判例的解释才能起作用。因此，在美国真正起作用的不是法律条文的本身，而是经过法院判例予以解释的法律规则。如果立法者认为法院的判例偏离立法的目标太远，他们可以制定新的法律予以匡正。

2. 成文法

美国有两种成文法，即联邦的成文法与各州的成文法。

第四节　当代中国法律制度概述

当代中国法律制度一般是指自 1949 年中华人民共和国成立以来的中国特色社会主义法律体系。

一、中国法律的渊源

（一）制定法

1. 宪法

1982年12月4日，第五届全国人民代表大会通过了新的《中华人民共和国宪法》（以下简称《宪法》）。其序言中规定："本宪法以法律的形式确认了中国各族人民奋斗的成果，规定了国家的根本制度和根本任务，是国家的根本法，具有最高的法律效力。"

2. 法律

广义的法律包括宪法及其他由全国人大及其常委会制定的法律文件。狭义的法律则仅指全国人大及其常委会制定的、主要规定和调整国家和社会生活某一方面问题的法律。法律的效力仅次于宪法。

3. 行政法规

作为国家最高行政机关，国务院有权根据宪法和法律制定行政法规，发布决定和命令。国务院制定的行政法规直接调整全国政治、经济、文化、教育等各个方面的事项，其效力仅次于宪法和法律。

4. 地方性法规、自治条例和单行条例、规章

省、自治区、直辖市的人民代表大会及其常务委员会根据本行政区域的具体情况和实际需要，在不同宪法、法律、行政法规相抵触的前提下，可以制定地方性法规。

经济特区所在地的省、市的人民代表大会及其常务委员会根据全国人民代表大会的授权决定，制定法规，在经济特区范围内实施。

民族自治地方的人民代表大会有权依照当地民族的政治、经济和文化的特点，制定自治条例和单行条例。自治区的自治条例和单行条例，报全国人民代表大会常务委员会批准后生效。自治州、自治县的自治条例和单行条例，报省、自治区、直辖市的人民代表大会常务委员会批准后生效。

国务院各部、委员会、中国人民银行、审计署和具有行政管理职能的直属机构以及法律规定的机构，可以根据法律和国务院的行政法规、决定、命令，在本部门的权限范围内，制定规章。

5. 特别行政区的法律

香港特别行政区成立后，香港原有的法律（包括普通法、衡平法、条例、附属立法、习惯法）基本不变。因此，香港特别行政区所实行的法律包括《中华人民共和国香港特别行政区基本法》、上述香港原有的法律和香港特别行政区立法机关制定的法律三类。

澳门特别行政区所实行的法律，其结构和类型与香港特别行政区的法律基本相似。

6. 国际条约与协定

国际条约指我国与外国缔结、参加、签订、加入、承认的双边、多边的条约、协定和其他具有条约性质的文件（国际条约的名称，除条约外还有公约、协议、协定、议定书、

宪章、盟约、换文和联合宣言等）。这些文件的内容除我国在缔结时宣布持保留意见不受其约束的以外，都与国内法具有一样的约束力，所以也是我国法的渊源。

（二）法律解释

1. 立法解释

根据 1982 年《宪法》的规定，全国人大常委会对宪法和法律拥有解释权。凡关于宪法或法律的条文本身需要进一步明确界限或作补充规定的，由全国人大常委会进行解释或以法律加以规定。省、自治区、直辖市人大常委会有权对地方性法规进行解释。

2. 司法解释

对于法院审判工作和检察院检察工作中具体应用法律的问题，分别由最高人民法院和最高人民检察院进行解释。它们所作的解释对其下级法院及检察院的审判和检察工作均有拘束力。

3. 行政解释

国务院及其主管部门对有关法律和法规所作的解释称为行政解释。

（三）判例

在中国，判例在法律上和理论上不被认为是法律的渊源。最高人民法院及其他上级人民法院所作的判决对下级法院没有拘束力。这一点与大陆法系国家相似。

中国加入 WTO 以后，及时公布涉外经贸案例已成为中国必须履行的一项义务。

二、中国的审判制度

（一）人民法院的组织系统

1. 最高人民法院

最高人民法院是国家的最高审判机关。

2. 地方各级人民法院

地方各级人民法院分为基层人民法院、中级人民法院和高级人民法院。

3. 专门人民法院

我国还设有军事法院、海事法院、知识产权法院、金融法院等专门人民法院。

（二）民事商事案件的审判制度

人民法院审判案件，实行两审终审制。

本章小结

国际商法是调整从事国际商事活动的主体在国际商事行为过程中形成的各种法律关系的法律规范。国际商法既不同于国际经济法，也不同于国际私法。国际商法与国际经济法，既有联系又有区别。

国际商法调整的对象主要是在国际上从事国际商事交易的主体，如公司、企业等商事组织。因此，国际商法调整的是属于不同国家的商事组织之间或个人之间的关系。现代国际商法的调整范围比传统意义的商法更为广泛，它除了包括传统商法中的商行为法、公司法、票据法、海商法、保险法等内容外，还包括有形商品（货物）的国际交易和许多新型的商事交易及贸易方式如技术、资金和服务等在国际的流动所产生的各种关系。

国际商法的渊源有三：一是国际商事条约；二是国际商事惯例；三是有关国家的国内法中关于国际商事活动的法律规定。国际商法的法律渊源决定了我们研究国际商法必须了解资本主义国家两个主要法律体系——英美法系和大陆法系的结构、渊源及主要特点。同时也应了解我国社会主义法律制度的性质、特点，以及改革开放以来我国在加强经济贸易立法方面所取得的主要成果。

大陆法系的首要特点就是强调成文法的作用，它在结构上强调法律的系统化、归类化、法典化和逻辑性；其次，大陆法系各国把全部法律区分为公法和私法两大部分；再次，大陆法系各国都进行大规模的法典编纂工作。此外，在大陆法系国家，司法判决不是主要的法律渊源，而仅仅是对法律的注释。大陆法系国家法律的效力渊源主要是制定法，又称为成文法。大陆法系受罗马法的影响较大。

英美法系的特点是强调判例法的作用，遵循先例约束力原则；将法律结构分成普通法和衡平法；以判例法作为法律的主要渊源。英美法系受罗马法的影响较小。

重要概念

1. 国际商法：是指调整商事组织和国际商事交易的各种法律规范的总称。它强调的是各国商人（企业）之间从事商业活动尤其是贸易和投资活动方面的法律规范。

2. 大陆法系：一般是指以罗马法为基础而形成和发展起来的一个完整的法律体系的总称。

3. 英美法系：是指英国中世纪以来的法律，特别是指以普通法为基础的、与以罗马法为基础的大陆法系相比较而存在的一种法律制度。

思考与练习

1. 国际商法和国际经济法有哪些异同点？
2. 论述国际商事惯例的法律效力。
3. 哪些国家和地区的法律属于大陆法系？
4. 大陆法系是如何解释公法和私法之间关系的？
5. 简述英美法系的分布范围。
6. 英国和美国的法律渊源与法院组织有哪些异同点？

第二章 合伙企业法

导入案例

原告诺拉·格瑞斯姆，对被告戴尔·里斯曼——原告死去的哥哥爱尔伍德·格瑞斯姆的遗产管理人——提起诉讼。根据原告哥哥的遗嘱，原告是唯一的受益人。根据遗嘱，她将获得一笔相当可观的财产，同时她将因此须向州和联邦缴纳一笔巨额遗产税。她要求法院确认她和她哥哥曾经是一家农场的经营合伙人，争议财产属于合伙财产。如果法院作出有利于她的判决，她在合伙中拥有的权益将不是根据她哥哥的遗嘱转移给她的，因为该权益已经是她的。如果法院确认她的权益，将为她节省约 57 000 美元的税金。初审法院支持了原告的主张。密苏里州（因涉及州税事项，所以也是一个被告）提出上诉。密苏里州最高法院接受了该上诉。上诉涉及的焦点问题是：合伙是否曾经存在？

原告提供的事实依据是：原告和其哥哥爱尔伍德·格瑞斯姆占有并经营这个农场始于 20 世纪 30 年代的经济萧条时期，拥有一块面积为 85 英亩的土地；在爱尔伍德死亡时，该财产价值已升至约 286 000 美元。合伙是她和她哥哥以口头形式在 20 世纪 30 年代设立的，经营农场，积累财富，并各按 50%的比例分享收益。两人一起共同经营该农场，直到 1970 年爱尔伍德死亡。原告有充足证据表明：诺拉当时负责做饭、做家务及其他相关家庭杂务，保管经营账册，处理绝大部分银行业务，填写所有的支票，支付所有的票据，分类喂养牲畜，等等，而且有时还干一些实实在在的农场重活。这种情况持续了数年。购买牲畜和土地时，雇工经常得向她请示；她还经常陪同哥哥去购买或出售牲畜。这些交易都是协商进行的。农场的卡车上有“爱尔伍德和诺拉·格瑞斯姆农场——博维利密苏里”字样的铭文。爱尔伍德让人把该铭文写在其卡车上。爱尔伍德在马具棚上放置了载有同样铭文的标志。每一个从公路上向农场走来的人都能看见。多年来，爱尔伍德·格瑞斯姆当着诺拉的面或在诺拉不在场时，多次告诉杂工们，他们兄妹是50%对50%的合伙人。爱尔伍德的一个侄子——多年来一直帮爱尔伍德工作——曾问过爱尔伍德，为什么他们不能成为合伙人。爱尔伍德的答复是，他不能这样做，因为他已经有了一个合伙人，是他的妹妹。被告还经常告诉爱尔伍德的侄子，这种安排是一种合伙。这个侄子还不止一次听到诺拉问爱尔伍德，什么时候把业务安排一下，从而使她的权益得到保护，而爱尔伍德的回答是，如果有时间他们就开始安排一下。在其他场合，爱尔伍德多次向一些农场工人、他的医生或其他人声明：（事实上）他和他妹妹是这个农场企业“50%对50%的合伙人”，“一直是共同全面经营”，“共同拥有整个企业”，是“全面合伙人”等。其中，有些声明是在不同场合向同样的人作出的，有一个声明与不动产有关。诺拉在其哥哥在场时也曾多次作出类似的声明。有一次，爱尔伍德告诉他的侄子，他认为诺拉应该干合伙的一半工作（显然是指农场劳动），侄子回答说，她现在干的工作已超过一半。爱尔伍德和诺拉一起处理农场事务的关系持续到爱尔伍德死亡前的几星期。诺拉和爱尔伍德告诉他们的银行，他们所拥有的一切是一个“合资企业”。保险箱的所有进项都是由诺拉做的。有一次，爱尔伍德说，在购买牲畜之前，他得问诺拉，因为她是他的合伙人；然后，他才买了些牲畜。1967 年 6 月，他以爱尔伍德和诺拉·格瑞斯姆的名义开了一个共同银行账户，存入了13 128.68 美元，作为农场经营收入。在此之前，账户是以爱尔伍德的名义开立的。这个共同账户一直持续到爱尔伍德死亡，农场所有的钱都存在该账户里。至少是在 1957 年，很可能是在 1957 年之前，农场保险申请及保单签发都是以两人的名义进行的。在所有阶段，诺拉都生活和工作在这个农场里。爱尔伍德和诺拉过去的所有生活费用都来自农场的经营，除此之外他们没有任何其他收入来源。他们把所有盈利都用于扩大农场经营，且自 1969 年 1 月起，有的盈余部分被存入共同存单。

但否认合伙成立的理由有三：第一，个人所得税申报书是由爱尔伍德提出的；按规定，从 1966 年至 1969 年，由爱尔伍德呈送联邦个人所得税申报书。1970 年，呈送了四次申报书，呈送人分别为爱尔伍德个人（直到其死亡）、合伙、信托、诺拉。第二，不动产产权证书上是爱尔伍德的名字；土地是以爱尔伍德的名义分别于 1937 年（可能是从其父母）、1942 年、1946 年、1947 年、1948 年、1949 年和 1952 年获得的。显然，绝大多数土地是买来以改善农场经营的。第三，以爱尔伍德名义开立的个人银行账户，并一直保持到 1967 年，尽管诺拉自己经常以爱尔伍德的名字从该账户开出支票。借钱时，爱尔伍德单独签署票据。

密苏里州最高法院判决原告和她的哥哥就合伙财产在所有权和利润方面享有平等的权利，合伙曾经存在。

问题：

1. 你认为诺拉和爱尔伍德之间存在合伙关系共有哪几条理由？
2. 密苏里州最高法院主要根据什么来判决此案？你是否同意其判决？
3. 如果本案适用中国法，你的结论是什么？为什么？

第一节　商事组织的法律形式

一、个人企业

个人企业（individual proprietorship）即独资经营企业，是由一名出资者单独出资并从事经营管理的企业。从法律性质来说，个人企业不是法人，不具有独立的法人资格，它的财产与出资人的个人财产是相同的，出资人就是企业的所有人，他以个人的全部财产对企业的债务负责。出资人对企业的经营管理拥有控制权。尽管个人企业有时聘用经理或其他职员，但经营的最高决策权仍属于出资人。出资人有权决定企业的停业、关闭等事项。

二、合伙

合伙（partnership）是两个或两个以上的合伙人为经营共同事业、共同投资、共享利润及共担风险而组成的企业。

三、公司

公司（corporation）是依公司法的规定设立的，以营利为目的的法人组织。

四、选择商事企业形式应注意的因素

作为一个商人，在选择从事商业活动的企业形式时，应注意的因素是多方面的，但主要集中在两个问题上：

第一，投资者对商业活动中产生的债务承担是无限责任还是有限责任？

第二，税法是否把该类企业划入适合投资者纳税的类别？

在选择企业形式时，除了要特别重视有限责任及纳税之外，还应重视下述因素：

（1）考虑商业活动的性质是否适合此类企业形式，并考虑投资者的数目及相互之间的关系。

（2）考虑其内部运作的有效性及从事业务活动的费用。

（3）考虑在成立企业前筹措资金及其他经济资源的可能程度。

（4）考虑企业未来发展是否方便融资。

第二节　合伙法[①]

一、合伙概述

合伙是两个或两个以上的合伙人为经营共同事业、共同出资、共享利润、共担风险而组成的企业。

一般而言，合伙具有以下主要特征：

（1）合伙是建立在合伙协议基础之上的一类企业。合伙人之间签订的合伙协议规定了各合伙人在合伙中的权利和义务。即使合伙企业设有一定的组织机构负责日常的业务，其内部关系仍然主要适用合伙协议的有关规定。

（2）合伙强调的是“人的组合”（aggregation）。从法理上说，合伙人的死亡、破产、退出等都影响到合伙企业的存续。

（3）合伙人对合伙企业的债务负连带无限责任（joint and several liability）。合伙人以个人的全部财产作为合伙债务的担保。一旦合伙企业的财产不足以清偿其债务，债权人有权向任何一位合伙人请求履行全部债务。

（4）合伙人有权平等地享有合伙的收益并享有参与管理合伙事务的平等权利，但合伙协议另有规定的除外。每个合伙人均有权对外代表合伙企业从事合伙的正常业务活动。

（5）合伙企业一般不具有法人资格，原则上不能以合伙企业的名义拥有财产、享受权利和承担义务。但法国、荷兰、比利时等国法律则规定合伙企业具有法人资格。英美法系国家虽不承认合伙企业的法人资格，但在某些特定场合也把合伙视为一个实体。如美国法律规定，合伙企业是独立于合伙人的一个组织体，它可以以合伙的名义起诉、应诉。

二、合伙企业的设立

合伙企业一般基于合伙人之间订立的合伙合同（partnership contract）而成立。

合伙合同是规定合伙人之间权利义务的法律文件，是确定合伙人在出资、利润的分配、风险及责任的分担、合伙的经营等方面权利和义务的基本依据，对每一合伙人均具有拘束力。合伙合同一般应采用书面形式，但也可以根据合伙人之间的口头约定以及他们的行为来判定他们之间是否存在合伙关系。

《中华人民共和国合伙企业法》（以下简称《合伙企业法》）只规定书面形式的合伙协议为有效。

① 本节所指合伙，如无特别标注，仅指普通合伙，不包括其他形式的合伙。

（一）合伙协议的主要条款

（1）合伙的名称及各合伙人的姓名。在西方国家，合伙企业的名称多以合伙人的姓氏命名，在合伙人的姓氏之后可加上“商行”（firm）或“企业”（company or enterprise）的字样。

（2）合伙企业所经营业务的性质和经营范围。

（3）合伙的期限。一些国家对合伙的期限加以限制，如法国法律规定，合伙的期限最长不得超过 99 年，但合伙人可以在此期限到期后请求延长。

（4）每个合伙人出资的种类及金额。

（5）合伙人之间利润的分配和损失的分担办法。

（6）合伙企业的经营管理方式。

（7）合伙人死亡或退出时，对企业财产及合伙人利益的处理方法以及合伙企业继续存续的途径。

（8）合伙人认为必须约定的内容。

在此基础上，我国还要求在合伙协议中载明入伙与退伙、争议解决办法，合伙企业的解散与清算、违约责任等。

（二）合伙关系

在英美法系国家，即使合伙人之间并未订立明确的合伙契约或对合伙是否存在发生争议，如果符合一定的条件，法院会判定当事人之间存在合伙关系。这种合伙一般称为“事实上的合伙”。在判定事实上的合伙是否存在时，法院主要考虑以下三个因素：

（1）合伙人是否分享利润和分担损失。

（2）合伙的财产是否由合伙人共同所有。

（3）合伙人在经营管理中是否享有同等的权利。

三、合伙企业内部各合伙人之间的关系

合伙人之间的权利和义务通常都在合伙协议中予以规定，因而他们之间首先是一种合同关系。与此同时，合伙人之间也是一种相互信任的诚信关系，合伙人不得损害合伙企业或其他合伙人的利益而只牟取一己之利。

（一）合伙人的权利

1. 分享利润的权利

每个合伙人均有根据合伙协议规定的比例取得利润的权利。如果协议中没有规定，则应根据各国合伙法的规定分配利润。英国、美国、德国等国的合伙法都规定，合伙人应平均地分配利润，而不考虑合伙人出资的多少。法国的合伙法则规定应按合伙人的出资比例分享利润。

2. 参与经营管理的权利

除非合伙协议有相反的规定，每个合伙人均有平等地参与合伙管理、对外以合伙的名

义进行业务活动的权利。在实际生活中，合伙协议常常规定由某一位或几位合伙人负责合伙的日常管理。如果每个合伙人都参与管理，则企业的经营决策必须经每个合伙人的同意。

3. 监督和检查账目的权利

每个合伙人都有权了解、查询有关合伙经营状况的各种情况，负责日常业务的合伙人不得拒绝合伙人随时查阅合伙企业的账目并提出质询的要求。一些国家对合伙人的这项权利加以限制，以保证合伙企业的经营管理能够顺利进行。如法国法律规定，不参与日常管理的合伙人一年内查阅合伙账目一般不得超过两次，我国对此项权利无限制。

4. 获得补偿的权利

合伙人为处理企业的正常业务或维持企业的正常经营、维护企业的财产利益而垫付的个人费用或因此遭受的个人财产损失，合伙企业和其他合伙人应予以补偿。但原则上，合伙人不得向合伙企业请求支付报酬，也不领取工资。

（二）合伙人的义务

1. 缴纳出资的义务

合伙人在签订合伙合同之后，有义务按照合同规定的时间、数额、方式缴纳出资（contributions）。如合伙人到期拒不缴纳出资而使合伙无法成立或给其他合伙人造成损失的，其他合伙人有权要求其赔偿。合伙人一般可以以金钱、实物、技术或已完成了的劳务出资。

2. 忠实的义务

合伙人对合伙企业及其他合伙人负有忠实的义务（duty of loyalty）。合伙人必须为合伙企业的最大利益服务；不得擅自利用合伙企业的财产为自己牟取私利；不得经营与合伙企业相竞争的事业；应及时向其他合伙人报告有关企业的各种情况和信息。合伙人违反忠实义务所获得的利益，必须全部转交给合伙企业。

3. 谨慎和注意的义务

参与经营管理的合伙人在执行合伙业务时，必须履行谨慎和小心义务（duty of care）。如因其失职而给合伙企业造成损失的，其他合伙人有权请求赔偿。

4. 不得随意转让出资的义务

由于合伙人之间存在着“相互信任”（mutual confidence）的关系，合伙人未经其他合伙人同意不得将其在合伙中的出资及各项权利转让给第三人，也不得介绍第三人入伙。但大多数国家均允许合伙人在一定条件下将请求分配利润的权利转让或馈赠给他人。除合伙协议另有规定外，合伙人的死亡或退出，即引起合伙的解散。但一般合伙协议都订有企业存续条款（continuation agreement），即如果某合伙人死亡或退出，合伙企业继续经营的条件。

四、合伙企业与第三人的关系

在合伙企业中，每个合伙人在企业所从事的业务范围内，都有权作为合伙企业和其他合伙人的代理人。这就是所谓合伙人相互代理的原则。根据这一原则，合伙企业同第三人的关系具有以下几个特点：

（1）每个合伙人在执行合伙企业的通常业务（ordinary business）中所作出的行为，对合伙企业和其他合伙人都具有拘束力。除非该合伙人无权处理该项事务，而且与之进行交易的第三人也知道该合伙人没有得到授权；否则，合伙企业和全体合伙人都要就该合伙人的行为对第三人负责。根据英国合伙法的规定，每个合伙人，特别是从事货物买卖交易的合伙贸易企业的合伙人，在处理下列事务时，都认为具有默示的授权：

1）出售合伙企业的货物；

2）以企业的名义购买企业业务所需要的货物；

3）收受企业的债款，并出具收据；

4）为企业雇用职工；

5）以企业名义承兑和开立流通票据；

6）以企业的信用借款或以企业的货物作抵押借款；

7）委托律师为企业进行诉讼。

任何合伙人就上述事项同第三人订立的合同，对合伙企业和其他合伙人都具有拘束力。所有合伙人均须对合伙企业同第三人所订立的合同或所承担的债务负连带的无限责任。

（2）合伙人之间如对任何一个合伙人的权利有所限制，不得用以对抗不知情的第三人。但如果第三人在同该合伙人进行交易时，已经得知该合伙人的权力受到限制而无权处理该项业务，则该合伙人所作出的行为就不能约束合伙企业和其他合伙人。

（3）合伙人在从事通常的合伙业务的过程中所作的侵权行为（tort），应由合伙企业承担责任。但合伙企业也有权要求由于故意或疏忽而造成损失的有关合伙人赔偿企业由此而遭受的损失。

（4）当一个新的合伙人被吸收参加一个现存的合伙企业时，他对于参加合伙之前该合伙企业所负的债务不承担责任。但我国《合伙企业法》规定，新合伙人对入伙前合伙企业的债务承担无限连带责任，而当一个合伙人退出合伙之后，他对于其作为合伙人期间企业所负的债务仍须负责。至于已经退出合伙企业的合伙人，对企业日后所发生的债务是否仍须负责的问题，则须视不同情况而定。如果在他退出合伙企业之前有第三人曾经同企业进行过交易，则他必须通知该第三人，说明他已经不再是合伙人，否则他仍须对该第三人负责；如果该第三人在他退出合伙企业之前并未同该企业进行过交易，也不知道他是合伙人，则他对于他退出合伙企业之后所进行的交易可不承担责任。

五、合伙企业的解散

合伙企业的解散有两种情况：一种是自愿解散（voluntary），另一种是依法解散（by operation of law）。

六、有限责任合伙

有限责任合伙（limited liability partnership）最早出现于20世纪90年代美国的得克萨斯州，第一部《有限责任合伙法》于1991年在得克萨斯州诞生并迅速被美国其他州和其他国家所效仿。美国法将有限责任合伙视为普通合伙的一种特殊责任形式，只有普通合伙才可以申请享有有限责任合伙的责任限制的保护。有限责任合伙的组织形式如今广泛适用于大规模的会计师事务所、律师事务所等专业性合伙企业，以避免成百上千的合伙人为自己并不熟悉的其他合伙人的执业过错连带承担无限责任。我国现行的《合伙企业法》也专门有一节规定了这种合伙企业形式，并称其为特殊的普通合伙企业。

（一）有限责任合伙与合伙的相同点

有限责任合伙的合伙人均为普通合伙人，在经营管理、税收方式、分配方式等方面与普通合伙类似。我国的《合伙企业法》将特殊的普通合伙企业归于普通合伙企业，并规定除对此类企业的特殊规定外，其他都适用对合伙企业的规定。

（二）有限责任合伙与合伙的不同点

在有限责任合伙这种组织形式下，对某一个合伙人、员工等在提供专业服务时的错误、不作为、过失、低能力的或渎职的行为所产生的侵权与违约责任，全部合伙人以全部合伙资产为限对其债务承担有限度的连带责任，超过合伙资产总额的未偿付债务由过失合伙人独立承担无限责任，其他合伙人不再承担连带责任；但除此之外，一般而言，合伙人在执业活动中非因故意或者重大过失造成的合伙企业债务以及合伙企业的其他债务，由全体合伙人承担无限连带责任。我国的规定亦然，《合伙企业法》第57条规定，“一个合伙人或者数个合伙人在执业活动中因故意或者重大过失造成合伙企业债务的，应当承担无限责任或者无限连带责任，其他合伙人以其在合伙企业中的财产份额为限承担责任。合伙人在执业活动中非因故意或者重大过失造成的合伙企业债务以及合伙企业的其他债务，由全体合伙人承担无限连带责任。”

（三）替代性的赔偿资源

鉴于有限责任合伙的合伙人享有一定范围内的责任限制的保护，如何保护其债权人的利益成为有限责任合伙法律制度中一个不可回避的问题。在美国各州，一个被广泛采用的办法是建立替代性的赔偿资源——一般通过保险的形式——以作为合伙人个人连带责任的替代物，并且目前美国各州对保险的金额要求逐渐提高。我国《合伙企业法》第59条规定，特殊的普通合伙企业应当建立执业风险基金、办理职业保险。

七、有限合伙

有限合伙（limited partnership），是指由至少一名普通合伙人（general partner）和至少一名有限合伙人（limited partner）组成的合伙企业，前者对合伙企业的债务负无限责任，后者则只负有限责任，即仅以其出资额为限对合伙承担有限责任。

（一）普通合伙人

在有限合伙中，尤其是在专业性的合伙企业中，普通合伙人多为某一行业的专业人士，他们较有限合伙人懂得更多的专业知识与技能，他们会更多地参与企业的经营与管理。因此，普通合伙人对有限合伙企业的债务承担无限连带责任，对有限合伙企业事务享有管理权，并对有限合伙企业及所有合伙人负有诚信和忠诚的义务，几乎具备了普通合伙人的所有的权利与义务。正如我国《合伙企业法》中所规定的，有限合伙企业由普通合伙人执行合伙事务；同时因为普通合伙人承担无限责任，因此《合伙企业法》规定国有独资公司、国有企业、上市公司以及公益性的事业单位、社会团体不得成为普通合伙人。

（二）有限合伙人

有限合伙人在有限合伙中以投资人的形式存在，他们较普通合伙人拥有更多的经济实力，可以凭借他们自己的经济实力将普通合伙人的专业知识转化为生产力和更多的财富。由于有限合伙人的投资者身份，他们丧失了经营管理权，资产收益权被削弱；但是另一方面的优势是他们以其认缴的出资额为限，对合伙企业债务承担责任。

但是，有限合伙人的有限责任不是绝对的，有限合伙人对有限合伙企业事务无管理权，而其一旦介入对合伙事务的经营管理则被视为普通合伙人，承担无限责任。《美国统一合伙法》1985 修正版（Revised Uniform Limited Partnership Act，RULPA 1985）以成文法形式列举了有限合伙人合理地经营管理企业的权利，且善意第三人明知其有限合伙人身份，便不会被认为参与控制企业，不会为自己带来无限责任的风险，并规定有限合伙人的行为即使构成对企业的控制，该有限合伙人也不一定承担无限责任。由于这些“安全港”条款，在美国的司法实践中，只有在善意第三人与有限合伙企业交易时知晓某合伙人参与企业的经营管理，并合理信赖他是一个无限合伙人时，法官才判定该有限合伙人就该善意第三人承担无限责任。

而我国法律也规定第三人有理由相信有限合伙人为普通合伙人并与其交易的，该有限合伙人对该笔交易承担与普通合伙人同样的责任。但有限合伙人的下列行为，不视为执行合伙事务：（1）参与决定普通合伙人入伙、退伙；（2）对企业的经营管理提出建议；（3）参与选择承办有限合伙企业审计业务的会计师事务所；（4）获取经审计的有限合伙企业财务会计报告；（5）对涉及自身利益的情况，查阅有限合伙企业财务会计账簿等财务资料；（6）在有限合伙企业中的利益受到侵害时，向有责任的合伙人主张权利或者提起诉讼；（7）执行事务合伙人怠于行使权利时，督促其行使权利或者为了本企业的利益以自己的名义提起诉讼；（8）依法为本企业提供担保。

本章小结

商事组织是指能以自己的名义从事营利性活动，并具有一定规模的经济组织。其特征是：(1) 商事组织是具有一定规模的经济实体。(2) 商事组织是从事营利性活动的经济实体。(3) 商事组织是可以以自己的名义活动的经济实体。

商事组织一般按照投资者在组织中承担的责任大小和收益进行分类，主要有三种基本类型：(1) 个人企业；(2) 合伙；(3) 公司。

合伙是商事组织中一种重要的组织形式。学习合伙法，就应当了解合伙的特征、合伙的设立程序、合伙协议的内容、合伙人的权利和义务、合伙人与第三人的关系和合伙企业解散等问题。

重要概念

1. 商事组织：是指能以自己的名义从事营利性活动，并具有一定规模的经济组织。

2. 个人企业：即独资经营企业，是由一名出资者单独出资并从事经营管理的企业。从法律性质来说，个人企业不是法人，不具有独立的法人资格，它的财产与出资人的个人财产是相同的，出资人就是企业的所有人，他以个人的全部财产对企业的债务负责。出资人对企业的经营管理拥有控制权。

3. 合伙：是两个或两个以上的合伙人为经营共同事业、共同投资、共享利润及共担风险而组成的企业。

4. 公司：是依公司法的规定设立的，以营利为目的的法人组织。

5. 合伙合同：是规定合伙人之间权利义务的法律文件，是确定合伙人在出资、利润的分配、风险及责任的分担、合伙的经营等方面权利和义务的基本依据，对每个合伙人均具有拘束力。

6. 有限合伙：是指由至少一名普通合伙人和至少一名有限合伙人组成的合伙企业。

思考与练习

1. 简述个人独资企业的主要特点及优势。

2. 假如你准备在中国进行直接投资，在选择企业形式时，应注意哪些问题？

3. 个人独资企业、合伙企业各有哪些优势？为什么大量投资者愿意采用个人独资形式？

4. 请列举出三个英美法系国家的案例来说明本章第二节“二、(二) 合伙关系”中所述因素。

5. 英美法系国家与大陆法系国家有关合伙的法律规定主要有哪些不同点？

6. 简述普通合伙、有限责任合伙与有限合伙的异同。

第三章 公司法

导入案例

2016年11月，中国某地的张某与某集团公司（以下简称“集团公司”）发起设立了一个自动化设备公司（以下简称“设备公司”）。设备公司的注册资本为人民币100万元，其中张某出资70万元，占70%的股份，集团公司出资30万元，占30%的股份。双方都按股东协议及时完成了其出资义务，并领取了营业执照。

2017年6月，设备公司通过了股东决议，决定吸收另外5位自然人A、B、C、D、E作为新股东，并调整股权比例如下：张某及其余5位自然人每人应出资12.5万元，各占12.5%的股份，共75万元，占总股本的75%；集团公司经调整以后的出资额为25万元，占总股本的25%。接着工商行政管理局对设备公司进行了年检，在年检报告中的“投资者情况”一栏中记载并肯定了该公司上述股权的变化。

2017年12月，设备公司再度召开股东会，再次全面调整了股权结构：注册资本增加到300万元人民币；集团公司退出设备公司；新增股本200万元从设备公司未分配的利润中支付。新的股权比例为：张某占25%，其余5位股东分别占15%。上述股权变化同样经有关工商部门通过年检而得到认可。至2018年年底，设备公司的净资产已经高达1亿多元。

这时，张某认为，其余5位股东不应具有股东资格，不应享有股东权利，因为他们从未对公司有过任何投资。但5位股东认为，他们都是科技人员，多年来一直在为设备公司的发展起关键性的作用。可以这么说，没有他们的努力，就不可能有设备公司的今天；此外，张某从没有对他们的股东资格提出过异议，因此，张某现在所提出的问题是其“过河拆桥”的极端个人主义思想的表现。对此，张某认为，对于其余5位股东的贡献，设备公司都已通过高工资、高奖金的方式支付了，因此，只要他们不付股金，就不能成为股东。双方对此争执不下。张某就此在当地中级人民法院提起诉讼，要求法院确认 A、B、C、D、E 这 5 位自然人不具备股东资格。

问题：

1. 5 位自然人是不是合法股东？为什么？

2. 你认为应如何解决此争议？

第一节 公司及公司法的概念

一、公司的概念及基本法律特征

各国的公司法都对公司下了定义，但无论是从理论上还是在实践中，各国公司法对公司的定义都集中在法定性、营利性和法人资格三者上，即公司是指依公司法的规定成立的、以营利为目的的企业法人。

公司作为企业法人（corporate body），具有以下几个基本的法律特征：

(1) 公司股东对公司承担有限责任（limited liability）。公司的股东以其出资额为限，对公司承担有限责任，这是各国公司法的共同规定，也是公司区别于其他企业形式的关键。各国公司法把股东对公司的风险只限于其允诺承担的责任（认缴的出资额）之内。这是商事组织法上历史性的进步。

(2) 公司具有独立的财产所有权（ownership of property）。公司的初始财产来源于股东的投资，但一旦股东将投资的财产移交给公司，这些财产从法律上便属于公司所有。公司对因股东入资而形成的公司财产以及在以后经营中增加的财产具有独立的所有权，具有直接的使用权和处置权，并以公司的全部资产对公司的债务承担无限责任。

(3) 公司独立地享有民事权利和承担民事责任，包括起诉和应诉权（sue and to be sued）。当公司与他人发生商业纠纷时，公司有权以自己的名义向法院提出诉讼或进行应诉以行使其诉讼权利。

(4) 公司实行统一（法定）的集中管理制（centralized management）。公司的管理体制必须与公司法的原则规定相一致，即应采取股东大会、董事会（监事会）及经理三位一体的统一的集中管理体制。

(5) 公司的永久存在性（perpetual existence；continuity of life）。相对于合伙企业，公司强调的是资本的联合，因此股东股份的转让、股东的死亡或破产都不影响公司企业的存续。

二、"揭开公司面纱"原则

公司制度最重要的贡献之一就是确立了公司的独立法人地位以及公司股东对公司承担

有限责任。该原则构成了公司法的基石，它在企业发展过程中是一种巨大的历史进步。但是，公司法确立股东的有限责任不等于其没有责任。公司的独立法人资格和股东的有限责任在市场经济的运作中出现了许多异化现象。在现实的商业活动中，处在公司身后的股东（主要是控制股东，包括母公司）以及同样承担有限责任的公司管理层（包括董事会成员及高级管理人员）在其自身利益的驱动下，有可能利用公司的法人地位进行各种规避法律甚至违法的行为。对公司承担有限责任的上述行为人，有可能以法人的外壳来从事违反公平公正和正义的原则乃至违法的行为来为其私利服务。因此，英美法系国家的许多案件，为了追求公平正义、维护社会利益，常常会拒绝承认一个合法成立的公司的独立法人地位，直接探究公司与股东的真实关系。这种不考虑或忽略公司独立存在特征的做法，通常用一个非常生动的比喻来表达，即“揭开公司面纱”(piercing the corporate veil)。依据“揭开公司面纱”的原则，如果法院认为成立公司的目的在于利用公司作为手段，从事妨碍社会利益、欺诈或逃避个人责任的活动，法院将不考虑公司的法人资格，直接追究股东或其他行为人的民事责任。也就是说，法院有权要求公司有控制权的股东及主要经营者对公司债务承担个人责任（personal liability)。但具体而言，应如何判断公司的责任是否应该由个人承担，以及何时转移到股东个人身上，是一个相当复杂的事实问题。历来的判例都提出了许多不同的原则。

要说明的是，法律创设“公司”组织形式的目的就在于保护股东，赋予公司独立法人地位，因而法院并不轻易适用“揭开公司面纱”原则，其在实践中通过判例确定了严格的标准。在具体案件中，法院通常要求第三人提供充分证明股东与公司之间存在不清晰的关系、公司投资不实等能证明适用“揭开公司面纱”原则的基本事实。

《中华人民共和国公司法》(以下简称《公司法》)也采纳了此原则，第23条规定了公司股东滥用公司法人独立地位和股东有限责任、逃避债务、严重损害公司债权人利益的，应当对公司债务承担连带责任。虽然“揭开公司面纱”原则否认了公司与股东相分离这一公司法制度的基石，但实质上是保护合法的公司经营活动，惩罚不法的滥用公司法人的行为。因此，“揭开公司面纱”是有限责任的一种例外，是高悬在商人头上的一把剑。

三、公司法的概念

公司法是指规定公司企业的设立、组织、经营、解散、清算以及调整公司对内对外关系的法律规范。这个定义强调了以下内容：

（1）公司法规定的对象是具有法人资格的公司企业，而不是所有企业。

（2）公司法是公司企业的最基本的规范准则。

（3）公司法规定了公司内部的以及对外的法律关系。

四、公司法的法律形式

目前，世界各国的公司法主要采用两种法律形式：一种为单行法规；另一种是包含在民法或商法之中，作为民商法的一个组成部分。

第二节 公司的主要分类

一、有限责任公司和股份有限公司

各国公司法，根据公司股东对公司享有的权利和承担的义务的不同、资金来源及其管理形式的不同，将公司主要划分为有限责任公司和股份有限公司。

(一) 有限责任公司

有限责任公司，是指股东人数较少，不发行股票，股份不得随意转让，股东对公司承担有限责任的公司。有限责任公司于 1892 年首创于德国，其目的在于融合合伙企业与股份有限公司的优点，以满足中小型企业特别是家族企业的客观需要。其后法国、意大利、卢森堡、比利时等国相继采用。英国的“private company”和美国的“close corporation”近似于此类公司。

在英国、美国和加拿大等国家都没有独立的有限责任公司法，而是作为公司法的一章存在；在法国、德国和意大利等大陆法系国家，则是以独立的单行法规出现。有限责任公司的法律特征为：

(1) 公司法禁止有限责任公司向公众招募股本。

(2) 股份证书一般允许转让，但都有一定的限制。

(3) 股东人数有法定限制。公司法一般对有限责任公司的人数有限制。我国《公司法》第 42 条规定，有限责任公司由一个以上五十个以下股东出资设立。此外，有限责任公司的股东之间比较了解也比较熟悉，许多都是同一家庭的人员或亲朋好友，他们具有长期合作共事的基础。

(4) 公司行政管理机构比较简单。

(5) 具有较明显的人合性质。有限责任公司具有一定的人合性质。这主要表现在公司处理重大事务时，除了强调股权的主要作用外，还强调了股东作为出资人应具有的作用。

此外，公司的财务报告不予公开，只需按照公司章程规定的期限送交各股东审阅即可。

(二) 股份有限公司

股份有限公司 (publicly held corporation)，是指全部资本划分成等额的股份，其股份以股票形式依法公开发行和自由转让的一种公司企业形式。股份有限公司最本质的特点就是其股票是公开发行和自由转让的。

根据我国公司法的规定，可将股份有限公司定义为：股份有限公司是指其全部资本分为等额股份，股东以其认购的股份为限对公司承担责任，公司以其全部资产对公司承担责任。股份有限公司的基本法律特征为：

（1）全部资本分为等额股份。股份有限公司的注册资本都是以股票为计量单位的，即每一股股票在注册资本中所代表的金额是一致的、相等的，整个注册资本在某种意义上说也可以用股份数来表示。

（2）股份以股票形式公开发行并可以流通。在股份有限公司中，获准上市的公司又称为上市公司（listing corporation）。它可以通过发行股票来筹集资本，其股票可依法在证券交易所进行流通。

（3）实行所有权和经营权相分离。股份有限公司是典型的合资公司，股东作为公司的所有权人，与公司的董事会及管理层是分离的，即负责股份有限公司的决策和管理活动的是董事会和管理层。

（4）公司的账目必须公开。我国公司法规定，公开发行股份的股份有限公司应当公告其财务会计报告。其中，财务会计报表主要包括资产负债表、损益表、股东权益变动表、现金流量表、财务情况说明书及利润分配表等。

（5）股份有限公司的规模较大。股份有限公司，尤其是上市公司类公司一般属于股本大、资金雄厚、股东人数众多、内部管理机构权责分明、效益高、竞争力强的公司。

根据西方国家公司法的规定，西方国家的股份有限公司，尤其是在证券交易所公开挂牌上市的公司，其特征与我国公司法规定的股份有限公司的特征基本相似。

二、母公司、子公司和分公司

在区分不同公司形式时，还必须明确母公司（parent company）、子公司（subsidiary company）和分公司（branch company）各自的法律特征及三者的主要区别。这对于深入理解公司以及开展对外经济贸易活动有着重要的现实意义。需要指出的是，在我国现行公司法中，对分公司及子公司已有原则性的规定。

（一）母公司的法律特征

所谓母公司，是指通过掌握其他公司的股票（份）从而能实际上控制其他公司营业活动的公司。母公司本身往往也从事大量的经营活动。这类公司有时亦称总公司或本公司。

在西方国家，人们把母公司又称为控股公司（holding company）。尽管从理论上讲，控股公司与母公司都是通过掌握一个以上其他公司一定数量的股票（份），从而达到控制上述公司之目的，但从严格的意义上说，母公司与控股公司是有一定区别的。

严格来说，这类公司应区分为纯粹的控股公司（pure holding company）和混合控股公司（mixed holding company）两类。控股公司或母公司的共同特点是，它们都对其子公司实行严格控制。掌握子公司一定比例的股票数额就是实行此种有效控制的关键，当然也有其他的控制方式。但在西方国家的公司法中，对母公司和子公司的不同规定，集中体现在母公司对子公司实施控制的方式。

（二）子公司的法律特征

子公司是一个独立的公司，它的设立、经营及解散全部由公司法规定，不再另作特殊的规定或说明。

我国《公司法》第 13 条第 1 款规定，子公司具有法人资格，依法独立承担民事责任。也就是说，所谓子公司，就是指受母公司控制，但在法律上是独立的法人组织，它本身是一个完整的公司企业。

（三）分公司的法律特征

分公司是总公司或者母公司的一种分支机构或者仅仅是母公司的一个附属机构，它本身在法律上和经济上没有独立性。我国《公司法》第 13 条第 2 款规定，分公司不具有法人资格，其民事责任由公司承担。

三、其他公司形式

有限责任公司和股份有限公司是公司企业中最主要的形式，也是我国公司法规定的两种形式。但在一些国家的公司法中还规定有其他形式的公司企业，主要有无限责任公司及股份两合公司。

第三节 公司的设立

一、公司的设立程序

公司的设立是公司法中的一个重要组成部分。公司法对公司设立的法定程序都作了较为详细的规定。一般而言，公司的设立涉及公司的创办人、公司的注册登记、公司的章程(包括公司章程细则)、公司的基本权力、公司的年度报告、公司的名称、公司的存续时间以及具体的成立程序等诸多问题。

二、公司的创办人

成立公司必须有公司创办人。这是公司法的一项最基本的规定。公司创办人也可称为公司发起人，英文名称为 incorporator，founder 或 sponsor，它是指在公司初始章程上的签名者。

西方国家公司法普遍规定，创办人必须具有行为能力。无行为能力或限制行为能力者不得充当创办人。

创办人的责任主要有：

(1) 创办人之间的相互责任。在公司成立前，他们之间的关系是一种互相委托、共担风险的关系，对设立公司的全部费用和债务负连带责任。

(2) 创办人对股东和债权人的责任。创办人除对公司负有责任外，还直接对公司股东和债权人负责。如果股东和债权人受到公司创办人的欺骗，则股东和债权人可以在法院直接向发起人提起诉讼，而不必通过公司。

西方国家公司法还规定，公司创办人不一定是自然人，法人（如公司）也可以充当发起人。如《美国标准公司法》规定，一人或数人，本州公司或外州（国）公司，一经签署并向州务卿递交公司章程，都可以充当发起人。我国《公司法》第 92 条规定，设立股份有限公司，应当有一人以上二百人以下为发起人。

三、公司章程

起草并提交公司章程，是公司设立过程中具有特殊意义的事情，也是公司律师重要的工作内容。

公司章程，在美国称为 articles of corporation，在英国习惯称为 memorandum of association and articles of association，在欧洲其他国家通常称为 status。

公司章程，是指规范公司的宗旨、业务范围、资本状况、经营管理以及公司与外部关系的公司准则。公司章程是组建公司的必备的和核心的文件，必须提交政府的登记部门核准并备案。根据英国和德国、法国等国的公司法，公司章程里还应包括内部细则，在向注册登记部门递交公司法律文件时，必须同时提交公司章程和内部细则。

我国《公司法》对公司章程主要有以下三类规定：(1) 强制性规定；(2) 指导性规定；(3) 任意性规定。比较过去对公司章程的规定，我国现行《公司法》大幅度削减了强制性规定，而增加了指导性和任意性规定，将三者科学地有机结合起来，大大增强了公司章程的自治性。综观我国《公司法》，从公司法定代表人的出任人选到有限责任公司股权的继承，从有限责任公司是否按出资比例分红到公司经理的权限，有多条规定明确允许公司股东通过章程进行规定。

应该说，公司章程是公司据以内部运作和对外经营的基本原则，它是公司存在的基石，也是政府依法管理公司的基本依据，更是外界了解公司的主要途径。

四、公司的内部细则

公司的内部细则或称公司章程细则（在美国称为 by laws，英国称为 articles of association)，是指由公司制定的用以规定和调整公司业务活动以及公司的股东、董事、管理人员及雇员的权利和义务关系的文件。西方国家的公司法一般规定，公司内部细则须经公司董事会通过，董事会有权对其进行修正和废止，但须股东大会批准。初始内部细则由公司创办人起草，但须经董事会通过决议追认。

我国《公司法》没有规定公司内部细则的问题。但在实际上，每个公司也都依照公司章程确定的原则制定公司内部细则。

五、公司的基本权力

公司的基本权力（power）是公司从事其经营活动的基础，它是法律授予的。世界各国公司法对公司的基本权力的规定一般采取两种方法：一是在公司法中列举公司的各种权力，如美国、英国等英美法系国家的公司法就是这么做的；二是在公司法中不作具体规定，但规定“公司享有法人可享有的一切权力”，这主要是在大陆法系某些国家的公司法中可以见到。

我国《公司法》总则的第3条、第4条、第5条、第6条、第14条、第15条、第16条等规定了公司的基本权利（right）。它们是分散地被作出规定的。但在美国法中，公司的基本权力是集中地规定在一条之中，而且用的是“权力”一词。《美国标准公司法》第302条首先原则性地规定了公司的广泛权力，它指出：除了在公司章程中另有规定之外，每个公司有权永久性存在并以公司名义继承，并且具有如个人从事业务活动所必需的同样权力去从事其商业活动和其他事务。公司法之所以要以专门条款详细地明确公司能行使的权力，主要是考虑到公司作为法人应该具有与自然人几乎相等的从事商业活动所必需的权力。同时，关于公司的基本权力在公司法中已作了全面规定，各个公司的章程就无须再予以列举。

六、公司的年度报告

现代各国的公司法都明文规定，股份有限公司必须承担义务，每年向其股东及政府部门提交年度报告（annual report）。比如，《美国标准公司法》规定：每个本州（国）公司，在公司法令规定的期限内，应向州务卿呈递年度报告。一些主要的大陆法系国家如法国、德国和意大利等国的公司法也都有类似的规定。

年度报告作为一种法定文件，其格式和内容必须按法律规定制作，内容必须真实和全面，不得弄虚作假。尤其是公司主要的财务报表，必须经公共会计师事务所根据本国公司法或会计法的规定进行审计，并由该会计师事务所的负责人（或具体负责该审计工作的会计师）亲自签字。

在这方面，尤其要提到欧盟理事会关于特定类型公司年度财务报表的第四号公司法指令。该指令要求欧盟各国股份有限公司的年度财务报表必须真实、全面地反映公司的资产负债、财务状况与盈亏；而且对资产负债表、损益表以及其他财务报表及其附录的格式、内容，对特定科目的内容，都作了专门的统一规定；同时还作出了如何予以公布的规定。①

---

① 刘俊海．欧盟公司法指令全译．北京：法律出版社，2000.

第四节　公司财务及资金来源

一、公司资金的基本概念及两个主要来源

对于公司来说，资金犹如人的血液，具有特别重大的意义。人无血则亡，公司资金枯竭则垮；人的血液得病往往属于不治之症，公司资金出现问题，则通常属于公司的重大事件，必须予以披露。

在西方国家的公司法中，capital 这个词有较广泛的内容和意义。从经营的观点来说，capital 是指资金。所谓资金，是指以货币形式表现出来的公司企业资产的价值，而资产则成为公司资金的存在形式。

在企业再生产过程中的资金，不论其具体形态如何，最初都有着一定的来源。所谓公司的资金来源，是指资金进入企业的原始点，它表示公司企业的资金是从哪些方面和通过什么合法渠道进入公司企业的。因此，所谓公司资金来源就是公司企业取得资金的合法渠道和途径。

在西方国家，设立公司和经营公司业务的必要资金，主要或者至少在开始阶段是从投资者那儿获得的，也就是公司通过投资者认购公司股份或购买公司债券获得的。按西方国家的公司法规定，公司企业资金的来源主要是两个方面，一个是股本（stock capital），这属于公司的自有资本，另一个是债（liabilities），也可称为债款。这两者的结合，就构成了公司资金的主要来源。从研究公司企业资金来源上看，capital 一词又往往成为公司股本的专用名词。从严格的法律观点看，股本应该是 stock capital，但人们习惯上把公司股本称为公司的资本。

所谓股本，是公司的股东（企业主）对该企业的永久性的投资，并由此构成了公司企业的股本。股本额等于其资产总额减去其负债总额和各种盈余后的余额。在公司法中，公司股东在公司企业中所投入的自有资金通常称“股本”。从这个意义上说，自有资金又叫股本。股本中不包括债款。

与资金来源相对称的就是资金的运用。资金的运用是指公司企业的资金存在的具体形式，说明企业的资金投放在何处，或者说是它在企业的分布状况。因此，在资产负债表中，资金的运用都列在表的资产方项下。从这个意义上来说，资金的运用也就是资产的同义词。

要真正地理解公司的资本（股本）、资金、资产及其来源和运用，必须了解和掌握公司的财务问题。

二、公司的主要财务报表

学习和研究公司法，必须注意对公司财务的学习和研究，它是研究公司法特别是公司

资金方面法律问题的基础和前提，尤其是对于从事公司实务的法律工作者来说，其重要性更加突出。因此，各国公司法都将公司财务和会计方面的法律问题另辟一章，对其作出专门的规定。

西方国家的公司法一般都规定，股份有限公司必须在每一个财政年度终了时编制法定财务报表，呈报政府部门并向股东和公众公布。因此，要了解西方国家公司法对公司资金的一系列重要规定，必须首先对公司的法定财务报表有个基本的了解，尤其是对这些表格中的专用名词必须十分了解，这是理解和掌握公司资金方面法律的基础。

美国公司法强调必须披露的会计报表为：

(1) 资产负债表 (the balance sheet)；

(2) 损益表 (the income statement)；

(3) 股东权益变动表 (the statement of stockholder equity)；

(4) 现金流量表 (the statement of cash flows)；

(5) 附加的财务信息 (additional information)。

欧盟公司法相关指令也强调了欧盟各国公司应披露与美国公司法规定的相类似的上述财务报表。我国《公司法》第 208 条规定，公司应当在每一会计年度终了时编制财务会计报告，并依法经会计师事务所审计。

三、公司资本及股票的概念

(一) 公司资本的概念

广义的公司资本，是指公司用以从事经营、开展业务的所有资金和资产，包括公司自有资本（亦称“衡平资本”）和借贷资本两部分。狭义的公司资本则仅指公司自有资本。本书所讲的公司资本一般是指狭义资本。

股份有限公司的资本主要是通过向社会公开发行股票而募集的，因此一般称为“股份资本”，简称“股本”。

公司的资本，从经济上来说，是公司开展业务的物质基础；从法律上来说，是公司对第三人的最低财产担保。股份有限公司是法人，可以拥有自己的财产，并以自己的全部财产对债权人承担责任。公司的财产独立于股东的财产而存在，股东对公司的责任仅以出资额为限。因此，股份有限公司的资本对股东和债权人以及公司自身的发展均有十分重要的意义。为了保护公司股东及债权人的利益，各国公司法对公司资本都作了具体的规定，主要是：第一，公司设立必须拥有一定数量的资本，任何股份有限公司的资本都不得低于法定最低资本额。第二，公司的资本额必须在公司章程中予以载明；未经股东大会同意修改章程的，公司资本不得随意增减。第三，公司必须经常维持与公司资本额相当的实际财产，不得以公司的资本进行分红。

对于股份有限公司的资本，英国、美国、荷兰等国采取“授权资本制”。根据这种资本制度，公司资本被区分成授权资本（authorized capital，亦称核准资本）和发行资本

(issued capital)。公司必须在公司章程中载明授权资本的数额，但在公司设立时，不必按授权资本的数额全部发行股份，而可以先发行一部分，其余则留待日后根据公司业务发展的需要决定是否发行。所以，授权资本并不代表公司实际拥有的资产，而只是公司有权通过发行股份而募集资本的最高限额，是一种“名义资本”(nominal capital)；发行资本才是公司股东已经认购了的，即股东已经承担了责任必须缴付（但不一定都已缴付了）的公司资本。只有实收资本（paid up capital）才是公司真实的资本，是可以立即运用的公司资产的一部分。所谓实收资本，是指股东已经实际上支付、公司已经收到的资本额。授权资本制使公司在财务方面具有一定的灵活性，减少了公司在授权资本额内增加资本的程序，而且便于公司在日后发行新股时把认股权给予本公司的高级职员。

德国、法国等多数大陆法系国家采取“法定资本制”。根据这一制度，公司章程中所载明的公司资本额在公司设立时必须全部由认股人认购完毕，否则公司不得成立；公司如增加资本必须修改章程。法定资本制有利于保证公司拥有充实的资本，防止利用公司进行欺诈和投机行为的发生。但是，法定资本制对于资本充足的要求过于严厉，已不适应现代股份公司发展的客观需要。因此，近年来一些大陆法系国家开始放弃或部分放弃法定资本制而仿效授权资本制。例如，日本公司法规定，公司在设立时只需发行股份总数的 1/4 以上即可，其余股份可在公司成立后由董事会决定发行。《德国股份有限公司法》规定，当董事会根据股东大会授权发行新股增加资本时，可以分一次或多次完成，但期限不得超过 5 年。法国公司法也有类似的规定。

我国也历经了从“有限认缴资本”到“无限认缴资本”的过程。有限责任公司和采取发起设立方式设立的股份有限公司，其注册资本是全体股东认缴的出资额或全体发起人认购的股本总额，注册资本可以认缴，不必实际出资。我国 2023 年修订的《公司法》在股份有限公司中引入了授权资本制，即股份有限公司设立时只需发行部分股份，公司章程或者股东会可以作出授权，由董事会根据公司运营的实际需要决定发行剩余股份。这样既方便股份有限公司设立，又给予了公司发行新股筹集资本的灵活性，并且能够减少公司注册资本虚化等问题的发生。《公司法》第 152 条规定：“公司章程或者股东会可以授权董事会在三年内决定发行不超过已发行股份百分之五十的股份。但以非货币财产作价出资的应当经股东会决议。董事会依照前款规定决定发行股份导致公司注册资本、已发行股份数发生变化的，对公司章程该项记载事项的修改不需再由股东会表决。”第 153 条规定：“公司章程或者股东会授权董事会决定发行新股的，董事会决议应当经全体董事三分之二以上通过。”

（二）股票的概念

股票是股份有限公司的股份证书。所谓股份，在有限责任公司中，是指均分公司全部股本的最基本的计量单位。因此，股份是股本的成分。每一股份都代表一定的金额，每股金额都应当相同，而代表股份的证书叫作股份证书。股份和股票的实质和内容是相同的，都是股东进行投资的一种凭证。股票是可以公开发行并自由转让的，即可以在社会上自由流通。有限责任公司的内部细则往往都有限制转让股份的规定，股东欲转让其股份，往往须经其他股东的同意，而且其他股东具有先买权。

股票是股份有限公司公开发行的证明股东在公司中拥有权益的一种有价证券。《美国标准公司法》规定，股票是指公司所拥有的权益的计量单位。

股票的特征是每股代表的金额都是相等的，这样便于公司在股东之间分配公司的权益。因此，同次发行的股票的价格和条件应相同。从这一意义上说，股票也是确定股东与公司之间权利和义务关系的一种凭证。

西方国家的公司法规定，股票体现了下述几项权利：(1) 分得股息权；(2) 出席股东大会，就其有权表决的问题行使表决权；(3) 在公司解散时，分得公司剩余资产权；(4) 转让权，即股票可以根据法定的程序进行转让；(5) 随时查看公司的会议记录、资产负债表、损益表等财务报表，索取公司业务进展的资料，就公司业务问题询问董事长等。

(三) 股票的分类

在公司法以及公司业务中，会涉及形式多样的股票。这些股票名称不同，形式和权益各异。

1. 普通股和优先股

依股东承担之风险和享有之权益的大小为标准，股票可分为普通股和优先股。

(1) 普通股 (common share)。普通股是指对公司财产权利都平等的股份，是公司资本构成中最基本的股份，也是公司中风险最大的股份。普通股是公司财务的基础，其期限与公司相始终。

(2) 优先股 (preferred share)，又称特别股。顾名思义，这类股票是指对公司资产、利润享有更优越或更特殊的权利的股份。西方国家的公司法一般都规定，优先股具有以下三项特别权利：1) 优先获得股息权，而且其股息往往是固定的。不仅如此，公司法还规定优先股可以在普通股之前分得股息。2) 优先股获得分配公司资产权。当公司因破产或结业而被清算时，优先股将比普通股优先以票面值参加分配公司的剩余资产。3) 优先股往往是无表决权的。但如果公司连续若干年（各国规定不一，一般为 3～4 年）不支付优先股的股息，这无表决权的优先股也可获得一股一票的权利。

2. 记名股和无记名股

依股票有无记名为标准，股票可分为记名股和无记名股。

3. 有票面值股和无票面值股

依股票有无票面金额为标准，股票可分为有票面值股和无票面值股。

(1) 有票面值股 (par value)。有票面值股是在股票票面表示一定金额的股份。一般来说，股票原则上不得以低于票面值的价格发行。

(2) 无票面值股 (non-par value)。无票面值股又称比例股或部分股，即股票票面不表示一定金额的股份。此种股票，仅仅表示其占公司全部资产的比例，它的价值随公司财产的增减而增减。由于公司始终处于动态之中，其资产值一直是变化的，因此，无票面值股在实际上占公司资产总额的比例也是一个变数。公司法允许发行无票面值股的国家为数不多，到目前为止只有美国、加拿大以及卢森堡等少数国家。

4. 表决股和无表决股

依股东有无表决权为标准，股票可分为表决股和无表决股。西方国家公司法对于股份分类的规定是比较灵活的，根据实际的需要而不断设计和更新。

5. 发行在外股和库存股

发行在外股（outstanding share）和库存股（treasury share）是上市公司中两类性质不同的股票。上市公司在证券市场上发行股票之后，股票就进入了二级市场，这时股票就如商品一样，其价格是随行就市的，投资者可以任意买卖股票。作为发行股票的上市公司，可以作为投资者购买其他公司的股票，也可以购买自己已经发行的股票。如美国各州公司法原则上都允许公司在不影响其资金的正常使用的前提下，回购其已发行在外的股票。这类已经发行在外、后又被发行者收购回来的股票被称为库存股；而发行在外、尚未被回购的股票被称为发行在外股。

（四）股利

股利又称股息，是董事会正式宣布从公司净利润中分配给股东、作为其对公司投资的一种报酬。董事会一旦宣布分配股利，股利的支付就构成了公司应承担的一项法律责任。股利一般都是按股分配的，时间可以按月、按季、按半年或一年分配一次。普通股的股利是浮动的，它是按公司盈利情况而灵活决定的，而优先股的股息一般是固定的。

西方国家的公司法一般都规定，股利除以现金支付外，还可以公司的财产或该公司的有价证券进行支付。这三者分别被称作现金股利、财产股利和股利股（又称红利股）。其中，现金股利最普遍也最简单，只需从公司的净利润中拨出一部分现款进行直接分配即可。

四、公司债

（一）公司债的概念

公司债是指公司企业通过发行债券或签订贷款合同的方式与特定人或非特定人之间所成立的一种金钱债务关系。公司债是公司企业必不可少的资金来源之一。

（二）公司债券的概念

公司债的形式主要分为银行贷款和公司债券（debenture；bond）两种。这里主要介绍公司债券的法律问题。广义上的债券，是指企业或政府机构对借款承担偿付本息义务的凭证。

从债券持有人的角度分析，债券是一种有价证券，债券持有人可以以此凭证定期从债券发行者处获得固定利息，并在债券到期日赎回债券本金。工商企业、公共事业单位、政府机构、国际金融机构、国际组织包括联合国本身，都可以为筹措资金而发行债券。

从公司法意义上讲，公司企业的债券是指由公司发行的且保证支付债券持有人定期利息并在债券到期日归还本金的一种债权证书。凡债券持有人都是公司的债权人。

（三）西方国家公司法关于债券的一般性规定

（1）公司通过发行债券筹措资金是其一项基本权利。

（2）公司发行债券要经董事会通过决议，或由股东大会通过决议。

（3）对发行债券数额的限制。

要说明的是，英美法系国家关于发行债券数额的限制，一般在证券交易法中规定，而在它们的公司法中没有上述具体规定。

（四）债券的分类

债券的分类法有很多种，从法律意义上讲，主要是以债券本金的担保程度和方式作为标准来进行研究。对债券本金的担保是多种多样的，主要有抵押、典质或发行者所乐意采用的其他担保方式。根据上述标准，债券可以划分为以下几种。

1. 抵押债券（mortgage bond）

抵押债券，是通过抵押或留置债券发行者（公司企业）的财产（包括动产或不动产）来作为担保而发行的债券。如果公司企业不能如约向债券持有人还本付息，债券持有人有权要求拍卖公司的抵押品或留置品来取得本息。

2. 附属担保信托债券（collateral trust bond）

这类债券是指由公司（发行者）把其拥有的动产，通常是该公司拥有的其他公司企业的有价证券（尤其是其子公司的有价证券），作为担保而发行的一种债券。

3. 保证债券（guaranteed obligations）

保证债券是指由一个公司（主要债务人）发行的而由另一个公司（债务保证人）来支付本息的债券。比较普通的例子就是由子公司发行而由母公司作担保的有价证券。

4. 设备债券（equipment obligations）

设备债券是指以购买机器设备为目的，并以该设备为担保，等公司偿还全部债券本息后，设备所有权才开始归属公司的一种债务凭证。

5. 清算人债券（receiver certificates）

清算人债券一般是指在公司陷于财务困难境地时，根据具有管辖权的法院的指令，由该公司发行的旨在提高其必要的营业资本的一种证书。这个有价证书通常由公司资产给予高度的担保。

6. 普通债券（debentures）

debenture 这个词，最早是从拉丁文 dedentur 演变而来的，英文原意是 to be due，即到期偿付的意思。在美国，这类债券一般是指无直接担保的债券。普通债券一般根据发行者和受托人之间的协议（debenture indentures）发行，即以发行债券协议向公众发行。

债券的传统特征之一就是具有固定的到期日，公司债券发行者没有提前支付本金的义务。但是，一些大公司经常会出现这样的情况，即公司在满期日之前，以回购价格，全部或部分地回购其已发行的债券。

五、公司有价证券的主要特点

公司的有价证券，主要就是指公司的各类股票和债券。它们具有如下权利和特点，即具有收益权、管理权以及承担一定的商业风险。收益权、管理权与风险之间存在着一定的内在因果联系。

（一）收益权

投资者（股东和债权人）购买证券，其目的在于谋取收益，故收益为证券的最主要的特征。对于债券来说，其收益是债息；对于股票来说，其收益是股息及股票的增值。收益的种类可分为以下几种。

1. 固定收益（fixed income）

这种收益是指并不随着公司盈利状况而发生变动的收益。债券的利息和优先股的股息就属于此类收益。

2. 半固定收益（semi-fluctuating income）

半固定收益即一部分收益是固定的，而另一部分收益是变动的，它可以随公司的盈亏而转移。参与分配股息的优先股，就属于此类。

3. 变动收益（fluctuating income）

变动收益即完全随公司营业的盈亏而变动的收益，如普通股的股息。

（二）管理权

公司的股票和债券的第二特征就是它们的持有人享有不同程度参与公司行政管理的权利。对于股份有限公司来说，这种管理权一般都是间接的，而且各类有价证券参与管理的程度有很大的区别。

普通股的持有人一般都有权参加股东大会，就公司的各项重大决议进行投票。优先股和债券的持有人则只能在涉及他们本身利害攸关的事项上才有权参与公司的管理事项。在这里，管理权主要是指普通股的管理权。

（三）风险因素

公司有价证券内含有风险因素是它们的又一基本特征。其风险主要集中在：

（1）对通货膨胀所引起的货币贬值；

（2）损失投资本金（债券或股票的买价）；

（3）损失机会成本，即在公司的投资势必丧失在其他方面的商业机会；

（4）由于这类投资基本属于长期投资，因此投资者还要承担此投资期限本身造成的额外风险。

从广义上说，证券投资包含了投资面临的所有风险。

第五节 公司的管理

公司法在公司管理问题上的规定，主要集中在：第一，公司的股东、董事和管理者的概念以及如何在股东、董事和管理人员之间分配权力（allocation of powers)；第二，公司的股东大会、董事会（监事会）以及管理层在公司中所处的地位和作用。

一般而言，公司的股东是公司的投资者，亦是公司利润的享有者，它是公司的法定的真正的所有权人；董事则是公司股东选择的代表股东行使职权的管理者；经理人员则是由董事会聘任的对公司进行日常管理的专业人员。公司的股东大会、董事会或监事会，则是股东及董事行使其职责的形式和手段。股份有限公司的重要特点是“所有权与管理权相分离”。股东大会的权限和作用日益缩小，董事会、经理等在公司的经营管理中则日益发挥中心的作用。

一、股东的概念及基本权利

（一）股东的概念

股东是拥有公司股份（票）者，股票则是公司股东的凭证。对于股东的定义，特别要注意：

第一，拥有股票从而成为股东者，可以是个人，也可以是法人，或者是其他企业或社会团体。在西方国家，股东除包括公司、各类基金、银行等营利性机构外，还包括学校或其他社会团体等非营利性机构，股东的范围十分广泛。

第二，作为股东，其获得股票的方式是各不相同的。除了在公司发行股票时股东在一级市场上以发行价取得股票外，大量的股票是在股票交易的二级市场上购得；此外，还有以继承方式获得股票而成为股东的。

第三，法律对股东的资格几乎没有什么限制。

（二）股东的基本权利

股东的基本权利来源于其所持有的股份（票），即股东具有其股票所示的下述权利。

1. 利润分享权（right to profits)

利润分享权包括股息分配权、股份（票）转让权及公司剩余资产分配权。

2. 表决权（right to vote)

股东就选举董事，填补董事空额（filling vacancies)，修改公司章程或章程细则，公司的合并、清算，以及出售公司的重大资产等重大问题，具有表决权。

3. 表述权（right to expression)

股东有权在股东大会上表述其意见和主张。

4. 知情权（right to information）

西方国家的公司法和证券法一般都规定，股东就下述问题具有知情权：(1) 事先知道股东大会将要讨论的议题；(2) 上市公司披露财务报表和其他重要信息；(3) 查阅公司账簿、股东会议记录以及公司股东名册。对于查阅公司账簿以及股东会议记录一般没有什么限制，但是如果股东要查阅公司股东名册，这对于公司管理层来说属于一个很敏感的问题。

股东的上述权利都是股东享有的权利的具体体现，它们都源于公司法、证券法的规定，以及股东们在公司章程及章程细则中的约定。

二、股东大会

(一) 股东大会的权限

关于股东大会的权限，各国公司法的规定不完全相同。从理论上说，大多数国家仍然认为，股东大会是股份有限公司的最高权力机构，但实际上，现代各国的公司法对股东大会的权限都在不同程度上加以限制，股东大会的地位和作用日益下降。许多国家的公司法都以不同的方式把公司的经营管理权交给董事会或执行会处理，而对股东大会干预公司经营管理的权力加以限制。如《德国股份有限公司法》规定，董事会在业务管理方面享有“专属权限”，这种权限原则上是不受限制的，股东大会对有关业务执行问题所作出的决议不能限制董事会的权限。

按照英美法系国家公司法的规定，股东大会有权进行投票的主要事项有：

(1) 选任和解任董事；

(2) 决定红利的分派；

(3) 变更公司的章程及公司章程细则；

(4) 增加或减少公司的资本；

(5) 决定公司的合并或解散。

应当指出的是，根据一些国家公司法的规定，选任董事与解任董事的权力已不属于股东大会，而是属于监察会。如《德国股份有限公司法》规定，股份有限公司设有监察会与董事会两重机构，监察会的成员由股东大会选任与解任，而董事会的成员则由监察会选任与解任，股东大会不能直接干预。又如，按照法国1966年《公司法》的规定，股份有限公司可以采取董事会制，也可以采取监察会与执行会制。究竟采取哪一种管理制度，可在公司注册时作出决定，也可在日后由股东大会决定。如采取董事会制，则由股东大会选任与解任董事会的成员；如采取监察会与执行会制，则股东大会只能任命和解任监察会的成员，而不能参与执行会成员的任命，执行会的成员由监察会任命，但执行会成员的解任权属于股东大会，股东大会有权根据监察会的建议解任执行会的成员。我国《公司法》则采取列举法，规定了股东会职权，其中就包括选举和更换董事。

(二) 股东大会的几种表决方式

如上所述，股东对公司实施一定程度的控制，传统的做法是在股东大会上进行表决。因此，股东们以什么方式来进行表决，就构成了股东对公司行使间接控制权的关键。

股东表决的基础，就是所谓按资分配。其前提是所有普通股的股票一律平等，即每股一票，一视同仁。这里要特别指出，不是每个股东一票、人人平等，而是每股一票、一律平等。每个在册的普通股的股东都享有此种不可剥夺的权利。

但是随着公司规模的迅速扩大、公司业务的不断发展，以及公司行政管理机构的日益复杂化，原有的单纯的一股一票的做法与现实已不相适应了。因此，一些公司管理者和律师在此基础上又设计出能更加灵活地保护股东控制权尤其是保护中小股东的权利的表决方式。例如，美国公司法规定，股东大会的表决方式主要有直接投票（straight voting）、累积投票（accumulative voting）、分类投票（class voting）、偶尔投票（contingent voting）、不按比例投票（disproportional voting）五种。究竟各个公司在何种情况下应用何种表决方式，除了公司法有所限制外，一般都由公司章程予以规定。

我国《公司法》第 66 条明确规定："股东会的议事方式和表决程序，除本法有规定的外，由公司章程规定。"《公司法》第 117 条规定："股东会选举董事、监事，可以按照公司章程的规定或者股东会的决议，实行累积投票制。本法所称累积投票制，是指股东会选举董事或者监事时，每一股份拥有与应选董事或者监事人数相同的表决权，股东拥有的表决权可以集中使用。"

三、董事会

目前，西方国家的公司法一般明文规定，董事会是公司最重要的决策和领导机构，是公司对外进行业务活动的全权代表。也就是说，公司的所有内外事务和业务都在董事会的领导下进行。

各国公司法一般都独辟一章，专门对董事和董事会的基本问题作出规定，这些规定通常包括但不限于如下内容：董事的资格，董事的产生（选举）及数量，董事的任期、解任，董事的报酬，董事的行为标准，董事的责任，以及董事会的职权、董事会会议、董事会的会议通知、董事会分组和董事会的专门委员会等。

美国的公司法则强调董事会需要有一定数量的独立董事（independent director），另外，上市公司的董事会应成立若干个由独立董事负责的专门委员会。下面就董事及董事会中的某些重点问题分别予以阐述。

（一）董事会的产生和结构

董事是由股东在股东大会上选举产生的、代表他们对公司的业务活动进行决策和领导的专门人才。根据公司初始章程的有关规定，所有董事组成的一个集体领导班子，就是董事会。占据董事职位的人可以是自然人，也可以是法人。西方国家的公司法规定，法人可以充当公司董事，但必须指定一名有行为能力的自然人作为代理人。

对于当选董事的资格，西方各国公司法都有规定，但各国的规定有多有少，各不相同。在这方面，英国公司法的规定具有一定的典型性和代表性。

我国《公司法》第 8 章"公司董事、监事、高级管理人员的资格和义务"集中规定了担任公司董事、监事的条件与资格。

（二）公司董事的任期、分组和解任

西方国家的公司法对于董事的任期几乎没有限制性的规定。任期的长短一般都由公司内部细则予以规定。根据各国的实践，董事任期一般为 3 年左右。

在美国，在决定董事任期问题上，公司法往往有董事分组（classification of directors）的规定。所谓董事分组，是指从公司初始董事会开始，把整个董事会成员分成若干人数相等的组。如某公司董事会共有董事 15 人，就把董事分成 3 个组，每组 5 人。如果把 3 个组分别叫作甲、乙、丙组，则规定，甲组成员的任期为 1 年，乙组成员的任期为 2 年，丙组成员的任期为 3 年。因此，在下次股东年会上，甲组的 5 名人员因任期已满而免职，同时选举产生 5 名新董事组成甲组，在第二个年会上，乙组成员因期满而被免职，又选出 5 名新董事组成乙组；第三年，旧丙组被新丙组所取代。如此每年改选 5 名董事。这样做，对公司的营业活动是有很大好处的：第一，尽管每年董事成员有变化，但董事会总人数保持不变，不影响整个董事会的分工和能力；第二，每年变化 1/3，就保持了董事会成员的相对稳定性和公司政策的连续性，使公司在不断吸收新成员、排除旧成员的过程中始终保持整个董事会应有的行政效率。对于公司董事的分组，美国各州公司法都有具体规定。《美国标准公司法》第 37 条详细而具体地规定了公司分组的技巧。

（三）董事会的权力

公司股东大会和董事会有权行使公司所拥有的最高领导权力。这二者之间的权力如何分配呢？美国和许多欧洲国家的公司法明确地把决策权从股东大会权力中分离出来，授予董事会。《美国标准公司法》集中地反映了这一点，它授予董事会十分广泛的权力。根据该法第 35 条的规定，除本法或公司章程另有规定外，公司的一切权力都应由董事会行使或由董事会授权行使。公司的一切业务活动都应在董事会的指示下进行。

董事会在行使其职权时必须是以一个集体来行使的，而且通常是通过在董事会会议上进行表决（复数票同意才能通过决议）来具体实行的。至于单个的董事，如果其不兼任公司高级职员，则是不能单独进行活动的。

无论是美国还是英国的公司法，董事会的权限都要受三个方面的限制：第一，董事会作为公司的代理人，不得从事整个公司业务活动范围以外的活动，否则无效。第二，董事会在权限之内行使职权时，不得超出公司授予他们的具体权限范围。如果公司要授予他们具体权限，必须获得股东大会的批准或认可；否则，此类活动所造成的损失由董事会集体负责。第三，如果股东大会的决议和董事会的决议有冲突，一般以前者为准，股东大会可以否决董事会的决议直至解散董事会。

（四）独立董事

独立董事（independent director or outside director）是英美法系国家尤其是美国判例法中的一个创造，它产生的主要背景是这些国家实行单一的董事会制度，公司的实际经营管理权基本上由董事会和管理层掌握，股东的管理作用日趋形式主义，从而产生了如何监

督董事会以及高级管理人员的问题。尤其是从20世纪60年代起，美国的许多大公司对政府官员行贿等丑闻不断被曝光，加上一些公司董事的性质恶劣的不当行为被揭露，对公司的监督问题更成为公众关注的焦点。

在美国，先是由美国法院判决要求公司改变董事会结构，要求有与公司没有联系的外部董事进入董事会，不久密歇根州率先在其公司法中确立了独立董事制度。该法不仅规定了独立董事的标准，而且规定了独立董事的产生方法并确定了其特殊的权利与义务。此后美国的NYSE（New York Stock Exchange，纽约证券交易所）和NASDAQ（The National Association of Securities Dealers Automated Quotations，纳斯达克）都明确规定，凡上市公司的董事会中必须有2名以上的独立董事，而且其审计委员会必须全部由独立董事组成。

英国伦敦证券交易所于1991年专门成立了公司财务治理委员会，该委员会在其报告中建议，上市公司董事会至少要有3名外部董事，该委员会在1992年提出的“标准行为准则”（the code of best practice）中建议，上市公司的董事会应该包括足够数量的、具有足够才能、其观点能对董事会决策起重大影响的非执行董事。

我国《公司法》第136条第1款规定，上市公司设独立董事，具体管理办法由国务院证券监督管理机构规定。

独立董事，是指与公司的交易活动没有实质性的、直接的或间接的利害关系的，从公司外部选聘的董事。独立董事具有如下特点：

（1）独立董事是上市公司董事会中保护广大股东利益的外部人员。

（2）独立董事必须独立于公司的管理层。

什么叫独立？这是一个事实问题，法律上无法统一标准。但是值得注意的是，纽约证券交易所（NYSE）、美国证券交易所（AMEX）和纳斯达克（NASDAQ）联合公布的、已在2001年6月14日生效的最新规则的解释，对审计委员会“独立”规定了以下三个标准：一是与公司无商业关系；二是非公司雇员或公司行政管理人员的直系亲属；三是与公司的任何管理人员之间不存在“交叉性报酬”的联系。

美国法学会在1994年的《公司治理原则：分析与建议》中也提出了有关“独立”的具体解释；《美国密歇根州公司法》第450条明确规定了独立董事的产生必须由股东大会选任，董事会无权任命，同时对独立董事的独立性作了具体规定。

（3）独立董事应当具有丰富的商业经验。在美国，大多数公司的独立董事都是现任的或已退职（包括退休）的其他公司高层管理人员。他们经验丰富，与公司的经营决策没有直接的利害冲突，处理问题比较客观，确实对内部董事能起到一定的监督和平衡作用。

（五）董事会的执行委员会和其他专门委员会

关于在董事会下面要不要设立执行委员会或其他专门委员会，以及如果设立，它们各自有多大权限，公司法没有明确的规定，而是授权给各个公司。各公司可依据其规模和需要由公司章程或内部细则规定之。一般由董事会全体成员（非法定人数）的多数通过决议，指定几位董事组成一个执行委员会和其他数个专门委员会。公司可根据需要设专门委员会。这些委员会由专门的董事负责，以便定期或不定期地给董事会提供必要的专业知识和各种咨询意见，充当董事会进行决策时的参谋和顾问。

执行委员会是董事会各专业委员会中最有影响的，它通常由担任公司高级职员职务（比如总经理、副总经理、财务主管）的内部董事组成。

在过去的几十年时间内，越来越多的上市公司倾向于建立形式多样的专门委员会，其中最普遍的是审计委员会（the audit committee）、报酬委员会（the compensation committee）和提名委员会（the nominating committee）。在这三类委员会中，全部由外部董事组成或者外部董事占绝大多数。同时，有的大型上市公司还设立主要由外部董事组成的其他委员会，比如战略计划（strategic planning）、公共政策（public policy）、管理发展、技术以及雇员福利等委员会。此外，还设立特别的临时委员会，负责就公司的某些特殊问题提出意见。

我国《公司法》第 136 条第 2 款规定，上市公司的公司章程除载明本法第 95 条规定的事项外，还应当依照法律、行政法规的规定载明董事会专门委员会的组成、职权以及董事、监事、高级管理人员薪酬考核机制等事项。

（六）董事会会议

如上所述，董事会拥有对公司业务的领导权和决策权，但这些权力的行使是由董事会这个集体来实现的。董事只能够在董事会会议上以通过决议的方式来具体地行使自己的权力。因此，董事会会议就成为董事会实施对公司领导权和决策权的关键所在。

董事会会议和股东大会一样，也分成普通会议（regular meeting）（或称例会）和特殊会议（special meeting）。

董事会会议的法定人数，顾名思义，就是由法律规定的参加董事会会议的最低董事人数。其法律上的意义就在于：(1) 参加董事会会议的董事人数只有符合法定人数，会议才属合法；(2) 由出席会议的董事法定人数中的多数通过的决议，应视为整个董事会的决议，采取的行动应作为整个董事会的集体行动，因而对公司具有拘束力。不满法定人数的董事会会议通过的决议无效，对公司无拘束力。

法定人数，通常指占董事总人数的多数，因此，法定人数又称法定多数。但不少西方国家的公司法规定，法定人数可以低于简单多数，但不得少于公司董事总数的 1/3。《美国特拉华州公司法》第 141 条 B 款的规定就反映了这一点。它规定：除公司章程和内部细则另有更高人数要求外，董事总人数的多数应构成从事交易活动的董事会的法定多数，除公司章程另有规定外，公司内部细则可以规定低于董事简单多数的人数为法定人数，但无论如何法定人数不得低于董事总人数的 1/3。在同一款中还指出：凡仅有一人为董事的董事会，该董事应成为当然的法定人数。

董事在董事会上表决时，与股东在股东大会上的表决是不同的。在股东大会上，每股一票，而且股东可以委托别人投票。但在董事会会议上，董事是一人一票，一般不得委托别人投票，但可以弃权，也可以不出席会议。

董事会在通过决议时，只需出席会议的董事法定人数的简单多数同意就有效。在投票时，万一出现僵局（dead lock），董事长往往有权行使裁决权，即进行决定性的投票（costing vote）。

董事会会议的进程和实质性内容必须进行记录。会议记录一旦被会议主席签署，就当作会议已经召开，决议的记录在案就是该决议已被通过的证明。会议记录应公开，随时接受董事的审查和检阅。

（七）双重董事会制度

在德国、法国、意大利等国家，还存在着一种双重董事会制度。所谓“双重”，是指在股东大会下面设有监察委员会和董事会两个机构。监察委员会的职责是监督董事会对公司行使管理权，而董事会则作为一个专门委员会来执行监督委员会的决议，从而具体地管理公司业务。因此，公司的主要决策权在监察委员会。

监察委员会实际上是制定公司政策的机构，其成员由股东大会选举产生。其职权范围除制定公司政策外，还包括解决公司最重要的业务活动问题。

监察委员会由董事长领导，总经理领导董事会，而总经理又必须是董事会的一名成员。在法国监察委员会的成员中，1/3 是雇员，2/3 是股东，总人数最少 3 人，最多 12 人。监察委员会成员的任期为 6 年，但可以由股东大会在任何时候撤销。成员最高年龄为 65 岁。董事会必须每 3 个月向监察委员会报告一次情况，董事会的重要决议必须由监察委员会同意才能生效。

这里要说明的是，有的西欧国家的公司法规定，一个公司是采取双重董事会制度还是单个董事会制度，一般是可以自己作出选择的。如法国公司法就有这方面的规定，即由公司章程明确规定该公司应适用何种领导体制。不仅如此，上述两种体制还可以互相转换。目前，在法国，绝大多数股份有限公司采取的是单个董事会制度。但《德国股份有限公司法》规定，股份有限公司必须设立监察委员会。

（八）关于雇员参加公司董事会的制度

在一些西欧国家，如德国、法国和意大利等国，其公司法都规定了雇员参加公司管理的制度。雇员参加公司管理主要采取两种形式：一是在公司中成立一个工人理事会，公司根据该理事会在企业中地位的不同而赋予其不同的权力；二是雇员直接进入董事会参加管理。这种形式起源于德国。自 1952 年以来，德国公司法一直规定双重董事会制度，监督委员会（亦称监事会）的 1/3 成员是雇员的代表，剩下的 2/3 则由股东们选举产生。

在这里特别要指出的是，西方国家的公司法之所以规定雇员参加董事会的制度，其主要原因是为了缓和劳资双方的矛盾，使公司得到更好的发展。

我国《公司法》第 68 条规定：有限责任公司董事会成员为三人以上，其成员中可以有公司职工代表。职工人数三百人以上的有限责任公司，除依法设监事会并有公司职工代表的外，其董事会成员中应当有公司职工代表。董事会中的职工代表由公司职工通过职工代表大会、职工大会或者其他形式民主选举产生。这说明我国公司法也规定了雇员参加董事会的制度。

（九）董事的责任

从传统的法律观点尤其是从英国传统的公司法观点分析，董事的责任是从其在公司所处的地位中派生出来的。他们认为，董事对于公司具有双重身份：第一，董事是公司的代理人；第二，董事又是公司的受托人。在此基础上，董事对公司承担一种诚信责任（fiduciary duty）。

董事要行使公司代理人的职责。有关代理法（agent law）的一般原则调整着公司与其董事的关系。在英美法体系中，这个原则早在1866年的著名案例“弗格森诉威尔逊”的判决中就确立了。在该案判决中法官陈述道：在股份有限公司中，董事们处于什么地位呢？回答是，他们仅仅是公司的代理人，因为公司本身不是自然人，它本身不能活动，它唯一的希望只能通过董事会进行活动。因此，公司与董事的关系，相当于本人与代理人的关系。

股东与董事之间的关系和本人与代理人之间的关系又不完全一样。在代理关系中，法律要求代理人代表本人有所作为或不作为，而且代理人是在本人的控制之下的。但在公司范围内，股东不能控制董事通过的决议，同时，董事一旦被选任，其必须按整个公司及全体股东的利益行事，而不能只代表投票支持其的股东集团。

因此，董事与公司的关系可简单地用诚信关系（fiduciary relation）来表示。董事必须承担起诚信责任。董事在行使权限时，必须为公司尽忠效力，谨慎行事，这一点几乎是西方国家共同接受的一项法律原则。在这里要说明的是，在英美法中，对于责任的基本原则，公司法至今还没有具体规定，其主要存在于判例法和衡平法的大量判决之中。目前的趋势是要在法律中对之加以明确而具体地规定，或起码将存在于大量判例中的这些原则编纂起来，并授以法律拘束力。

（十）商业判断原则

在长期的商业审判实践中，英美法系的判例法总结了商业判断原则（business judgement rule）。该原则的目的就是公正和公平地对待董事在行使其正常商务职责时应承担的责任。

商业判断原则的主要内容是董事会根据合理信息（reasonable information）和合乎理性的判断（rationality）作出的商业决议不应让董事承担责任，即使这样的决议从公司的角度来看是有害的，甚至是带有灾难性后果的。

在此种情况下，董事会的决议还是有效的，具有拘束力的。而且股东不能因为决议对公司不利而不承认该决议，并以此为由要求董事承担责任。

四、公司的高级职员

(一)公司高级职员的概念

在西方国家，所谓公司高级职员，通常包括总经理、副总经理、司库和秘书；在英国和西欧其他一些国家，还包括审计员。我国《公司法》第265条明确规定，高级管理人员，是指公司的经理、副经理、财务负责人，上市公司董事会秘书和公司章程规定的其他人员。从严格的意义上说，只有那些比较重要的管理人员，才属于“高级职员”。

按照西方国家公司法的传统观念，高级职员也是雇员，他在董事会授权下执行和实施董事会所决定的政策。因此，高级职员是由董事会根据公司经营的需要而自行决定的。

目前，在英、美等国，由股东直接决定高级职员人选的倾向正在加强。美国特拉华、内布拉斯加、新泽西、新墨西哥等州的公司法中都作了下述较为灵活的规定：按内部细则的规定，高级职员由董事会或由股东大会决定。美国的马萨诸塞州则规定：总经理由董事会决定，司库和其他高级职员由股东大会决定。而大多数西欧国家的公司法则明确规定：审计员必须由股东大会的多数票予以决定。

公司的一般职员，根据公司法或内部细则的规定，通常由总经理直接任免。

职员的资格，总的来说，基本上与代理人的资格差不多，即公司职员应具有代理人所必须具有的法律行为能力。

(二)公司高级职员的职权

公司高级职员的权力源于董事会。各国成文法很少涉及对公司职员（包括经理人员）权力的规定。公司高级职员权力的行使能否对公司有约束力是一个重要的敏感问题。解决该问题的依据通常属于代理法的范畴。公司高级职员是公司的代理人，公司作为独立的法人，只能通过其代理人进行业务活动；而代理人的行为要对本人产生约束力必须要有本人的授权或基于其他法律原则的考虑，否则不能要求本人对代理人的行为承担责任。

按照西方国家的公司法，公司高级职员的职权分为如下三种形式：明示权限、默示权限和不可否认的权限。

第六节　公司治理及其主要法律措施

一、公司治理的概念

“公司治理”（corporate governance）这一概念源于西方发达国家，尤其是源于美国公司制度的发展进程。西方发达国家几乎一致认为，良好的公司治理机制是公司竞争力的源泉和经济长期增长的基本条件。它是为解决公司在公司法的制约下、在市场经济经营过程中产生的只按传统的公司法无法得以解决的一系列新问题而形成的一整套制度。该套制度以公司法、证券法为基础，但又根据市场发展的需要以及自身运作产生的需要，不断得以发展。

实际上，到目前为止，世界各国尚没有一个公认的公司治理结构的定义。但是，人们对公司治理机制产生的背景（原因），公司治理机制要实现的目的，公司治理结构的主要框架，股东、董事和管理人员之间如何分配经营管理权，如何发挥社会中介机构的作用，以及社会责任在规范公司行为中的意义等方面的认识，都具有很多共同点。可以这么说，公司治理机制实际上是一种制度性的安排，它是在法律保障的条件下处理因两权分离而产生的委托-代理关系的一整套制度安排。在公司治理结构中，高效率的委托-代理关系，可以保障投资者的最大利益及最终控制权，可以维系公司各个相关利益者的关系，从而使所有权和经营权的分离不被滥用而损害投资者利益。

二、公司治理产生的必然性

提出公司治理问题是有其必然性的，它是西方国家公司法中两权（公司所有权与经营权）分离的法律原则的一种异化。

在公司制度发展进程中，股份公司的出现和两权分离的实现，都有着不可磨灭的历史功绩。美国著名的公司法论著《现代公司与私有财产》一书中，对公司股权结构日益分散后产生的股份公司所有权和经营权相分离的现象作了高度的总结，指出了其在公司制度发展中所产生的巨大历史作用。但也指出，两权分离给公司股东带来巨大益处的同时，又产生了负面影响和作用，即“股东的个人利益绝对服从于有控制权的经理团体”，也就是说，所有权和经营权的分离，又给公司的股东带来了另一个问题，即股东在失去了对公司直接控制权和经营权之后，如何使拥有经营权的管理者们能为实现股东的利润最大化而尽职尽力地工作。这是公司制度上的新问题，即股东应如何在这种情况下动员、制约和监督公司经理层依法、依德经营的问题。

有人认为：股东是委托人，管理层是代理人，公司是股东委托管理者进行营利活动的一种工具。股东在实际上把公司实现利润的全部资源，包括资金、人员、机会，全部委托给管理者，希望其最大限度地予以使用并为股东创造最大的利润。这就是所谓的代理理论。但这只是理论上而言，因为：第一，代理人即公司管理者是一个生活在市场经济社会中的活生生的“人”，其行为与委托人即股东追求的目标可能不完全一致，也不可能完全一致。第二，公司管理者一旦根据委托关系获得了自由配置公司的各种资源的权力后，就具有很大的空间去追求与股东不一致的经济利益。也就是说，由于管理者掌握公司管理权之后，其在信息资源方面的优越地位使股东无力与之并驾齐驱，因此，管理者在各种经济利益的诱引下，有条件在股东不知晓的情况下，使公司逐渐成为经理层谋利的工具。所有这一切都给股东带来了一个新问题，即股东如何能在坚持两权分离的情况下，采取一切可以采取的措施来促使管理层为其利益服务。所谓一切可以采取的措施，其中包括利用现存和未来的法律制度和其他所能利用的经济激励手段以及社会文化手段进行综合治理，并为此付出应有的代价，这种代价称为代理成本。公司治理机制就是在这样的条件下和环境中产生和发展起来的。

三、关于公司治理的行为守则是公司治理机制的重要成果

公司治理作为一个法律概念，可以说是法律和经济相结合的产物，因为它受到法律和市场的双重影响。因此，公司治理也属于一种充满原动力的新概念。它在诸多因素包括经济的因素和部分社会的、政治的因素的影响下，通过法律原则的发展以及经营实践的发展而不断地充实和前进。它既是一系列现存法律概念的综合，又是一系列新概念的运用。它涉及公司的股权结构，公司的独立法人地位，公司股东、董事和经理人员之间权力的分配及利益的制衡，对公司经营管理者的监督和激励，以及相应的社会责任等一系列法律和经济问题。

公司治理机制逐步发展的一个典型表现，就是一些西方发达国家包括某些国际经济组织相继推出公司治理守则，并赋予其重要的地位。这不能不说是将全球性公司治理推向前进的一个重大成果，也说明公司治理在各国的紧迫性和重要性。据了解，目前在许多国家出现的各种不同形式的关于公司治理的行为守则日趋增多。

世界各国关于公司治理的原则、守则、规范或标准，大大丰富了公司治理机制的内容；但是由于各国的法律、经济社会和政治制度的不同，各国对上述公司治理规范的内容都有不同的规定。

在实施公司治理方面，西方国家，尤其是英美法系国家，无论是在立法上还是在司法实践中，都总结了不少行之有效的法律原则。这对世界各国都具有一定的借鉴价值。这些法律原则包括但不限于“揭开公司面纱”、管理层的诚信义务、在职管理层与在野派间的拉票战、公司的并购、独立董事制度、股东的派生诉讼和集团诉讼、股份评估补偿权等。

第七节 公司的合并、分立、解散和清算

一、公司的合并

公司的合并，又称为并购，是公司法的一个重要组成部分。严格地说，公司合并可分为新设合并、吸收合并和收购。

（一）新设合并

新设合并（consolidation）是指两个或两个以上的公司合并成一个新公司的商业交易。新设合并又称联合。新设合并具有如下特征：

（1）在新设合并中，参与合并的公司全部消失，因而称消失公司（disappearing corporation），新设公司（new corporation）获得消失公司的全部财产并承担它们的全部债务及其他责任。

（2）在新设合并中，每个消失公司的股票（份）都转化成新设公司的股票（份）、债务或其他证券，或者全部或部分地转换成现金或其他财产。

（3）新设合并的条件是参与合并的公司的董事会必须制订合并计划（该计划需经股东批准），并由新设公司报政府工商管理部门存档。

（4）在新设合并中，合并章程将成为新设公司的设立章程。

（5）如果公司的股东有权对合并提出反对，则新设公司有义务向持异议者的股东支付现金。

（二）吸收合并

吸收合并又叫兼并（merger），是指一个或几个公司并入另一个存续公司（surviving corporation）的商业交易。因此，吸收合并也可称为存续合并。存续合并具有如下特征：

（1）在存续合并中，存续公司获得消失公司的全部业务和资产，同时承担各个消失公司的全部债务和责任。

（2）在存续合并中，消失公司的股份转换成存续公司或其他公司的股份、债务或其他有价证券，或者全部或部分地转换成现金或其他财产。

（3）存续合并的条件是实施合并公司的董事会制订有效的合并计划，根据规定经股东的批准并由存续公司将合并章程呈递有关政府工商部门。

（4）如果规定公司合并必须经过股东大会批准，但少数股东不同意合并，则公司有责任以现金支付上述不同意合并股东的股份。

在现实的吸收合并中，外国投资者往往需要在投资所在国先设立一个子公司，然后再以子公司的名义合并其所要吸收的所在国公司。

（三）收购

收购是指由收购公司通过其高级管理人员发出收购要约（tender offer），购买某个目标公司的部分或全部股票（份），以便控制该公司的法律行为。

收购目标公司的对价，可以是现金、收购公司或其他公司的有价证券，但通常是现金。在现金收购中，目标公司的收购价格往往要高出其市场价格的25%～50%。

在收购中，如果目标公司无法抵御收购者对其股票出价的诱惑，只能把自己的股票出售给收购公司，收购公司就实现了兼并目标公司的目的。

二、公司的分立

（一）公司分立的概念

公司的分立，是指一个公司依法律规定和合同约定，通过股东会决议分立为两个或两个以上公司的行为。公司分立是和公司合并相反的行为。

（二）公司分立的类型

公司分立可分为新设分立和派生分立两种类型。

新设分立，又称解算分立，是指一个公司将其资产分割，设立两个或两个以上公司的行为。原公司法人资格因此消灭，并须办理注销登记手续，新设立公司须按照公司法规定的设立条件，并办理设立登记。

派生分立，又称存续分立，是指一个公司以其资产分离成两个以上公司，本公司继续存在并设立一个以上新的公司的法律行为。这种分立的结果是，原公司继续存在，但在股东人数、资本数额及生产规模等方面都发生了变化，应依法办理变更登记；新生的公司则应办理设立登记。

（三）公司分立的程序

1. 公司内部程序

公司董事会拟定公司分立方案；公司股东会审议、通过分立方案的决议；董事会编制公司分立财务及财产文件，并付诸实施。

2. 保护债权人程序

公司分立时，应由各方签订分立协议，分立协议中应明确划分各方的财产、营业范围、债权债务等。公司应当自作出分立决议之日起 10 日内通知债权人，并于 30 日内在报纸上或者国家企业信用信息公示系统公告。债权人自接到通知书之日起 30 日内，未接到通知的自公告之日起 45 日内，有权要求公司清偿债务或者提供相应的担保。不清偿债务或者不提供相应的担保的，公司不得分立。

3. 登记程序

公司分立需持分立协议、股东大会同意分立的决议、分立各方的公司章程等，向工商行政管理机关申请办理变更登记、设立登记或注销登记。

三、公司的解散

公司的解散（dissolution），在公司法上就是指公司法人资格的消失。随着公司的解散，公司就丧失了进行业务活动的能力，故公司解散时应终止一切业务经营活动。但公司法人资格的消失不能被理解为公司已经解散，而只有在公司终止了业务活动、结束了对内对外的法律关系、清算了其全部资产以后，公司才算真正地解散。公司只有经过清算这一法律程序，才能解散。公司在清算的过程中，不能被视为解散。

公司的解散涉及多方面的问题，比如清理债权债务，变卖公司资产，支付各类费用，纳清税款，满足债权人的要求以及分配剩余资产，等等。因此，公司的解散也是较为复杂的过程，而且是与清算密不可分的。

四、公司的清算

公司的清算（liquidation），就是指公司在解散过程中了结公司债务，并在股东间分配公司剩余资产，最终结束公司的所有法律关系的一种法律行为。清算的一般做法是：首先，确定清算人，由其负责清理公司债权债务；其次，根据债权人的先后次序偿还债务；最后，在优先股和普通股之间根据发行时各类股票所规定的条件，分配剩余资产（如果还有的话）。

第八节　外国公司

各国公司法的最后一章，一般都是关于外国公司的规定。尽管这一章条款不多，但内容重要，涉及面广，是公司法不可缺少的组成部分。

一、外国公司的概念

西方国家的公司法中对外国公司所下的定义都比较简单，一般是指根据其他国家的公司法的规定而设立的公司。凡外国公司，如果没有经所在国家政府的批准和同意，一般不得在该国从事商业性活动。

与外国公司定义密切相关的是公司的国籍问题。如何确定公司的国籍，亦即如何确定一国境内的公司是本国公司还是外国公司，这涉及该公司在东道国的待遇问题，涉及这个公司的经营活动受何种法律管辖的问题，尤其是当公司参与诉讼活动时应适用何种法律的重要问题。在确定公司的国籍问题上，存在三种不同的标准。

（一）依据公司注册登记所在地来确定公司国籍

这是目前最通行的做法。这不仅在许多国家尤其是美、英、日等国家的公司法中有明确的规定，而且见诸许多国家的著名案例中，并逐渐在国际法领域内得到确立。在许多国家的双边条约中，都以注册国作为该公司国籍的依据。如 1953 年签订的《日美友好通商航海条约》第 22 条第 3 款明确规定：在缔约国一方的领域内根据该国有关法令成立的公司，即被确认为该缔约国的公司。国际法院在 1970 年 2 月 5 日对巴塞罗那电力有限公司的判决中明确了“公司的国籍一般依其注册所在地而定”的法律原则。

（二）依据能控制公司的股份持有者的国籍来确定公司国籍

一些国家法律是采用这个标准的，但用此标准来确定该公司的国籍，进而确定该公司属于何国的法人，显然是有不少弊病的。一方面，如果一个公司在东道国注册和经营，但由于其主要股东是外国人，因而它是一家外国公司而不属于公司所在国的法人，不受所在国法律管辖，其结果必然导致削弱东道国的主权权力；另一方面，这又会给该公司的营业活动设置很多障碍。另外，在股份有限公司中，股票是可以自由转让的，这就给以此标准来确定公司国籍的实际工作带来许多困难，而且会造成公司国籍不确定和不稳定的局面。

（三）依据公司主要营业所的所在地来确定公司国籍

采取这种标准的弊端首先在于主要营业所的确定比较困难，有的公司以真实的决策中心作为主要营业所，但决策中心不等于主要的具体业务活动地。这样确定的结果会给公司主要的具体业务活动带来一些不便。此外，主要营业所的所在地可能会发生变化，而且有些公司为了逃税或规避某一国家的法律管辖，欺骗性地转移主要营业所，监管机构往往很难调查和识破这种行径，因而会给东道国的司法管辖带来一定的困难。

二、外国公司的进入

外国公司进入所在国进行商业性交易活动，必须完成一定的法律手续。一般来说，必须在所在国设立办事处（代理人）、分公司或子公司，以便取得营业执照。在这方面，虽然总的原则都是一致的，但各国的具体规定是很不同的。

三、外国公司的撤离

西方国家公司法对外国公司撤离的规定，一般分两种情况：第一种情况是由于被强制吊销营业执照而被迫撤离；第二种情况是主动撤离。

本章小结

公司作为商事组织中一种重要形式，在国民经济中占有十分重要的地位。学习公司法首先应了解公司的概念和基本法律特征。公司作为企业法人，具有独立的财产所有权，独立地享有民事权利和承担民事责任，实行统一（法定）的集中管理制，公司股东以其出资额为限，对公司承担有限责任；公司的存在具有永续性。公司的有限责任制体现了企业发展过程中的一种历史性进步，但这种制度必须以“揭开公司面纱”原则作为补充才具有生命力。因此，英美法系国家法院的许多案件，为了追求公平正义、维护社会利益，常常会拒绝承认一个合法成立的公司的独立法人地位，直接探究公司与股东的真实关系。这种不考虑或忽略公司独立存在特征的做法，即“揭开公司面纱”。公司根据不同的标准可以区分为有限责任公司、股份有限公司、无限责任公司、股份两合公司、母公司、子公司、分公司等，各种公司形式具有各自不同的法律特征。

公司的设立必须遵循法定的程序，一般来说，公司的发起人、公司的资本和公司的章程是设立公司的三大要素。公司的发起人作为公司的创办人，享有一定权利的同时也应承担相应的义务。公司的章程是公司的核心大纲，是公司处理对内和对外事务的基础。大陆法系国家的公司章程为一个文件，而英美法系国家则将公司章程分成两个法律文件，如公司章程和内部细则等。

公司资金是公司的血液，其是公司对第三人的最低财产担保，主要来源是自有资本和债，分别对应的表现形式是股票和债券。不同类型的股份持有者和债券持有者有着不同的权利。股票可分为普通股和优先股、记名股和无记名股、有票面值股和无票面值股、表决股和无表决股、发行在外股和库存股。公司的债可以分为抵押债券、附属担保信托债券、保证债券、设备债券、清算人债券、普通债券等。

公司的管理关键在于公司的治理结构的优化及如何在股东、董事和管理人员之间分配权力。股东是公司股份的拥有者，股东大会是公司的最高权力机关。董事会是公司最重要的决策和领导机构，是公司对外进行业务活动的全权代表。股东会、董事会、监事会是公司治理结构的重要组成部分，它们有着各自不同的权限分工和相互制约的关系。公司的高级职员是指公司那些比较重要的管理人员，通常包括总经理、副总经理、司库和秘书；在英国和西欧一些国家，还包括审计员。高级职员的职权分为如下三种形式：明示权限、默示权限和不可否认的权限。

公司的合并分为新设合并、吸收合并和收购。公司的解散是指公司法人资格的消失。公司的清算，是公司解散过程中重要的法定程序。

各国公司法关于外国公司的注册登记、进入与撤离尽管有不同的规定，但这一部分是公司法不可缺少的组成部分。

重要概念

1. “揭开公司面纱”原则：是指如果法院认为成立公司的目的在于利用公司从事妨碍社会利益、欺诈或逃避个人责任的活动，将不考虑公司的法人资格，直接追究股东或其他行为人的民事责任。也就是说，法院有权要求公司有控制权的股东及主要经营者对公司债务承担个人责任。

2. 公司法：是指规定公司企业的设立、组织、经营、解散、清算以及调整公司对内对外关系的法律规范。

3. 有限责任公司：是指股东人数较少，不发行股票，股份不得随意转让，股东对公司承担有限责任的公司。

4. 股份有限公司：是指其全部资本分为等额股份，股东以其认购的股份为限对公司承担责任，公司以其全部资产对公司承担责任。

5. 母公司：是指通过掌握其他公司的股票（份）从而能实际上控制其他公司营业活动的公司。

6. 子公司：是指受母公司控制，但在法律上是独立的法人组织，它本身是一个完整的公司企业。

7. 分公司：是总公司或者母公司的一种分支机构或者仅仅是母公司的一个附属机构，它本身在法律上和经济上没有独立性。

8. 公司章程：是指规范公司的宗旨、业务范围、资本状况、经营管理以及公司与外部关系的公司准则。公司章程是组建公司的必备的和核心的文件，必须提交政府的登记部门核准并备案。

9. 公司内部细则：是指由公司制定的用以规定和调整公司业务活动以及公司的股东、董事、管理人员及雇员的权利和义务关系的文件。

10. 股票：是股份有限公司公开发行的证明股东在公司中拥有权益的一种有价证券。

11. 董事会：是公司最重要的决策和领导机构，是公司对外进行业务活动的全权代表。

12. 独立董事：是指与公司的交易活动没有实质性的、直接的或间接的利害关系的，从公司外部选聘的董事。

13. 商业判断原则：是指董事会根据合理信息和合乎理性的判断作出的商业决议不应让董事承担责任，即使这样的决议从公司的角度来看是有害的，甚至是带有灾难性后果的。

14. 公司的清算：是指公司在解散过程中了结公司债务，并在股东间分配公司剩余资产，最终结束公司的所有法律关系的一种法律行为。

思考与练习

1. 与合伙相比，公司有哪些法律特征？

2. “揭开公司面纱”原则产生的背景及主要内容是什么？

3. 当前世界各国的公司法形式有什么不同？各有什么利弊？

4. 如果决定在国内以公司形式进行直接投资，你愿意采取有限责任公司形式还是股份有限公司形式？为什么？

5. 如果你代表国内某公司去境外投资，在该公司对应选择子公司还是分公司形式征求你的意见时，你应如何向公司分析其利弊？

6. 公司的基本权力在公司法中予以列举有什么利弊？

7. 股东权益由哪几部分组成？

8. 授权资本制与法定资本制有什么不同？各有什么利弊？

9. 作为公司的股东或董事，你认为用什么办法可限制公司向外借债？

10. 根据你对股票分类原则的理解，你能否设计出一种新型的股票类别（或系列）?
11. 我国公司法与西方国家公司法在股息分配的规定上有什么异同点?
12. 对于一个投资者来说，股票投资和债券投资各有什么利弊?
13. 股东有哪些权利？其源于何处?
14. 股东大会有哪几种表决形式？哪几类方式可以保护中小股东利益？为什么?
15. 英美法中的独立董事制度在规范公司经营中能发挥什么样的作用?
16. 试比较两大法系和中国公司法有关董事会制度的异同。
17. 什么叫商业判断原则？它有哪些主要内容?
18. 公司高级职员的职权有哪些?
19. 公司治理机制产生的背景及旨在解决的主要问题是什么?
20. 请指出公司治理行为守则的法律性质。
21. 可以通过哪些方式对公司进行合并？其程序如何?

第四章 外商投资法

导入案例

我国内地的一家有限责任公司（以下简称A公司）与一家美国公司（以下简称B公司）以及我国香港一家公司（以下简称C公司）共同组建一家中外合资企业。

合资企业的投资总额为800万美元，注册资本为400万美元，其中A公司出资160万美元，B公司出资160万美元，C公司出资80万美元。A、B、C公司在注册资本中的出资比例分别为40%、40%及20%。但合同没有规定各方的出资时间。

合资企业的合同及章程经我国政府管理部门批准且合资企业领取了营业执照后，除C公司按合同规定履行其全部出资以外，A公司和B公司都只完成其各自出资的60%。

三年以后，A公司要求转让其在合资企业的全部股份给第三人，B公司表示同意，C公司表示反对。C公司的理由是A公司还有应出资的40%的注册资本未缴付，同时，A公司也未给予C公司优先购买权。A公司抗辩说，A公司给予了C公司优先购买权，只是C公司认为价格太高而不同意购买。对于A公司未出资部分，新的股东将完成补缴工作。同时，C公司的出资只占全部注册资本的20%，它反对80%股权作出的转让决定的行为是无效的。A公司要求政府管理部门对其转让行为予以批准。

问题：

1. 作为政府管理部门，是否应批准该合资企业的转让决定？为什么？

2. 该合资企业的合同规定是否有缺陷？原审批部门的审批是否有瑕疵？为什么？

3. 本案应如何处理？

4. 如果该股权转让发生于2020年后，且该合资企业已按我国《外商投资法》完成改制，本案应如何处理？

第一节　外商投资企业法到外商投资法的演进

我国实行改革开放政策以来，为吸引和利用外资，促进我国经济的发展，于1979年颁布了《中华人民共和国中外合资经营企业法》（以下简称《中外合资经营企业法》），标志着我国外商投资法律体系开始起步。

此后，我国于1986年制定了《中华人民共和国外资企业法》（以下简称《外资企业法》），规范外商独资企业；1988年出台了《中华人民共和国中外合作经营企业法》（以下简称《中外合作经营企业法》），确立中外合作经营企业模式；1983年颁布了《中华人民共和国中外合资经营企业法实施条例》（以下简称《中外合资经营企业法实施条例》），1995年出台了《中华人民共和国中外合作经营企业法实施细则》（以下简称《中外合作经营企业法实施细则》），由此我国逐步构建了以“外资三法”① 为核心的外商投资法律制度框架。

“外资三法”，又称“三资企业法”，是指规定中外合资经营企业、中外合作经营企业、外商独资企业的设立、经营、终止和解散，以及解决中外双方争议的各类法律规则的总称。

一、中外合资经营企业法律制度

（一）中外合资经营企业的定义及法律特征

1. 中外合资经营企业的定义

中外合资经营企业（以下简称合营企业）是依照我国法律规定而设立，由外国的公司、企业或其他经济组织或个人，按照平等互利的原则，经我国政府批准，在中华人民共和国境内，同一个或几个中国的公司、企业或其他经济组织共同举办、共同经营和共负盈亏的企业。经中国政府批准并经注册登记的合营企业是中国的法人，应遵守中国的法律，

① 随着2020年1月1日《中华人民共和国外商投资法》的施行，原“外资三法”同时废止，且至2025年1月1日，5年过渡期已终止。但本书认为，“外资三法”的相关内容仍有保留的必要，理由如下：（1）我国各地方政府在三通一平、土地使用费等问题上仍然存在对三资企业的诸多优惠政策，国务院更是在2025年2月出台了诸如全面取消制造业领域外资准入限制要求，扩大电信、医疗、教育等领域开放试点，推动生物医药领域有序开放，鼓励外资在华开展股权投资，取消外商投资性公司使用境内贷款限制，降低跨境换股门槛，优化口岸签证，过境免签，区域性入境免签政策，促进人员往来便利化，助力外资企业出口货物享受协定伙伴方关税减让等稳外资行动方案；（2）外商投资企业尽管已按照我国《公司法》《合伙企业法》进行了变更登记，但公司章程、合伙协议的具体内容的内核与国内企业仍然有很大的不同，其组织管理机构的具体内容也具有中外合资、中外合作、外商独资的鲜明特色，这些企业的特殊性，可以作为我国公司法律制度和合伙企业法律制度的一种解释和补充而存在。据统计，截至2024年年底，外商累计在华投资设立的企业超过123.9万家，实际使用外资20.6万亿元人民币。因此，“外资三法”事实上还是非常实用的，也是现在和未来的国际商事活动的从业者需要了解和应当具备的基本法律知识。

受中国法律的管辖与保护。

2. 合营企业的法律特征

合营企业主要的特点，就是它属于股权式的合营企业（equity joint ventures）。根据国际惯例，所有合营企业大体上可以划分成股权式的合营企业和契约式的合营企业两大类。所谓股权式的合营企业是指对合营各方的所有投资以货币形式进行估价，然后以此折合成股份，并计算出其在整个注册资本中所占的比例（称为股权比例），再按此股权比例分担企业的收益和风险、盈利和亏损。股权式的合营企业通常是一个具有法人资格的公司企业，实际上就是以公司形式进行的一种直接投资方式。中外合营企业属于股权式的合营企业，这是其区别于中外合作企业的主要法律特征。

（二）合营企业资金来源的法律规定

1. 合营企业的投资总额

根据《中外合资经营企业法》及其实施条例的规定，合营企业的投资总额，从其来源分析，由中外投资各方各自的投资额和以合营企业的名义的借款这两部分组成，它等于合营企业的自有资金及该企业的借贷资金之和。从合营企业所需要的资金总额分析，所谓合营企业投资总额，是指按照合营企业合同、章程规定的生产规模需要投入的基本建设资金和生产流动资金的总和。换言之，投资总额是指该合资各方所商定的投资项目所需要的全部资金的总额。

2. 合营企业的注册资本

根据《中外合资经营企业法实施条例》的规定，合营企业的注册资本，是指为设立合营企业在登记管理机构登记的资本总额，应为合营各方认缴的出资额之和。这个定义包括两层意思：其一，合营企业的注册资本是合营企业双方投资者在我国登记管理机构注册登记的自有资本的总额，这里不包括合营企业的借款。其二，合营企业的注册资本必须是投资各方认缴的出资额之和。这里的“认缴”（subscription）是指投资者已经允诺以实物、知识产权或专有技术进行实际投资的法律行为。通俗地说，注册资本是投资者已经承担了法律责任而必须缴付的各自出资额。因此，注册资本不等于资本。所谓实付资本（paid up capital），是指投资者实际上已经支付的资本额。一般来说，在资本分次投入企业的情况下，在一段时间内，实收资本少于注册资本；但当双方分次按期付足资本后，两者又趋于一致了。

3. 合营企业的注册资本与借款比例

我国经过近 9 年的实践之后，由国家工商行政管理总局（现为国家市场监督管理总局）制定、国务院于 1987 年 3 月 1 日颁布了《关于中外合资经营企业注册资本与投资总额比例的暂行规定》。它以法规的形式明确了中外合资经营企业注册资本与投资总额的比例，实际上也确立了合营企业借款额与注册资本的比例。

（1）合营企业的投资总额在 300 万美元以下（含 300 万美元）的，其注册资本至少应占投资总额的 7/10，即股与债之比为 7∶3。

（2）合营企业的投资总额在300万美元以上至1 000万美元的，其注册资本至少应占投资总额的1/2，即股与债之比为1∶1；但投资总额在420万美元以下的，注册资本不得少于210万美元。

（3）合营企业的投资总额在1 000万美元以上至3 000万美元的，其注册资本至少应占投资总额的2/5，即股与债之比为2∶3；但投资总额在1 250万美元以下的，注册资本不得低于500万美元。

（4）合营企业的投资总额在3 000万美元以上的，其注册资本至少应占投资总额的1/3，即股与债之比为1∶2（债可为股的2倍）；但投资总额在3 600万美元以下的，注册资本不得低于1 200万美元。

《中外合资经营企业法实施条例》还规定，凡合营企业增加投资的，其追加的注册资本与增加的投资比例，即股与债之比，须按上述所规定的比例执行。同时，《中外合资经营企业法实施条例》也规定，合作经营企业、外资企业的注册资本与投资总额的比例，也应参照上述规定执行。我国之所以对合营企业的股与债作出此规定，主要是考虑到如果合营企业的债务太多，注册资本甚少，势必造成该企业经营风险过大，这无论是对双方投资者还是对国内外的债权人来说，都是不适当的。总之，这个规定是从中国的实际情况出发，参照国际惯例而制定的，目的是保护中外双方投资者的利益以及债权人的利益。

4. 合营企业内合资各方的投资比例

合营企业的投资比例，是指中外合营各方投入的出资额在注册资本中各自所占的份额，以表示其在合营企业中拥有股本的份额。合营者在合营企业中的持股比例意义重大，它直接关系到合营者对企业利润的分配和企业结束时对剩余资产的分配，关系到合营各方对企业的管理权等重大问题。

《中外合资经营企业法》规定，在合营企业的注册资本中，外国合营者的投资比例一般不低于25%，即只规定了外国合营方投资的最低限额，没有规定外资所占比例的最高限额。

5. 合营企业内合资各方的投资方式

合营各方用什么方式投资入股，这是一个重要的问题，它涉及这个企业的自有流动资金的数额、机器设备的水平和运转能力、技术的先进程度以及合营企业的空间规模（占地面积）。因此，《中外合资经营企业法》及《中外合资经营企业法实施条例》规定，合营企业各方可以现金、实物、工业产权和土地使用权等进行投资。

应特别注意我国《公司法》对这一问题所作出的重要补充：

（1）股东应当按期足额缴纳公司章程中规定的各自所认缴的出资额。股东以货币出资的，应当将货币出资足额存入有限责任公司在银行开设的账户；以非货币财产出资的，应当依法办理其财产权的转移手续。（见《公司法》第49条第1款、第2款）

（2）股东未按期足额缴纳出资的，除应当向公司足额缴纳外，还应当对给公司造成的损失承担赔偿责任。（见《公司法》第49条第3款）

（3）有限责任公司设立时，股东未按照公司章程规定实际缴纳出资，或者实际出资的非货币财产的实际价额显著低于所认缴的出资额的，设立时的其他股东与该股东在出资不足的范围内承担连带责任。（见《公司法》第50条）。

此外，在实践中，人们往往对合营合同中关于一方在投资问题上违约，守约方有权获得的补偿的理解有很大的分歧。

6. 合营企业内合资各方缴付出资额的法律规定

合营企业的存在是通过合营各方按合营合同的规定真正地实施投资而实现的，因此合营各方能否依法实际缴付其出资额，直接关系到合营企业的存亡及其发展。在实践中，这个问题一直是合营企业资金来源的一个重要问题。

经国务院批准，由外经贸部（现为商务部）、国家工商行政管理总局于1988年1月1日颁布，同年3月1日开始实施的《中外合资经营企业合营各方出资的若干规定》（以下简称《规定》），总结了我国9年多来举办合营企业的经验和教训，借鉴了国外公司法有关方面的规定，参照了国际直接投资的某些习惯做法，对合营各方出资的性质、期限及违约的责任都作了具体的规定，它对保护中外合营各方的合法权益、减少投资风险、促进合营企业的顺利正常发展以及维护我国的社会经济秩序，都具有一定的现实意义。

《规定》颁布9年后，1997年9月2日经国务院批准，于同年9月29日由外经贸部和国家工商行政管理总局发布了《〈中外合资经营企业合营各方出资的若干规定〉的补充规定》（以下简称《补充规定》）。《规定》及《补充规定》在中外各方投资问题上是十分重要的行政法规。《规定》和《补充规定》于2014年3月1日废止。

7. 合营企业股份的转让

这种转让是指合营企业中合营一方将其全部出资额或部分出资额转让给合营企业的另一方或合营各方以外的第三人。

关于股份的转让，《中外合资经营企业法实施条例》作出了具体的规定。其总原则是：合营企业的股份转让是依法享有的权利。但在具体的转让中，还应遵守以下几个具体的法律原则：

（1）合营的任何一方转让其出资，必须经合营他方同意。

（2）合营一方转让其部分或全部出资额时，合营他方在同等条件下有优先购买权。

（3）合营企业的股份转让必须经原审批机关批准，并在工商行政管理机构办理相关的登记手续。

（三）合营企业的行政管理制度

合营企业是由中外合营各方在中国境内共同投资、共同经营的独立的中国法人。因此，其管理原则既要符合国际惯例，又要结合中国的实际情况。它不能完全运用我国或外国的一套管理原则，而应充分发挥中外双方（尤其是外方）在经营管理中的优势，确定一套新型的管理方法和组织方法，建立起新型的组织机构。根据《中外合资经营企业法》及其实施条例的规定，合营企业应由中外双方根据各自的出资比例，共同承担管理的责任，共同参与企业的决策和管理活动。

合营企业的有限责任公司和股份有限公司的组织机构和管理，应按照我国公司法的规定执行。

关于合营企业内中方管理人员和职工的管理制度，包括中方董事、高级管理人员、专业技术人员以及职工的聘任和解聘等重要事项的规定，是合营企业行政管理制度的重要部分。《中外合资经营企业法》及其实施条例和其他有关条例，对这个问题都作了较为完整的原则性的规定。需要强调的是，原劳动人事部根据上述原则，也制定了关于中外合资经营企业内中方干部的具体管理办法，进一步落实了上述法律原则。

对中方人员的管理规范强调，对于在中外合资经营企业担任董事长、董事的中方人员，在任期内不得擅自调动他们的工作。需调动时，委派单位应征求该企业的审批机构和合营他方的意见。

中外合资企业聘用的中方高级管理人员，在其聘用合同期内，未经企业董事会和总经理同意，任何部门和单位均无权调动他们的工作。

实践证明，上述管理制度，对规范合营企业中的中方管理人员起到了十分积极的作用。

二、中外合作经营企业法律制度

（一）中外合作经营企业的概念

中外合作经营企业（以下简称合作企业）是外国企业和其他经济组织或者个人（以下简称外国合作者）同中国的企业或者其他经济组织（以下简称中国合作者），按照平等互利的原则，根据中华人民共和国法律和其他有关法规，用书面合同约定合作条件，并经国家批准，在中国境内共同设立的经济组织。

合作企业属于契约式的合营企业（contractual joint ventures）。合作企业与股权式的合营企业是有明显区别的。在合作企业中，中外双方的投资一般允许不以货物为单位进行计算，也可以不按股份比例分享利润和承担风险。它们各自的权利和义务是由它们自愿协商，用书面合同规定的，而在合营企业中，合营各方的投资必须以货币形式作价，折算成股份，并以此股份比例来分享利润和承担风险。因此，《中外合作经营企业法》规定，中外合作者依法在合作企业合同中约定投资或者合作条件、收益或者产品的分配、风险和亏损的分担、经营管理方式和合作企业终止时的财产归属等事项。这是合作企业区别于合营企业最主要的法律特征。

（二）合作各方的出资方式

《中外合作经营企业法》规定，中外合作者的投资或者提供的合作条件可以是现金、实物、场地使用权、工业产权、非专利技术和其他财产权利。所谓其他财产权利，是指公司的股份（票）、债券或公司的其他收益，还包括对金钱的请求权，以及法律允许的经营特许权（但必须经审批机构批准）。这个规定，总结了合作企业实践的具体做法，照顾了中外合作者提供投资或者合作条件的能力，从而使中外合作者的投资方式更加广泛和多样化。这也符合我国与其他国家签订的保护投资双边协定中关于投资定义的规定。

（三）合作企业法人资格的可选择性

所谓法人资格的可选择性，主要是指合作企业不一定都具有法人资格，它们可以办成法人形式的企业，也可以办成非法人形式的经济实体。《中外合作经营企业法》规定：合作企业符合中国法律关于法人条件的规定的，依法取得法人资格。这就意味着法律既允许合作企业办成企业法人，也允许其办成不具备法人条件的联营式企业。这里必须指出的是：

（1）合作企业法人要符合中国法律关于法人条件的规定。《中华人民共和国民法典》关于取得法人资格的具体条件有如下规定：依法成立；有必要的财产或者经费；有自己的组织机构和住所；能够独立承担民事责任。凡符合上述四个条件的合作企业，依法经市场监督管理机关核准登记，可取得中国法人的资格。

（2）在实践中，合作企业也可以办成不具备法人条件的联营式企业。这类企业的特点是：第一，中外合作各方之间联营、共同经营，但不具备法人条件。第二，中外企业间的合作各方按照合作合同的约定，以各自经营管理的财产承担民事责任。第三，合作各方按照协议，可以约定相互承担连带责任。第四，合作企业可以不成立董事会，而设立联合管理机构或委托管理机构。

（四）合作各方对利润的分配

《中外合作经营企业法》规定了合作各方分配利润的原则，即合作各方按照合作企业合同的约定，分配收益或者产品，承担风险和亏损。这一规定说明合作企业的利润分配可以具有其自身的灵活性，即由合作各方在合同中约定和订明。这与《中外合资经营企业法》规定的“合营各方按注册资本比例分享利润和分担风险及亏损”是不一样的。合营企业分配利润的规定属于强制性条款，即必须采取“按注册资本比例”分配原则，不能再采取其他变通方法；但合作企业的具体分配原则，可以在中外合作者之间协商。当然，由于合作企业合同必须遵循“平等互利”的原则，也必须遵守其他法律，如税法、外汇管理条例及海关法等，因此，互相协商并不等于可以随意或任意地决定分配方案，它必须在我国法律允许的范围内进行，并且必须经我国政府批准方能生效。

（五）合作企业的组织管理形式

合作企业的管理机构及其管理方式同样具有自身的灵活性。合作企业选择公司法人组织形式的，按照我国公司法的规定设置公司管理组织机构运作；而合作企业选择非法人组织的合伙企业形式的，则按照我国合伙企业法的规定来设置其组织管理机构。

（六）合作企业结业时财产的处置

《中外合作经营企业法》规定，合作企业期满结业时，应当依照法定程序对企业的资产和债权债务进行清算。在此基础上，中外合作者应当依照合作企业合同的约定，确定合作企业财产的归属。在实践中，合作企业合同通常规定，合作期满时，合作企业的全部固定资产都无偿地归中方所有。《中外合作经营企业法》肯定了这一点，但同时规定，如果中外合作方约定这一点，则可在合作企业合同中约定外国合作者在合作期限内先行回收投资的办法。这与合营企业终止时进行清算后必须按各方的投资比例再次分配剩余资产是不一样的。因此，在合作企业中，外国合作者在合作期内基本上已回收了其投资的本金，而且获得了利润分成。如上所述，其投资本金实际上是从我方让出的部分收益中获得的，其利润往往要高于其投资额的贷款利息。因此，合作企业结业时如有剩余资产，实践中往往都归中国合作者所有，这是合理的，是符合平等互利原则的。

三、外资企业法律制度

（一）外资企业的概念

外资企业（wholly foreign owned enterprise），又称外商独资企业。它是由外商拥有全部资本并独立经营的企业。这类企业是按照东道国的法律注册登记而成立的，属于投资东道国的法人或经济实体。外资企业的历史较为悠久，是国际上广泛采用的一种直接投资方式。

根据《外资企业法》的规定，中国的外资企业是指“依照中国有关法律在中国境内设立的全部资本由外国投资者投资的企业，不包括外国的企业和其他经济组织在中国境内的分支机构”。“外资企业符合中国法律关于法人条件的规定的，依法取得中国法人资格。”所谓“符合中国法律关于法人条件的规定”，主要是指符合我国法律关于法人资格的四个基本条件：（1）依法成立；（2）有必要的财产或者经费；（3）有自己的名称、组织机构和住所；（4）能够独立承担民事责任。只有符合这些规定的，才能成为具有中国法人资格的企业；不符合规定的，只能是中国的非法人企业。概括地说，外资企业是一个独立的经济实体，自主经营，自负盈亏，独立核算，独立承担法律责任。

（二）对外资企业的法律保护

《外资企业法》规定：外国投资者从外资企业获得的合法利润、其他合法收入和清算后的资金，可以汇往国外；外资企业的外籍职工的工资收入和其他正常收入，依法缴纳所得税后可以汇往国外。此外，外资企业的独立生产经营权、人事权、物资采购权、产品出口权等都受到中国法律的保护；外资企业在经营活动中的民事权利也受中国法律的保护。

外国投资者在中国投资，最担心的问题就是企业被国有化或被征收。《外资企业法》规定，国家对外资企业不实行国有化和征收，即使在特殊情况下，出于社会公共利益的需要依法对外资企业实行征收，也应给予相应的补偿。这是我国法律对外资企业实现其资产所有权的另一项具体保护措施。此外，我国还先后同美国、加拿大、德国、法国等多个国家签订了双边或多边投资保护协定，保证了外国投资者的投资安全。

（三）设立外资企业的方式

1. 外商直接投资

由外商直接投资建立外资企业，这是较普遍的做法。

2. 外商收购现有合资企业的中方投资

随着外资企业在中国的日渐发展，外商还通过购买自己作为出资一方的合资企业中中方的出资份额，使原来的合资企业成为独资企业，或者购买已经设立为外资企业的出资一方或多方或所有出资方的出资份额来取得现存的外资企业。但是，通过这种方式设立的外商独资企业必须符合两个前提条件：一是不允许外商独资的行业，不能以这种方式使外国投资者拥有企业的全部股权；二是因这种方式使企业变成外资企业的，还必须符合外资企业设立的两个条件之一。

3. 外商独资投资性公司

随着改革开放的不断发展、市场经济的层层深入、外商来华投资的迅猛发展，原有的利用外资的形式已不能满足一些投资者的需要了，于是新的利用外资的形式便应运而生，如外商投资股份有限公司、外商投资对外贸易公司和外商独资投资性公司，对这些新形式进行规范的法规也相继出台。但到目前为止，我国允许外商独资的只有投资性公司，即外商先在国内成立独资控股公司，然后由该独资控股公司在国内投资成立外资企业。

投资性公司（investment company），又称投资公司，国外称为控股公司（holding company）、伞形公司（umbrella company），是当今世界上非常流行的一种投资形式。通过举办投资公司，投资者不仅可以享受到本国的一些税收优惠，而且可以通过控股，对由投资公司投资设立的企业实行中央管理，统一经营，统一支配人力和财力，从而可以大量地节省费用。最关键的是，对于一些大型多国公司（multinationals），通过设立投资公司，可以避免一定要与中方合资或合作，从而达到独立控制其所投资企业的目的。

2001 年我国加入 WTO 后，进一步开启了外商投资法与国际接轨阶段的进程。根据我国加入世贸组织的承诺，我国为适用 WTO 规则，删除外汇平衡、本地采购等限制性条款，建立外资并购国家安全审查制度。2016 年我国开始对外资企业从审批制转向备案制，并试点负面清单管理模式。

2019 年 3 月 15 日，十三届全国人大二次会议通过了《中华人民共和国外商投资法》（以下简称《外商投资法》），这部法律自 2020 年 1 月 1 日起施行，取代了曾立下丰功伟绩的“外资三法”，成为我国改革开放新阶段外商投资领域的基础性法律。

2019 年 12 月 12 日国务院第 74 次常务会议通过《中华人民共和国外商投资法实施条例》（以下简称《外商投资法实施条例》），自 2020 年 1 月 1 日起施行。

我国外商投资法的演进既体现了从分散的“外资三法”立法模式到统一的《外商投资法》法典模式的转变，也体现了由“政策驱动”到“制度型开放”的转变，从限制性管理到开放型治理的转变，从政策优惠到法治保障的转变，从吸引低端制造到促进高端投资转变，为外国投资者提供了更稳定、公平的法治环境，同时推动中国经济深度融入全球市场，也进一步扩大我国高水平对外开放。

第二节 外商投资法的基本内容

一、外商投资法的宗旨、原则和外商投资的界定

《外商投资法》在总则中，通过八条内容，高度概括并原则性规定了该法的宗旨、适用对象、投资促进、管理制度、投资保护的基本原则，以及主管部门和工会组织等内容。

《外商投资法》的宗旨是为了进一步扩大对外开放，积极促进外商投资，保护外商投资合法权益，规范外商投资管理，推动形成全面开放新格局，促进社会主义市场经济健康发展。

《外商投资法》第 2 条规定了该法的适用对象是来华的外商投资。该条对外商投资和外商投资企业作了如下定义：

在《外商投资法》的范围内，外商投资是指外国的自然人、企业或者其他组织（以下称外国投资者）直接或者间接在中国境内进行的投资活动，包括下列情形：

（1）外国投资者单独或者与其他投资者共同在中国境内设立外商投资企业；

（2）外国投资者取得中国境内企业的股份、股权、财产份额或者其他类似权益；

（3）外国投资者单独或者与其他投资者共同在中国境内投资新建项目；

（4）法律、行政法规或者国务院规定的其他方式的投资。

《外商投资法》对在华外商投资的定义中，特别强调了：

（1）投资的主体：是指外国的自然人、企业或其他组织，即非中国国内的、在境外允许从事投资活动的投资者。

（2）投资的方式，可以是直接投资也可以是间接投资。

（3）投资的途径：1）新设投资，新建外商投资企业或在中国境内新建项目；2）并购投资，取得中国境内企业的股份、股权、财产份额或者其他类似权益；3）法律、行政法规或者国务院规定的其他方式的投资。

《外商投资法》总则对外商投资企业作了如下定义：外商投资企业，是指全部或者部分由外国投资者投资，依照中国法律在中国境内经登记注册设立的企业。简言之，外商投资企业要注意以下三个要素：第一，它是按中国法律在中国境内设立的；第二，它是由外国投资者投资或参与投资的；第三，它是中国企业。

《外商投资法》总则还明确规定，为了鼓励外商投资，国家承诺将实行高水平的投资自由化和便利化政策，营造一个稳定、透明、可预期和公平竞争的市场环境。尽管这些

都属于政策性的声明和尚需配套法规进一步细化的概念，但是表达了我国建立和完善外商投资促进机制的决心。

总则还对外商投资实施新型管理制度，如准入前国民待遇加负面清单管理制度、对外商投资的法律保护以及外商应遵守中国法律法规，不得危害中国国家安全、损害社会公共利益等，都作出了明确的规定。

二、投资促进

投资促进是制定《外商投资法》的出发点，也是《外商投资法》的归宿。《外商投资法》的目的是吸引更多的外商来华投资，因此投资促进这一章紧随总则之后，位置重要。因为只有促进了来华投资，才谈得上外资保护和外资管理。

法律总结并吸取了自改革开放以来吸引外资的经验，全面地把其上升为法律。投资促进表现为九个措施、两项权职。

（一）投资促进的九大措施

（1）外商投资者与国内企业平等适用国家支持企业发展的各项政策。

（2）国家制定与外商投资有关的法律、法规、规章，应征求外商投资企业的意见和建议。

（3）与外商投资相关的规范性文件、裁判文书等应依法及时公布。

（4）在全国范围内建立、健全外商投资服务体系。

（5）设立特殊经济区域，在部分地区实行外商投资试验性政策措施，以促进外商投资，扩大对外开放。

（6）鼓励和引导外国投资者在特定行业、领域、地区投资，并享受法定的相应优惠措施。

（7）保障外商投资企业依法平等参与标准制定工作，并平等适用国家制定的强制性标准。

（8）保证外商投资企业依法通过公平竞争参与政府采购活动。政府采购平等对待外商投资企业在中国境内生产的产品和提供的服务。

（9）外商投资企业可依法通过公开发行股票、公司债券等证券和其他方式融资。

（二）投资促进的两项权职

《外商投资法》还规定了我国县级以上地方人民政府和各级人民政府及有关主管部门，应当行使的两项权职。

（1）县级以上地方人民政府可依法在其法定权限内制定外商投资促进和便利化政策措施。

（2）各级人民政府及其有关部门应当按照便利、高效、透明的原则，简化办事程序，提高办事效率，优化政务服务。有关主管部门应当编制和公布外商投资指引，为外商投资者和外商投资企业提供服务和便利。

三、投资保护

投资保护是《外商投资法》重要的组成部分，因为东道国对外商投资的保护是外国投资者的生命线。《外商投资法》对外资普遍关心的征收和补偿、利润汇出、知识产权保护、技术转让、地方政府守约践诺问题都作了回应和规定，从而使我国对外资的保护规定比以往更加系统化、具体化，操作性较强。这主要体现在：

第一，它不是一两个条款，而是整整一章，共八条，形成系统；

第二，对外资保护的内容比较具体，规定的保护措施易操作；

第三，突出政府主管部门及政府工作人员在投资保护中的责任。

具体内容包括：

（1）国家对外商投资不实行征收。这表明我国不会对外资实行征收。因为目前我国不存在征收外国投资的动机和环境。

（2）在特殊情况下实行征收和征用必须依法进行。由于一个国家的发展具有不可预测的可能性，因此，一旦出现了特殊情况，国家为了公共利益的需要对外资征收或征用必须依照法律规定的程序进行，并及时给予公平合理的补偿，且该补偿可以自由汇出。

当然，《外商投资法》对征收、征用和公共利益尚未作出定义，也没有对补偿原则，即及时、公平、合理等概念作出定义和解释，但是我们可以从我国与多个国家签订的双边投资协定及参与的相关公约中得到部分解答。今后的行政法规或其他规章制度也会对其作出专门的定义和解释。

（3）规定了一系列保护外商投资的措施。1）保护外国投资者的出资及其在华所有合法收益及合理补偿、赔偿及清算所得。上述款项都可以依法汇入汇出。2）保护知识产权。国家保护外国投资者和外商投资企业的知识产权，并明确规定行政机关及其工作人员不得利用行政手段强制外商转让技术。同时还规定了要保护知识产权权利人和相关权利人的合法权益，并明确规定国家将严格依法追究对知识产权的侵权行为，强调知识产权转让完全基于双方自愿、基于市场规则、商业需求和平等互利。3）保护商业秘密。法律规定，行政机关及其工作人员对外国投资者、外商投资企业的商业秘密不得泄露或非法向他人提供。

（4）强化了对制定涉及外商投资规范性文件的约束机制。各级人民政府及有关部门涉及外商投资的规范性文件应该符合法律法规的规定，必须遵循三个“不得”原则，即不得减损外商投资企业的合法权益或增加其义务，不得设置市场准入和退出条件，不得干预外商的正常生产经营活动。从而保证全国范围内外商投资法治环境的稳定性和可预见性。

（5）敦促地方政府守约践诺。外商投资法提出了两个重要原则：一是政府对外资作出的承诺要讲诚信，要履行；二是如果因故改变政策承诺和约定，应当依法作出补偿，以此来保护外商投资的稳定性。

（6）建立外商投资企业投诉机制，及时解决外商投资中出现的各类问题。

(7) 外商投资企业有权依法成立和自愿参加商会、协会以维护其合法权益。

《外商投资法》在“投资保护”一章中，强调两个要素：一是政府及其工作人员的服务职能和法律责任；二是强调了外资在华投资享有的合法权益。

四、投资管理

(一) 投资管理的总原则

《外商投资法》实施科学的国际化的投资管理制度，即国家对外资实行准入前国民待遇加负面清单制度。

《外商投资法》第 4 条中，分别对准入前国民待遇和负面清单作了如下定义：准入前国民待遇，是指在投资准入阶段给予外国投资者及其投资不低于本国投资者及其投资的待遇。负面清单，是指国家规定在特定领域对外商投资实施的准入特别管理措施。国家对负面清单之外的外商投资，给予国民待遇。

在规定这两个基本管理外资制度的同时，《外商投资法》第 4 条还特别明示以下两点：一是负面清单由国务院发布或者批准发布，这说明负面清单具有行政法规的法律地位，而不管起草者是发展改革委还是商务部，但发布者是国务院；二是优惠从优原则，即如果我国缔结或者参加的国际条约、协定对外国投资者准入待遇有更优惠待遇的，可以按照更优惠的规定执行。

(二) 负面清单的实施

(1) 根据《外商投资法》的规定，外商投资的负面清单分为禁止投资的领域、限制投资的领域以及负面清单以外的领域。

(2) 凡是禁止投资的领域，外国投资者不得投资，如果投资者仍进行投资，外资主管部门有权：1) 责令其停止投资活动，采取措施恢复原状，即恢复到实施投资前的状态；2) 没收违法投资所得。

(3) 凡是限制外商投资的领域，则外资主管部门有权责令其限期改正，责令其采取必要措施满足准入特别管理措施的要求，逾期不改的，必须恢复原状，并没收违法收入。

(4)《外商投资法》第 36 条还规定，对于违反外资准入负面清单规定的，除依照上述 (2)(3) 项规定处理外，还应当依法承担相应的法律责任。

(5) 外商在外资准入负面清单以外的领域投资的，按照内外资一致的原则实施管理。

(6) 外商在依法需要取得许可的行业投资的，还应当依法办理相关的许可手续，应当按照内外资一致的条件和程序进行。但法律、行政法规另有规定的除外。

(三) 外商投资信息报告制度

根据《外商投资法》的规定，国家建立外商投资信息报告制度，该制度规定：

(1) 外国投资者或者外商投资企业应当通过企业登记系统以及企业信用信息公示系统向商务主管部门报送投资信息。

该规定明确了：1) 商务主管部门是投资信息报告制度的接收者；2) 外商即外国投资

者或外商投资企业是信息报告者；3）信息报告者通过两个系统报告信息，即企业登记系统和企业信用信息公示系统。

（2）外商投资信息报告的内容和范围。法律对此尚未作出具体规定，但规定了“按照确有必要的原则确定”。

（3）外商按照外商投资信息报告制度，通过部门信息共享能够获得的投资信息，政府不得再行要求报告，从而减轻企业不必要的层层报送信息的负担。

（4）法律责任。《外商投资法》第 37 条还专门规定了外国投资者或者外商投资企业不遵守或违反上述规定的，即未按照外商投资信息报告制度的要求报送投资信息的，要承担如下法律责任：

1）根据商务部主管部门的责令要求进行限期改正；

2）逾期不改正的，将根据情节“处十万以上五十万以下的罚款”。

（四）外商投资安全审查制度

《外商投资法》第 35 条规定了国家建立外商投资安全审查制度，并提出如下两条原则：

第一，安全审查的内容是“对影响或者可能影响国家安全的外商投资进行安全审查”。但《外商投资法》对什么是“影响或者可能影响国家安全”尚未作出具体定义和解释。

《外商投资法》中的“国家安全”也有待进一步明确。当然，作为在境内注册登记的外商投资企业，必须严格遵守我国的《国家安全法》。

第二，依法作出的安全审查决定为最终决定。这表明，凡有权作出安全审查的机构作出的安全审查决定，是不得要求进一步司法审查或上诉的，因为它是最终的。

（五）外商投资企业的组织形式、组织机构及其活动准则由双轨制转为单轨制

实施改革开放 40 多年来，我国吸引外资主要是通过三种企业形式：中外合资经营企业、中外合作经营企业、外商独资企业，又称“三资企业”。它们都适用“外资三法”，其组织形式、组织机构及运营机制，分别由《中外合资经营企业法》及其实施条例、《中外合作经营企业法》及其实施条例以及《外资企业法》及其实施条例的规定进行。“外资三法”对外商投资企业的很多规定，与国内企业法，如公司法、合伙企业法都有不同点，这就形成了长期以来我国企业法律制度中的“双轨制”现象：三资企业适用“外资三法”，而无涉外因素的国内企业适用国内企业法的现象。《外商投资法》颁布之后，双轨制在 5 年过渡期后逐步消失，2025 年 1 月 1 日起依本法规定，统一实施公司法、合伙企业法及其他法规。

（六）对外商投资企业进行反垄断审查

《外商投资法》特别规定外国投资者并购中国境内企业或者以其他方式参与经营者集中的，应当依照我国《反垄断法》的规定接受经营者集中审查。对于并购、经营者集中的概念及其审查机构、审查程序、审查内容等，我国《反垄断法》都有规定并积累了相对丰富的经验。

（七）对外商投资企业经营活动的管理

《外商投资法》第 32 条对外商投资企业开展生产经营活动的管理，集中体现在要求其遵守中国法律、行政法规在劳动保护、社会保险、税收、会计、外汇等方面的规定，并应接受上述主管部门的监督检查。该条强调了外商投资企业必须依法经营，同时政府主管部门必须依法管理，强调了法治。

五、外商投资互惠原则

外商投资法明确申明该法在对外商投资进行法律保护的同时，强调要求外国政府也应根据互惠原则对中国对外投资进行法律保护。

《外商投资法》第 40 条明确规定："任何国家或者地区在投资方面对中华人民共和国采取歧视性的禁止、限制或者其他类似措施的，中华人民共和国可以根据实际情况对该国家或者该地区采取相应的措施。"这说明，《外商投资法》的适用对象，即来华的投资之所以在中国可以享有国民待遇以及法律保护，是建立在其所属国与中国之间的平等互惠的基础上的。如果投资者的所属国对中国在其国内的投资采取歧视性的禁止、限制或其他类似措施，比如随意对中方投资征用或不给予中国投资者国民待遇等非法行为，中国也有权对该国或地区的在华投资采取同等措施。本条的规定也为中国采取上述国际法上通行的维护平等互惠的法律措施提供了法律依据。《外商投资法》的规定，也对某些国家和地区企图对中方投资采取非法排斥行为起着重要的震慑作用。

六、外商投资法与"外资三法"的衔接

我国《外商投资法》附则规定，根据"外资三法"成立的外商投资企业在本法实施后的 5 年内，可以继续保留原企业组织形式。

（1）自 2020 年 1 月 1 日《外商投资法》施行之日起，"外资三法"废止。

（2）过渡期为 5 年，即凡以往根据"外资三法"成立的外商投资企业在本法实施后的 5 年内，可以继续保留原企业组织形式等。

（3）《外商投资法》没有规定本法实施 5 年后外商投资企业的企业组织形式是否可以继续保留。

（4）关于《外商投资法》与"外资三法"的衔接问题，其实施办法由国务院规定。

第三节　外资并购的国家安全审查制度

外资并购（Merger & Acquisition）又称为褐地投资（Brownfield Investment），是除

绿地投资外国际直接投资的另一种重要投资方式。外资并购作为企业实现扩张与发展的一个主要手段，在为东道国带来资金和技术的同时，也给东道国带来了负面效应，甚至对东道国的经济体系造成冲击，直接或间接地威胁到东道国的经济、政治、国防和社会安全。因此，东道国对其管辖范围内的经济活动进行调整，对外资并购进行合理的规制，引导和规范外资并购行为，对外资并购进行国家安全审查，防止外资并购的负面效应被无限放大，保护本国正常的经济、社会秩序，也是国家主权原则的应有之义。面对外国直接投资带来的国家安全风险，国家安全审查制度已经成为很多国家，尤其是一些经济成熟国家的一种常规防御手段。

一、国家安全审查的概述

（一）国家安全的概念

国家安全是维持主权国家存在和保障其根本利益的各种要素的总和，它是国家生存和发展的基本前提。“国家安全”这一概念随着时间的推移而发生改变，根据时代背景的不同而产生差异，其内涵与外延发生了很大的变化，从早期以国防安全为主发展为现代的复合概念，既包括传统的国防安全、军事安全，也包括国家经济安全、文化安全等。

（二）国家安全审查制度与国家经济主权原则

为保障外资并购不会威胁东道国的国家安全、国家利益及公众安全，各国政府的相关职能部门依据本国法律对该投资行为进行国家安全审查。这是国家经济主权原则所赋予的东道国的权力，任何国家对外资并购进行审查当属其国家经济主权范围内的权力。

国家经济主权是指国家主权在经济领域的表现。广义的经济主权，是指国家在国际经济活动中，有选择国家经济制度和参与、协调国际经济秩序等重大经济问题的最高独立决策权。经济主权作为国家主权在经济领域的表现，也具有对内最高属性和对外独立性。因此，国家经济主权原则是一国实施国家安全审查的重要法学理论依据。

（三）国家安全审查的制度模式

1. 国家安全审查的立法模式

（1）专门立法模式。

专门立法模式是指由立法机关对国家安全审查制度进行单独立法，规定外资并购所涉及的国家安全审查的标准、程序，并设立专门的行政机关或授权其他机构负责审查、作出决定或采取一定的限制措施以消除该并购行为对本国国家安全的威胁及负面影响。采取这种模式的主要是美国、澳大利亚、加拿大、俄罗斯等国。

（2）混合立法模式。

混合立法模式是指一国未对外资并购国家安全审查制度进行专门的立法，与该制度相关的规定分散在外贸法、外资法、反垄断法、外汇法等相关法律中。一旦出现影响国家安全的外资并购，则适用这些法律进行国家安全审查。采取这种模式的主要是德国、日本等国。

2. 国家安全审查的审查模式

(1) 单层审查模式。

单层审查模式是指单一审查机构负责对外资并购进行国家安全审查，如德国、日本、法国。但是，虽然是一个机构进行审查，但在具体的审查过程中，其他部门也可参与，为审查机构提供所需的专业意见或建议，为审查的顺利进行提供保障。

(2) 双层审查模式。

双层审查模式是指国家安全审查的审查权与决定权相分离，一般会采取部级和内阁首长、元首或政府委员会分层审查与决定，如美国、加拿大、俄罗斯等国。

二、美国的国家安全审查制度

美国是世界上较早对外资并购行为进行政府规制的国家，它的外资并购国家安全审查制度发展至今已经积累了几十年的立法和实践经验，有较完备的法律体系和程序，实践也证明了其诸多的措施行之有效，因此，其国家安全审查制度为很多国家所效仿。

（一）国家安全审查制度的发展演变

1988 年，面对以日本企业为代表的外国资本在美国掀起的并购狂潮，美国国会通过了《埃克森-弗罗里奥修正案》，以确保国防安全为由，授权美国总统中止或禁止任何威胁美国国家安全的外国收购、并购或控制美国国际贸易公司的行为，以此确立了以外国投资委员会（Committee on Foreign Investment in the United States，简称 CFIUS）为核心的对外来投资的安全审查制度。1992 年美国颁布了《伯德修正案》，在原有基础上增加了两条新的内容：对“收购方是由外国政府控制或者代表外国政府”及“收购可能导致在美国从事洲际贸易的人受到控制并可能影响美国国家安全”的收购案强制实施国家安全调查，扩大了审查的范围。“9·11”事件后，美国政府加强了对外资并购的国家安全审查，并将重点放在关键性基础设施方面。2007 年美国颁布《外国投资与国家安全法案》，2008 年美国财政部又制定了《关于外国人合并、收购和接管规定》，进一步细化了《外国投资与国家安全法案》的实施细则和《关于外国投资委员会实施的国家安全审查的指南》。2018 年 8 月签署生效的《外国投资风险审查现代化法》则进一步强化了外国投资委员会的审查权限，提高了相关投资通过审查的难度。

（二）国家安全审查的机构

外国投资委员会是美国对外资并购进行国家安全审查的机构，也是由财政部主导的跨部门机构。20 世纪 70 年代，由于越南战争、石油危机的影响，西欧及阿拉伯产油国对美投资收购快速增长。考虑到这些投资对美国国家安全的潜在威胁，福特总统于 1975 年签署了《外国投资与国家安全法案》，根据该法案的要求，成立了外国投资委员会，其职责是监督和评估外国投资对美国的影响。此外，外国投资委员会向国会报告并接受国会的监督。

根据《外国投资与国家安全法案》的规定，总统具有概括的外资并购国家安全审查权，总统将具体的审查权授予外国投资委员会行使，因此，总统不再行使这些具体审查权，但是，总统有权作出暂停和禁止外资并购交易的决定，即最终的决定权，同时，总统还被赋予了执行权，在宣布了审查的决定后总统可以直接命令司法部部长采取适当的方式执行总统的决定，如通过从联邦地区法院寻求救济。

（三）国家安全审查的对象

外国投资委员会有权进行审查或者调查并购交易，即无论该交易发生于美国境内或境外，无论该交易的规模或标的的大小，只要其是可能导致美国企业被外国人控制的交易，都是国家安全审查的对象。其中，外国人控制的交易中的“控制”是指通过拥有一个企业的多数股权或占支配地位的少数股权，或是通过董事会代表权，代理投票、特别股、协议安排、正式或非正式的一致行动安排，或其他方式，能够决策、指导、决定企业重要事项的权力。

具体而言，国家安全审查的并购交易包括但是不限于以下八种类型：(1) 不论并购交易采取何种方式控制美国企业，只要该并购交易导致或可能导致外国人控制美国企业；(2) 美国公司的原外国控制者将控制权转让给另一个外国人的并购交易；(3) 并购交易造成或可能造成外国人控制美国企业的资产；(4) 通过协议或其他形式组成的合资企业；(5) 敏感不动产交易；(6) 回避审查交易，并购交易的结构设计为或旨在回避或规避外国投资委员会审查的任何交易、转让、协议或安排；(7) 涉及关键基础设施、关键技术或敏感个人数据的“任何其他投资”；(8) 引发权益增加的外国投资，只要此变更会导致外国控制该企业，或此变更构成对涉及关键基础设施、关键科技，或涉及美国公民敏感个人数据的企业的投资。

（四）国家安全审查的标准

美国的法律未对“国家安全”进行明确的界定，但是在相关法律中对国家安全的考虑因素进行了具体规定。《埃克森-弗罗里奥修正案》从五个方面对国家安全进行考量，总体上注重军事国防和国土安全。《外国投资与国家安全法案》则规定得更加全面，在前面五个方面的基础上又增加了六个方面，扩大了国家安全审查的考量因素，包括关键性基础设施、关键技术、外国政府控制的交易、军备控制与反恐合作、能源资源以及其他关键性资源、原材料的长远需求以及总统或者外国投资委员会认为合理的其他因素，最后的兜底条款无疑扩大了总统和外国投资委员会的审查权和自由裁量权，为确保国家安全提供了保障。

三、欧盟的国家安全审查制度

欧盟作为全球重要的单一市场，拥有开放的投资体制，是全球主要的外国直接投资目的地。2019 年 3 月 5 日，欧盟理事会批准了《关于建立欧盟外国直接投资审查框架的条例》(以下简称《欧盟外资审查条例》)，并于 2020 年 10 月 11 日正式实施。

《欧盟外资审查条例》与其他欧盟立法一样，并不能取代欧盟成员国已有的外资安全审查机制。此外，该条例并未要求成员国必须建立或维持该机制，而是旨在为已有或希望建立审查机制的成员国建立一个合作框架，并确保该机制满足基本的要求，如司法救济、非歧视、透明度等。

（一）国家安全审查的审查标准

由于欧盟对外资的开放程度很高，并且很多欧盟国家尚未建立完善的国家安全审查机制，因此，《欧盟外资审查条例》虽不是强制性的，但是仍为欧盟国家的安全审查建立了标准，为各国的相关立法明确了发展方向。

首先，明确了外商直接投资的边界。外商直接投资是指外国投资者与接受其资金的经营者或企业之间建立或保持长期直接的联系，以便其在欧盟成员国国内开展经济活动而进行的投资，该投资包括外国投资者能够有效地参与对开展经济活动的企业进行管理或控制。欧盟对外商直接投资的定义与国际投资法中直接投资的概念极为相似，因此，投资者仅以其持有的股票或证券获取收益而不享有企业的管理权和控制权的投资，此种国际间接投资不属于欧盟的外商直接投资范畴。

其次，划分了特别关注的领域。欧盟对外国投资者所投资的领域进行了划分，聚焦于对欧盟及其成员国具有重要战略意义的基础设施、高新技术、敏感信息和能源物资供应，关注外国投资者借助特定投资获得战略竞争优势的可能性。

最后，提出了重点审查的事项。除了对一些重要领域的关注外，欧盟认为在决定外国投资是否可能影响安全或公共秩序时，还应对以下的因素进行重点审查：（1）外国投资者是否通过所有权结构或重大资助等方式，直接或间接地受到外国政府（包括政府机构或武装部队）的控制；（2）外国投资者是否已经涉及影响成员国安全或公共秩序的活动；（3）外国投资者是否存在从事非法或犯罪活动的严重风险。

（二）国家安全审查的合作机制

《欧盟外资审查条例》为欧盟建立了一种合作机制，确保加强欧盟委员会与各成员国之间就国家安全审查的合作，具体则包括信息共享和提供意见，以及成员国的报告义务。因此，成员国现有的外资安全审查机制并不会被取代，未建立该机制的成员国也不会被强制要求建立。虽然该条例是非强制性的，但是，在欧盟内部建立一个合作框架，加强成员国在外资安全审查方面的协调与合作，并在欧盟范围内增强安全审查机制的透明度和确定性仍是该条例的目标和要求。

1. 已建立国家安全审查机制的成员国

如果成员国已经建立了国家安全审查机制，一旦该成员国启动了国家安全审查，则应尽快向欧盟委员会及其他成员国通报并提供相关信息。

2. 未建立国家安全审查机制的成员国

如果成员国尚未建立国家安全审查机制，那么该成员国显然无须就此进行通报。但是如果其他成员国认为在该成员国计划进行或已经完成的外国投资可能影响其安全或公共秩序，或者欧盟委员会认为可能影响多个成员国的安全或公共秩序，则欧盟委员会及其他成员国可就此外国投资发表意见，或者要求该成员国提供额外的信息。

3. 欧盟委员会认为必要的情形

如果欧盟委员会认为相关外国投资可能在安全或公共秩序方面对“欧盟利益的项目或计划”产生影响，则其可以向投资所在国发表意见。在这种情形下，欧盟委员会的意见虽无法律效力，但是投资所在国应“尽量考虑”欧盟委员会的意见，如果投资所在国不遵从该意见，还必须向欧盟委员会作出解释。“欧盟利益的项目或计划”，是指涉及相当数量或重要份额的欧盟资金，或者在有关对安全或公共秩序至关重要的关键基础设施、关键技术或关键投入的欧盟法律适用范围内的项目或计划，同时，欧盟委员会授权对“欧盟利益的项目或计划”不定期地进行修订。

四、中国的国家安全审查制度

中国是全球资本输出与资本输入的双向投资大国，虽然我国吸引外资的起步较晚，但是在短短四十多年的改革开放历程中，实现了跨越性的发展，外资在中国的投资形式也从开始时的以绿地投资为主过渡到绿地投资与并购共同发展的阶段，国家安全审查制度也随之确立并发展。

2003 年由对外贸易经济合作部等四部委联合发布了《外国投资者并购境内企业暂行规定》，首次提出了“国家经济安全”的概念。2006 年由商务部等六部委联合发布了《关于外国投资者并购境内企业的规定》，规定了国家经济安全审查。“凯雷并购徐工案”发生后，2007 年通过了《中华人民共和国反垄断法》（以下简称《反垄断法》），第 38 条明确规定了外资并购境内企业或者以其他方式参与经营者集中，涉及国家安全的，除了要进行反垄断审查外还要进行国家安全审查。《反垄断法》是我国首次在法律层面明确了国家安全审查制度。2011 年出台的《国务院办公厅关于建立外国投资者并购境内企业安全审查制度的通知》具有里程碑式的意义，对安全审查的实体内容和程序内容进行了规定，成为安全审查制度的重要法律文件。2011 年出台的《商务部实施外国投资者并购境内企业安全审查制度的规定》，是在《国务院办公厅关于建立外国投资者并购境内企业安全审查制度的通知》的基础上对外资并购境内企业的安全审查程序及审查机构的权力划分做了进一步的细化。

2015 年通过的《中华人民共和国国家安全法》，首次以法律的形式对国家安全进行了定义，国家经济安全也首次明确地被提出并被纳入国家安全的范畴，为国家安全审查奠定了坚实的基础。2020 年实施的《中华人民共和国外商投资法》及《中华人民共和国外商投资法实施条例》，再次明确规定了“国家建立外商投资安全审查制度，对影响或者可能影响国家安全的外商投资进行安全审查。依法作出的安全审查决定为最终决定”，对外资并购国家安全审查的地位与性质在法律层面予以确认。

（一）国家安全审查的机构

我国建立外国投资者并购境内企业安全审查部际联席会议（以下简称联席会议）制度，国务院将外资并购国家安全审查权集中授予联席会议，具体承担并购安全审查工作。

联席会议在国务院领导下，由发展改革委、商务部牵头，根据外资并购所涉及的行业和领域，会同相关部门开展并购安全审查。联席会议的主要职责是：分析外国投资者并购境内企业对国家安全的影响；研究、协调外国投资者并购境内企业安全审查工作中的重大问题；对需要进行安全审查的外国投资者并购境内企业交易进行安全审查并作出决定。

（二）国家安全审查的范围

外资并购国家安全审查的范围为：外国投资者并购境内军工及军工配套企业，重点、敏感军事设施周边企业，以及关系国防安全的其他单位；外国投资者并购境内关系国家安全的重要农产品、重要能源和资源、重要基础设施、重要运输服务、关键技术、重大装备制造等企业，且实际控制权可能被外国投资者取得。

（三）国家安全审查中的“并购”与“实际控制”

“并购”和“实际控制”是外资并购国家安全审查中重要的概念，尤其对明确交易是否属于国家安全审查的范围起着至关重要的作用。外国投资者并购境内企业分为股权并购与资产并购两种。外国投资者取得实际控制权，则是指外国投资者通过并购成为境内企业的控股股东或实际控制人。

（四）国家安全审查的内容

外资并购国家安全审查内容包括：(1) 并购交易对国防安全，包括对国防需要的国内产品生产能力、国内服务提供能力和有关设备设施的影响；(2) 并购交易对国家经济稳定运行的影响；(3) 并购交易对社会基本生活秩序的影响；(4) 并购交易对涉及国家安全关键技术研发能力的影响。

（五）国家安全审查的程序

外资并购国家安全审查的程序可大致分为审查程序的启动、联席会议审查和作出决定三个阶段。

1. 审查程序的启动

审查程序启动之前，外国投资者可就其并购境内企业的程序性问题向商务部提出商谈申请，提前沟通有关情况。此类的商谈不是必经程序，不具有法律约束力，不会对后续的正式程序产生任何影响。

2. 联席会议审查

商务部收到外国投资者提交的申请文件后，如果是属于并购安全审查范围的，则提请联席会议进行审查，如果是不属于审查范围的，并购则可继续进行。联席会议审查分为一般性审查和特别审查，先进行一般性审查，对未能通过一般性审查的，进行特别审查，两者以是否涉及国家安全的认定为标准。一般性审查采取书面征求意见的方式进行，书面征求有关部门的意见，如有关部门均认为并购交易不影响国家安全，则不再进行特别审查；否则，启动特别审查程序，联席会议组织对并购交易的安全评估，并结合评估意见对并购交易进行审查，意见基本一致的，由联席会议提出审查意见；存在重大分歧的，由联席会议报请国务院决定。

3. 作出决定

如前所述，可根据不同情况由联席会议作出决定，或者报请国务院决定。一般而言，审查的决定包括以下三种情形：(1) 对不影响国家安全的，申请人可继续办理并购交易手续；(2) 对可能影响国家安全且并购交易尚未实施的，当事人应当终止交易；(3) 外国投资者并购境内企业行为对国家安全已经造成或可能造成重大影响的，根据联席会议审查意见，商务部会同有关部门终止当事人的交易，或采取转让相关股权、资产或其他有效措施，以消除该并购行为对国家安全的影响。

本章小结

我国的外商投资是指外国的自然人、企业或者其他组织直接或者间接在中国境内进行的投资活动。而外商投资企业，是指全部或者部分由外国投资者投资，依照中国法律在中国境内经登记注册设立的企业。

学习外商投资法应了解和掌握外商投资、外商投资企业的概念，外商投资的促进和外商投资保护措施，外商投资前的国民待遇和外商投资管理的负面清单制度、信息报告制度、安全审查制度、反垄断审查制度以及互惠制度，等等。

国家建立外商投资安全审查制度，对影响或可能影响国家安全的外商投资进行安全审查。依法作出的安全审查决定为最终决定。

重要概念

1. 外商投资：是指外国的自然人、企业或者其他组织直接或者间接在中国境内进行的投资活动。

2. 外商投资企业：是指全部或者部分由外国投资者投资，依照中国法律在中国境内经登记注册设立的企业。

3. 国家安全：是指国家政权、主权、统一和领土完整、人民福祉、经济社会可持续发展和国家其他重大利益相对处于没有危险和不受内外威胁的状态，以及保障持续安全状态的能力。

思考与练习

1. 我国外商投资法规定了哪些外商投资促进措施？

2. 我国外商投资保护措施包括哪些内容？

3. 我国外商投资管理的负面清单涉及哪些领域和内容？

4. 我国外商投资信息报告和安全管理的内容有哪些？

5. 国家安全审查制度在立法和审查方面有何特点？

6. 我国国家安全审查的审查范围是什么？

7. 我国国家安全审查的审查内容是什么？

第五章 商事合同法

导入案例

被告拥有一块位于丁威迪（Dinwiddie）的土地，面积 471.16 英亩。1952 年 12 月 20 日晚，原告在被告经营的餐厅中向被告表示："我敢打赌你不会以 5 万美元的价格卖掉那块地。"被告回答："我会，因为你根本不会出价 5 万美元。"原告表示他愿意出价 5 万美元，并请求被告以书面订立合同。被告随手取出一张餐厅收据，在收据上写明"兹同意将土地以 5 万美元出售给原告"，并在收据上签名。原告请求被告之妻亦在字条上签字。被告之妻原本不愿意，但被告私下向她表示，原告肯定无足够资金，整个事件只不过是个玩笑，被告之妻遂在字条上签名。该字条由原告自行取走，原告还拿出 5 万美元给予被告，但被告并未接受。原告持该字条，聘请律师调查土地的所有权，但当原告准备办理土地所有权转移登记时，被告表示合同并未成立，原告遂向法院提起诉讼，要求被告履行合同。原告主张自己提出口头要约后，曾与被告讨论 40 多分钟，被告既然已经以书面承诺，则合同成立。被告主张合同订立时，双方已经小酌数杯，且被告当时认为原告无法拿出 5 万美元现金，为让原告难堪，于是随手取出纸张书写，此事纯属玩笑，故合同不成立。法院查明被告当初购买土地的价金是 12 000 美元，并缴纳了 6 300 美元的税款。法院最终判决原告胜诉，原、被告之间的合同成立。

资料来源：潘维大，黄阳寿．英美契约法案例解析．北京：北京大学出版社，2001.

问题：

1. 你认为原、被告双方之间的合同是否成立？为什么？
2. 当事人双方是否就合同的内容达成合意？
3. 当事人饮酒后是否具有缔约能力？
4. 当事人之间的玩笑是否可以达成合同？

第一节　合同法概述

一、合同法和合同的概念

（一）合同法的概念

合同法是指调整当事人之间发生的各种合同关系的法律规范的总称。它包括界定合同、订立合同、合同的无效和可撤销、合同的履行、合同的权利义务的终止、合同的解释和适用以及合同的违约与救济等各类法律规范。在我国，合同法归属于民法，不是一个独立的法律部门。

（二）合同的概念

合同是两个或两个以上的当事人，以发生、变更或者消灭民事法律关系为目的所达成的协议。

各国对合同所下的定义不尽相同，大陆法系的德国法将合同纳入法律行为的范畴，因而合同包括两个方面的内容：一是当事人的内在意思，二是当事人表示这种意思的行为，二者结合起来才能成立合同。而法国法则强调，合同是指当事人之间的合意，即当事人意思表示一致，才能成立合同。英美法系强调，合同的实质在于当事人所作的允诺，即当事人作出的，法律上认为有约束力的，且在法律上能够强制执行的允诺，就是合同。尽管各国对合同的概念在理论上存在着不少分歧，但实际上无论是英美法系还是大陆法系，都把双方当事人的意思表示一致作为合同成立的要素。如果双方当事人不能达成协议，就不存在合同，在这一点上是没有实质性分歧的。[①]

《中华人民共和国民法典》（以下简称《民法典》）第 464 条规定：合同是民事主体之间设立、变更、终止民事法律关系的协议。在我国学术界，关于合同的概念有广义、中义和狭义之分。广义的合同是指当事人之间设立的具有权利义务内容的协议，包括债权合同、物权合同、身份合同，以及国家法上的国家合同、行政法上的行政合同和劳动法上的劳动合同等。中义的合同是指当事人之间设立、变更终止民事关系的协议，包括债权合同、物权合同和身份合同。狭义的合同是指平等主体之间的自然人、法人和非法人组织之间设立、变更和终止债权债务关系的协议，它仅指民法上的债权合同。《民法典》规定的合同为狭义的合同，因为第 464 条同时规定，婚姻、收养、监护等有关身份关系的协议，适用有关该身份关系的法律规定。

---

① 冯大同．国际商法．北京：对外经济贸易大学出版社，1991：54－55.

二、合同的法律特征和分类

（一）合同的法律特征

(1) 合同是双方或多方当事人的民事法律行为，而非单方当事人的法律行为。合同至少要有双方当事人参加，须由双方或多方当事人意思表示一致，才能形成合同关系，一个主体不可能形成合同关系。如果双方或多方当事人意思表示不一致，就不能达成协议，合同就不能成立。

(2) 订立合同的目的是产生满足民事法律上的效果，包括设立、变更或终止当事人之间的民事法律关系。设立民事法律关系是指当事人依法成立合同后，在他们之间成立的民事权利义务关系。变更民事法律关系是指当事人之间依法成立合同关系之后，合同的主体、客体和权利义务内容发生变化，从而形成新的民事权利义务关系。终止民事法律关系，是指当事人依法成立合同后，当事人之间既有的民事权利义务关系归于消灭。

(3) 合同是当事人各方在平等、自愿的基础上产生的法律行为。平等是指合同当事人之间的法律地位平等，不允许任何一方将自己的意志强加给对方。自愿是指当事人自己的缔约意志是自由的，符合契约自由的基本原则。

(4) 合同是合法行为，而不是违法行为。依法订立的合同，受法律保护；违法订立的合同在法律上是无效的。

（二）合同的分类

1. 单务合同和双务合同

这是根据合同当事人双方权利、义务的分担进行的划分。单务合同是指合同一方当事人只享有权利而不承担义务，而另一方当事人只承担义务而不享有权利的合同，例如借用合同。双务合同是指合同双方当事人相互享有权利、相互承担义务的合同，例如买卖合同。

2. 单诺合同和双诺合同

这是英美法系根据合同当事人是否有履行其允诺的义务进行的划分。单诺合同（unilateral contract）是指一方当事人的允诺与另一方当事人的作为或不作为相交换的合同。如一方向房地产代理人作出允诺，如果他找到房屋的买方，就支付他一笔佣金，在此单诺合同中，允诺的当事人有履行允诺的义务，而房地产代理人没有必须履行的义务。双诺合同（bilateral contract）是指一方的一项允诺或一系列允诺与另一方的一项或一系列允诺相交换的合同，如货物买卖合同。①

3. 有偿合同和无偿合同

这是以当事人取得权益是否需要付出相应的代价为标准对合同所作的分类。有偿合同是指当事人一方享有合同规定的权益，须向对方当事人偿付相应的对价的合同，如租赁、

① 沈达明．英美合同法引论．北京：对外贸易教育出版社，1993：90.

保险等合同。无偿合同是指当事人一方享有合同规定的权益，不必向对方当事人偿付相应对价的合同，如赠与合同。

4. 诺成性合同和实践性合同

这是根据合同是否以交付标的物为生效要件划分的。诺成性合同是指当事人意思表示一致即告完成的且立即生效的合同，如动产买卖合同。实践性合同是指除当事人意思表示一致外，还须实际交付标的物才能生效的合同。例如，借用合同只有在出借人将借用物交付借用人时才成立，因此借用合同是实践性合同。

5. 束己合同和涉他合同

这是以合同相对性原则为标准对合同进行的分类。束己合同是指严格遵守合同相对性原则，合同当事人为自己约定并承受权利义务，第三人不能向合同当事人主张权利和追究责任的合同。涉他合同是指合同当事人在合同中为第三人设定了权利约定了义务的合同。它包括为第三人利益订立的合同和由第三人履行的合同。为第三人利益订立的合同是指当事人为第三人设定了合同的权利，由第三人取得利益的合同。由第三人履行的合同是指合同当事人为第三人约定了合同义务，由第三人向债权人履行该合同义务的合同。

6. 准合同

准合同（quasi contract）是英美法中衡平法的概念，它来源于拉丁文的 quantum meruit，译成英文为“as much as he deserves”，意思是“所得不应多于应得”。根据美国 1999 年出版的《布莱克法律词典（第 7 版）》（Black's Law Dictionary）的解释，准合同又称为法律上默示的合同（implied-in-law contract），是指由于当事人的行为或由于当事人之间存在某种特殊关系，而依法应当承担义务，否则会出现有关当事人不当得利的情形。准合同不是一个实际上的合同，而是指法律允许原告就原告已给予被告的利益，而从被告处得到救济。

三、合同法的渊源

合同法的渊源是指合同法的表现形式。大陆法系合同法的渊源主要为成文法，如德国、日本、法国、瑞士和意大利等国，它们的合同法都是包含在民法典或债务法典中的。大陆法系国家的民法理论将合同作为产生“债”的原因之一，把有关合同的法律规范与产生债的关系的其他原因如侵权行为、不当得利和无因管理等法律规范并列在一起，作为民法的一编，称为债务关系法或债编。

英美法系的合同法的渊源主要体现在普通法中，这是几个世纪以来由法院以判例形式发展起来的判例法。英美法系的各国（除印度外），都没有一套系统的、成文的合同法。因此，英美法系中合同法的渊源主要是判例法，而不是成文法。虽然英、美等国也制定了一些有关某种具体合同的成文法，如英国 1893 年颁布的《货物买卖法》（Sale of Goods Act），美国 1952 年颁布的《美国统一商法典》（Uniform Commercial Code）等，但它们只是对货物买卖合同及其他一些有关商事交易合同作了具体规定，至于合同法的许多基本原则，如合同成立的各项规则等，仍须按照判例法所确定的规则来处理。

我国合同法的渊源主要体现在 2020 年 5 月 28 日，由第十三届全国人民代表大会第三次会议通过的《中华人民共和国民法典》第三编合同编中。

应当注意的是，有关国际组织制定的有关合同法的国际条约是国际合同法的重要渊源，如联合国国际贸易法委员会组织制定并于 1980 年维也纳外交会议通过的《国际货物销售合同公约》，国际统一私法协会制定的《国际商事合同通则》等。

第二节 合同的成立

一、合同成立的基本法律步骤

合同是通过一方的要约和另一方的承诺而成立的，但各国对要约与承诺的具体规定有一些不同。合同是当事人之间意思表示一致的结果。意思表示可以是明示的，也可以是默示的，即可以从当事人的行动来推定他们的意思。法律上把订立合同的意思表示分别称为要约与承诺。如果一方当事人向对方提出一项要约，而对方对该项要约表示承诺，在双方当事人间就成立了一项具有法律约束力的合同。

（一）要约

1. 要约的概念

要约是一方向另一方提出的愿意按一定的条件同对方订立合同，且一旦要约被对方承诺即对提出要约的一方产生约束力的一种意思表示。

2. 一项有效的要约应具备的条件

（1）要约人必须明确表明愿意按要约的内容与对方订立合同的意思。要约的特点在于：它一经受要约人的承诺，合同即告成立，无须再征求要约人之同意或经其确认。这是要约和要约邀请的区别。

要约邀请（invitation for offer），其目的虽然也是为了订立合同，但效力与要约不同，它本身并不是一项要约而只是为了邀请对方向自己发出要约，只有经发出要约的一方承诺之后，合同才能成立。例如，在商业活动中，有些公司经常向交易对方寄送报价单（quotation）、价目表（price lists）及商品目录（catalogues）等，其内容可能包括价格、品质规格、数量等，但这些都不是要约，而是属于要约邀请，其目的是吸引对方向自己提出订货单。只有当对方收到上述报价单或价目表后提出了订货单，这种订货单才是一项真正的要约。它须经寄送报价单或价目表的一方表示承诺之后，合同才能成立。由此可见，要约与要约邀请的主要区别在于：如果是要约，它一经对方承诺，要约人即须受到约束，合同即告成立；如果是要约邀请，则即使对方完全同意或接受该要约邀请所提出的条件，发出该项要约邀请的一方仍不受约束，除非他对此表示承诺或确认，否则合同仍不能成立。

至于在商店里把商品标价陈列是否属于要约的问题，各国法例有分歧。英国法认为，把商品标价陈列的行为并不是要约，而只是要约邀请。但大陆法系的瑞士债务法规定，商品标价陈列者，通常视为要约。

广告是否构成要约，要根据不同情况来确定。有一种广告叫悬赏（reward）广告，是指广告人以广告的方式声明，对于完成特定行为的人，将给予一定的报酬。对于这种悬赏广告，各国法律一般都认为是一项要约，一旦有人在看到广告后完成了广告所要求做的事情，即构成承诺，合同即告成立，广告人有义务支付广告中所规定的报酬。至于普通的商业广告，原则上不认为是一项要约，而仅视为要约邀请。但英美法系国家的法院的一些判例认为，要约既可以向某一个人发出，也可以向某一群人发出，甚至可以向全世界发出。只要广告的文字明确、肯定，足以构成一项允诺，亦可视为要约。在这个问题上，北欧各国的法律同英美法有所不同。北欧各国的法律认为，要约必须向一个或一个以上的特定人发出，广告原则上不能认为是要约，而只是要约邀请，因为广告是向广大公众发出而不是向特定人发出的。

（2）要约的内容必须明确、肯定，即应该包括拟将签订的合同的主要条件。一旦受要约人表示承诺，就足以成立一项对双方当事人均有约束力的合同。例如，在商业买卖中，要约一般应包括商品的名称、价格、数量以及交货和付款的时间等。因此，要约人不必在要约中详细载明合同的全部内容，而只要达到足以确定合同内容的程度即可。至于某些条件，可以留待日后确定。在这一点上，大陆法系和英美法系的要求基本上是一致的。

但是，《美国统一商法典》在这个问题上采取了更为开放的态度。根据《美国统一商法典》的规定，在货物买卖中，要约的内容最重要的是要确定货物的数量或提出确定数量的方法，至于价格、交货或付款时间等内容，均可暂不提出（left open），留待日后按照所谓合理的标准来确定。至于何谓合理，那是属于事实问题，得由法院根据案情和周围的情况作出解释。

（3）要约原则上应向一个或一个以上的特定的受要约人发出，除非要约人有明确相反的意思表示。理解这一要约的有效条件应当注意的是：第一，要约原则上应向一个或一个以上的受要约人发出，这既是一项法律要求，也是对商事实践基本规律的概括和总结。第二，所谓“特定的受要约人”，不能仅仅从受要约人的数量的多少来确定，也不能仅仅以某一当事人是否收到了要约来认定，而是要结合要约人的意图来认定，也就是说，受要约人是指要约人的主观意图所指向的交易对象。第三，所谓“除非要约人有明确相反的意思表示”，是指若要约人采用广告等公开要约的方式，则属于要约人有相反的明确的意思表示，此时，则要约人相对的受要约人，可以不要求是特定的受要约人。

（4）要约必须送达要约人才能生效。要约是一种意思表示，按照大多数国家的法律，要约须于到达受要约人时方能生效，从而使受要约人取得对该要约作出承诺的权利，因为受要约人只有在得知要约的内容后，才可能决定是否予以承诺。

3. 要约的拘束力

要约的拘束力包含两个方面的含义：一是指对要约人的拘束力，二是指对受要约人的拘束力。要约对两者的拘束力是不同的。

一般来说，要约对于受要约人是没有拘束力的。受要约人接到要约，只是在法律上取得了承诺的权利，但并不受要约的拘束，并不因此而承担了必须承诺的义务。不仅如此，在通常情况下，受要约人即使不予承诺，也没有通知要约人的义务。但某些国家的法律规定，在商业交易中，在某些例外的情况下，受要约人无论承诺与否，均应通知要约人。如德国商法典和日本商法典均规定，商人对于平日经常来往的客户，在其营业范围内，在接到要约时，应立即发出承诺与否之通知，如怠于通知，则视为承诺。但缄默不等于承诺，如《德国商法典》第 362 条规定：由商人的营业经营产生为他人处理事务，并且关于处理此种事务的要约从某人到达商人，而该商人与此人有交易关系的，该商人有义务不迟延地予以答复，其缄默视为对该要约的承诺。关于处理事务的要约从某人到达商人并且该商人已向此人请求处理此种事务的，适用相同规定。[①]

所谓要约对要约人的拘束力，是指要约人发出要约之后、在对方承诺之前能否反悔，能否把要约的内容予以变更或把要约撤销的问题。对此，英国、美国、德国和法国的法律各有不同的要求或规定：

(1) 英美法认为，要约对要约人原则上无拘束力，在受要约人作出承诺以前，要约人可随时撤销其要约或更改要约的内容。即使要约规定了承诺的有效期限，他在法律上仍然可以在期限届满之前随时将要约撤销。其理由是，英美法认为，一个人所作的允诺，之所以在法律上有约束力，是由于他取得了对方的某种“对价”(consideration)，或者由于他在作出允诺时采取了法律所要求的某种特殊形式，如“签字蜡封文书”等，否则，该允诺对允诺人就不具有拘束力。而要约是要约人所作的一项允诺，除非有对价支持，或者采用签字蜡封文书的形式，否则，要约对于要约人没有拘束力。

(2) 德国法认为，要约原则上对要约人有拘束力，要约人一般不能随时撤销或变更其要约。《德国民法典》规定，除非要约人在要约中注明有“不受要约约束”的词句，否则要约人须受要约的约束。如果要约规定了有效期，则在有效期内不得撤销或更改其要约；如果要约没有规定有效期，则在通常情况下可望得到答复的期限以前，不得撤销或更改其要约。瑞士、希腊、巴西等国均采取这一原则。依据这些国家的法律，要约人可以采取“不受拘束”等词句来表明要约对自己没有拘束力，但这在法律上就不是要约而是要约邀请，对方据此作出的意思表示才是真正的要约，它必须经过发出这种要约邀请的一方承诺才能订立合同。

(3) 1980 年《国际货物销售合同公约》第 16 条规定：“（一）在未订立合同之前，要约得予撤销，如果撤销的通知于受要约人发出承诺之前送达受要约人。（二）但在下列情况下，要约不得撤销：(a) 要约写明承诺的期限，或以其他方式表示要约是不可撤销的。

---

① 德国商法典．杜景林，卢谌，译．北京：法律出版社，2010：214-215.

(b) 受要约人有理由信赖该项要约是不可撤销的，而且受要约人已本着对该项要约的信赖行事。”从1980年《国际货物销售合同公约》第16条的规定可以看出，该公约为了折中调和在要约对要约人的拘束力问题上大陆法和英美法的分歧，在第16条第1款中作出了与英美法相类似的规定，而在第16条第2款中作出了与大陆法相类似的规定。《国际商事合同通则》第2.4条也作了类似的规定。

我国《民法典》第476条规定，要约可以撤销，但是有下列情形之一的除外：(1) 要约人以确定承诺期限或者其他形式明示要约不可撤销；(2) 受要约人有理由认为要约是不可撤销的，并已经为履行合同做了合理准备工作。可见，我国《民法典》在立法时借鉴了上述二者的立法思想。

4. 要约的消灭

要约的消灭是指要约失去效力，无论是要约人或受要约人均不再受要约的拘束。要约失效有以下几种情况：

(1) 要约因承诺期间已过而失效。如果要约规定有承诺的期间，则在该期间终了时自行失效。如要约人在要约中没有规定承诺的期限，则有两种情况：第一，如果当事人以对话方式进行交易磋商，对于此种对话，要约必须立即予以承诺，如不立即承诺，要约即失去其拘束力。对话要约包括当事人之间面对面的商谈和电话等方式。第二，如当事人分处异地，以函电等非对话的方式发出要约，则当事人一般应当在合理的期限内作出承诺，否则要约即告失效。

(2) 要约因被要约人撤回或撤销而失效。撤回要约是指要约人发出要约之后在其送达受要约人之前，将要约收回，使其不发生效力。撤销要约是指要约已经送达受要约人之后，即要约已经生效之后，要约人消灭要约效力的行为。在大陆法中，撤销要约一般是不允许的，而撤回要约是允许的，但撤回要约的通知必须先于要约或至少必须与要约同时到达受要约人手中，才能把要约撤回。在英美法中，一般来说，要约人不仅可以在要约送达受要约人之前将要约撤回，而且可以在要约到达受要约人之后、受要约人作出承诺之前，将要约撤销。

(3) 要约因被受要约人的拒绝而失效。拒绝要约是指受要约人把拒绝要约的意思表示通知要约人的行为。要约在拒绝通知送达要约人时即告失效。此后受要约人就不能改变主意再对该项要约表示承诺。如果受要约人在承诺中对要约的条款作了扩张、限制或变更，并构成了对要约内容的实质性修改，其效果也视同对要约的拒绝，在法律上也等于受要约人向要约人发出了一项反要约 (counter-offer)，须经原要约人承诺后，合同才能成立。我国《民法典》第478条第1项、第4项规定，要约被拒绝，受要约人对要约的内容作出实质性变更，要约失效；第488条规定，受要约人对要约的内容作出实质性变更的，为新要约。

(二) 承诺

1. 承诺的概念

承诺是指受要约人按照要约所指定的方式，对要约的内容表示同意的一种意思表示。

我国《民法典》第479条规定，承诺是受要约人同意要约的意思表示。要约一经承诺，合同即告成立。

2. 一项有效的承诺应具备的条件

（1）承诺必须由受要约人作出。受要约人包括其本人及其授权的代理人。除此之外，任何第三者即使知道要约的内容并对此作出同意的意思表示，也不是承诺，不能成立合同。

（2）承诺必须在要约的有效期间内进行。如果要约规定了有效期，则必须在该期限内承诺；如果要约未规定有效期，则必须在“依照常情可期待得到承诺的期间内”（大陆法）或在“合理的时间内”（英美法）承诺。如果承诺的时间迟于要约的有效期，这就叫作“迟到的承诺”（late acceptance）。迟到的承诺不是有效的承诺，而是一项新的要约，须经原要约人承诺后才能成立合同。

我国《民法典》第481条规定，承诺应当在要约确定的期限内到达要约人。要约没有确定承诺期限的，承诺应当依照下列规定到达：要约以对话方式作出的，应当即时作出承诺；要约以非对话方式作出的，承诺应当在合理的期限内到达。关于“迟到的承诺”，我国《民法典》借鉴了1980年《国际货物销售合同公约》第21条和《国际商事合同通则》第2.9条的规定，在第486条、第487条中规定如下：受要约人超过承诺期限发出承诺，或者在承诺期限内发出承诺，按照通常情形不能及时到达要约人的，为新要约；但是，要约人及时通知受要约人该承诺有效的除外。受要约人在承诺期限内发出承诺，按照通常情形能够及时到达要约人，但是因其他原因致使承诺到达要约人时超过承诺期限的，除要约人及时通知受要约人因承诺超过期限不接受该承诺以外，该承诺有效。

（3）承诺必须与要约的内容一致。如果受要约人在承诺中将要约的内容加以扩充、限制或变更，从原则上说，这就不是承诺而是一项反要约，它是对原要约的拒绝，不能发生承诺的效力，应视为一项新的要约或反要约，它必须经原要约人的承诺才能成立合同。但是，在这个问题上，各国的法律并不完全一致。美国的法律对此采取了比较灵活的态度。按照《美国统一商法典》第207条的规定：在商人之间，如果受要约人在承诺中附加了某些条款，承诺仍可有效，这些附加条款视为合同的一个组成部分，除非要约中已明确规定承诺时不得附加任何条件；这些附加条款对要约作了重大的修改；要约人在接到承诺后在合理时间内作出拒绝这些附加条件的通知。这些规定与英美普通法的原则是不同的。普通法认为承诺应当像镜子一样反照出要约的内容（镜像一致规则），否则就不是承诺，而是反要约。

我国《民法典》第488条、489条规定：承诺的内容应当与要约的内容一致。受要约人对要约的内容作出实质性变更的，为新要约。有关合同标的、数量、质量、价款或者报酬、履行期限、履行地点和方式、违约责任和解决争议方法等的变更，是对要约内容的实质性变更。承诺对要约的内容作出非实质性变更的，除要约人及时表示反对或者要约表明承诺不得对要约的内容作出任何变更外，该承诺有效，合同的内容以承诺的内容为准。从上述我国《民法典》的规定可以看出，《民法典》在承诺与要约的内容一致问题上，放弃了镜像一致规则，采取了灵活的态度，并比美国法的规定更具有可操作性。

(4) 承诺的传递方式必须符合要约所提出的要求。要约人在要约中可以对承诺的传递方式作出具体规定，例如，指定必须以电报或电传作出承诺，在这种情况下，受要约人在承诺时就必须按照规定的传递方式办理，如擅自改用平信或空邮的方式传递，承诺就不能成立。如果要约人在要约中对承诺的传递方式没有作出具体规定，承诺人在发出承诺通知时，一般应按照要约所采用的方式办理，或采用比要约更为快捷的方式。

3. 承诺的生效时间

承诺从什么时候起生效，这是合同法中一个十分重要的问题。因为承诺一旦生效，合同即告成立，双方当事人就承受了由合同所产生的权利和义务。如承诺以口头方式作出，承诺原则上应当于该承诺的意思表示传达给要约人时开始生效。关于当承诺以书信、电报等函电的方式作出时其应于何时生效，这一问题在各国法律之间存在着很大的分歧。

(1) 英美法认为，在以书信、电报作出承诺时，承诺一经投邮，立即生效，合同即告成立。即对承诺的意思表示采取“投邮主义”，以此来调和要约人与受要约人之间的利益冲突。

(2) 大陆法特别是德国法，在承诺生效时间问题上，采取了与英美法不同的原则。德国法对承诺生效的时间采取“到达主义”，即承诺于到达相对人时始发生效力，合同亦于此时成立。

(3)《法国民法典》对承诺何时生效没有作出具体规定。但法国最高法院认为，关于承诺生效的时间完全取决于当事人的意思。因为承诺生效是一个事实问题，应根据具体情况特别是根据当事人的意思来决定。但实践中往往推定为适用“投邮主义”，即根据事实情况推定承诺于发出承诺通知时生效，合同亦于此时成立。

(4) 我国《民法典》第 484 条规定，以通知方式作出的承诺，生效的时间适用《民法典》第 137 条的规定。根据《联合国国际货物销售合同公约》第 18 条的规定，承诺通知亦到达生效，承诺不需要通知的，根据交易习惯或者要约的要求作出承诺的行为时生效。采用数据电文形式订立合同的，承诺到达的时间适用我国《民法典》第 137 条第 2 款的规定，即采用数据电文形式订立合同，相对人指定特定系统接收数据电文的，该数据电文进入该特定系统时生效；未指定特定系统的，相对人知道或者应当知道该数据电文进入其系统时生效。从这些规定可以看出，我国合同法法律制度采用的是到达主义。

4. 承诺的撤回

撤回承诺是承诺人阻止承诺发生效力的一种意思表示。承诺必须在生效以前才能撤回，一旦生效，合同即告成立，承诺人就不得撤回其承诺。按照英美法系国家的审判实践，由于其认为承诺的函电一经投邮就立即生效，因此，受要约人发出承诺通知后，就不能撤回其承诺。但根据德国的法律，由于其认为承诺的通知必须传达到要约人才能生效，所以，受要约人在发出承诺通知之后，原则上仍可把承诺撤回，但撤回的通知必须与承诺的通知同时或先到达要约人，才能把承诺撤回。例如，以平邮或空邮发出的承诺通知，可用电报、电传等更为快捷的传递方式把它撤回。撤回承诺有利于承诺人根据市场的交易变化及时调整自己的经营策略。我国《民法典》第485条规定：承诺可以撤回。撤回承诺的通知应当在承诺通知到达要约人之前或者与承诺通知同时到达要约人。1980年《国际货物销售合同公约》第22条和《国际商事合同通则》第2.10条也作了类似的规定。

5. 承诺的方式

承诺的方式是指回应要约的意思表示借以表达的方式。关于承诺的方式，各国法律一般规定，承诺可以采取口头、书面或实际行为作出，但缄默或不作为本身不构成承诺。在一项具体的交易中，承诺的方式往往取决于要约的要求，若要约中对承诺的方式明确地提出了要求，则承诺应采用要约规定的方式。若要约中没有明确提出承诺方式的要求，则承诺的表示方式应当与要约的表示方式相一致。关于承诺的方式，我国《民法典》第480条作了如下规定：承诺应当以通知的方式作出；但是，根据交易习惯或者要约表明可以通过行为作出承诺的除外。

二、一项有效的合同应具备的条件

（一）对价与约因

对价（consideration）是英美法的概念，约因（cause）为法国法的概念。德国法认为，合同的有效成立取决于当事人之间的意思表示一致，而不以有无约因作为合同成立的要件。但在德国法中，约因这一概念在其他方面仍然有一定的作用。

1. 英美法中的对价

（1）对价的概念。英美法把合同分为两类：一类是签字蜡封的合同（deed contract under seal），这种合同是由当事人签字、加盖印鉴并把它交给对方而作成的，其有效性完全是由于它所采用的形式，不要求任何对价；另一类是简式合同（simple contracts），它包括口头合同和以非签字蜡封式作成的一般书面合同，这类合同必须要有对价，否则就没有拘束力。

所谓对价，是指合同一方得到的某种权利、利益、利润或好处，或是他方当事人克制自己不行使某项权利或遭受某项损失或承担某项义务。也有人把对价简单地说成是“购买某种‘允诺’的代价”。

（2）一项有效的对价必须具备以下条件：

第一，对价必须是合法的。凡是以法律所禁止的东西作为对价的，都是无效的。例如，贩卖毒品的合同，因为作为对价的标的物是违法的，所以，这种合同是无效的。

第二，对价必须是待履行的对价或者是已履行的对价，而不能是过去的对价。英美普通法把对价分为三种，即待履行的对价（executory consideration）、已履行的对价（executed consideration）、过去的对价（past consideration）。前两种对价是有效的，第三种对价是无效的。

所谓待履行的对价，是指双方当事人允诺在将来履行的对价。所谓已履行的对价，是指当事人中的一方以其作为要约或承诺的行动，已全部完成了他依据合同所承担的义务，只剩下对方尚未履行其义务。这包括两种情况：一种情况是，当事人一方的行为是作为要约作出的，例如，卖方主动向买方发货，当买方接收货物时，买卖合同即告成立，但这时卖方已履行了交货义务，对此，买方有义务支付合理的价金；另一种情况是，当事人一方的行为是作为承诺作出的。所谓过去的对价，是指一方在对方作出允诺（promise）之前已全部履行完毕的对价，它不能作为对方后来作出的这项允诺的对价。英美法遵循一项原则——“过去的对价不是对价”（past consideration is no consideration）。应当注意把已履行的对价与过去的对价加以区别，因为二者的法律效果是完全不同的。其区别主要在于：已履行的对价是在对方作出允诺之时提供的，是以此来换取对方的允诺；而过去的对价是在对方作出允诺之前就已经完成的，并不是以此来换取对方的允诺。

但在英美法中，对于“过去的对价不是对价”这个一般原则也有例外的情况。如果一方应对方的请求为后者提供了某种服务，对方允诺给予报酬，则这种过去已经提供的服务仍可作为日后允诺给予报酬的对价，这项允诺就是有拘束力的。美国许多州还把这种例外的原则推广到某些未经对方提出要求的行为（unrequested acts），只要这种行为是在紧急情况下做出的，则在完成此种行为之后，如对方允诺给予报酬，该项行为就可以作为此项报酬的对价，此项允诺即具有约束力，承诺人不得反悔。

第三，对价必须具有某种价值，但不要求充足。对价必须是真实的，必须具有某种价值。这里所说的价值不一定是指金钱上的价值，也可以是其他东西，例如，提供某种服务或不行使某种权利等。但对价不是等价，不要求与对方的允诺相等（equivalent to the promise）。但是，如果对价很不充分，足以构成诈欺（fraud）或错误（mistake），当事人可以请求给予衡平法上的救济，要求撤销合同。但这是另一个问题，而不是由于对价很不充足而使合同不能执行。

《美国统一商法典》对于这类所谓极不公平的合同（unconscionable contract）作了具体的规定。按照该法典第302条的规定，如果法院认定某项合同或合同中的某项条款极不公平，法院可判决拒绝执行该项合同，或不执行极不公平的部分而只执行其余部分。

第四，已经存在的义务或法律上的义务不能作为对价。有这样一个案例：船方雇用一批船员做一次往返于伦敦与波罗的海的航行，途中有两名船员开了小差，船长答应其余的船员，如果他们努力把船舶开回伦敦，他将把那两名船员的工资分给他们。事后船长食言，船员们到法院起诉。法院判决，船长的允诺是无效的，因为缺乏对价。其理由是，船员在开船时已承担了义务，即答应在航行中遇到意外情况时应尽力而为。有两名船员开了小差就是属于这类意外情况。余下的船员依据其原来签订的雇佣合同，有义务尽力把船舶安全开回目的港。从上述案例可以看出，凡属原来合同上已经存在的义务，不能作为一项新的允诺的对价。

另外，凡属履行法律上的义务的，也不能作为对价。例如，某甲的女儿被绑架，他登报声明，有找到其女儿者，愿奉赏金1万美元。警察某乙被指定办理此案，并找回某甲的女儿。某乙向某甲讨要赏金未果，遂向法院起诉。法院认为，某乙作为负责此案的警察，找回某甲的女儿是法律上的责任，不能作为对价。

第五，对价必须来自受允诺人（promisee）。所谓对价必须来自受允诺人，是指只有对某项允诺付出了对价的人，才能要求强制执行此项允诺。如果甲向乙许诺，若乙完成某项工作，他将付给丙一笔钱。在这种情况下，如果乙完成该项工作后，甲拒绝把钱付给丙，则丙不能对甲起诉要求法院强制执行甲向丙付钱的许诺。因为作为对甲的许诺的对价是来自乙而不是来自丙，丙并没有提供任何对价。

（3）对价原则的弊端和例外。英美法关于对价的原则已经不能适应当代资本主义社会经济生活的需要，因为按照这一原则，当事人在签订合同之后，如要改变原来的合同，或者在债权人和债务人之间想要免除债务（release of debt）时，就会由于缺乏对价而不能成立。

为了适应当代商业发展的需要，《美国统一商法典》第 209 条明确规定，关于改变现存合同的协议，即使没有对价也具有约束力。

此外，美国法为了防止在某些情况下由于缺乏对价而产生不公平的结果，还形成了一项所谓“不得自食诺言”（promissory estoppel）的原则。其含义是，如允诺人在作出允诺时，应当合理地预料到受允诺人会信赖其允诺而做出某种实质性的行为或者放弃去做某种行为，并已在事实上引起了这种结果，只有强制执行该项允诺才能避免产生不公平的后果，那么，即使该项允诺缺乏对价，亦应予以强制执行。这项原则是衡平法上的救济方法，是从向教堂捐款的案件中发展出来的。向教堂捐款案件的大致情况是：某甲答应捐赠 1 万美元修建一座新教堂，教会信赖其允诺，开始筹建新教堂。后来某甲反悔，教会诉至法院。法院认为，此项允诺虽然没有对价，但仍具有拘束力。因为教会由于信赖其甲的允诺已经改变了它的地位，因此某甲就不得否认自己所作的许诺。

近年来，英国法院的少数判例也有朝着美国法的方向发展的趋势，以便使对价原则与现代商业的某些习惯做法协调起来。

2. 法国法中的约因

法国法把约因作为合同有效成立的要素之一。《法国民法典》设有专目，对约因的作用作了具体规定。按照法国法的解释，债的约因是指订约当事人产生该项债务所追求的最接近和直接的目的（immediate and direct end）。法国法强调把约因与当事人的动机（motives）区别开来。以买卖合同为例，某甲向某乙购买汽车一辆，某甲购买汽车的动机有多种，可能是自用，可能是出租，也可能是为了赠送给亲友。但购买汽车的直接目的却只有一个，就是为了取得汽车这个标的物。同样的，某乙出售汽车的动机也有多种，可能是认为原来的汽车不好，卖掉以后再买新的，也可能是因为经济困难，负担不了汽车的开销，但卖车的直接目的亦只有一个，就是为了取得一笔金钱。由此可见，在同一类型的合同中，其直接目的即约因往往是相同的。在买卖合同中，约因都是以商品换取金钱；在雇佣合同中，约因都是以金钱换取劳务；如此等等。

根据《法国民法典》第 1131 条的规定：凡属无约因的债，基于错误约因或不法约因的债，都不发生任何效力。这里所谓债（obligation），包括债权和债务，它是指广义的债，不仅仅指狭义的金钱债务。按照法国法的解释，任何债的产生都必须有约因，否则就不发生任何效力。如果约因为法律所禁止，或约因违反善良风俗或公共秩序，此种约因即属于不法的约因，也不发生任何效力。

3. 德国法中的约因

德国法在合同成立的问题上没有采用约因原则。德国法与法国法不同，它不以约因作为合同成立的必要条件。这是因为，许多大陆法系国家的学者认为，把约因作为合同成立的要件是没有什么价值的。其理由是，在双务合同中，双方当事人互为允诺、互为给付，这是双务合同固有的特点，其本身就具备合同成立的条件，无须再借助约因作为合同成立的条件，至于无偿的合同和赠与合同的成立，许多国家的法律都规定有形式上的要求，如必须在公证人面前订立或依法院的裁判成立等，也无须以约因作为要件。所以，1900 年《德国民法典》及承袭它的某些大陆法系国家的法典，如《瑞士债务法典》和《日本民法典》等，在有关合同成立的章目中都不再采用约因这个概念。

德国法虽然不把约因作为合同成立的要件，但实际上约因在德国民法的其他方面仍然起着很大的作用。德国法在关于不当得利的问题上仍使用约因的概念。德国法的不当得利（unjust enrichment）是指无法律上的原因而取得他人的财产或其他利益。在这种情况下，由于缺乏法律上的原因，取得他人财产或利益的一方无权保留这种财产或利益，而必须把它归还给真正的所有人。如《德国民法典》第 812 条规定，无法律上的原因而受领他人的给付，或以其他方式由他人负担费用而受到利益者，负有返还该利益于他人的义务；或者虽有法律上的原因，但后来该原因已经消灭，或依法律行为的内容未发生给付目的所预期的结果者，亦有返还已得利益的义务。德国法上的不当得利，在英美法和法国法上称为准合同（quasi contract），美国法称为"偿还法"（law of restitution），其名称虽然不同，但法律效果都是一样的，都是由于缺乏法律上的原因或对价，双方当事人不能成立合同关系，受益人必须归还从他人处取得的财产或利益。

（二）当事人的订约能力

1. 自然人的订约能力

自然人的订约能力是指自然人订立合同的行为能力，它属于自然人民事行为能力的一个组成部分。自然人的民事权利能力是指自然人可以以自己的名义享受民事权利和承担民事责任的资格。自然人的民事行为能力是指自然人以自己的行为谋取民事权利和承担民事责任的能力。

各国法律对于自然人的订立合同的行为能力都有具体的规定。一般来说，未成年人和精神病患者没有订立合同的能力或者受到一定的限制，这些人所订立的合同，根据不同的情况，有的是无效的（void），有的是可以撤销的（voidable）。这些法律的目的，是保护未成年人和精神病患者的利益。这些人或者由于年龄太小，或者由于神志不清，缺乏判断力或经验，不能理解自身行为的后果，因此法律需要给予特别的保护。

各国对于成年人的法定年龄规定不一。过去，大多数国家的法律，如英、美、德、法、荷兰、葡萄牙、西班牙、比利时、意大利、丹麦、瑞典、奥地利等国，都以年满

21 周岁作为成年人的标准；但近年来，有些国家的法律有把成年人的年龄标准降低的趋势，如德国、英国都把成年人的标准降为 18 周岁。我国法律规定以 18 周岁为成年人标准。

（1）我国法律关于自然人订约能力的规定。我国《民法典》第 17 条至第 24 条将自然人的民事行为能力分为三类。

第一，有完全民事行为能力的人。根据《民法典》第 17、18 条的规定，18 周岁以上的自然人是成年人，具有完全民事行为能力，可以独立进行民事活动，即有能力通过自己的独立行为，取得民事权利和承担民事义务。对于 16 周岁以上不满 18 周岁的未成年人，如果是以自己的劳动收入为主要生活来源的，亦视为有完全民事行为能力的人。他们都可以独立进行民事活动，包括订立各种合同。

第二，限制民事行为能力的人。《民法典》规定，限制民事行为能力人包括：8 周岁以上的未成年人，他们可以进行与其年龄、智力相适应的民事法律行为；不能完全辨认自己行为的成年人，他们可以进行与他们的智力、精神健康状况相适应的民事法律行为。

第三，无民事行为能力的人。无民事行为能力人包括：不满 8 周岁的未成年人；不能辨认自己行为的成年人。无民事行为能力人不能实施有效的法律行为，他们签订的合同是无效的。我国《民法典》还规定，无民事行为能力人和限制民事行为能力人若签订纯接受利益的合同，如接受报酬、赠与等，应当认定为具有订约资格，其合同有效。

（2）英美法的规定。英美法没有德国法禁治产者的抽象概念，而是采用未成年人（infants；minor）、精神病人和酗酒者（drunkards）等具体概念，来判定不同的人的订约能力。

第一，未成年人。原则上，未成年人没有订立合同的能力。未成年人对其订立的合同，在其成年之后，可以予以追认，也可以要求撤销，但属于必需品（necessaries）的合同除外。

第二，精神病人。精神病人在其被宣告精神错乱以后所订立的合同，一律无效；至于在宣告精神错乱以前所签订的合同，则可要求予以撤销。

第三，酗酒者。一般来说，确定酗酒者是否有订立合同的能力是比较复杂的，因为酗酒者并不一定终日烂醉如泥，他们也有清醒的时候。因此，在审判实践中，要确定酗酒者在订立合同的当时，头脑是否清醒，有无判断力和理解力，这是很不容易的。依照美国法的规定，酗酒者订立的合同，原则上应有强制执行力，如酗酒者在订立合同时由于醉酒而失去行为能力，则可要求撤销合同。

（3）德国法的规定。德国法将自然人分为无行为能力与限制行为能力两种情况。依据《德国民法典》第 104 条的规定：未满 7 周岁的儿童；处于精神错乱状态，不能自由决定意志，而且按其性质此种状态并非暂时者；因患精神病被宣告为禁治产者，均属于无行为能力的人。禁治产是大陆法的术语，指的是因精神病或因有酒癖不能处理自己的事务，或因浪费成性有败家之虞者，经其亲属向法院提出请求，由法院宣告禁止其治理财产。无行为能力的人所订立的合同不产生任何法律效力。

所谓限制行为能力的人，是指年满 7 周岁的未成年人的行为能力受到法律上的一定限制。根据《德国民法典》的规定，未成年人所作的意思表示，须取得其法定代理人的同意。凡未成年人未经其法定代理人的同意所订立的合同，须经法定代理人追认后，才能生效。未成年人达到法定的成年年龄或依照法律的其他规定取得完全的行为能力之后，对于其先前未经法定代理人同意所签订的合同，须以其自己所作的追认，替代法定代理人的追认。但是，根据《德国民法典》的规定，如未成年人的法定代理人经法院的同意，允许未成年人独立经营业务者，未成年人对在其营业范围所作的一切法律行为有完全的行为能力，他所签订的合同无须取得法定代理人的同意即可生效。

（4）法国法的规定。法国法把订约当事人的行为能力作为合同有效成立的必要条件，如当事人没有订立合同的能力，其所签订的合同即不产生法律效力。根据《法国民法典》第 1146 条的规定，无订立合同能力的人包括：未解除亲权的未成年人；受法律保护的成年人，包括因精神官能障碍、身体官能障碍等原因，需要他人保护的成年人。

未成年人和受法律保护的成年人订立合同必须取得其监护人或管理人的同意，否则无效（须经法院宣告无效）。法国法有一项特殊的制度叫解除亲权，是针对未成年人而设定的。未成年人解除亲权有两种情况：一种情况是未成年人因结婚而依法当然解除亲权；另一种情况是，未成年人虽未结婚，但年满 16 周岁，得由其父母双方或其中一方向监护法官提出申请，宣告解除亲权。无父母的未成年人，依亲属会议的要求，亦可以此方法解除亲权。解除亲权的未成年人与成年人相同，有处理一切民事生活行为的能力。但解除亲权的未成年人不得经营商业。

2. 法人的订约能力

（1）法人的订约能力包含在法人的行为能力之中。法人是指拥有独立的财产，能够以自己的名义享受民事权利和承担民事义务，并且依照法定程序成立的法律实体。法人的民事权利能力是指法人作为民事法律关系主体享有民事权利、承担民事义务的资格。法人的民事行为能力是指法人以自己的意志和行为取得民事权利、承担民事义务的能力。各国法律对法人的成立都规定了一系列条件，并进行严格的管理和法律控制，例如，法人必须依照法定程序设立，必须拥有一定的财产和经费，有自己的名称、组织机构和场所，必须能独立承担民事责任，等等。这就使得法人一旦成立就具有订立合同的能力。事实上，在社会经济活动中，法人是订立合同的主要当事人。

（2）法人订约能力的实现。公司法人必须通过它授权的代理人才能订立合同。法人是由自然人组织起来的，它必须通过自然人才能进行活动。以公司为例，根据各国公司法的规定，公司必须通过它授权的代理人才能订立合同，而且其活动范围不得超出公司章程的规定。过去英国普通法要求，公司所签订的合同原则上都必须以签字蜡封的方式作成，但普通法的这种旧规定已不适应现代商业的需要，所以已被公司法的成文法废止。根据英国 1948 年和 1967 年《公司法》的规定，公司也可以通过其代理人以自然人身份采用同样的方式订立合同，即可以签订简式合同，而无须采用签字蜡封的形式。

（3）法人订约能力的范围。公司法人的经营不得超出公司章程规定的经营范围，因此，订约能力应受此制约。例如，英国公司法在公司的行为能力问题上，强调公司的行为不得越权（ultra vires）。按照英国公司法的规定，公司的订约能力须受公司章程（memorandum of association）的支配，不得越出公司章程规定的范围。如果公司订立的合同超出了公司章程规定的范围，即属于越权行为，这种合同在法律上是无效的。

（三）合同的形式

1. 合同形式的分类

合同的形式是指当事人合意、达成协议的表现形式。从订立合同的形式的角度看，合同可以分为要式合同和不要式合同两种。要式合同是指必须按照法定的形式或手续订立的合同；不要式合同是法律上不要求按特定的形式订立的合同。

在现代资本主义社会，商品交换关系高度发达，如果无论订立什么合同，都要采用一套复杂的法律形式，就会给经济活动造成人为的障碍。因此，现代资本主义各国的法律，在合同形式问题上，都采取“不要式原则”（principle of informality），只是对某些合同才要求必须按照法律规定的特定形式来订立。但这种要式合同一般为数甚少，属于例外情况。

2. 合同采用要式形式的作用

资本主义各国的法律之所以对某些合同要求必须按法定的形式来订立，其目的和作用有二：一是用以作为合同生效的要件；二是用以作为证明合同存在的证据。在前一种情况下，合同如果不依法定形式订立，就不能发生法律上的效力，该合同无效。在后一种情况下，合同虽然没按法定形式订立，但合同并非无效，只是不能强制执行（unenforceable）。在发生诉讼时，必须以法律规定的形式（如书面形式、公证人的证明等）作为合同的存在及内容的证据（evidence），而不能以口头证言作为证据。对于上述两种情况，资本主义各国法律有不同的侧重点。一般来说，德国法侧重于作为合同有效成立的要件，法国法偏重作为证据要求，英美法则对不同类型的合同有不同的要求。

3. 各国法律关于合同形式的规定

（1）法国法关于合同形式的规定。法国法把要式合同分为两种情况：一种是以法定形式作为合同有效的要件。在这种情况下，法院有权不依当事人的申请而依其职权宣告不按法定形式订立的合同无效。另一种是作为证据要求。这种情况是指将某种法定形式作为证据，以证明合同的存在及其内容，除了法律规定的形式以外，法院不接受其他形式的证据。《法国民法典》第 1341 条规定：凡是超过法令确定之数额或价值的物件，即使是自愿的寄存，均须于公证人前作成证书，或双方签名作成私证书。私证书作成后，当事人不得再主张与证书内容不同或超出证书所载以外的事项而以证人证明之……按照这项条文的精神，如果价额在法令确定的数额或价值以上的合同没有采用公证人证书或私证书的形式，该合同并不是无效，而只是不能作为证据。由于缺乏证据，法院将不予强制执行。但如果债务人承认，合同仍属有效。

上述原则有一个重要的例外，就是不适用于商事合同。根据法国的法律，商事合同是不要式合同，可以用口头方式，也可以用书面方式，任何证据方式都可以使用。这种规定的目的，是适应商业活动的需要。

（2）德国法关于合同形式的规定。《德国民法典》在总则中明确规定，不依法律规定方式的法律行为无效。德国法强调当事人的意思表示必须严肃认真，并以是否遵守法定形式作为意思表示是否严肃认真的标志。如合同没有按照法定形式办理，则说明当事人缺乏严肃认真的订约意思，合同即归于无效，而不问当事人能否提出证据证明合同的存在。这是德国法与法国法的不同之处。

《德国民法典》除在总则中对形式要求作了原则性的规定外，还在其余各部分对不同类型合同所应采取的形式分别作出具体的规定，如有的合同要采取书面形式，有的要有公证人证明等。例如，《德国民法典》第 518 条规定，为使以赠与方式约定为给付的合同有效，其约定应有公证证明之。又如第 766 条规定，为保证合同有效，应以书面方式表示其意思。对于转移土地所有权的合同，还要求在土地登记部门登记才能生效。

但是，这并不是说，德国法律要求一切合同都必须具备特定的形式。德国法也是以不要式合同为原则，要式合同属于例外，只有某些合同才要求具备法定的形式，其他合同都不要求具备特定的形式。如在债权法方面，买卖合同不论标的物的价格多少，一律不要求法定形式，只有土地买卖合同才要求具备法定的形式。

（3）英美法关于合同形式的规定。英美法把合同分为签字蜡封合同和简式合同两类。签字蜡封合同是要式合同，这种合同无须对价，但必须以特定的形式订立。签字蜡封合同的订立必须遵守特定的形式，主要是合同必须以书面作成，有当事人的签名，加盖印戳，并须把它交付给合同的对方当事人。按照英国法的规定，下列三种合同必须采用签字蜡封形式订立：第一，没有对价的合同；第二，转让地产或地产权益的合同，包括租赁土地超过三年的合同；第三，转让船舶的合同。上述三种合同，如不依签字蜡封形式订立，均属无效。但是，美国大多数州已经废止了签字蜡封式的合同，这些州的法律认为，即使合同采用了签字蜡封的形式，但如果没有对价，合同仍然无效。

简式合同是指必须有对价支持的合同，但不完全等于不要式的合同。简式合同一般是不要式的，可以用口头订立，也可以用书面订立，任由当事人自由选择合同所使用的形式；但也有一些简式合同依法必须以书面形式订立，其作用有的是作为合同有效成立的条件，有的是作为证据上的要求，视合同的性质而定。按照英国法的规定，以下几种简式合同是必须以书面形式作成的，否则合同就无效或者不能强制执行：

第一，要求以书面形式作为合同有效成立要件的合同，如汇票与本票、海上保险合同、债务承认、卖方继续保持占有的动产权益转让合同（bill of sale）。

第二，要求以书面文件或备忘录作为证据的合同，如保证合同、有关土地买卖或处分土地权益的合同和金钱借贷合同。

美国沿用了英国的《反诈欺法》，几乎所有的州都制定了自己的《反诈欺法》，内容大同小异。美国的《反诈欺法》要求一些合同必须以书面形式作为证据，如不动产买卖合同、从订约时起不能在一年之内履行的合同、为他人担保债务的合同和价金超过 500 美元的货物买卖合同。

（4）我国合同法关于合同形式的规定。

根据我国《民法典》第 469 条的规定，当事人订立合同，可以采用书面形式、口头形式或者其他形式。

第一，书面形式。书面形式是指当事人以文字方式表达协议内容所订立合同的形式。我国《民法典》第 469 条第 2 款规定，书面形式是指合同书、信件、电报、电传、传真等可以有形地表现所载内容的形式。

第二，口头形式。口头形式是指当事人以直接对话方式订立合同，而不用文字形式订立合同的形式。口头形式简便易行，被广泛运用于社会生活的各个领域。

第三，其他形式。其他形式是除口头形式和书面形式以外的合同订立形式，是指当事人未用语言、文字表达其意思表示，而用实际行为达成具有法律效力的合同的形式。如某当事人将货币投入自动售货机，买卖合同即告成立。一般来说，其他形式只适用于交易习惯许可或要约表明时，而不能普遍适用。

（四）合同必须合法

英美法系国家和大陆法系国家都承认，"契约自由"（freedom of contract）和"意思自主"（autonomy of the will）是合同法的基本原则。所谓契约自由，是指任何有订约能力的人都可以按照他们的意愿自由地订立合同，即可以自由地决定是否订立合同，自由地选择订约的对象，并可自由地同订约对方商定合同的内容。同时，西方各国的法律对契约自由又都加以一定的限制。例如，要求当事人所订立的合同必须合法，并规定凡是违反法律、违反善良风俗与公共秩序的合同一律无效。20 世纪以后，资本主义已发展到垄断阶段，各国都加强了国家对经济生活的干预，通过经济立法对经济活动施加种种限制。特别是一些垄断企业利用其在经济上的优势地位，制定了各种标准合同或共同条件（有时称为一般交易条件），订约对方往往没有讨价还价的余地，而只能照此订立合同。因此，各国现今虽仍然主张契约自由原则，但实际上当事人的订约自由已经受到相当的限制。

1. 大陆法关于违法合同的规定

大陆法系各国都在民法典中对合同违法、违反公共秩序和善良风俗的情况及其后果作出明确的规定，但各国的处理方法有所不同。《法国民法典》在总则中原则性地规定，任何个人都不得以特别约定违反有关公共秩序和善良风俗的法律；然后，把违法、违反善良风俗与公共秩序的问题，同合同的原因（约因，下同）与标的联系在一起加以规定。按照法国法，构成合同非法主要有两种情况：一种是交易的标的物是法律不允许进行交易的物品。例如，贩卖毒品和其他违禁品等。另一种是合同的约因不合法，即合同所追求的目的不合法。例如，某甲与某乙相约，如某乙肯为某甲去做某种犯罪行为，某甲即允诺给予报酬若干元，这种允诺在法律上是无效的，因为他所追求的目的是驱使他人为犯罪行为，而这种行为是法律所禁止的。

德国法和法国法的区别在于，德国法不具体规定合同的标的违法还是合同的约因违法，而是着重于法律行为和整个合同的内容是否有违法的情事。《德国民法典》在总则篇第二章中规定，法律行为违反法律上的禁止者无效，并规定，违反善良风俗的法律行为亦无效。这些规定不仅适用于合同，也适用于合同以外的其他法律行为。

上面所说的善良风俗和公共秩序属于道德伦理和政治的范畴，是具有显著的阶级内容的。在大陆法系国家的审判实践中，何谓违反善良风俗和公共秩序，要由法院根据每个案件的具体情况作出决定。法官有很大的自由裁量权，可以根据不同情况作出不同的解释，以适应各国社会经济政治发展的需要。

2. 英美法关于违法合同的规定

英美法认为，一个有效的合同必须具有合法的目标或目的。凡是没有合法目标的合同就是非法的（illegal），因而是无效的。在英美法中，违法的合同有两种情况：一种是成文法所禁止的合同；另一种是违反普通法的合同。但由于英美法没有成文的民法典，因此，英美法不像大陆法那样以法律行为等抽象概念对违法的情况进行高度的概括，而只能根据某些单行法规的规定和判例法所确立的原则，对各种违法的事由加以排列。根据某些英美法学者的分类，下列三类合同都是非法的：

（1）违反公共政策（public policy）的合同。公共政策是英美法的概念。所谓违反公共政策的合同，是指损害公众利益，违背某些成文法所规定的政策或目标，或旨在妨碍公众健康、安全、道德以及一般社会福利的合同。违反公共政策的合同包括许多种合同，如限制贸易的合同、限制价格的合同等。在这方面，美国的要求是特别严格的。按照美国反托拉斯法（antitrust law）的规定，以上列举的合同都是违反反托拉斯法的，不仅合同无效，而且有关当事人要负责赔偿高额的经济损失，情节严重者，还要追究刑事责任。冒充公职和妨害司法的合同也是违反公共政策的，如贿赂公职人员或出钱出力帮助他人进行诉讼，意在胜诉后分享利益的合同，即属于这一类。

（2）不道德的合同（immoral contract）。按照英美法的解释，所谓不道德的合同，是指那些违反社会公认的道德标准，如法院予以承认将会引起正常人的愤慨的合同。例如，对家庭婚姻生活起不良影响，或导致人们忽视夫妻义务的合同。英国的判例认为，允诺以支付妻子的生活费用作为她同意离婚的交换条件的合同是不道德的合同。但是各国对道德标准的解释不同，因而对于某种合同是否因其不道德而无效也有不同的看法。

（3）违法的合同。违法的合同包括的范围很广，例如，教唆他人去做犯罪行为的合同、以诈骗为目的的合同、同敌人进行贸易的合同、赌博合同等，都是违法的，因而是无效的。根据英国法的规定，大致有以下几种合同被列为非法合同：第一，成文法（或称法例）所禁止的合同，包括贩卖鸦片等毒品的合同、贩卖人口的合同、赌博的合同、行贿的合同、卖淫的合同、窝赃的合同等；第二，有犯罪或侵权行为的合同；第三，有不道德的性因素的合同；第四，瞒税或逃税的合同；第五，反对英国或友好国家利益的合同；第六，败坏社会公共生活的合同；第七，违反正义事业的合同。

此外，凡法律要求必须有执照才能开业的专业人员，如医师、律师、药剂师、设计师等，如没有执照即擅自与别人订立合同从事业务活动，这种合同也是违法的。

3. 我国《民法典》关于违法合同的规定

根据我国《民法典》第 143 条第 3 款和第 153 条的规定，民事法律行为不得违反法律、行政法规的强制性规定，不得违背公序良俗。《民法典》第 508 条规定："本编对合同的效力没有规定的，适用本法第一编第六章的有关规定。"这就意味着，在我国合同是否因违法而无效，应适用前述《民法典》的规定，从上述规定可以看出，凡是违反我国法律、行政法规和损害我国社会公共利益、公共道德等合同，都是无效合同。

4. 违法合同的法律后果

凡是违法或不道德的合同都是无效的，既不产生权利，也不产生义务。当事人不能要求履行合同，也不能要求赔偿损失。法院原则上也不允许以无效的合同提起诉讼。至于一方当事人根据这类合同所取得的利益是否应该返还的问题，是一个比较复杂的问题。英美法认为，违法合同的一方当事人不能因对方违反这种合同而要求赔偿损失，如果一方当事人已经履行了合同，例如已把财产或货物交给了对方，原则上也不能要求对方退回。虽然其结果会使一方得到不应得的利益，但法院一般也不予纠正，其目的是阻止这种非法的交易。但也有例外，如一方因为受骗、被威胁或受到经济上的压力而订立了违法的合同，对其已履行的部分，可以要求对方返还。大陆法认为，这个问题属于"不当得利"的问题，一般都在民法典中对此加以规定。如《德国民法典》第 817 条规定，如给付的目的是在于使受益人因受领给付而违反法律禁止或善良风俗者，受益人应负返还义务。但给付人对于违反此项亦应负同样责任者，不得请求返还。

（五）当事人之间的合意必须属实

合同是双方当事人意思表示一致的结果，订立合同的当事人其意思表示必须是真实的。如果当事人意思表示的内容有错误或意思与表示不一致，或是在受诈欺或胁迫的情况下订立了合同，这时，双方当事人虽然达成了协议，但这种合意是违背其本意的意思表示。对于这种合同应当如何处理，作了错误的意思表示的一方，或受诈欺、胁迫的一方当事人，能否以此为理由主张该合同无效或要求撤销该合同，这是合同法上一个十分重要的问题。

1. 错误

错误（mistake）是指合同当事人对于构成他们之间交易基础的事实在认识上发生了误会。从这一概念可以看出，错误是指合同当事人对事实认识发生的误会，并且这一误会的事实是构成当事人交易基础的事实，也就是说，如果不是发生误会，当事人就不会按照现有的合同条件签约。

关于错误对合同效力的影响，各国法律都一致认为，并不是任何意思表示的错误，都足以使表意人主张合同无效或撤销合同，因为要是这样的话交易安全就缺乏必要的保障。但与此同时，各国法律也都承认，在某些情况下，作出错误的意思表示的一方可以主张合同无效或要求撤销合同，这是为了使某些并非故意作出错误的意思表示的当事人不致承担过重的义务。至于有错误的一方在什么情况下可以要求撤销合同或主张合同无效，在什么情况下则不可以，各国法律有不同规定和要求。

（1）大陆法中有关错误对合同效力的影响的规定。

《法国民法典》第1132条规定，法律上或事实上的错误，除非是不可原谅的，当它涉及应履行的服务的基本品质或对方合同当事人的基本品质时，是合同无效的原因。

德国法所强调的是意思表示“内容”的错误，而不管该内容是涉及合同的标的物的本质、合同的对方当事人还是意思表示的动机。德国法认为下列两种错误都可以产生撤销合同的后果：其一是关于意思表示内容的错误，即表意人在订约时是在错误的影响下作出意思表示的；其二是关于意思表示形式上的错误。例如把美元误写作英镑。法院在考虑上述两种错误是否足以撤销合同时，对第一种情形，法院将依据受错误影响的一方是否得到了他真正想得到的东西而定；对第二种情形，法院将依据表意人究竟想得到什么东西而定。

（2）英美法中有关错误对合同效力的影响的规定。

英国普通法认为，订约当事人一方的错误，原则上不能影响合同的有效性。只有当该项错误导致当事人之间根本没有达成真正的协议，或者虽已达成协议，但双方当事人在合同的某些重大问题（vital matter）上都存在同样错误时，才能使合同无效。当事人对法律认知的错误不能导致合同无效。按照普通法，错误会导致合同自始无效；而按照衡平法，错误通常只是导致一方撤销合同。按照英国的判例，下列错误都不能使合同无效：

1）一方当事人意思表示的错误，如一方当事人在计算价格时发生错误。

2）一方当事人在判断上发生错误。例如，某人认为某物价值1万英镑，但实际上只值5 000英镑。

3）一方当事人对自身的履约能力估计错误。例如，建筑商甲同意为乙建造厂房，合同约定于7月1日竣工，实际上建至9月1日才完工。

4）在凭说明（description）达成的买卖中，对说明的含义的理解发生错误。

但是，如果某项错误导致双方当事人间根本没有达成真正的协议，则可以使合同无效。这主要包括：

1）在合同性质上发生错误，如把借贷误作捐赠。

2）在认定当事人发生错误，但须当事人是订立合同的要素，而且对方也明知有此种误会时，才可以使合同无效。

3）在认定合同的标的物时，当事人双方都存在错误。例如，甲拟买的是黑车，乙拟出售的是白车。这又包括两方面内容：第一，所谓当事人双方都存在错误包括两种情况：一是双方都有共同错误（common mistake），二是双方当事人互有错误（mutual mistake）。若双方当事人都存在的是共同错误，则不能影响合同的有效性。但有两个例外，即若双方当事人所犯的共同错误是就不存在的物件达成契约，或就本来属于某人本人的物件达成由本人购买的协议，则可以导致合同无效。但一般来说，只有双方当事人互有错误，才影响合同的有效性。第二，关于认定标的物的错误可导致合同无效，必须是对标的物的同一性发生了错误，或者是对标的物的性质认定发生了误会。

4）在合同的标的物存在与否或在合同的重大问题上，双方当事人发生共同的错误。

5）允诺一方已经知道对方有所误会，在这种情况下，对方可以主张合同无效。

在关于错误的问题上，英国法与大陆法的主要区别在于：

第一，英国法的要求比大陆法更为严格，一般来说，英国普通法不允许以单方面的错误为理由使合同无效。

第二，因错误而引起的后果亦有区别：大陆法对法律认定的错误或者认为合同无效（如法国法），或者认为可以撤销合同（如德国法）；而英国普通法与衡平法却采取不同的原则，如依普通法，错误可导致合同无效，而依衡平法则是撤销合同。如衡平法在一方当事人不小心说了他不想说的话，或不小心写上他不想写的事，且合同已成立时，若要求该当事人履行合同是违背良心的，则可要求衡平法的救济，撤销合同。

美国法同样认为，单方面的错误原则上不能要求撤销合同。至于双方当事人彼此都有错误时，亦仅在该项错误涉及合同的重要条款、认定合同当事人，或合同标的物的存在、性质、数量以及有关交易的其他重大事项时，才可以主张合同无效或要求撤销合同。美国法院在审理涉及错误的案件时，往往考虑到各方面的情况，例如，误会一方的错误的轻微程度，对方是否应注意到误会一方的错误，对方由于信赖误会一方的允诺已采取了什么行动，有无恢复原状的可能，等等。如果法院认为，对方由于信赖合同已有效成立而积极准备履约，从而改变了他的地位，以致难以恢复原状或不可能恢复原状，有错误的一方就不能撤销合同。美国法院的态度是，宁愿让有错误的一方蒙受自身错误所造成的后果，而不把损失转嫁给对方。

2. 诈欺

（1）诈欺的概念。

诈欺（fraud）是指以使他人发生错误为目的的故意行为。各国法律都认为，凡因受诈欺而订立合同的，蒙受欺骗的一方可以撤销合同而主张合同无效。

（2）大陆法中德国法与法国法关于诈欺的规定。

法国法与德国法对诈欺的处理有不同的原则。《法国民法典》第 1116 条规定：如当事人一方不实行诈欺手段，他方当事人绝不会签订合同者，此种诈欺构成合同无效的原因，即诈欺的结果将导致合同无效。而《德国民法典》第 123 条规定：因被诈欺而做出意思表示的，表意人得撤销其意思表示。按照这一规定，诈欺的结果是导致撤销合同。

（3）“欺骗性的不正确说明”。

英美法把诈欺称为“欺骗性的不正确说明”（fraudulent misrepresentation）。英国 1976 年《不正确说明法》（Misrepresentation Act）把“不正确说明”分为两种：一种是非故意的不正确说明（innocent misrepresentation），另一种是欺骗性的不正确说明。“不正确说明”是英美法的术语，它指的是一方在订立合同之前，为了吸引对方订立合同而对重要事实所作的一种虚假的说明。它既不同于一般商业上的吹嘘，也不同于普通的表示意见或看法。按照英国法的解释，如果作出不正确说明的人是出于诚实地相信真有其事而作的，那就属于非故意的不正确说明；如果作出不正确说明的人并非出于诚实地相信有其事而作的，则属于欺骗性的不正确说明。

英国法对于欺骗性的不正确说明在处理上是相当严厉的，受诈欺的一方可以要求赔偿损失，并可撤销合同或拒绝履行其合同义务。对于非故意的不正确说明，英国法分为两种情况：一种是非故意但有疏忽的不正确说明，另一种是非故意而且没有疏忽的不正确说明。在前一种情况下，受欺骗的一方有权请求损害赔偿，并可撤销合同。但法官或仲裁员有自由裁量权，他们可以宣布合同仍然存在，并裁定以损害赔偿代替撤销合同。在后一种情况下，受欺骗的一方可以撤销合同，但法官或仲裁员同样有自由裁量权，他们可以宣布维持原合同并裁定以损害赔偿代替撤销合同。两者的主要区别是：在后一种情况下，受欺骗的一方无权主动要求损害赔偿，而只能由法官或仲裁员根据具体情况酌定是否可以以损害赔偿代替撤销合同。但无论在什么情况下，都只有受欺骗的一方才能要求撤销合同，作出不正确说明的一方不能以其自身的错误行为作为撕毁合同的借口。

（4）沉默是否构成诈欺。

至于仅对某种事实保持沉默是否足以构成诈欺的问题，各国的处理办法略有差异。德国判例认为，只有当一方负有对某种事实提出说明的义务时，不作这种说明才构成诈欺。如果没有此种义务，则不能仅因沉默而构成诈欺。至于当事人是否有此义务，应按合同的具体情况决定。以买卖合同为例，在磋商交易过程中，当事人是没有提供商品市场价格的义务的，因此，没有对此提供说明，不能认为是诈欺。但对于买卖标的物的情况，因其与对方决定是否订约有关，卖方必须予以披露，如明知一旦披露实情买方就不会订约，因而采取沉默的办法隐瞒实情，这就构成诈欺。法国最高法院也持相似的观点。

英国法认为，单纯沉默原则上不能构成不正确说明。因为一般来说，合同当事人没有义务把各项事实向对方披露，即使他知道对方忽略了某种重要事实，或他认为对方可能有某种误会，他也没有义务向对方说明。但是，在某些情况下，英国法也认为应当加入负有披露实情的义务，主要有以下几种：

第一，如果磋商交易中，一方当事人对某种事实所作的说明原来是真实的，后来在签订合同之前发现此项事实已经发生变化，变得不真实了，在这种情况下，即使对方没有提出询问，但该当事人也有义务向对方改正其先前作出的说明。

第二，凡属诚信合同，如保险合同、公司分派股票的合同、处理家庭财产的合同等，由于往往只有一方当事人了解全部事实真相，因此，该当事人有义务向对方披露真情，否则即构成不正确说明。

（5）债权人以外的第三者实施诈欺的法律后果。

如果诈欺行为不是由债权人而是由债权人以外的第三者所施行时，对方能否撤销合同？关于这个问题，一般认为只有当债权人知道或应该知道有诈欺情事，或者该诈欺行为应归责于债权人时，对方才可以撤销合同。德国、瑞士、英国、美国的法律都基本采用这一规则。而法国法认为，只有当诈欺行为是由合同当事人或其代理人施行时，对方才能以诈欺为理由撤销合同。但法国法及意大利民法都认为，如果债权人确实知道第三者所作的欺诈行为，并企图从中获利时，对方也可以要求撤销合同。

（6）我国法律的规定。

我国《民法典》第148条规定，一方以欺诈手段，使对方在违背真实意思的情况下实施的民事法律行为，受欺诈方有权请求人民法院或者仲裁机构予以撤销。《民法典》第7条规定，民事主体从事民事活动，应当遵循诚信原则，秉持诚实，恪守承诺。用歪曲、隐瞒事实的手法欺骗对方，是违反民法诚实原则的违法行为，如贩卖假烟、假酒、假药等。

3. 胁迫

（1）胁迫的概念。

胁迫（duress）是指以使人产生恐怖为目的的一种故意行为。合同法中的胁迫是指对一方当事人通过某种使对方当事人产生恐怖为目的的故意行为，迫使另一方当事人在不得已的情况下接受强加的合同条件的行为。各国法律都一致认为，凡在胁迫之下订立的合同，受胁迫的一方可以主张合同无效或撤销合同。因为在受胁迫的情况下所作的意思表示，不是自由表达的意思表示，不能产生法律上意思表示的效果。

（2）大陆法把胁迫与绝对强制加以区别。

大陆法认为，胁迫是指对当事人施加心理压力，但不是身体的强制。因此，大陆法把胁迫与绝对强制区别开来，二者的法律效果有所不同。在胁迫的情况下，受胁迫的一方可以撤销合同，但在绝对强制的情况下，受强制的当事人已失去了人身自由，其所订立的合同应归于无效。大陆法中的德国法区别胁迫与乘人贫困等情况。按照德国法，因被胁迫而为意思表示者，表意人得撤销其意思表示；但如果法律行为系乘他人穷困，无经验、缺乏判断能力或意志薄弱，使其为对自己或第三人的给付作财产上的利益的约定或担保，而此种财产上的利益比之于给付显然为不相称者，该法律行为无效。高利贷就是其中的典型例子。《法国民法典》第1111条明确规定，对于订立合同承担义务的人进行胁迫，构成无效的原因。

（3）英美法中普通法上的胁迫和衡平法上的不正当影响。

英美法不区分胁迫和绝对强制，因为英美法的普通法认为，胁迫是指对人身施加威吓或施加暴力或监禁。任何为达到非法目的的非法监禁和合法的引诱，或对身体构成威胁和损害，而强迫他人或引诱他人违背自己的自由意志，迫使他当时提出或接受要约，均视为胁迫。这种情况的通常情形是受害者清醒地意识到自己行为的后果，但由于其自由意志受到胁迫，所以他没有别的选择。

英美法除普通法上的胁迫外，在衡平法中还有“不正当影响”（undue influence）的概念。不正当影响是指一方当事人利用与另一方当事人的特殊关系或利用其特殊地位以订立不公平的合同为手段从中谋取额外利益的行为。

“不正当影响”主要适用于滥用特殊关系以订立合同为手段从中谋取利益的场合，如父母与子女、律师与当事人、受信托人与受益人、监护人与未成年人、医生与病人之间所订立的合同。如果这类合同有不公正的地方，即可推定为有“不正当影响”，蒙受不利的一方可以撤销合同。至于以揭发对方的犯罪行为进行要挟，亦构成胁迫，但如以对对方提起民事诉讼为要挟，则一般不能认为是胁迫。按照英美法，受胁迫者不仅包括订约当事人本人，而且包括该当事人的丈夫、妻子或近亲，如果对后者施加威胁，迫使当事人不得不同意订立合同，也构成胁迫，当事人可以撤销合同。

不正当影响包括以下两种类型：

其一是当事人之间存在诚信关系的不正当影响。是指合同的当事人之间存在的诚信关系（a relationship of trust or confidence）使得当事人之间存在着诚信义务（fiduciary duty），一方当事人利用这种关系和影响与对方签订合同，属于不正当影响，另一方当事人可主张撤销合同。通常认为以下当事人之间存在诚信关系：父母和子女之间、代理人和委托人之间、监护人和被监护人之间、受托人和受益人之间、医生和病人之间等。若当事人滥用这种特殊关系，以订立合同谋求不正当利益为目的，或者这类合同有不公正的地方，则推定存在不正当影响，蒙受不利一方可撤销合同。

其二是当事人之间某一特殊关系的不正当影响。尽管当事人之间不存在特殊关系，但一方当事人对另一方当事人在精神上施加压力和说服，使得对方当事人在这种压力下签订合同，则这种合同的另一方当事人也可以主张撤销合同。

应当注意不正当影响和胁迫是有区别的，其区别在于：第一，在当事人之间是否存在诚信关系。不正当影响的当事人之间一般存在诚信关系，而胁迫的当事人之间没有。第二，威胁与暴力的强度和程度不同。胁迫对另一方的威胁与暴力影响的程度和强度一般比不正当影响要明显、严重。第三，产生的法律后果不同。不正当影响只能导致合同变得可以撤销；而胁迫的法律后果是使得合同有的是可以撤销，有的是无效。

（4）关于来自订约双方当事人以外的第三者所施行的胁迫的法律后果。

关于来自订约双方当事人以外的第三者所施行的胁迫，各国法律的处理略有不同。德国法认为胁迫较诈欺更为严重，应当让受胁迫者更容易从合同的拘束中解脱出来。因此，德国法认为，如胁迫是第三者所为，即使合同的相对人不知情，受胁迫的一方也有权撤销合同。法国、意大利、西班牙等国的法律也有类似的规定。但英美法则把第三人所作的胁迫与第三者所作的诈欺同样对待，也就是说，对于来自第三者的胁迫，只有合同的相对人知道有胁迫情事时，受胁迫的一方才能撤销合同。

（5）我国法律的规定。

《民法典》第150条规定：一方或者第三人以胁迫的手段，使对方在违背真实意思的情况下实施的民事法律行为，受胁迫方有权请求人民法院或者仲裁机构予以撤销。

三、合同的解释

如果双方当事人在订立合同时使用的语言、文字并未充分表示自己的意思或在订立合同时考虑不周，可能双方就会发生争执，这时就必须由法院和仲裁机构对合同进行解释，以明确双方当事人的权利义务。

关于如何解释合同的问题，历来存在两种对立的方法和理论：一般来说，在解释合同时，法国法采取意思说，英美法采取表示说，德国法原则上采取意思说，但在涉及商事方面的问题时也有例外。

（一）意思说

意思说（will theory）认为：当事人的私人意思是产生、变更和消灭他们之间的权利义务关系的根本因素，是法律行为的核心，所以应当把意思放在第一位，而把“表示”放在从属的地位。该理论强调探求表意人的真实的意思，而不拘泥于文辞；它是以当事人意思自主原则为依据的。意思说主要代表为大陆法中的法国法。

如《法国民法典》规定：解释合同时，应寻求订约当事人的共同意思，而不拘泥于文字。并规定：如一个条款可能作两种解释时，应舍弃无效的解释而作有效的解释；文字可能作两种解释时，应采取最适合于合同目的的解释；有歧义的文字应依订约地的习惯进行解释；凡习惯上的条款，虽未载明于合同，但解释合同时亦可用作补充合同的全部条款互相解释，以便确定每一条款在整个合同中的含义。此外，《法国民法典》还规定，如合同有疑义时，应作不利于债权人而有利于债务人的解释。在买卖合同中，应作不利于卖方的解释。法国法虽然采取意思说，但在某些情况下也受表示说的影响。例如，当意思与表示不一致时，如订约对方因信赖表意人的表示而蒙受损失，则表意人应负损害赔偿的责任。

（二）表示说

表示说（declaration theory）强调外部现象，即以当事人表示出来的意思为依据。它是以维护法律秩序为出发点的。该理论认为，当事人的内心意思非他人所得而知，只有表示出来的意思才能作为解释他们的合同的依据。它在解释合同时强调合同的文辞，而不是探求当事人的主观意思。

如《美国合同法重述》第 20 条的注释：法律所要求的不是相互间的同意，而是这种同意的外部表示。英国著名法学家切希尔（Cheshire）指出：不是从当事人心里想什么，而是从他们说了些什么、写了些什么去衡量当事人。英国法院的任务不是去探求捉摸不住的思想活动，而是在实际经验许可的范围内，保证老实人的合理期望不致落空。美国的一位著名法官也说过：法院按合同的文辞执行合同，至于当事人是否确实如此解释则法院不予以考虑。因此，英美法院在解释合同时，尽量以合同的文辞为依据，只有在没有办法解决问题时，才考虑其他有关情况。

（三）综合说

《德国民法典》反映了意思说与表示说的矛盾。一方面，《德国民法典》像《法国民法典》一样，在第 133 条中规定：解释意思表示，应探求其真意，不得拘泥于文字。另一方面又在第 157 条中规定：合同应按照诚实信用的原则及一般交易上的习惯进行解释。前者强调的是当事人的主观意思，后者则强调客观标准。德国的法学者在解释《德国民法典》

时，也是有时强调意思说，有时强调表示说。德国法也同法国法一样认为，如果相对人因为信赖表意人的意思表示而采取了行动，则应受到法律上的保护，在这种情况下就不应适用第133条关于探求真意的规定，而使相对人蒙受损失。德国最高法院认为，当合同有漏洞需要补充时，法官并不是补充当事人的意思，而是补充合同。在这种情况下，法官应适用诚实信用的原则及一般交易上的习惯来补充当事人在订合同时所未预料到的事项。

第三节 合同的履行

一、合同履行的概念和原则

(一) 合同履行的概念

合同履行是指债务人全面地、适当地完成其约定义务，债权人的合同债权得到完全实现的行为。例如，在买卖合同中，卖方应按合同规定的时间、地点和质量交货，买方应按合同规定的时间、方式支付货款和受领货物等，这都是属于履行合同的行为。在不同类型合同中，合同当事人履行合同义务的形式是不同的，合同履行行为可以是作为，也可以是不作为。各国法律都认为，合同当事人在订立合同之后，都有履行合同的义务，如果违反应履行的合同义务，就要根据不同的情况，承担相应的法律责任。我国《民法典》规定，合同依法成立，即具有法律约束力，当事人应当履行合同约定的义务。

(二) 合同履行的原则

1. 当合同对所有条款已作出明确规定后，双方都应当按合同执行，否则即为违约

(1) 大陆法中的规定。

《法国民法典》第1134条规定：依法成立的合同，在订立合同的当事人之间具有相当于法律的效力。这就是说，合同当事人都必须受合同的拘束，都必须履行合同所规定的义务。该法典第1147条又进一步规定，如债务人不能证明其不履行债务系由于不应归其个人负责的外来原因，即使其个人并无恶意，债务人对于其不履行或迟延履行义务，仍应支付损害赔偿。

《德国民法典》也明确规定，债权人根据债务关系，有向债务人请求给付的权利。这里所谓给付，就是指履行合同的内容。给付可以是作为义务，也可以是不作为义务。前者是要求债务人必须做某种行为，如买卖合同中卖方的交货义务和买方的付款义务都属于作为义务；后者是要求债务人不做某种行为，如在包销协议中要求包销商不得经营有竞争性的商品，这就是所谓不作为义务。

德国法还以所谓诚实信用作为履行合同的一项基本原则。《德国民法典》第242条规定：债务人须依诚实与信用，并照顾交易惯例，履行其给付。所谓诚实信用(bona fides)

是罗马法以来资本主义各国民商法所沿袭的一项基本原则。它是一个抽象的法律概念，极富弹性，可以由法学家和法官们根据具体情况作出不同的解释。有人认为，这是指人们可以期待的交易上的道德基础；有人认为，这是就当事人双方的利益，求其公平合理而言。例如，关于交货的时间和地点，如果合同已有明确规定，债务人原则上应当依照合同规定的时间和地点履行合同；如债务人打算提前交货，应当事先通知债权人，否则突然提交大批货物，使债权人无从准备仓栈，不能及时提货，这就有悖于诚实信用原则，债权人可以不负受领迟延的责任。

（2）英美法中的规定。

英美法认为，当事人在订立合同之后，必须严格按照合同的条款履行合同。按照英美的法律和判例，如果合同中规定了履约的时间，而时间又是该合同的要素时，当事人就必须在规定的时间内履行合同，否则债权人有权解除合同并要求损害赔偿。至于时间是不是合同的要素，应视合同中是否作出这种规定，或依合同的情况当事人是否确有此种意图而定。一般来说，在商务合同中如果对履约时间作出了具体的规定，则该时间应当认为是合同的要素。因为在商业交易中，市场行情变化不定，履约时间对当事人来说是一个重要因素，如一方不按时履约，即构成违约，对方有权解除合同并可请求损害赔偿。但是，合同中关于付款时间的规定，除当事人另有约定外，一般不认为是合同的要素，因为相对地说，付款时间不像交货时间那样重要。因此，如果一方当事人未按时付款，对方一般不能要求解除合同，而只能要求赔偿利息或汇率变动的损失。当然，如果双方当事人在合同中明确规定付款时间是该合同的要素，那就另当别论。

2. 当合同对履行合同的有关问题没有规定时，应按法律规定或行业惯例或贸易惯例履行

（1）履行时间。

大陆法认为，在合同中没有规定合同履行时间的债务叫不定期债务。这种合同可以在签订合同之后任何一个时间履行合同。债权人随时可要求债务人履行合同，债务人可以随时履行义务，债权、债务是相对的，如果一方当事人不履行合同，对方应催告，催对方履行合同，若仍不执行合同就要承担责任。

英美法则比大陆法规定得更严格。若合同中未规定履行时间，分两种情况处理：

第一，如果双方当事人在合同中对履约时间没有作出规定，则可解释为应在合理的时间内履行。至于什么是合理的时间，这是一个事实问题，须由法院根据具体案情作出决定。

第二，如果合同中规定了履约时间，这又可分两种情况：若根据合同的规定，合同的履行时间是合同的要件，则没有按时履行为违反合同的要件，其后果是对方可以解除合同并要求损害赔偿；若合同规定的履行时间是合同的担保，则未按时履行的法律后果是不能要求解除合同而只能要求损害赔偿。如何确定履行时间为要件还是担保？一般根据合同条款的规定来定，因为从对违约的后果的规定可以看出当事人的意向；或根据交易的性质、当事人意向、具体案情由法院判决。但根据英国 1893 年《货物买卖法》的规定，一般关

于交货时间的规定是合同要件，若有违反，对方当事人可以解除合同并要求损害赔偿；而关于付款时间的规定是合同担保，若有违反，不能解除合同，只能要求损害赔偿。

（2）履行地点。

如果合同中对此有规定，应按合同规定履行，若未规定，应据合同标的物的性质不同来确定。

若是特定物的交易，应当在订立合同时该特定物所在地履行合同。如定做 48 码的鞋，则在该鞋的生产地交货。特定物是不能替代的物品，其对立面是种类物。

若是非特定物的交易，即种类物交易，通常在债权人的所在地履行合同，即在卖方所在地履行合同。

二、违约

违约是指合同一方当事人，由于某种原因，完全没有履行其合同义务，或没有完全履行其合同义务的行为。例如，在买卖合同成立以后，货物灭失，无法交货；或者货价上涨，卖方拒绝交货；或者卖方没有按照合同规定的时间、地点、质量交货等。在上述情况下，除某些例外情况，如出现不可抗力事件，卖方可以不负责任以外，都属于违约行为，违约的一方应负违约责任。

对于判断构成违约责任的原则和标准，大陆法系和英美法系存在着很大的差异，归纳起来主要包括以下两个方面。

（一）过失责任原则

大陆法以过失责任作为承担民事责任的基本要件，即只有当事人有过失才能产生民事责任，也就是说，合同债务人只有当存在着可以归责于他的过失时，才承担违约的责任。如果仅仅证明债务人没有履行其合同义务，还不足以构成违约，而必须同时证明或推定债务人的上述行为有某种可以归责于他的过失，才能使其承担违约的责任。

过失责任原则来源于罗马法。罗马债务法有两项责任原则，即过失和故意。凡有上述行为致使他人的财产或人身遭到损害者，都必须承担法律责任。故意是一种恶意的行为，它比过失更为严重，行为人在任何时候都要对此承担责任，而且不得在合同中事先排除这种责任。

罗马法的上述原则基本上被德国法所采用。德国法认为，构成违约的情况必须有可得归责于该当事人的事由。《德国民法典》第 276 条规定：债务人，除另有规定外，对故意或过失的行为应负责任。《德国民法典》还规定：债务人基于故意的责任，不得预先免除。德国法还区分重大过失（culpa lata）与轻微过失（culpa levis）。在某些情况下，当事人仅对故意或重大过失负责，例如，在赠与合同中，赠与人仅对其故意或重大过失负赔偿责任；但一般地说，当事人对其轻微过失原则上亦须承担责任。在个别例外的情况下，即使债务人没有过失，也应负责。例如，在种类物的买卖中，在同种类的给付有可能时，债务人对于其个人的给付不能应负责任，即使其给付不能并非由于自己的过失，因为种类物是可以替换的。如小麦的买卖，即使债务人的小麦因遇天灾歉收，不能交货，但只要市场上还有同类小麦，他仍然可以从别处购进这种小麦来抵补交货，而不能以天灾不是他个人的过失为理由而免除交货义务。

《法国民法典》也以过失责任作为民事责任的基本原则。《法国民法典》第1148条规定：凡不履行合同是由于不能归责于债务人的外来原因所造成的，债务人即可免除损害赔偿的责任。

而英美法认为，只要允诺人没有履行其合同义务，纵使他没有任何过失，也构成违约，应承担违约的后果。因为一个人既然作出允诺，就应该兑现，否则就是违约。

英美法认为，一切合同都是“担保”，只要债务人不能达到担保的结果，就构成违约，应负损害赔偿的责任。《美国合同法重述》认为凡没有正当理由的不履行合同中的全部或部分允诺者，构成违约。英美法不以允诺人有无过失作为构成违约的必要条件。

但是，从实际结果来看，英美法与大陆法在这个问题上的差别，并不像表面看起来那么大。法国法院和学者把合同分为两种：一种叫作“提供成果合同”(contract of result)，即允诺人承担提供某种成果的义务的合同；另一种叫作“采取措施合同”(contract of measures)，即债务人仅承担以合理的注意和技能处理问题的义务。在前一种情况下，只要债务人没有履行其义务，拿不出他所允诺的成果来，就可以推定他是有过失的，从而使其承担违约的责任，除非他能证明不履约是由于不应归责于他的外部原因所造成的。在后一种情况下，如果债务人的行为达不到一个正常而谨慎从事的人所应做到的水准，他就应承担责任，因为这种行为的本身就构成过失。所以，实际处理的结果，英美法与大陆法在许多情况下是相同的。

1980年《国际货物销售合同公约》、1994年《国际商事合同通则》以及我国的《民法典》均没有采用过失责任原则。如我国《民法典》第577条规定，当事人一方不履行合同义务或者履行合同义务不符合约定的，应当承担继续履行、采取补救措施或者赔偿损失等违约责任。

（二）催告制度

催告是大陆法特有的一种制度，在合同没有明确规定确定的履行日期的情况下，债权人必须首先向债务人作出催告，然后才能使债务人承担延迟履约的责任。如《法国民法典》规定，债务人的迟延责任，须于接到催告或其他类似证书后才能成立。《德国民法典》也规定，债务人于清偿期届至后，经债权人催告而不为给付者，自受催告时起负迟延责任。

1. 催告的概念

所谓催告是指债权人向债务人发出的请求履行合同的通知。

2. 当事人催告的条件

根据大陆法的规定，关于合同履行时间的规定有以下几种情况：

（1）若合同中规定有确切日期（据日历所确定日期）而当事人不按照合同规定履行，就构成违约，无须催告。

（2）合同中未明确规定合同履行时间，则属于不定期债务，大陆法要求一定要催告。产生不定期债务的情况有：合同中没有规定合同履行时间；或合同中规定以某种事件的发生作为合同履行时间或规定为一段时间。例如合同规定，买方开出信用证以后一个月交货，这便属于不定期债务。规定以某种事件的发生作为合同履行时间的，该事件必须是一定发生的，否则无效。

3. 催告的作用

（1）自催告生效之日起，不履行的风险由违约一方承担。

（2）债权人有权就不履行合同请求法律的救济。如果债权人在清偿期届至后，不向债务人作出催告，就表示他不拟追究债务人延迟履约的责任。

（3）自送达催告之日起，开始计算损害赔偿及其利息。

4. 催告的方式

关于催告的方式，法国法要求必须以书面作成，并由法警送达债务人。德国法则不要求任何特定的方式，书面方式或口头方式均可，唯一的要求是必须把催告传达给债务人。

英美法则没有催告这个概念。英美法认为，如果合同规定有履行期限，债务人就必须按合同规定的期限履行合同，如果合同没有规定履行期限，则应于合理的期间内履行合同，否则即构成违约，债权人无须催告即可请求债务人赔偿由于延迟履约所造成的损失。至于合理的时间是事实问题，由法官判决。

三、违约的形式

违约有各种不同的情况，有的是全部或部分不能履行合同，有的是没有按期履行合同，有的是没有按照合同规定的方式或其他要求履行合同，等等。由于违约的情况各有不同，违约一方所承担的违约责任也有所区别。

（一）大陆法关于违约形式的规定

1. 德国法关于违约形式的规定

《德国民法典》把违约分为给付不能、给付延迟和积极违约。

（1）给付不能。

给付不能是指债务人由于种种原因不可能履行其合同的义务，而不是指有可能履行合同而不去履行。阻碍债务人履行合同义务的原因是各种各样的，有法律上的原因，有事实上的原因，有主观上的原因，也有客观上的原因。《德国民法典》第 306 条规定，凡是以不可能履行的东西为合同的标的者，该合同无效。

根据德国法的规定，所谓自始给付不能，是指在合同成立时该合同即不可能履行。合同如果属于自始不能情况，在法律上是无效的。但如果一方当事人在订约时已经知道或可得知该标的是不可能履行的，其对信任合同有效而蒙受损害的对方当事人应负赔偿责任。

所谓嗣后给付不能，是指在合同成立时，该合同是有可能履行的，但在合同成立后，由于出现了阻碍合同履行的情况而使得合同不能履行。根据是否有可以归责于债务人的事由，对嗣后不能有不同的处理办法：1）如非因债务人的过失所引起的给付不能，债务人不承担不履行合同的责任。比如在合同成立后，出现了不可抗力事故如战争等，导致合同不可能履行，在这种情况下，债务人可免除履行合同的义务。2）如是由于债务人的过失而引起给付不能，债务人原则上应承担损害赔偿责任。3）如果不是全部不能履行，而只是部分不能履行，那么，当部分履行对债权人无利益时，债权人也可以拒绝部分履行而请求全部债务不履行的损害赔偿。4）如不可归责于任何一方而引起的给付不能，双方均可免除其义务。例如发生战争、两国成为敌对国、禁止贸易等导致不能履行合同。

（2）给付延迟。

给付延迟是指债务已届履行期，而且是可能履行的，但债务人没有按期履行其合同义务。

给付延迟的类型及法律后果可分为以下情况：第一，债务人没有过失的履行迟延。非因债务人过失的延迟，债务不负延迟之责任。第二，债务人有过失的履行迟延。凡在履行期届满后，经债权人催告仍不为给付者，债务人自受催告时起应负迟延责任，但是非由于债务人的过失而未为给付者，债务人不负迟延责任。同时，债务人在迟延中，不但要对一切过失承担责任，而且对因不可抗力发生的给付不能亦应负责，除非债务人能证明即使没有迟延履行，仍不可避免要发生损害时，他才能免除责任。

（3）积极违约。

所谓积极违约，是指合同的当事人作为了不应当作为的情事而引起的违约。《德国民法典》中只规定了给付不能和给付延迟两种违约形式，因为该民法典的起草人认为，上述这两种违约形式已经把一切违约的可能性都包括了。在 20 世纪初，德国著名法学家斯多伯（Staub）指出，《德国民法典》只对债务人由于应做而没做所引起的违约作出了规定，但除此之外，债务人还可能由于做了不应做的事而引起违约的后果，这种情况叫作“积极违约”，对此，德国民法典却没有作出任何规定。

积极违约的表现形式有：第一，债务人在履行合同义务时粗心大意，使债权人受到损害；第二，卖方交付有瑕疵的货物，使买方遭到损失；第三，债务人在清偿期届满之前，明白表示不履行合同；等等。对于积极违约的情况，德国法院都类推适用有关给付不能和给付延迟的规定来处理，即违约的一方有过失时，应赔偿对方因其违约所造成的损失。

2. 法国法关于违约形式的规定

《法国民法典》把不履行债务和延迟履行债务作为违约的主要形式。其第 1147 条规定：债务人对于其不履行债务或迟延履行债务，应负损害赔偿的责任。对于双务合同，如果一方当事人不履行其合同义务，对方有权解除合同。但是，在这种情况下，合同并非当然解除，债权人可作如下选择：（1）如果合同仍然有可能履行，他可以要求债务人履行合同；（2）如果合同已不可能履行，他可以请求法院解除合同并要求赔偿损害。法国法同德国法一样承认合同履行“不能时无义务”的原则，即以不可能履行的事项为标的的合同无效。例如，《法国民法典》第1601条规定，在买卖合同中，如果买卖的标的物在出售时已全部灭失，买卖合同即归无效。因为在这种情况下，合同已不可能履行。但法国判例对此条的适用加以若干限制。如果债务人在订立合同时已经知道或理应知道他所作的允诺是不可能履行的，债权人可以侵权行为为理由请求损害赔偿。

（二）英美法关于违约形式的规定

1. 英国法关于违约形式的规定

英国法把违约分为违反条件、违反担保和违反中间条款。

（1）违反条件（breach of condition）。

在英国法中，“条件”大体上包括以下三种含义：

1）条件是指双方当事人在合同中订立的重要的、属根本性的条款。如在商务合同中，关于履约时间、货物的品质及数量等项条款，都属于合同的条件，如果卖方不能按时、按质、按量交货，买方有权拒收货物，并可以请求损害赔偿。但合同中有关支付时间的规定，除双方当事人另有意思表示外，一般不作为合同的条件论处。至于哪些合同规定的事项构成条件，哪些不构成条件，这是一个法律问题，应由法官根据合同的内容和当事人的意思作出决定，而不是事实问题，不能由陪审员来决定。

2）条件还是用来指称以某种不确定的事件的发生与否来决定其是否生效的那种合同规定。从这个意义上，英国法将条件分为：第一，对流条件（concurrent condition）。它是指合同双方当事人同时地履行各自的义务，或者至少每一方当事人是同时准备并愿意履行各自的义务。如在买卖合同中，买方的付款与卖方的交货就是对流条件。第二，先决条件（condition precedent）。它是指以一方当事人首先履行某种行为，或以某种事件的发生，或以经过一定的时间，作为对方履行合同的前提条件。例如，在买卖合同中规定，交货在买方开出信用证后一个月内，这里买方开证就是卖方交货的先决条件。第三，后决条件（condition subsequent）。它是指在合同成立以后，如发生某种事件，履行合同的义务即告消灭。例如，在买卖合同中规定，如遇到战争、罢工、暴乱等不可抗力，卖方的履约义务即告终止。

3）条件还可以用来指合同中的约定事项。从这个意义上说，条件可以分为明示条件（express condition）和默示条件（implied condition）。前者是指双方当事人在合同中明文规定的条件，后者是指依照法律或按照解释当事人的意思理应包括在合同中的条件。例如，英国1893年《货物买卖法》规定，在凭说明的买卖中，应包含卖方所交货物必须具有商销品质的默示条件。在凭样品的买卖中，应包含卖方所交的整批货物均须与样品相符的默示条件。这些都是法律规定的默示条件，即使双方当事人没有把它们写进合同里去，但只要双方当事人在合同中没有表示出相反的意思，他们的合同即被解释为理应包含这些默示条件。任何一方当事人都不能以合同中对此没有作明文规定为理由而反对这些默示条件适用于他们的合同。

根据英国法的规定，如果一方当事人违反了条件，即违反了合同的主要条款，对方有权解除合同，并可要求赔偿损失。

（2）违反担保。

违反担保是指违反合同的次要条款或随附条款。在违反担保的情况下，蒙受损害的一方不能解除合同，而只能向违约的一方请求损害赔偿。

担保的类型包括：明示担保，是指双方当事人在合同中明确规定的担保；默示担保，是指按照法律或按照解释当事人的意思理应包含在合同中的担保。如英国《货物买卖法》规定，在买卖合同中应包含有卖方保证买方得以安稳地占有货物、不受任何第三者的干扰的默示担保。即使双方当事人在合同中对此没有明确的规定，但只要双方当事人没有相反的意思，而且又没有与此相抵触的行业惯例，就应当认为在他们的合同中包含这项默示担保，如果卖方违反了这项默示担保，买方就有权要求赔偿损失。

还应指出的是，在英国法中，当一方当事人违反条件时，受损害的一方可以在下列两者之中作出选择：他可以按违反条件处理，即要求解除合同，拒绝履行自己的合同义务，并可要求赔偿损失；他也可以把违反条件作为违反担保看待，即不解除合同，继续履行自己的合同义务，同时就对方违反担保要求损害赔偿。例如，在买卖合同中，货物的品质是合同的“条件”，如卖方所交付的货物的品质不符合合同的规定，这是违反条件的行为，买方可拒收货物，拒绝付款，并可要求赔偿损失。但在某些情况下，如买方想要取得这批货物，他也可以把违反条件作为违反担保来处理，即接受这批货物，支付货款，但同时可就货物品质不符要求赔偿损失。

（3）违反中间条款（breach of intermediate terms）。

英国法对违反合同传统上采取两分法，不是违反条件，便是违反担保，二者必居其一。但是，这种简单的两分法并不能完全适合于各式各样的违约情况。所以，近年来英国法院通过判例发展了新的违约类型，称为“违反中间性条款或无名条款（non-named terms)”，即有别于“条件”与“担保”的条款。

当一方违反这类中间性的条款时，对方是否有权解除合同，须视此种违约的性质及后果是否严重而定。如果违反这类条款的性质及后果严重，守约的一方有权解除合同，否则就不能解除合同。

如果合同中的某项条款遭到违反，但仅是轻微的，而且只要采用损害赔偿的办法即可得到弥补，则这种条款就很可能被认为是中间性条款。英国法的这一新发展是符合客观实际的需要的。因为按照传统的两分法，如果一方违反条件，守约的一方就有权解除合同，而不问违约的情节或后果是否严重，即使违反条件的后果仅仅使守约一方遭受很轻微的损失，甚至根本没有造成什么损失，但守约的一方仍然有权解除合同，这种处理方法显然是不适当的。因此，英国法院力图避免出现这种结果。按照英国法院的一些判例，如果合同中的某项条款遭到违反，但仅是轻微的，而且只要采取损害赔偿的办法即可得到弥补，则这种条款就很可能被认为是中间性条款。例如，在租船合同中，船东向承租人提供适航船舶的义务或以适当航速开往装货港的条款，或船长须按承租人的指示行事的条款，都曾被英国法院认定为中间性条款，除非违反这种条款的后果严重，以致剥夺了承租人按照租船合同本应获得的利益，否则，承租人就没有权利解除租船合同。

2. 美国法关于违约形式的规定

美国法将违约分为重大违约与轻微违约两种情形。

美国现在已经放弃使用“条件”与“担保”这两个概念，而是把合同义务统称为允诺。允诺可以是无条件的，也可以是有条件的。前者是绝对的，后者则须待某种条件出现后才能成为绝对的。凡没有履行无条件的允诺者，即构成违约。但是，美国法也把违约分为两类：一类是轻微违约（minor breach），另一类是重大违约（material breach）。所谓轻微违约，是指债务人在履约中尽管存在一些缺点，但债权人已经从中得到该项交易的主要利益。例如，履行的时间略有延迟，交付的数量和质量略有出入等，都属于轻微违约之列。当一方有轻微违约行为时，受损害的一方可以要求赔偿损失，但不能拒绝履行自己的合同义务。所谓重大违约，是指由于债务人没有履行合同或履行合同有缺陷，致使债权人不能得到该项交易的主要利益。在重大违约的情况下，受损害的一方可以解除合同，即解除自己对待履行的义务，同时可以要求赔偿全部损失。美国法将违约分为重大违约和轻微违约，强调的是违约的后果和客观方面；而英国法将违约分为违反条件、违反担保和违反中间条款，强调的是合同违约形式的可预见性和主观标准。美国法的区分标准对于合同的当事人而言，缺乏可预见性，而英国法的区分标准则可能产生不公平的法律后果，因为有时违反条件的后果不一定导致未违约的当事人遭受巨大损失，而可能只是轻微违约，此时若允许未违约的当事人撤销合同，则对于另一方当事人可能产生不公平的法律后果。

3. 英美法中的先期违约

先期违约（anticipatory breach）又称先兆违约、提前违约，是指一方当事人在合同规定的履行期到来之前便明确表示他届时将不履行合同。它可以用行为来表示，也可以用言词或文字来表示。

当事人对发生先期违约的处理方法包括：第一，当一方当事人提前违约时，对方可以解除自己的合同义务，并可立即要求给予损害赔偿，而不必等到合同规定的履行期来临时才采取行动。第二，受损害一方也可以拒绝接受对方提前违约的表示，坚持认为合同仍然存在，等到合同规定的履行期届满时，再决定采取何种法律上的救济办法。但在这种情况下，他就必须承担在这段时间内情况变化的风险，如果在一方当事人宣告不履行合同以后，在履行期满之前，出现了某种意外事故，使合同因为其他原因而宣告解除，提前违约的一方就可以不承担任何责任。英国曾经有过这样一个判例：船方甲与货方乙订立了一个租船合同，其中规定甲应把船舶开到敖德萨港口，并在若干天内装载货物一批。船到敖德萨港口后，乙拒绝提供货物装船。当时，装载期限尚未届满，甲拒绝接受乙的提前违约的表示，继续坚持要求乙方装货。但过了几天，在装货期限届满以前，英国与俄国爆发了战争，履行合同在法律上已成为不可能。事后，船方甲以货方乙违反租船合同为理由提起诉讼，要求乙赔偿损失。英国法院认为，在两国爆发战争之前，还不存在实际不履行合同的问题，因为装货期限尚未届满。既然船方甲拒绝接受货方乙提前毁约的表示，乙就有权得到因宣战而带来的解除合同的好处，因而判决船方甲败诉。

4. 英美法中的履行不可能

履行不可能（impossibility of performance）有两种情况：

（1）在订立合同时，该合同就不可能履行。按照英美法的解释，如果在订立合同时，双方当事人以为合同的标的物是存在的，但实际上该标的物已经灭失，在这种情况下，合同无效。因为这是属于双方当事人的“共同错误”（common mistake），以共同错误为依据的合同是没有拘束力的。这种情况相当于大陆法的自始给付不能。

（2）在订立合同之后，发生了使合同不可能履行的情况。按照英国判例的解释，如果在合同成立以后，发生了某种意外事故，使合同不能履行，原则上并不因此而免除允诺人的履行义务，即使这种意外事故不是由于允诺人的过失所造成的，允诺人原则上仍须负损害赔偿的责任。这种情形相当于大陆法的嗣后给付不能。例如，英国曾有这样一个判例：甲与乙订立了租船合同，合同规定，乙运载一批木材到某港口，并在规定的期限内卸载完毕。由于在卸货时遇到大风，船方乙不能按时完成卸货任务。法院判决，船方乙不能以大风为理由而免除不能按期卸货的责任。因为船方乙在规定期限内卸货是一项绝对的责任，乙应承担由此产生的一切风险。如果乙想免除责任，可以在合同中规定相应的免责条款，既然乙在合同中对此没有作出规定，乙就应当承担责任。

由于这一案例确立的原则过于严厉，后来，英国判例形成了一项所谓默示条款原则（doctrine of implied term）。按照这项原则，英国法院可以通过解释双方当事人的意思，认为在某些情况下他们的履约义务不是绝对的，而是有条件的。即使他们在合同中对此没有明示的规定，但也可以默示地适用于他们的合同，当这种默示条件成就时，当事人可以免除履行的义务。例如，原告某甲租用了一个音乐厅作为演出之用，但在演出之前，音乐厅发生火灾被烧毁。某甲向法院起诉，要求赔偿因不能演出所遭受的损失。法院驳回了他的请求，其理由是，凡特定的标的物由于不可归责于当事人的事由而灭失，以致履行成为不可能时，当事人应解除履行合同的义务。

英国《货物买卖法》采用了这一默示条款原则，该法第 7 条规定：在出售特定货物的场合，事后非由于卖方或买方的过失而货物在风险转移于买方之前灭失者，合同无效。

四、违约的补救方法

违约的补救方法（remedies for breath of contract）是指一个人的合法权利被他人侵害时，法律上给予受损害一方的补偿方法。各国法律对于不同的违约行为，都规定了相应的救济办法，但是，对于哪种违约行为可以采取哪些救济办法，各国法律的规定并不完全相同。现将各国有关违约的救济办法介绍如下。

（一）实际履行

1. 实际履行的概念和内容

实际履行（specific performance），有时亦称具体履行或依约履行，有两重意思：一是指债权人要求债务人按合同的规定履行合同；二是指债权人向法院提起实际履行之诉，由执行机关运用国家的强制力，使债务人按照合同的规定履行合同。但各国法律对实际履行有不同的规定和要求。

2. 对实际履行的法律规定

（1）德国法的相关规定。

德国法认为，实际履行是对不履行合同的一种主要的救济方法。凡是债务人不履行合同时，债权人都有权要求债务人实际履行。但法院只有在债务人履行合同尚属可能时，才会作出实际履行的判决，如属于履行不可能的情况，就不能作出实际履行的判决。例如，在房地产买卖中，房屋因发生火灾被烧毁；或者在订立租船合同后，船只被政府征用，等等，在这种情况下，债权人就不能要求实际履行，因为实际履行已不可能。有时债务人延迟履约也可能造成履行不可能。例如新年演出或结婚宴席，一旦履行期届满后，履行就属不可能。在这种情况下要求实际履行已无意义，债权人可以要求损害赔偿。但是，在双务合同中，如债务人延迟履约，债权人必须指定一个适当的期限，并通知债务人在该期限届至后他将拒绝接受其履行。在这种情况下，如期限届至后，债务人仍不履行，债权人可要求损害赔偿或者解除合同，但不得要求实际履行。

必须指出的是，《德国民法典》虽然规定以实际履行作为不履约的主要救济办法，但实际上提起实际履行之诉的情况是很少的。当债务人不履行合同时，债权人在大多数情况下都是要求损害赔偿或解除合同，只有当债权人所要求的目标不是金钱赔偿所能满足时，债权人才会提出实际履行之诉。但是，从理论上说，如果履行合同尚属可能，而债权人又有此请求，则德国法院仍须作出实际履行的判决。

（2）法国法的相关规定。

法国法也承认，如债务人不履行合同，债权人有权提起实际履行之诉。《法国民法典》第 1184 条规定：双务契约当事人的一方不履行其债务时，债权人有选择之权，即或者在合同的履行尚属可能时，请求他方当事人履行合同，或者解除合同并请求损害赔偿。根据法国法的解释，实际履行是一种可供选择的救济方法，即在债务人不履行合同的情况下，债权人可以在请求实际履行或请求解除合同并要求损害赔偿二者之中任择其一。但只有在债务人履行合同尚属可能时，债权人才能提起实际履行之诉，这一点同德国法是一致的。

（3）英美法的相关规定。

英美法对待实际履行的态度同大陆法有所不同。英美普通法认为，如一方当事人不履行其合同义务，对方的唯一权利是提起违约之诉，要求损害赔偿。因此，英美普通法是没有实际履行（specific performance）这种救济办法的。但是，英美的衡平法院（court of equity）在处理某些案件时，如果原告能证明仅仅采用损害赔偿的办法还不足以满足他的要求，则可以考虑判令实际履行。但即使如此，在英美衡平法中，实际履行也只是作为一种例外的救济方法，而且法院对于是否判令实际履行有自由裁量权。根据英美法院的审判实践，在下列情况下法院将不予作出实际履行的判决：

第一，凡金钱损害赔偿已可以作为充分的救济方法者，不得请求实际履行；

第二，凡属提供个人劳务的合同，法院将拒绝作出实际履行的判决；

第三，凡法院不能监督其履行的合同，如建筑合同等，法院也不会作出实际履行的判决；

第四，对当事人一方为未成年人的合同，法院不判决强制执行；

第五，如判决实际履行会造成对被告过分苛刻的负担，法院也不会作出这种判决。

(4)《国际商事合同通则》的相关规定。

1994 年《国际商事合同通则》（以下简称《通则》）对实际履行问题中的区别金钱债务与非金钱债务作出不同规定：如金钱债务，允许债权人请求实际履行。如非金钱债务，原则上也允许债权人请求实际履行，但施加了若干限制，即规定在下列情况下债权人不得要求实际履行：第一，法律上或事实上的履行不可能；第二，实际履行会使债务人付出不合理的努力或费用；第三，债权人可以从其他方面合理地获得履行；第四，实际履行涉及提供具有个人特色的服务或取决于个人间的关系；第五，债权人在已经知道或应该知道债务人没有履行其义务后的合理时间之内，没有提出履约的要求。《通则》规定上述限制，主要是为了调和英美法和大陆法在实际履行问题上的分歧。

同时，考虑到两大法系的分歧，以及一国法院作出的实际履行的判决在另一个国家有可能不能获得强制执行，所以《通则》特别规定：如果实际履行的请求或司法判决或仲裁裁决不能获得强制执行，均不妨碍债权人采取其他补救措施。这一规定主要是保护债权人的利益，使债权人在实际履行得不到执行时，仍然可以采取其他补救办法来维护其正当权益。

(5) 我国法律的相关规定。

《民法典》第 577 条规定，当事人一方不履行合同义务或者履行合同义务不符合约定的，应当承担继续履行、采取补救措施或者赔偿损失等违约责任。我国《民法典》规定的继续履行责任，就是关于实际履行的规定。继续履行，我国合同法理论界又称之为强制履行。强制履行是指违约方不履行合同时，经一方当事人请求由法院作出实际履行的判决或下达特别履行命令，强制违约方在指定期限内履行合同义务的违约责任方式。违约方被要求强制履行后，还有其他损失的，对方可以要求损害赔偿。

强制履行的构成要件为：1）必须存在违约行为。既然强制履行是一种违约责任，当然应当以违约行为的存在为前提。2）必须是守约方认为有继续履行的必要，并向人民法院提出申请。3）必须是违约方能够继续履行合同。4）属于可以强制执行的债务。我国《民法典》第 580 条规定，当事人一方不履行非金钱债务或者履行非金钱债务不符合约定的，对方可以要求履行。但法律上或者事实上不能履行的，债务的标的不适于强制履行或者履行费用过高的，债权人在合理的期限内未要求履行的，均不适用强制履行。

（二）损害赔偿

1. 损害赔偿的概念

损害赔偿（damages）是指债务人不履行合同债务时依法应承担的赔偿债权人损失的

责任，是违约的一种救济方法。关于损害赔偿的含义，英美法、法国法和《国际货物销售合同公约》均是指金钱赔偿，而德国法中的损害赔偿是指受害人恢复到受害之前的状态，即“恢复原状”而不限于金钱赔偿。①

损害赔偿是对违约的一种主要的救济方法，这一点各国法律都予以承认。但各国法律对损害赔偿责任的成立、损害赔偿的方法及损害赔偿的计算，各有不同的规定和要求。

2. 损害赔偿责任的前提

大陆法认为，损害赔偿责任的成立，必须具备以下三个条件：(1) 必须有损害的事实。如果根本没有发生损害，就不存在赔偿的问题。同时，对于发生损害的事实，一般须由请求损害赔偿的一方予以证明。(2) 须有归责于债务人的原因。原则上债务人仅对其故意或过失所造成的损失负责。如《法国民法典》第 1382 条规定：任何人的行为使他人受损害时，因自己的过失而致行为发生的人，应对他人负赔偿责任。其第 1148 条规定，如债务人是由于不可抗力或事变而不能履行义务时，则不发生损害赔偿的责任。但在某些情况下，即使债务人没有过失也应负责。如《德国民法典》规定，旅店主人对于旅客所携带的物品，如发生灭失或损毁，虽然旅店主人之间没有过失，亦应负赔偿责任。(3) 损害发生的原因与损害之间有因果关系，即损害是由于债务人应予负责的原因所造成的。

英美法对此的规定不同于大陆法。根据英美法的解释，只要一方当事人违反合同，对方就可以提起损害赔偿之诉，而不以违约一方有无过失为条件，也不以是否发生实际损害为前提。如果违约的结果并没有造成损害，债权人虽无权要求实质性的损害赔偿，但他可以请求名义上的损害赔偿（nominal damages），即在法律上承认他的合法权利受到了侵犯。

3. 损害赔偿的方法

损害赔偿的方法有恢复原状和金钱赔偿两种。所谓恢复原状，即恢复到损害发生前的原状。这种方法可以完全达到损害赔偿的目的，但有时实行起来不大方便甚至不可能做到。例如，在特定物的买卖中，如特定物灭失，往往无法找到与此完全相同的物品作为替代。所谓金钱赔偿，就是以支付金钱来弥补对方所受到的损害。这种方法便于实行，但有时不能完全满足损害赔偿的本旨。因此，各国法例对这两种方法一般都予以考虑，有的是以金钱赔偿为原则，而以恢复原状为例外；有的则以恢复原状为原则，而以金钱赔偿为例外。

德国法对损害赔偿是以恢复原状为原则，而以金钱赔偿为例外。按照《德国民法典》的规定，债权人仅在下列情况下，才可以要求金钱赔偿：(1) 人身伤害或损坏物件；(2) 债权人对债务人规定一个相当的时间，令其恢复原状，并声明如逾此时间未能恢复原状，债权人即可于期限届满后请求金钱赔偿；(3) 如所受损害不能恢复原状，或恢复原状不足以赔偿债权人的损失时，债权人可以要求金钱赔偿；(4) 如债务人须付出过高的费用才能恢复原状时，债务人也可以用金钱来赔偿债权人的损失。至于财产损害以外的损害

① 冯大同．国际货物买卖法．北京：对外贸易教育出版社，1993：159-160.

(其中包括对名誉、道德上的损害赔偿)，则只有在法律有相应规定时，才能请求以金钱赔偿。

法国法对此的规定与德国法不同。法国法是以金钱赔偿为原则，而以恢复原状为例外。按照法国法，在大多数情况下，一方当事人违反合同义务都可以转变为损害赔偿之债，对方所得到的赔偿是适当数额的金钱。

英美法对损害赔偿采取金钱赔偿的方法，称之为“金钱上的恢复原状”(pecuniary restitution in integrum)。英美法认为，损害赔偿的目的，是在金钱可能做到的范围内，使权利受到损害的一方处于该项权利得到遵守时同样的地位。所以，英美法系国家的法院对损害赔偿之诉一般都是判令债务人支付金钱赔偿。

4. 损害赔偿的范围

损害赔偿的范围是指在发生违约情事以后，在请求损害赔偿时，应如何确定损害的范围，以及应根据什么原则来确定损害赔偿的金额。这有两种情况：一种是由双方当事人自行约定，称为约定的损害赔偿；另一种是在双方当事人没有约定时，由法律予以确定，称为法定的损害赔偿。这里主要介绍法定损害赔偿的范围。

(1) 大陆法关于损害赔偿的范围的规定。

《德国民法典》认为，损害赔偿的范围应包括违约所造成的实际损失和所失利益两个方面。

所谓实际损失，是指合同所规定的合法利益因可归责于债务人的事由而受到损害，例如应交货而未交货，应交付优质商品而交付劣质商品，均属此类。所谓所失利益，是指如果债务人不违反合同而本应能够取得的利益，但因债务人违约而丧失了。一般来说，实际损失比较容易确定，而所失利益则较难确定。因此，《德国民法典》规定，凡依事物的通常过程，或依已进行的设备运转、准备或其他特别情形，可以预期得到的利益，即视为所失的利益。例如，某工厂如正常开工，本可每日收入若干元，但因机器损坏，承包修理机器的承揽人未按合同规定及时把机器修复，拖延若干天，则这段时间的损失可列入损害赔偿的范围。

法国法也有类似的规定。根据《法国民法典》第1149条的规定，对债权人的损害赔偿，一般应包括债权人所受现实的损害和所失可获得的利益。换言之，法国法也同德国法一样，认为损害赔偿的范围应包括现实损害和所失利益两个方面的损失。

(2) 英美法认为关于损害赔偿范围的规定。

英国法认为，计算损害的基本原则，是使由于债务人违约而蒙受损害的一方，在经济上能处于该合同得到履行时同等的地位。例如，在买卖合同中，如果卖方不履行交货义务，其损害赔偿的范围就是合同规定的价格与应交货之日的市场价格之间的差价。如果违约的一方可以预见到他的违约行为将引起利润损失，则受危害的一方对于违约者可以要求赔偿利润损失。英国1893年《货物买卖法》基本上采纳了上述原则，该法第50条、第51条规定，计算损害赔偿的范围，应是按违约的一般过程直接而自然地发生的损失。如果货物有行市，计算损害赔偿的范围应当推定为合同价格与应交货之日或应接受货物之日的市场价格之间的差价。

《美国统一商法典》对买方或卖方发生违约情事时如何计算损害赔偿作了具体规定。按照《美国统一商法典》的规定，在损害赔偿中还包括附带的损失和间接的损失（incidental and consequential damage）。

此外，按照英美法的要求，当乙方违约时，受损害的一方有义务采取一切合理的措施以减轻由于违约所造成的损失。如果由于受损害的一方的疏忽，没能采取合理的措施去减轻损失，则受损害的一方对于违约发生之后本来可以合理避免的损失，不能要求给予赔偿。

（3）我国合同法律制度关于损害赔偿范围的规定。

第一，损害赔偿责任的成立。我国《民法典》合同编就损害赔偿责任的成立未作出明确规定。有的学者提出，损害赔偿责任的构成要件包括：有违约行为，受害人有损害，违约行为与损害之间有因果联系，违约人没有免责事由。[①] 笔者对此表示赞同。

第二，损害赔偿的范围。损害赔偿范围的确定通常有两种情况：一是由双方当事人自行约定；二是在当事人没有约定时由法律予以规定。关于法定的损害赔偿范围，《民法典》第584条规定，当事人一方不履行合同义务或者履行合同义务不符合约定，造成对方损失的，损失赔偿额应当相当于因违约所造成的损失，包括合同履行后可以获得的利益；但是，不得超过违约一方订立合同时预见到或者应当预见到的因违约可能造成的损失。

第三，减轻损失原则。当一方当事人违约时，未违约一方有义务采取必要的措施，以减轻因违约造成的损失。对此，《民法典》第591条规定，当事人一方违约后，对方应当采取适当的措施防止损失的扩大；没有采取适当措施致使损失扩大的，不得就扩大的损失要求赔偿。当事人因防止损失扩大而支出的合理费用，由违约方承担。

（三）解除合同

1. 解除合同的概念

合同的解除（resolution）是指合同有效成立之后，因当事人一方或双方的意思表示，使基于合同发生的债权债务关系归于消灭的法律行为。合同的解除具有以下法律性质：（1）合同的解除以有效成立的合同为标的，因为合同的解除是要解决有效成立的合同提前消灭的法律问题。（2）合同的解除必须具备解除的条件。合同的解除条件可分为当事人约定条件和法定条件。（3）合同的解除原则上必须有解除行为。（4）解除合同的效果是使合同关系消灭。

2. 解除权的发生

（1）大陆法的相关规定。

罗马法原则上不承认债权人在债务人不履行合同或不完全履行合同时有权解除合同，但在买卖法中，则允许卖方在买方未于一定期限内支付价金时解除合同。这项原则在16

① 崔建远．新合同法原理与案例评释．长春：吉林大学出版社，1999：632.

世纪时被法国法所接受，并把它推广适用于一切双务合同，认为在一切双务合同中，都有这样一个默示条款，即当一方不履行合同时，对方有权要求解除合同。这项原则也反映在《法国民法典》中，根据《法国民法典》第1184条的规定，双务合同当事人一方不履行其所承担的债务时，应视为有解除条件的约定。法国法院认为，解除合同的真正依据不在于有一项默示的解除条件，而在于缺乏约因。法国最高法院曾经指出，在双务合同中，一方当事人的义务就是对方的义务的约因，如果一方不履行其义务时，对方的义务就缺乏约因。所以，对方就有权要求解除合同。根据法国法的解释，当双务合同的一方当事人不履行其债务时，对方就有解除合同的权利。

德国法也认为，在债务人不履行合同时，债权人有权解除合同。不履行合同包括履行不可能、履行迟延、拒绝履行和不完全履行四种情况。《德国民法典》第325条、第326条规定，在一方当事人履行不可能或履行延迟的情况下，对方有权解除合同。对于拒绝履行或不完全履行的情况，《德国民法典》虽然没有明文规定，但学者一般认为，在发生这种情形时，对方当事人也有权解除合同。

（2）英美法的相关规定。

英美法的规定同大陆法有所不同。如前所述，英国法把违约分为违反条件与违反担保两种不同的情况，只有当一方当事人违反条件时，对方才可以要求解除合同；如果一方仅仅是违反担保，对方只能请求损害赔偿，而不能要求解除合同。美国法则把违约区别为重大违约与轻微违约，只有当一方的违约构成重大违约时，对方才可以要求解除合同，如果只是属于轻微的违约行为，就只能请求损害赔偿，不能解除合同。因此，在英美法中，只有在违反条件或重大违约时，才发生解除合同的问题。

（3）我国合同法律制度对解除合同权发生的规定。

我国《民法典》第563条规定，有下列情形之一的，当事人可以解除合同：1）因不可抗力致使不能实现合同目的；2）在履行期限届满前，当事人一方明确表示或者以自己的行为表明不履行主要债务；3）当事人一方迟延履行主要债务，经催告后在合理期限内仍未履行；4）当事人一方迟延履行债务或者有其他违约行为致使不能实现合同目的；5）法律规定的其他情形。

3. 解除权的行使

根据资本主义各国法律的规定，行使解除权的方法主要有两种：一种是由主张解除合同的一方当事人向法院起诉，由法院作出解除合同的判决；另一种是无须经过法院，只需向对方表示解除合同的意思即可。

法国法采取第一种办法。《法国民法典》第1184条规定，债权人解除合同，必须向法院提起。但是，如果双方当事人在合同中订有明示的解除条款，则无须向法院提出。

德国法采取第二种办法。《德国民法典》第349条规定，解除合同应向对方当事人以意思表示。换言之，主张解除合同的一方当事人只需把解除合同的意思通知对方就可以，不必经过法院的判决。

英美法认为，解除合同是一方当事人由于对方的违约行为而产生的一种权利，他可以宣告自己不再受合同的拘束，并认为合同已经终了，而无须经过法院的判决。

我国有学者认为，合同的解除权是一种形成权，它的行使发生合同解除的法律效果，合同解除权按其性质讲，不需要对方同意。但根据《民法典》第565条的规定，当事人一方主张解除合同的，应当通知对方。合同自通知到达对方时解除。对方对解除合同有异议的，任何一方当事人均可以请求人民法院或者仲裁机构确认解除行为的效力。

4. 解除合同与损害赔偿

关于在解除合同时能否同时请求损害赔偿的问题，各国法律的规定有所不同。《法国民法典》第1184条规定，在双务合同一方当事人不履行债务时，债权人得解除合同并请求损害赔偿。《日本民法典》第545条也规定，解除权的行使，不妨碍损害赔偿的请求。英美法也认为，当一方当事人违反条件或重大违约时，对方当事人可以解除合同。根据这些国家的法律，解除合同与请求损害赔偿是可以同时行使、并行不悖的。《德国民法典》的规定与上述各国法律的规定有所不同。根据《德国民法典》的规定，债权人只能在解除权与损害赔偿请求权二者间任择其一，而不能同时享有两种权利，即两者不能就同一债务关系并存。如果债权人要求解除合同，他就不能要求损害赔偿；反之，如果要求损害赔偿，就不能解除自己应承担的合同义务。

我国合同法律制度亦采取类似于英美法及法国法的规定，即规定享有解除权的当事人可以在解除合同的同时请求损害赔偿。

5. 解除合同的法律后果

解除合同的法律后果，是消灭合同的效力。合同一经解除，合同的效力即告消灭。但这种消灭的作用是溯及既往，还是指向将来，各国法律有不同的规定。

（1）大陆法中的法国法认为，解除合同是使合同的效力溯及既往的消灭，未履行的债务当然不再履行，即使已经履行的债务，亦因缺乏法律上的原因，而发生恢复原状的问题。《法国民法典》规定，解除条件成就时，使债的关系归于消灭，并使事物恢复至订约以前的状态，就像从来就没有订立过合同一样。因此，在解除合同时，各方当事人应把从对方所取得的东西归还给对方，如应返还的物品因毁损、消耗而无法返还，则应偿还其价额。在这个问题上，德国法与法国法的处理方法基本上是相同的。《德国民法典》第346条规定，在解除合同时，各方当事人互负返还其受领的给付的义务。如已履行的给付是劳务的提供或以自己的物品供对方利用者，因无法恢复原状，应补偿其代价。

（2）英国普通法与大陆法不同。英国法认为，由于违约造成的解除合同，并不使合同自始无效，而只是指向将来，即只是在解除合同时尚未履行的债务不再履行。至于已经履行的债务原则上不产生返还的问题。因此，任何一方当事人原则上都无权要求取回已交给对方的财产或已付给对方的金钱。解除合同是一方当事人由于对方的违约行为所产生的一项权利，基于此项权利他可以不再受合同的拘束，他可以认为合同已经告终，并可对全部违约请求损害赔偿。但是，英国法在解除合同时，允许当事人提起“按所交价值偿还”（quantum meruit）之诉，以便收回他所提供的财物或服务的代价。

在这个问题上，美国法与英国法有很大的差别。美国法认为，解除合同应产生恢复原状的效果，各个当事人均应把他从对方得的东西返归给对方，尽可能恢复原来的状态。在这一点上美国法同德国法有相似之处。

（3）我国《民法典》第566条规定，合同解除后，尚未履行的，终止履行；已经履行的，根据履行的情况和合同性质，当事人可以请求恢复原状或者采取其他补救措施，并有权请求赔偿损失。这就意味着合同的解除原则上发生溯及既往的效力。

（四）禁令

1. 禁令的概念

禁令（injunction）是英美法采取的一种特殊的救济方法。禁令的一般含义是指法院应有关当事人一方要求，作出的禁止或要求债务人不许作出某种行为，或必须作出某种行为的判令。禁令在合同法中作为救济方法的含义，是指由法院作出的强制合同的当事人执行合同所规定的某项消极的义务（negative stipulation）的命令，即由法院判令被告不许作某种行为的命令。

2. 法院判决禁令的条件和原则

禁令是英美法中衡平法上的一种救济方法。只有在一般损害救济方法不能补偿受害人受到的损害时，法院才作出禁令的判决。

禁令给予的原则是：禁令必须符合公平合理的原则。

禁令在英美法的合同法中通常使用得不多。在涉及提供个人劳务的案件中，当债务人违反合同时，英美法院在某些情况下，可以用禁令的方式来补偿债权人所蒙受的损失。例如，某演员与甲剧院订立了为期一年的合同，双方约定只在该剧院演出，不在别的剧院演出。但在此期间，她又与乙剧院订立了演出合同。在这种情况下，法院根据甲剧院的请求，可颁发禁令，禁止该演员在乙剧院演出。禁令在侵权法中运用较多，如出现诽谤、诬蔑时，法院往往会作出临时性限制命令的判决，即禁令。

（五）违约金

1. 违约金的概念

违约金（liquidated damages）是指以保证合同履行为目的，由双方当事人事先约定，当债务人违反合同时，应向债权人支付的金钱。

2. 违约金的性质

（1）大陆法的相关规定。

大陆法上有两种不同性质的违约金，即惩罚性违约金和预定的损害赔偿金。

德国法认为，违约金是对债务人不履行合同的一种制裁，具有惩罚性质。因此，当债务人不履行债务时，债权人除了请求违约金以外，还可以请求由于违约所造成的损害赔偿。如《德国民法典》规定：债权人有基于不履行之损害赔偿请求权时，得请求以违约金作为损害赔偿的最低额，但不妨害其主张其他损害。

法国法认为，违约金的性质是属于预先约定的损害赔偿金额。《法国民法典》第1229条规定：违约金是对债权人因主债务不履行所受损害的赔偿。换言之，就是双方当事人事先约定，如债务人违约时，应付给债权人一定的金额作为损害赔偿。这种做法，从程序法上看也有一定的便利。因为在没有事先约定违约金的情况下，债权人对债务人违约提出损害赔偿请求时，必须承担诉讼程序上的举证责任，证明确有损害发生的事实，并须证明损失的多少，才能要求债务人给予赔偿。这种举证有时是十分困难的，而且容易引起纠纷。但是，如果双方当事人预先将损害赔偿予以约定，作为违约时应支付的违约金，则只要发生违约的事实，债权人就可以请求约定的违约金，而不必证明损害之发生及损害金额之多寡，手续比较简便。由于法国法认为违约金具有预定损害赔偿金额的性质，所以，法国法原则上不允许债权人在请求违约金的同时要求债务人履行主债务或另行提出不履行债务的损害赔偿。《法国民法典》规定，债权人对于主债务及违约金，只能任择其一，不能并行请求。但也有一些例外情况，即如果违约金是纯粹为履行延迟而约定，则当债务人履行迟延时，债权人既可以要求债务人支付一定的违约金，也可要求继续履行合同。这种做法，在对外贸易合同中是经常采用的。例如，许多国际货物买卖合同都规定，当卖方不按时交货时，如延迟交货一周，应支付违约金若干。但违约金的支付并不免除卖方的交货义务。

（2）英美法对于违约金的态度。

英美法认为，对于违约金，英美法院首先要区分它是属于罚金性质还是属于预先约定的赔偿金。如属于罚金，则是无效的，当事人不能取得这笔金钱。如属于预约的赔偿金，则是有效的，当事人能够取得这笔金钱。

英美法认为，当事人对于违反合同只能要求赔偿损失，不能施加惩罚。因此，英美两国的法院面对双方当事人在合同中约定的当一方违约时应向对方支付一定金额的条款，首先要区别这一金额是作为罚金还是作为预先约定的损害赔偿金额。这种区分在英美法上是十分重要的。如法院认为双方当事人约定支付的金额是罚金，则该条款的规定无效，当一方违约时，对方不能得到这笔金额，而只能索取他所遭受的实际损失的损害赔偿；如法院认为这一约定的金额是预先约定的损害赔偿，则该条款的规定有效，当一方违约时，对方即可取得这一约定的金额。至于将双方当事人事先约定在违约时应支付的金额确定为罚金还是预先约定的损害赔偿金额，全凭法院根据具体案情作出它认为适当的解释，而不在于双方当事人在合同中采用什么措辞。即使双方当事人在合同中把约定支付的金额叫作预先约定的损害赔偿，法院也可以根据具体情况认为这不是预先约定的损害赔偿，而是罚金。一般来说，如果这一金额是双方当事人在订约时考虑到作为违约可能引起的损失而定下的，则法院将认为这是真正预先约定的损害赔偿金额，当一方违约时，对方即有权取得这一约定的金额；但如果双方当事人约定的金额过高，大大超出违约所能引起的损失，或者带有威胁性质（in terrorem），目的在于对违约的一方施加惩罚，则法院将认为这是罚金，对于罚金，法院一律不予承认，受损害的一方只能按通常的办法就其实际所遭受的损失请求损害赔偿。

（3）我国合同法律制度关于违约金的规定。

《民法典》第 585 条第 1 款和第 3 款规定，当事人可以约定一方违约时应当根据违约情况向对方支付一定数额的违约金，也可以约定因违约产生的损失赔偿额的计算办法。当事人就迟延履行约定违约金的，违约方支付违约金后，还应当履行债务。从这一规定可以看出，我国法律规定的违约金具有预定的损害赔偿的性质。有的学者认为，我国法律规定延迟违约金和履行债务并存，确认了惩罚性违约金的合法地位。① 但笔者认为，不能因为法律规定延迟违约金和履行并存，就断定违约金具有惩罚性，违约金性质的认定应当将当事人订立违约金条款的主观动机和违约造成的实际结果结合起来考察。事实上，当事人延迟履行合同，已经给对方当事人造成了损失，要求违约当事人在履行债务的同时支付违约金，是对延迟履行给对方当事人造成的损失的补偿，未违约的当事人也应该得到补偿。因此，笔者认为，《民法典》就延迟履行规定的违约金仍然属于对未违约当事人损失的补偿，具有预定的损害赔偿的性质。

3. 违约金的增加和减少

违约金的数额如过高或过低，法院是否有权根据当事人的请求对违约金的数额予以增加或减少？对于这一问题，大陆法的德国法认为，法院有权对违约金予以减少或增加。法国法在过去一直认为，法院对于违约金的金额原则上不得予以增加或减少，但 1975 年 7 月法国颁布法律对上述规定作了重大的修改，这项新的法律规定：如果赔偿数额明显过高或过低，法官得减少或增加原约定的赔偿数额。一切相反的约定视为未订。《法国民法典》还规定：凡主债务已经一部分履行者，法官得酌量减少约定的违约金。这样，法国法与德国法在此问题上基本趋于一致。

关于违约金的增加和减少，我国《民法典》第 585 条第 2 款规定，约定的违约金低于造成的损失的，人民法院或者仲裁机构可以根据当事人的请求予以增加；约定的违约金过分高于造成的损失的，人民法院或者仲裁机构可以根据当事人的请求予以适当减少。

五、情势变迁、合同落空与不可抗力

一般来说，在订立合同之后，如果一方当事人不履行合同或者不适当地履行合同，都要负违约的责任。但是，如果在合同成立之后发生了某些情况，阻碍了当事人一方履行其合同义务，而这些事件的发生，按照订约当事人的意思是不属于当事人所应承担的风险范围之内的，则应当作为例外情况来处理。例如，《德国民法典》第 275 条规定：债务关系发生后，因不可归责于债务人的事由，以致给付不能者，债务人免除给付义务。这里所谓的给付不能就是履行不可能。履行不可能有两种情形：一种是事实上的不可能；另一种是法律上的不可能。前者如特定物买卖的标的物非由于卖方的过失而灭失，后者如租船合同项下的船舶被政府长期征用或政府实行封锁禁运等。这些事件的发生都不属于债务人所承担的风险范围之内，债务人对此并无过失可言，所以，在这种情况下，债务人是不承担违约责任的。但是，还有另一种情况，即在订立合同之后，非由于债务人的过失，发生了某种事先未预料到的情况变化，但这种情况的变化并未达到使债务人不可能履行合同的程

① 崔建远．新合同法原理与案例评释．长春：吉林大学出版社，1999：625.

度，而是使合同的履行困难得多或者需要花费更多的钱，如果坚持按原合同履行，将会使合同的两方完全失去平衡，造成极不公平的结果。对于这种情况应当如何处理，这是我们需要讨论的问题。

（一）情势变迁

1．情势变迁原则的概念

所谓情势变迁（clausula rebus sic stantibus）原则是指在法律关系成立之后，作为该项法律关系的基础的情势，由于不可归责于当事人的原因，发生了非当初所能预料得到的变化，如果仍然坚持原来的法律效力，将会产生显失公平的结果，有悖于诚实信用的原则，因此，应当对原来的法律效力作相应的变更（如增加或减少履行的义务，或解除合同等）的一项法律原则和制度。

2．情势变迁的演变和发展

早在罗马法时代，法律一般坚持要求合同双方当事人严格履行合同，无所谓情势变迁之说。随着商品生产和交换的发展，到 13 世纪出现了“不可预知情况学说”。此学说假定有一合同附有订约时作为合同基础的情况继续存在的默示条件，一旦该情况不复存在，应准予变更或解除合同。第一次世界大战后，交通运输被破坏，物价暴涨，通货膨胀严重，市场急剧变化，致使许多战前订立的合同无法履行，法院面临大量的无法依据现行法律判决的案件，于是曾一度湮灭的“不可预知情况说”重新以新的面目出现，即所谓的“行为基础说”。该学说认为：如订立合同的基础已经丧失，应允许变更或解除合同并免除责任。它将行为基础分为主观行为基础和客观行为基础，前者指作为合同前提的合同双方共同的一定期待，后者指作为合同前提的一定的客观情况。这两种情况的存在均可认为合同失效。许多大陆法系国家利用了这一学说，使之发展为“情势变迁”原则。

“情势变迁”原则与英美法的“合同落空”，实质上均以合同基础论作为其理论依据，只是表述不同。“情势变迁”原则的核心内容为：合同的有效性应以合同成立时所处的环境继续存在为前提，如合同成立后，订约所依据的环境条件发生了重大变化或已不复存在，则合同的效力亦应随之变更。情势变迁在德国法中又称合同失效原则，合同失效原则是从《德国民法典》第 242 条中的诚实与信用原则引申出来的，该条规定，债务人有义务在履行给付时遵循诚实与信用原则，并顾及交易的习惯。第二次世界大战后，由于经济的大变动使得在二战前签订的合同的基础发生了巨大变化，如继续履行合同将出现显失公平的结果，且违背诚实信用原则，于是在德国产生了情势变迁这一原则。

3．情势变迁的适用条件

无论是德国还是法国，以及大陆法系的其他国家，法院在适用情势变迁原则时都采用较为严格的条件。情势变迁的适用一般应具备以下条件：（1）情势变迁必须是发生在缔约之后、履行合同之前，如缔约前发生的情势变迁但当事人不知道，则属于错误。（2）情势变迁既包括缔约内容的变化，又包括缔约时客观环境的变化。（3）情势变迁必须为当事人不可预料的，而且发生变迁的事故和障碍使得债务人在相当长的时间内不可能履行。（4）情势变迁的发生必须是不可归责于债务人的原因。（5）情势变迁事故发生后，如要求债务人履行合同会产生显著的不公平，或者事实上无法履行。

4. 情势变迁的法律后果

情势变迁的法律后果是：（1）遭受情势变迁的债务人，如非因其过失的履行不能，则可以免除合同的履行义务。（2）情势变迁的对方当事人可以公平地建议修改合同。（3）法院也可以应有关当事人的请求，增加或减少履行的义务。

（二）合同落空

1. 合同落空的概念

合同落空（frustration of contract）是英美法中的概念，与大陆法中的情势变迁原则相似。合同落空指合同签订后，非因当事人自身的过失，情况发生了根本变化使当事人订约时谋求的商业目的受挫，致使合同失去了存在的基础合同，使得合同的履行从商业上看已作为不可能或非法，则合同当事人没有了免除履行合同的义务。合同落空意味着假如原来的合同继续存在，它将等于一个新的、与当事人原来签订的合同不同的合同。

按照英国法的解释，并不是在订立合同之后，发生任何的意外事件都能符合合同落空的标准，合同落空的构成必须是指发生的意外事故使得合同的基础发生根本性变化，以致在一个通情达理的人看来如果合同当事人在订完合同时预计到发生这种变化绝不会签订这个合同，或将签订与此完全不同的合同，才构成合同落空。英国一位著名的法官在一个判例中指出："一个有效的合同的当事人，在履行合同的过程中，往往面临着一系列他们完全预料不到的情况变化，如极不正常的价格涨落、货币突然贬值、履行合同的意外障碍或其他类似的事件，然而，这些事件本身都不能影响他们已经签订的合同的效力。但另一方面，如果参照订立合同时的情况来考虑合同的各项条款，能够发现当事人从来没有同意过在这样一种预料不到而发生的完全不同的情况下还要受合同的拘束，这时合同就失掉拘束力了。"

美国法院对于情况变化对合同效力所产生的影响并没有形成一个总的原则，但《美国合同法重述》有一项关于合同履行不可能的条文。根据《美国合同法重述》第454条的规定，履行不可能不但指严格意义上的不可能，也包括由于发生各种意外事件，使合同实在难以施行的情况。美国也以"合同基础论"作为合同落空的依据。《美国合同法重述》第288条对"落空"作了如下定义：凡以任何一方应取得某种预定的目标或效力的假设的可能性作为双方订立合同的基础时，如这种目标或效力已经落空或肯定会落空，则对于这种落空没有过失或受落空的损害的一方，得解除其履行合同的责任，除非发现当事人另有相反的意思。

《美国统一商法典》对在何种情况下卖方对迟延交货或不交货得免除责任的问题作了规定。根据该法典的规定，未能按时交货或不交货的卖方在下列情况下，不负违约责任：（1）如果由于发生了某种意外事件使合同变得实在难以履行，而这种意外事件按照当事人订立合同时的"基本假定"（basic assumption）是不会发生的。（2）由于卖方恪守外国政府或本国政府的规章而使得合同实在难以履行。

2. 不能视为合同落空的情形

(1) 货物价格突涨猛跌。英国有些判例表明，在订立合同之后，价格上涨了20%~30%，并不能构成合同落空，卖方不能免除履约义务。

(2) 货币贬值，汇率变动。

(3) 发生了必须向原定供货人以外的要价更高的另一供货人取得供货的情况。

(4) 合同履行时，比签订时预计得更加困难，需花费更大的开支。

3. 可以视为合同落空的情形

(1) 标的物灭失。如合同的订立取决于某一特定的标的物的继续存在，但在合同订立后，该特定的标的物在风险转移之前灭失，则该合同落空，合同的当事人可以免除履行合同的义务。

(2) 标的物不能再使用。例如订立租船合同后，若船被政府征用或发生了不是由于船东和船员的疏忽造成的爆炸事故，则可以导致租船合同落空。

(3) 合同当事人死亡或丧失行为能力。如果合同的履行取决于某一特定的当事人的人身能力和服务，若在合同订立后，该特定的当事人死亡或丧失行为能力，使得合同履行成为不可能，即构成合同落空。

(4) 合同因法律变更而为非法。订立合同时合法，后来由于某种情况发生，合同变成违法。又如在国际贸易中，当事人签订合同后战争爆发，若履约就构成同敌人贸易，属于违法行为，或合同履行地已被敌人占领而无法履约，则该合同落空。

(5) 情况发生根本性变化。若在订立合同之后，情况发生了根本性变化，致使合同失去了存在的基础，则构成合同落空。

确定情况变化到什么程度才属于发生了根本变化而构成合同落空，比较困难。通常只有当情况变化非常严重，以致当事人在签订合同时会认为若发生了这样意外事故的话，合同就无法履行时，合同才能被认为是落空。通常可以构成合同落空的情形包括：

第一，一个供货合同的履行，由于当事人所不能控制的原因而拖延了很久，因而，根据当时的劳动工资和原料成本等条件所确定的价格已完全丧失意义了，在这种情况下，就有理由认为，这个合同的基础已不再存在了，合同可以落空。

第二，如合同的标的是为实现某个特定目标，而这个目标已被随后发生的意外事故所挫败。如某甲有一房屋位于英王爱德华七世登基典礼游行的必经之路旁，乙向甲租用该屋一天，目的是观看登基典礼，但这一目的并未载入合同。后来登基典礼宣告取消，乙拒绝支付房租，甲向法院起诉，法院驳回甲的请求，认为该合同目的已告落空，乙已无支付租金的义务，合同虽未载明租房目的是观看登基典礼，但从背景可以发现这是合同的基础，合同的基础不存在，合同就不能成立。

(6) 政府实行封锁禁运。合同在签订以后，也可能由于政府禁止其履行而告落空，如政府对成交的货物的出口或进口实行封锁禁运等。但以政府封锁禁运主张合同落空应注意以下问题：第一，并非政府的每一项封锁禁运都具有使合同落空的作用，有的后果可能是推迟合同履行，有的可能导致合同履行时间缩短，因此往往需要将合同的各项条款尤其是履行时间条款与禁运联系起来加以考虑。第二，只有该项禁运是最后的命令且包括了尚可用于履行合同的全部时间，这种禁令才使合同落空。第三，如不具备这些条件，当事人最好等到履行期限满后才主张合同落空，因为禁运可能在履行时限内取消。如果此项禁令不是立即生效，而是让出口人有一段宽限时间，在这段时间内他可履行现存合同，则出口人就应履行合同，不能视为合同落空的意外情况。

（7）政府实行进出口许可证或配额制度。如出现政府实行许可证和配额制度，可能构成合同落空，但能否构成合同落空，由法院根据具体情况具体分析。这里应注意以下三个问题：

第一，当合同中没有包括“以取得许可证为条件”“以配额为准”等条款或其他类似条款，即合同没有成为附有条件的合同时，这里有两种情形：其一，如当事人在合同中规定绝对地承担履约的义务，他就是对取得许可证或配额作了保证，如办不到，就处于违约地位。其二，如合同表明他只是答应采取一切合理的步骤行事，那么，只要他能证明他已经尽到了这种责任，但结果却失败了，则合同可宣告落空。一般认为当事人在合同没有采用“以……为条件”之类的词句将其所承担义务的性质订得很明确，则法院对这项义务作何解释完全取决于案情。

第二，如合同中包含有“以取得许可证为条件”“以配额为准”的条款或其他类似条款，使该合同成为附有条件的合同时，这种条款只能给卖方某些保障，且卖方仍需举证。卖方只有证明，他虽尽了应尽的努力，亦采取了一切合理步骤，但仍不能领到许可证或不能满足政府规章的要求，或取得许可证就得付出人们所不能合理指望他接受的高昂代价时，才能主张合同落空，从而免除交货义务。

如卖方因认为努力争取也没用而不采取措施，不努力去申领许可证，那他就必须举证，证明这种努力必定要归于失败。但这一举证十分困难。

如卖方在完全有可能获得许可证或配额时没有去取得，就属于没有尽到最大努力去申领许可证或配额，就要负违约责任。

第三，双方当事人均有为了履行政府对货物进出口管理方面的要求而进行合作的义务。即当事人双方应合理地承担进行合作的保证和合同义务的履行。

（三）不可抗力

1. 不可抗力的含义

不可抗力（force majeure）是指买卖双方订立合同之后，其中一方遇到了人力所不能控制的、不能预见的、不能避免的意外事故，使合同不能履行或不能按期履行，遇到事故一方可免除责任，而另一方则无权提出损害赔偿。在国际贸易中，其包含两层含义：（1）遇到意外事故。（2）责任双方可以免责。构成不可抗力事故的条件通常有三个方面：一是在合同签订以后发生的；二是不是由于任何一方当事人的过失或疏忽造成的；三是双方当事人所不能控制的，即无能力预见、无法避免、无法预防。

2. 不可抗力的类型

（1）由于自然灾害所引起的自然事故，如水灾、风灾、火灾、大雪、飓风、暴雨、地震等。

（2）由于社会力量所引起的社会事件，如战争、罢工、政府封锁禁运等。

3. 不可抗力事件的法律后果

不可抗力事件所引起的法律后果，主要有两种情况：一种是解除合同，另一种是延迟履行合同。至于在什么情况下可以解除合同，在什么情况下不能解除合同而只能延迟合同的履行，要看意外事故对履行合同的影响，也可以由双方当事人在合同中具体加以规定。在实务中，如何区分不可抗力的后果是解除合同还是延迟合同的履行，通常有两种方法：

（1）根据发生事故的性质及所产生的影响程度的大小来确定。如事故发生破坏了合同执行的基础，可以解除合同，否则只能迟延履行。例如一个买卖化肥的合同，生产化肥的工厂由于地震造成巨大损失和破坏，已完全丧失了恢复生产的可能，则卖方（化肥厂）执行合同的基础已不复存在，可以解除合同；如地震仅破坏了交通干线，而化肥厂未遭到重大损失和影响，那么，在交通干线恢复后，卖方仍要履行合同，因此，合同可以迟延履行。

（2）根据合同标的物的性质分析。如标的物为特定物（如古董、字画等），卖方无法重新获得货源，可以解除合同；如标的物为种类物（如大米、服装等），卖方可作出其他努力，重新获得执行合同的货源，则只能迟延履行。当然，如果某些种类物的商品一旦特定化，如明确划拨到合同项目下、包装并刷上唛头及出运，遇到不可抗力时，则可视为特定物，也可解除合同。

本章小结

合同法是国际商法中最重要的内容之一。了解合同的法律特征与分类，是掌握本章内容的基础和关键。

要约和承诺是合同成立的基本法律步骤，也是合同法的基本概念。必须明确要约与要约邀请的区别，要约、承诺的法律特征及生效的时间，要约的撤销或撤回、承诺撤回的时间及法律效力。

合同有效的基本条件包括：对价与约因、当事人具有订约能力、采用法律规定的合同形式、合同必须合法、当事人之间的合意真实等。当事人就其使用的语言、文字或意思表示不清或考虑不周等引起的双方的争执，应由法院或仲裁机构遵循合同解释的原则和方法对合同作出解释，从而明确双方当事人的权利义务关系。

合同得到顺利和圆满的履行，是双方签订合同的根本目的。双方应按合同的规定，或按法律的规定或者行业惯例、贸易惯例来履行。如果任何一方由于某种原因，完全没有履行其合同义务，或没有完全履行其合同义务的行为，都属于违约。根据判定违约的原则来判断违约的方式和违约程度的轻重，从而确定违约的救济方法：实际履行、损害赔偿、解除合同、禁令、违约金等。

一般来说，在订立合同之后，如果一方当事人不履行合同或者不适当地履行合同，都要负违约的责任。但是，如果在合同成立之后，发生了某些情况阻碍了当事人一方不履行其合同义务，而这些事件的发生，按照订约当事人的意思是不属于当事人所应承担的风险范围之内的，则应当作为例外情况来处理。这些情形主要是指：情势变迁、合同落空和不可抗力。

重要概念

1. 合同：是两个或两个以上的当事人，以发生、变更或者消灭民事法律关系为目的所达成的协议。

2. 合同法：是指调整当事人之间发生的各种合同关系的法律规范的总称。

3. 准合同：又称为法律上默示的合同，是指由于当事人的行为或由于当事人之间存在某种特殊关系，而依法应当承担义务；否则，会出现有关当事人不当得利的情形。准合同不是一个实际上的合同，而是指法律允许原告就原告已给予被告的利益，而从被告处得到救济。

4. 要约：是一方向另一方提出的愿意按一定的条件同对方订立合同，并含有一旦要约被对方承诺即对提出要约的一方产生约束力的一种意思表示。

5. 要约邀请：是希望他人向自己发出要约的意思表示。

6. 承诺：是指受要约人按照要约所指定的方式，对要约的内容表示同意的一种意思表示。

7. 对价：是指合同一方得到的某种权利、利益、利润或好处，或是他方当事人克制自己不行使某项权利或遭受某项损失或承担某项义务。

8. 合同的形式：是指当事人合意、达成协议的表现形式。

9. 要式合同：是指必须按照法定的形式或手续订立的合同。

10. 不要式合同：是指法律上不要求按特定的形式订立的合同。

11. 不当得利：是指无法律上的原因而取得他人的财产或其他利益。

12. 契约自由：是指任何有订约能力的人，都可以按照他们的意愿自由地订立合同，即可以自由地决定是否订立合同，自由地选择订约的对象，并可自由地同订约对方商定合同的内容。

13. 错误：是指合同当事人对于构成他们之间交易基础的事实在认识上发生了误会。

14. 诈欺：是指以使他人发生错误为目的的故意行为。

15. 合同法中的胁迫：是指一方当事人通过某种使对方当事人发生恐怖为目的的故意行为，迫使另一方当事人在不得已的情况下接受强加的合同条件的行为。

16. 不正当影响：是指一方当事人利用与另一方当事人的特殊关系或利用其特殊地位，以订立不公平的合同为手段从中谋取额外利益的行为。

17. 合同履行：是指债务人全面地、适当地完成其约定义务，债权人的合同债权得到完全实现的行为。

18. 违约：是指合同一方当事人由于某种原因完全没有履行其合同义务，或没有完全履行其合同义务的行为。

19. 催告：是指债权人向债务人发出的请求履行合同的通知。

20. 给付不能：是指债务人由于种种原因不可能履行其合同的义务，而不是指有可能履行合同而不去履行。

21. 给付延迟：是指债务已届履行期，而且是可能履行的，但债务人没有按期履行其合同义务。

22. 积极违约：是指合同的当事人作为了不应当作为的情事而引起的违约。

23. 对流条件：是指合同双方当事人同时地履行各自的义务，或者至少是每一方当事人是同时准备并愿意履行各自的义务。

24. 先决条件：是指以一方当事人首先履行某种行为，或以某种事件的发生，或以经过一定的时间，作为对方履行合同的前提条件。

25. 后决条件：是指在合同成立以后，如发生某种事件，履行合同的义务即告消灭。

26. 违反担保：是指违反合同的次要条款或随附条款。在违反担保的情况下，蒙受损害的一方不能解除合同，而只能向违约的一方请求损害赔偿。

27. 先期违约：又称先兆违约、提前违约，是指一方当事人在合同规定的履行期到来之前，即明确表示他届时将不履行合同。

28. 损害赔偿：是指债务人不履行合同债务时依法应承担的赔偿债权人损失的责任，是违约的一种救济方法。

29. 合同的解除：是指合同有效成立之后，因当事人一方或双方的意思表示，使基于合同发生的债权债务关系归于消灭的法律行为。

30. 禁令：在合同法中作为救济方法的含义是指由法院作出的，强制合同的当事人执行合同所规定的某项消极的义务，即由法院判令被告不许做某种行为的命令。

31. 违约金：是指以保证合同履行为目的，由双方当事人事先约定，当债务人违反合同时，应向债权人支付的金钱。

32. 情势变迁原则：是指在法律关系成立之后，作为该项法律关系的基础的情势，由于不可归责于当事人的原因，发生了非当初所能预料得到的变化，如果仍然坚持原来的法律效力，将会产生显失公平的结果，有悖于诚实信用的原则，因此，应当对原来的法律效力作相应的变更的一项法律原则和制度。

33. 合同落空：指合同签订后，非因当事人自身的过失，情况发生了根本变化，使当事人订约时谋求的商业目的受挫，致使合同失去了存在的基础，使得合同的履行从商业上看已作为不可能或非法，则合同当事人没有了免除履行合同的义务。

34. 不可抗力：是指买卖双方订立合同之后，其中一方遇到了人力所不能控制的、不能预见的、不能避免的意外事故，使合同不能履行或不能按期履行，遇到事故一方可免除责任，而另一方则无权提出损害赔偿。

思考与练习

1. 什么是合同？什么是合同法？合同具有哪些法律特征？

2. 什么是准合同？

3. 什么是要约？一项有效的要约应具备哪些条件？

4. 要约与要约邀请有什么区别？

5. 什么是要约的拘束力？在要约拘束力问题上，大陆法和英美法的规定有哪些分歧？《国际货物销售合同公约》是如何折中调和的？

6. 什么是承诺？一项有效的承诺应具备哪些条件？

7. 大陆法和英美法在承诺生效问题上有何不同？《国际货物销售合同公约》是如何规定的？

8. 合同有效成立的条件是什么？

9. 在英美法中，什么是“已履行的对价”？什么是“过去的对价”？二者有何相似和主要区别？

10. 什么是民事权利能力？什么是民事行为能力？我国民法将公民的民事行为能力分为哪些类型？

11. 什么是要式合同？什么是不要式合同？当代资本主义国家在合同形式问题上一般采用什么原则？要式合同的作用是什么？

12. 我国《民法典》合同编对合同的形式是如何规定的？

13. 在英美法中，签字蜡封合同和简式合同有何不同？

14. 在错误对合同效力影响问题上，法国法和德国法有何区别？

15. 在错误对合同效力影响问题上，英国法和大陆法有何区别？

16. 什么是诈欺？什么是“不正确说明”？“不正确说明”的法律后果是什么？

17. 什么是胁迫？什么是不正当影响？

18. 什么是合同的履行？我国法律规定的合同履行的原则包括哪些？

19. 什么是违约？在违约构成方面，英美法和大陆法的主要差异是什么？

20. 何谓催告？催告的作用是什么？

21. 在英美法中的“条件”有哪几种含义？何谓“担保”？何谓“中间性条款”？

22. 什么是实际履行？在实际履行问题上，大陆法和英美法的规定有何不同？

23. 损害赔偿的方法有哪两种？德国法、法国法和英美法对损害赔偿方法的规定有何不同？

24. 什么是违约金？大陆法系中德国法和法国法对违约金性质的界定有何区别？
25. 情势变迁原则的内容有哪些？
26. 什么是合同落空？合同落空主要适用于哪些情形？
27. 什么是不可抗力？它包括哪些情形？不可抗力的法律后果是什么？

第六章 国际货物买卖法

导入案例

原告和被告签订一份在原告家中铺装地毯的合同。合同的全部价金为 4 402 美元。在这一总的价款中，由被告支付给铺装者 700 美元作为在原告家中铺装地毯的铺装费。但地毯的铺装存在缺陷。原告提起诉讼，要求撤销合同、返还她预付的 3 500 美元的合同款项并要求赔偿附带损失。被告反诉要求支付合同项下应付剩余款项。艾奥瓦州的地方法官认为被告方的违约并非实质性的违约，因此判决该合同不适合撤销，而判定被告赔偿原告 250 美元的维修费用和 150 美元的损失费。同时，地方法官还判令原告应支付被告合同项下剩余的 902 美元的款项。原告向艾奥瓦州地区法院上诉，地区法院推翻了地方法官的判决，并将案件发回，要求地方法官就该交易适用《美国统一商法典》对事实进行重审。被告就此案件适用的法律规则向艾奥瓦州的上诉法院提起上诉，并主张此案适用《美国统一商法典》是不合适的，因为原告仅就地毯的铺装的缺陷和瑕疵主张权利，而不是就地毯本身的质量问题提起诉讼。

问题：

1. 本案是双方当事人的合同纠纷还是货物买卖合同纠纷，或是服务合同纠纷？

2. 本案原告就地毯的铺装的缺陷和瑕疵主张权利，应适用《美国统一商法典》有关买卖的规定吗？

第一节 货物买卖法概述

一、买卖、买卖法、买卖合同、国际货物买卖合同的概念和特征

（一）买卖与买卖法的概念

买卖是指一方当事人按合同将财产所有权转让给另一方，另一方当事人支付一定价金的行为。买卖的概念是比较狭窄的，买卖首先在于标的物的所有权要转移，转移标的物的所有权是买卖区别于提供服务的标志；其次，买卖必须支付价金，若仅转移所有权而不支付价金，则可能属于易货贸易。

买卖法是指调整买卖活动过程中产生的各种权利义务关系的法律规范的总称。买卖法是现代商品经济社会的法律体系中一个十分重要的法律部门。广义的买卖法不仅包括动产的买卖，还包括不动产的买卖。本章主要涉及的是有形动产的货物的买卖，且主要是以国际货物买卖为限。

（二）买卖合同的概念和特征

买卖合同是指缔结合同的当事人之间为买卖财产而相互约定的，由一方移交财产所有权而另一方当事人支付价金的协议。

买卖合同的法律特征包括以下三点：

（1）买卖合同是有偿的双务合同。买卖合同的卖方的义务是将财产的所有权移交给买方，而买方的义务是按照合同的约定接受财产并支付价金。如《德国民法典》第 433 条规定，在买卖合同中，卖方对买方负有交付其物及移转其所有权的义务，买方对卖方负有支付其约定的价金及受领买得之物的义务。《法国民法典》第 1582 条规定，买卖者，即当事人约定一方将物交付于他方而他方支付价金的合同。

（2）买卖合同的标的物是财产。大陆法认为财产的买卖既包括动产和不动产，也包括无形权利的买卖。而英美法一般所称的买卖合同是指货物买卖合同。如英国 1893 年《货物买卖法》规定，买卖合同是指卖方将货物的所有权转移或者同意转移给买方，以换取一定金额的报酬的合同。而该法同时指出，货物是指除劳务和金钱以外的一切动产。在苏格兰，货物是指除金钱以外的一切有形的动产，货物还包括庄稼、正在制造的工业产品以及附着于地产或已成为地产一部分而同意加以分离出售的物品。《美国统一商法典》也规定，货物是指供买卖合同买卖的一切有形的动产，包括幼畜、生长中的农作物及其他可以从不动产土地上拆移的同类物品。

（3）买卖合同的价金一般应由双方当事人确定。《法国民法典》第 1591 条规定，买卖的价金应由双方当事人确定并表示之。英国 1893 年《货物买卖法》第 8 条规定，买卖合

同中的价金，可以在合同中确定，也可以留待以后按双方确定的办法确定，还可以由双方在交易过程中确定。如未按上述规定加以确定，则买方支付合理的价金。同时，两大法系也允许价金由第三者估价确定，如第三者不能确定，则买卖合同无效。

（三）国际货物买卖合同的概念和特征

国际货物买卖合同是指营业地处于不同国家的当事人订立的货物买卖合同。国际货物买卖合同与其他合同尤其是国内货物买卖合同相比较，具有以下特点：

(1) 国际货物买卖合同的当事人分别处于不同的国家。如《国际货物销售合同公约》规定，该公约适用于营业地在不同国家的当事人之间订立的货物买卖合同。英国 1893 年《货物买卖法》规定，国际货物买卖合同是指缔结货物买卖合同的双方，其营业处所（如无营业处所者为其惯常住所）分处于不同国家领土之上。

(2) 构成合同要约和承诺的行为一般在不同国家完成，或者虽在一国完成，但货物的交付和合同的履行必须在另外一个国家。

(3) 调整国际货物买卖合同的法律和惯例，是国际条约、国际贸易惯例或国内的买卖法。

二、买卖法的法律渊源

（一）大陆法系有关买卖法的渊源

大陆法系国家大都把有关买卖的法律作为债编的组成部分，编入民法典内，如《法国民法典》第三编第六章、《德国民法典》第二编第二章、《日本民法典》第二章第三节。这些法典通常没有专门针对货物买卖的法律条款，而把货物买卖作为动产买卖的一种加以规定。这些国家采取民商分立的做法，把民法与商法分别编为两部法典，以民法为普通法，以商法作为民法的特别法。民法一般原则适用于一般商事活动，商事活动的有关特别事项则适用于商法的特别规定，如商行为、海商、票据、保险、公司等。也有一些大陆法系国家采取民商合一的形式，只有民法典而没有单独的商法典，如意大利只有《意大利民法典》，瑞士只有《瑞士债务法典》。由于没有制定商法典，它们都把有关商法的内容编入各自的民法典和债务法典之中。

（二）英美法系有关买卖法的渊源

英美法系国家的货物买卖法一般由普通法和成文法两部分组成。

1. 普通法

它是由法院以判例形式确立的法律原则，属于不成文法或判例法。

2. 成文法

成文法或称制定法，是由立法机关制定的法律。在英美法系国家，成文买卖法大都以单行法规的形式出现，其中具有代表性的是英国 1893 年《货物买卖法》，这是英国在总结法院数百年来有关货物买卖案件的判决的基础上制定的买卖法。该法于 1979 年进行过修订，现在有效的是 1979 年的修订本。英国 1893 年《货物买卖法》为英美法系各国制定各自的买卖法提供了一个样板。美国1906年《统一货物买卖法》就是以其为蓝本制定的。该法曾被美国36个州所采用。但是，随着时间的推移，该法已不能适应美国经济发展的要求。因此，从1942年起，美国统一州法委员会和美国法学会即着手起草《美国统一商法典》。该法典于1952年公布，其后曾作过多次修订。该法典第二编的标题就称为“买卖”，对货物买卖的有关事项作出了具体的规定，其内容在世界各国的买卖法中是最为详尽的。但是，《美国统一商法典》与大陆法系国家的商法典有所不同，后者是由立法机关制定并通过的法律，而前者却不是，只是由一些法律团体起草、供美国各州自由采用的一部法律样本，它的法律效力完全取决于各州的立法机关是否予以采纳。由于《美国统一商法典》能适应当代美国经济发展的要求，因此，到1990年，美国各州都通过各自的州的立法程序，采用了《美国统一商法典》，使它成为本州的法律。但有的州并不是全部采用，而只是部分采用。例如，路易斯安那州就没有采用该法典的第二编——买卖法，据说是因为该州的买卖法与《美国统一商法典》的买卖法十分类似，所以无须采用《美国统一商法典》的文本。由此可见，《美国统一商法典》是由各州赋予其法律效力的，而不是美国联邦的立法，所以，它是州法而不是联邦法。自《美国统一商法典》施行后，美国1906年《统一货物买卖法》即被废止。

（三）中国法律有关买卖的立法

我国对于货物买卖所产生的各种关系，在《民法典》施行前，主要由《民法通则》和《合同法》来调整。1986年颁布的《民法通则》第四章第一节关于民事法律行为的规定、第五章第二节关于债权的规定，以及第六章有关民事责任的规定，都与货物买卖有密切的关系。而1999年通过的《合同法》第九章从第130条至第174条，共计45条，专门就买卖合同作了规定。除此之外，《合同法》的总则中有关合同的成立、失效、履行、违约救济等的规定，也都适用于买卖合同。1999年《合同法》没有像以前那样规定国内合同适用《经济合同法》、涉外经济合同适用《涉外经济合同法》、技术合同适用《技术合同法》，而是将“三足鼎立”的合同法统一规定为一部法律，因此，《合同法》适用于国际货物买卖合同。2021年1月1日起，《民法典》正式施行，《民法典》合同编的规定适用于国际货物买卖合同。

（四）有关货物买卖的国际条约

目前，国际上适用于国际货物买卖的国际公约主要有：1964年《国际货物买卖统一法公约》和《国际货物买卖合同成立统一法公约》以及1980年《国际货物销售合同公约》。《国际货物销售合同公约》可以说是近半个世纪以来国际统一法运动的产物。

（五）国际贸易惯例

国际贸易惯例是国际货物买卖法的另一个重要渊源。在国际货物买卖中，如果双方当事人在合同内规定采用某项惯例，它对双方当事人就具有约束力。在发生争议时，法院和仲裁机构也可以参照国际贸易惯例来确定当事人的权利与义务。关于国际货物买卖的国际惯例主要有以下几种。

1.《国际贸易术语解释通则》

国际商会于1935年制定《国际贸易术语解释通则》，1953年、1967年、1976年作了修订，近年来为了适应国际货物运输方式和电子技术的发展，又于1980年、1990年、2000年、2010年和2020年作了五次修改。现行的文本是2020年修订本。该通则在国际上已获得广泛的承认和采用，我国在外贸业务中也大量使用。

2.《华沙-牛津规则》

《华沙-牛津规则》是国际法协会于1932年针对CIF合同制定的，它对CIF合同中买卖双方所应承担的责任、风险与费用作了详细的规定，在国际上有相当大的影响。

3.《跟单信用证统一惯例》和《托收统一规则》

国际商会制定的《跟单信用证统一惯例》（1993年修订本）和《托收统一规则》是国际贸易支付方面的两项重要惯例，它们确定了在采用信用证和托收方式时银行与有关当事人之间的责任与义务，在国际上有很大的影响，我国在外贸业务中也普遍使用。《跟单信用证统一惯例》目前生效的是2007年的修订本，简称UCP600。《托收统一规则》目前生效的是1995年的修订版。

应注意的是，上述各项贸易惯例并不具有普遍的约束力，双方当事人可以采用，也可以不予采用，完全由当事人决定。只有当双方当事人在他们订立的国际货物买卖合同中采用了某种国际贸易惯例来确定他们之间的权利、义务时，该项惯例才适用于该合同并对当事人产生约束力。

三、《国际货物销售合同公约》

（一）《国际货物销售合同公约》的订立和基本内容概述

联合国国际贸易法委员会于1969年成立了一个专门工作小组，试图在1964年两项公约（《国际货物买卖统一法公约》和《国际货物买卖合同成立统一法公约》）的基础上制定一项统一的国际货物买卖法。该工作小组于1978年完成了此项任务，把1964年的两项公约合并为一个公约——《国际货物销售合同公约》（Convention on Contracts for the International Sale of Goods）（以下简称《公约》）。《公约》共分为四个部分：（1）适用范围；（2）合同的成立；（3）货物买卖；（4）最后条款。全文共101条。《公约》于1980年4月11日订于维也纳，自1988年1月1日起生效。截至2025年3月，核准和参加该公约的国家已达到97个。我国于1986年12月向联合国秘书长递交了关于该公约的核准书，成为该公约的缔约国。

（二）《公约》的适用范围

1. 适用范围

根据《公约》第1条的规定，该公约适用于营业地点处在不同国家的当事人之间所订立的货物买卖合同。

(1)《公约》强调它只适用于国际性的货物买卖合同，并且在确定某项买卖合同是否具有国际性的时候，仅以合同当事人的营业地是否处于不同的国家作为唯一的判断标准。

(2) 必须是《公约》的缔约国，或者如果当事人的营业地所在国不是缔约国，而依据国际私法规则导致适用某一缔约国的法律，才能适用《公约》。

2. 不适用《公约》的交易

(1) 仅供私人和家庭使用的货物买卖合同；

(2) 以拍卖方式进行的买卖；

(3) 根据法律当局的执行令状或其他令状进行的买卖；

(4) 股票、投资证券、流通票据或货币的买卖；

(5) 船舶或飞机的买卖；

(6) 电力的买卖。

根据《公约》第 3 条的规定，《公约》不适用于供货一方的绝大部分义务是提供劳务或提供其他服务的合同，也不适用于由买方提供制造货物的大部分重要原材料的合同。同时，如从合同中或从订立合同时当事人所透露的情况中看不出双方当事人的营业所确是分别处于不同国家的事实，则《公约》就不适用于他们之间订立的货物买卖合同。

(三)我国批准《公约》生效的保留

我国在核准《公约》时曾根据《公约》第 95 条和第 96 条的规定，对《公约》提出了两项重要的保留，即关于采用书面形式的保留和适用范围的保留。但我国于 2013 年撤回了关于书面形式的保留。

根据《公约》第 1 条第 1 款（a）项的规定，如果合同双方当事人的营业地处于不同的国家，而且这些国家都是该公约的缔约国，该公约就适用于他们之间订立的货物买卖合同，即该公约适用于营业地处于不同的缔约国的当事人之间订立的买卖合同。该款中的（b）项又规定，只要双方当事人的营业地是处于不同的国家，即使他们的营业地所在国不是该公约的缔约国，但如果按照国际私法的规则导致适用某一缔约国的法律，则该公约亦将适用于这些当事人之间订立的国际货物买卖合同。对于这一点，我国在核准该公约时也提出了保留，即我国认为该公约的适用范围仅限于双方的营业地分处于不同缔约国的当事人之间所订立的货物买卖合同。

(四)公约没有涉及的问题

根据《公约》第 4 条的规定，《公约》涉及有关货物买卖合同的成立，以及买卖双方鉴于买卖合同所产生的权利和义务等内容，除《公约》另有规定外，它不涉及下列问题：

(1) 该公约不涉及有关买卖合同的效力及惯例的效力等问题。

(2) 该公约不涉及买卖合同对所售出货物的所有权可能产生的影响。这项规定可以包括以下两个方面的问题：第一，关于货物所有权从何时起由卖方转移到买方的问题。第二，关于买卖合同是否足以割断第三人对已售出的货物本来享有权益的问题。即某人本来对货物享有某种权益，是否因卖方将此项货物出售给善意的、不知情的买主，从而该人丧失对该项货物所享有的权益问题。由于这个问题相当复杂，各国法律规定不一，所以《公约》亦避免涉及这方面的问题。

《公约》第5条规定，该公约不适用于卖方对货物所引起的人身伤亡责任。

（五）公约与合同和国际贸易惯例的关系

1.《公约》与合同的关系

《公约》第6条规定，当事人可以在合同中约定排除《公约》的适用，也可以削减、改变《公约》任何规定的效力。这里包括两层意思：第一，《公约》的适用并不具有强制性，即使当事人的营业所处于两个不同的缔约国，但当事人完全可以在买卖合同中作出合同不适用于《公约》的规定。第二，当事人也可以在买卖合同中作出规定，部分地排除《公约》的适用，或改变《公约》的任何条款的规定，而代之以合同中所作出的规定。

2.《公约》与国际贸易惯例和习惯的关系

《公约》第8条第3款规定，在确定一方当事人的意旨或一个通情达理的人应有的理解时，应适当考虑到与事实有关的一切情况，包括谈判情形、当事人之间确立的任何习惯做法、惯例和当事人其后的任何行为。同时，《公约》第9条第1款规定，当事人应当受他们业已约定的任何惯例或他们之间业已建立起来的习惯做法的约束。该条第2款又规定，除当事人另有约定外，双方当事人应视为默示地将他们已经知道或应当知道的惯例适用于他们之间的合同或合同成立方面的问题，只要这种惯例在国际贸易中已被这一行业的同类的合同当事人所周知并经常遵循。从上述规定可以看出，某项国际贸易惯例的规定和《公约》的规定不一致时，根据《公约》第9条的规定，再结合《公约》第6条的规定，即允许当事人削减或改变公约的规定的效力的规定，应当以国际贸易惯例为准。

第二节　货物买卖合同的订立

《公约》在第二部分，对合同订立的两个基本法律规则，即发价与接受作了具体的规定。鉴于各国法律特别是英美法与大陆法在发价与接受的某些法律规则上存在着重大的分歧，例如，如果在发价中规定了有效期或接受的期限，这是否意味着在此期限内发价人不得撤销其发价？大陆法认为是不得撤销，英美法则认为可以撤销。在《公约》制定过程中，各国代表曾围绕这些问题进行了长期的、激烈的争论，联合国国际贸易法委员会在草拟《公约》的这一部分内容时，做了巨大的努力，采取各种折中、妥协的办法来调和各国在这些法律问题上的分歧，力求使《公约》所通过的法律原则能被各国接受。因此，有必要对《公约》有关合同订立的各项规定加以详细介绍。

一、发价

（一）发价的定义

《公约》第 14 条规定：凡向一个或一个以上的特定人提出的关于订立合同的建议，如果其内容十分确定并且表明发价人有在其发价一旦得到接受就将受其约束的意思，即构成发价。根据这项规定，发价应符合以下条件：

（1）发价应向一个或一个以上特定的人提出。发价是由发价人（offeror）向受发价人（offeree）发出的。这里所谓特定的人是指受发价人须为特定人，即在发价中应指明受发价人的姓名或公司名称，如某先生或某公司等。同时，按照《公约》第 14 条第 2 款的规定，凡不是向一个或一个以上特定的人提出建议，仅应视为发价邀请，而不是一项发价。但是，如果该项建议符合作为发价的其他要求，而且提出该项建议的人明确表示有相反的意向，即明确表示他的这项广告是作为一项发价提出来的，则这项建议亦得视为一项发价。

（2）发价的内容必须十分确定。发价一般应包括拟订立的合同的主要条件。根据《公约》第 14 条的规定，一项关于订立合同的建议要成为一项发价至少应当包括以下内容，其内容才算十分确定：第一，建议应载明货物的名称；第二，建议应明示或默示地规定货物的数量，或规定如何确定数量的方法；第三，建议应明示或默示地规定货物的价格，或规定如何确定价格的方法。

至于发价中没有规定的其他事项，在买卖合同成立后，可按有关的贸易惯例或按该公约相关部分的规定来处理。例如，如果在发价中对交货时间没有作出具体规定，则按照《公约》第 33 条的规定，卖方应在订立合同后的一段合理时间内交货；如果在发价中对买方支付货款的时间没有作出具体规定，则按照《公约》第 58 条的规定，买方应于卖方把货物或把代表货物所有权的单据交给买方支配时支付货款。

（二）发价生效的时间

《公约》第 15 条第 1 款规定：发价于其到达受发价人时生效。在这个问题上，各国法律的规定是一致的。因为发价是一种意思表示，受发价人必须在收到发价后才能决定是否予以接受。如一方仅凭以往的交易经验，或经由其他途径，预计对方有可能向他发出发价，而在收到发价之前即主动向对方表示“接受”，那么，即使此项“接受”的内容与对方提出的发价内容完全巧合，也不能认为双方达成了协议、订立了合同。这种情况在法律上只能看作两个交互的发价（cross offer），除非它能得到对方的接受，否则合同是不能成立的。

（三）发价的撤回与撤销

（1）发价的撤回是指发价人在发出发价之后，在尚未到达受发价人之前，即在发价尚未生效之前，将该项发价取消，使发价失去作用和不发生效力。《公约》第 15 条第 2 款规定，一项发价，即使是不可撤销的发价，都可以撤回，只要撤回的通知于该发价到达受发价人之前，或与该发价同时送达受发价人。这项规定包含的意思是：发价生效前允许撤回发价的理由是因为发价尚未生效；发价人如欲撤回其发价，必须将撤回通知在该发价到达受发价人之前送达受发价人，或者至少也应与该发价同时送达受发价人，这样才能阻止发价生效；《公约》的上述规定适用于一切发价，包括注明不可撤销的发价，在其没有到达受发价人之前，都可以撤回。在发价撤回问题上，各国法律同《公约》的上述规定基本上是一致的。

（2）发价的撤销是指发价人在其发价已经送达受发价人之后，即在发价已经生效之后，将该项发价取消，从而使发价的效力归于消灭。

发价的撤回与撤销是两个既有联系又有区别的概念。而这个问题，在国际贸易实务中是有重要意义的。因为发价人在发出发价之后，如遇国际市场价格发生波动，或外汇汇率发生变化，发价人可能想改变主意，要求撤回或撤销其发价，或要求在价格或其他条款上作相应的调整，而受发价人则可能不同意撤销发价，或不同意对发价的内容作任何修改，双方就可能因此而引起争议。

关于发价生效之后发价人能否将其撤销的问题，是一个比较复杂的问题。在这个问题上，各国法律特别是英美法和大陆法存在着严重的分歧。现将两个法系的主要分歧及《公约》的有关规定分别介绍如下：

英美普通法认为，发价原则上对发价人没有拘束力。不论发价是否已经送达受发价人，发价人在受发价人对发价作出接受之前，任何时候都可以撤销其发价或变更发价的内容。即使发价人在发价中已经规定了有效期限，但他也不受这项期限的约束，只要受发价人尚未作出接受，他仍然可以在有效期内随时将其发价撤销。

大陆法系的德国法认为，发价原则上对发价人具有拘束力。《德国民法典》规定，除非发价人在发价中已表明不受拘束，否则发价一旦生效，发价人就要受其拘束，不得随意将其撤销。如果发价中规定了有效期，则在有效期间内不得撤销或变更其发价；如果在发价中没有规定有效期，则依通常情形，在可望得到对方答复之前，不得撤销或变更其发价，瑞士、希腊、巴西等国的法律也有类似的规定。按照这些国家的法律，发价人可以采用“不受拘束”等文句来表示发价对发价人没有拘束力。但如果在发价中使用了这种排除拘束力的文句，它在法律上就不是发价而只是一项发价邀请或发价引诱，其效力与发价有所不同。

《公约》第 16 条第 1 款规定：在合同成立以前，发价得予撤销，但撤销通知须于受发价人发出接受之前送达受发价人。这项规定包含以下几层意思：第一，它所针对的是发价已经送达受发价人，即发价已生效但合同尚未成立之前的这一段时间。第二，这里所说的“合同成立以前”，是指受发价人作出接受以前，即发价人只要在受发价人作出接受之前，及时将撤销发价的通知送达受发价人，便可将其发价撤销。但一旦受发价人发出了接受通知，发价人撤销发价的权利即告终止，而不是等到接受通知生效时（接受通知送达发价人之时）才告终止。第三，此项规定的适用范围是有一定局限性的，并非对任何发价都能撤销。如果某项发价已经注明它是不可撤销的，则一旦该发价送达受发价人之后（发价生效之后），发价人就不得将其撤销或加以变更。《公约》第 16 条第 2 款规定，在下列两种情形下，发价一旦生效，就不得撤销：第一，在发价中已经载明了接受的期限，或以其他方式表示它是不可撤销的；第二，受发价人有理由信赖该项发价是不可撤销的，并已本着对该发价的信赖行事。

（四）发价的终止和失效

《公约》第 17 条规定：一项发价，即使是不可撤销的发价，应于拒绝该发价的通知送达发价人时终止。发价一旦终止，即丧失其效力，发价人就不再受其约束。

拒绝发价可以采取两种不同的方式：一种是明确表示拒绝接受发价；另一种是对发价人在发价中所提出的交易条件进行讨价还价，例如，要求降低价格、增加或减少数量，以及改变交货期限或支付方式，等等。这种做法应认为是对发价的拒绝，并构成反发价。按照《公约》的规定，发价终止的时间应当是在受发价人把拒绝发价的通知送达发价人的时候。

此外，按照许多国家的法律，如有下列情况，发价亦将失效：

（1）发价得因期间已过而失效。如果发价规定了有效期限，则在该项期限终了时，发价即自行失效。如果发价人在发价中没有规定有效期，则分两种情况处理：第一，如果双方当事人是以对话方式进行交易谈判的，对于在对话中提出的发价，受发价人必须立即予以接受，如不即时接受，发价即失去其效力；第二，如果双方当事人分处异地，以函电等非对话的方式发出发价，而在发价中又未规定有效期，则受发价人应于合理的时间内作出接受，否则发价就告失效。至于何谓合理时间，这是一个事实问题，应由法院根据具体案情来确定。

（2）发价得因发价人的撤销而失效。如果发价被发价人撤销，其效力即告终止。

二、接受

（一）接受的含义

根据《公约》第 18 条的规定，受发价人作出声明或以其他行为对一项发价表示同意，即为接受，接受的实质是对发价表示同意。这种同意的意思必须以某种方式向发价人表示出来。按照《公约》的规定，受发价人既可以用向发价人发出声明的方式（口头或书面均可）表示同意其发价，也可以用其他行为来表示同意。

但是，受发价人在收到发价后，仅仅表示缄默，不采取任何行动对发价作出反应，这就不能认为是对发价的同意或接受。但在某些例外情况下，如果根据交易双方的约定或按照双方已经确认的习惯做法和惯例，受发价人保持缄默也可能构成接受。例如，买卖双方是老客户关系，多年来卖方都是按买方的订单准备发货，不再另行通知买方表示他已接受其订单。如果其中有一次，卖方在收到买方的订单后，既不发货，也不通知买方表示拒绝其订单，在这种情况下卖方的缄默可以构成接受，如果他不履行发货义务，买方可以指控他违约。

（二）接受生效的时间

接受从什么时候起生效是合同法中一个十分重要的问题，因为按照各国的法律，接受一旦生效，合同即告成立。在这个问题上，英美法与大陆法特别是与德国法分歧很大。英美法采取“投邮生效的原则”（mailbox rule），即凡以信件、电报作出接受时，接受的函电一经投邮或交发，立即生效，合同即告成立。只要受发价人把载有接受内容的信件投入邮筒或把电报交到电报局发出，接受即于此时生效，即使此项函电在传递过程中被遗失或延误，但只要受发价人能证明他已在函电上写明了收件人的姓名、地址，付足了邮资并交到了邮电局，合同仍可有效成立。

大陆法则采取“到达生效的原则”（receive of the letter of acceptance rule）。如《德国民法典》对接受生效的时间虽然没有作出具体的规定，但按照德国法，发价和接受都是一种意思表示，应适用有关意思表示的规定。《德国民法典》第 130 条规定：对于相对人所作的意思表示，于意思表示到达相对人时发生效力。据此，接受的通知必须于其到达相对人时才生效，合同亦于此时才能成立。

《公约》对接受生效的时间采用到达生效的原则。根据《公约》第 18 条第 2 款的规定，对发价所作的接受，应于表示同意的通知送达发价人时生效。如果表示同意的通知在发价人所规定的时间内，或者如果发价人没有规定期间，则在一段合理的时间内，未曾送达发价人，接受即为无效；但须适当考虑交易的情况，包括发价人所使用的通信方法的迅速程度。对口头发价必须立即予以接受，但情况表明有不同要求者除外。按照这项规定，假如由于邮递失误，致使接受通知在传递过程中遗失，或未能在发价规定的期限内（或在合理时间内）送达发价人，则除了属于《公约》第 21 条规定的情况外，该项接受即属无效，合同不成立。即按照《公约》的规定，接受通知在传递中可能发生的失误风险，应由受发价人承担。

（三）以某种行为对发价作出接受

按照《公约》第 18 条第 3 款的规定，如果根据发价或依照当事人之间已确立的习惯做法或惯例，受发价人可以作出某种行为来表示接受发价，则在作出这种行为时接受即告生效。这一点与上述第 18 条第 2 款关于接受须于表示同意的通知送达发价人时才生效的要求是有所不同的。这一区别的实际意义在于：一旦受发价人根据本款规定，以某种行为表示接受之后，即使没有向发价人发出接受的通知，但接受亦视为已经生效，发价人即须受其约束，不得再撤销其发价，这对保护以行为作出接受的人是有一定作用的。

三、对发价的内容作了变更的接受

按照各国法律，接受是同意接受发价的一种意思表示，因此，接受的内容必须与发价相同，即必须接受发价所提出的各项条件。如果接受与发价不一致，那就不是接受而是反发价。《公约》基本上采纳了这一传统的法律原则。按照《公约》第 19 条第 1 款的规定，对发价表示接受时，如载有添加、限制或其他更改，应视为对发价的拒绝，并构成反发价。但是，为了避免由于接受的内容与发价稍有出入，而影响到整个合同的有效成立，《公约》第 19 条第 2 款规定，对发价表示接受但载有添加或不同条件的答复，如所载有的添加或不同条件在实质上并不变更该项发价的条件，则除发价人在不过分延迟的期间内以口头或书面方式提出异议外，仍可作为接受，合同仍可有效成立。

在适用上述规定时，最重要的问题是要确定接受中所附加或变更的条件里，哪些是在实质上变更了发价的条件。对此，《公约》第 19 条第 3 款作了明确的规定：凡在接受中对货物的价格、付款、货物的质量与数量、交货的地点和时间、当事人的责任范围、解决争议的方法等事项有所添加或变更者，均视为在实质上变更了发价的条件。如果在接受中添加或改变其中任何一项条件，都不能再认为是接受，而应认为是反发价，合同不能成立。

四、逾期接受

逾期接受（late acceptance），是指接受通知到达发价人的时间已经超过了发价所规定的有效期，或者在发价未规定有效期时，已经超过了合理的时间。按照各国法律，逾期接受不能认为是有效的接受，而只是一项新发价或反发价。《公约》亦认为逾期接受无效，但有一些灵活的处理方法。按照《公约》第 21 条第 1 款的规定，如果发价人毫不迟延地用口头或书面形式将这种意思通知受发价人，逾期接受仍具有接受的效力。

《公约》第 21 条第 2 款还规定，如果载有逾期接受的信件或其他书面文件表明，依照它寄发时的情况，只要邮递正常，它本应是能够及时送达发价人的，则此项逾期接受应认为具有接受的效力，除非发价人毫不迟延地用口头或书面形式通知受发价人，认为他的发价已因逾期而失效。

五、接受的撤回

撤回接受是接受人阻止其接受发生法律效力的一种意思表示。接受人在发出接受之后，如果发现不妥，则可以在该接受生效之前将其撤回，但一旦接受生效，合同即告成立，接受人就不得撤销其接受。在此问题上，各国法律（特别是英美法与大陆法）是有分歧的。按照英美法系国家的审判实践，由于他们认为接受的函电一经投邮发出就立即生效，因此，受发价人只要发出了接受通知之后，就不能将其接受撤回；但按照德国的法律，由于对接受采取到达生效的原则，因此，受发价人发出接受通知后，在其到达发价人之前，仍可设法将其接受撤回。《公约》规定，接受是可以撤回的，只要撤回的通知能在接受生效之前或与其同时送达发价人。

六、关于接受有效期间的计算办法

关于接受有效期间的计算办法，《公约》第 20 条作了如下规定：(1) 发价人在电报或信件内规定了接受期间，则从电报交发时刻或信上载明的发信日期起算；如信上未载明发信日期，则从信封上所载日期起算。发价人以电话、电传或其他快速通讯方法规定了接受期间，从发价送达被发价人时起算。(2) 在计算接受期间时，接受期间内的正式假日或非营业日应计算在内。但是，如果接受通知在接受期间的最后一天未能送到发价人地址，因为那天在发价人营业地是正式假日或非营业日，则接受期间应顺延至下一个营业日。

第三节　卖方和买方的义务

一、卖方的义务

（一）卖方按合同或法律规定的时间、地点和方式交货的义务

如果合同对交货的时间、地点和方式已有明确的规定，卖方就必须按合同的规定办理。如果合同对此没有作出规定，则应按《公约》的有关规定和有关国家的买卖法的规定交货。

1. 交货方式

所谓交货（delivery），是指自愿地移转货物的支配和占有，即由卖方把对货物的占有权移转给买方。

交货的种类和方式通常有两种：(1）卖方自愿将货物移交给买方，即卖方把货物置于买方实际占有和支配之下，称为实际交货。如工厂交货（EXW）、目的地交货（DAP）、完税后交货（DDP）等交货方式都是要求卖方必须将货物置于买方支配之下。(2）卖方将代表货物的单据或凭以提取货物的单据，甚至存放货物的建筑物的钥匙交给买方，称为象征性交货。在国际货物买卖中经常采用象征性交货，即卖方按照合同规定的时间地点将货物交给承运人，取得提单，然后将提单和其他有关货物运输单据交给买方或其代理人，完成交货责任。CIF 就属于典型的象征性交货。

在国际贸易中，与货物有关的单据有提单、保险单、商业发票、运输单据，有时还包括领事发票、原产地证书、重量证书或品质检验证书等。关于交单，各国买卖法对于卖方交单的义务一般都未作规定，因为各国的买卖立法主要是针对国内交易而制定的，货运单据对国内贸易的意义不如对国际贸易那样重要。《国际货物销售合同公约》则将卖方移交有关货物的单据作为卖方的一项义务。如《公约》第 34 条规定，如果卖方有义务移交货物有关的单据，则他必须按照合同所规定的时间、地点和方式移交这些单据。但《公约》对卖方究竟应提供哪些单据未作具体规定，此问题通常按照国际贸易惯例的规定来执行，如 CIF 则意味着卖方应提供商业发票或与之相等的电子单证，必要时应提供所交货物与合同相符的证件，包括提供通常的运输单据、符合合同的保险单、出口许可证或其他官方证件等。

《公约》还规定，如果卖方在上述规定的时间以前已移交了这些单据，则卖方可以在这个时间到来之前纠正单据中的不符合合同规定的情形，但卖方行使这项权利不得使买方遭受不合理的不便或承担不合理的开支，而且买方有权保留按《公约》规定请求损害赔偿的

权利。值得注意的是，《公约》的这一规定是在1980年维也纳会议上增加的，理由是：既然允许交货存在瑕疵如短缺、漏交等和对与合同不符之处进行修改，交单也一样拥有这一权利。

2. 交货的地点

关于交货的地点，大陆法规定，卖方履行交货义务的地点应当是合同规定的地点。如买卖合同没有指定地点，则应视所交付的货物是特定物还是非特定物来确定交货地点。如果买卖合同所交付的是特定物，则卖方一般应在订约时该特定物所在地交货。如果是非特定物，法国、德国和瑞士的法律规定，应于卖方营业地交货，但日本的法律规定，应于买方的营业地交货。

英美法中，英国法规定，如买卖合同没有规定交货地点的，一般应在卖方的营业地交货；如果买卖合同的标的物是特定物，且买卖双方在订约时已经知道该特定物在其他地方者，则应该在该特定物所在地交货。

《公约》对国际货物买卖交货地点的规定更为详细，其内容如下：(1) 如果合同没有规定交货地点，而所交货物涉及运输，卖方应将货物移交给第一承运人，通常即视为交货。这里实际上是将承运人视为买方接收货物的代理。(2) 如所交货物是特定物，或从特定库存中提取出的货物，或者是尚待加工生产或制造的未经特定化的货物，而在订立合同时双方当事人已经知道这些货物是在某一地点或将在某一特定地点制造生产的，卖方应在该地交货。(3) 除上述情况外，在其他的情况下，卖方的交货义务是在其订立买卖合同时的营业地点把货物交给买方处置。

3. 交货的时间

关于交货的时间，大陆法系国家的法律规定，如果买卖合同对交货时间没有作出具体规定，买方有权要求即时交货，卖方也有权在合同成立后即时交货。但在合同规定了履行期的情况下，买方不能要求卖方在履行期到来之前交货，但卖方却有权提前交货，因为合同的履行期限是为债务人的利益而定的。但债务人（卖方）在提前履行时，应当事先通知债权人（买方），否则突然提前交货会使债权人来不及做好准备，这就违背了诚实信用原则，债权人可不负受领延迟的责任。

英美法中，英国1893年《货物买卖法》对交货的时间作了如下规定：(1) 如果合同没有规定卖方交货的时间，则卖方应在合理的时间内交货。(2) 如果卖方授权或要求卖方将货物运交买方，则卖方为了把货物运交买方而把货物交给承运人，就可推定为已向买方交货。(3) 如果卖方同意在货物出售的地点以外的其他地点把货物交给买方，则除合同另有规定外，应由买方承担货物在运输途中腐烂、变质的风险。(4) 关于货物处于可交付状态的费用，除双方当事人另有规定外，应由卖方承担。同时英美法还规定，如果合同规定了交货的期限，一般不准提前交货。

《公约》第33条对如何确定卖方交货的时间作了如下几项规定：(1) 如果合同中规定了交货的日期，或从合同中可以确定交货的日期，则卖方应在该日期交货。(2) 如果合同中规定了一段交货的期间，或从合同中可以确定一段期间，则除情况表明买方有权选定一个具体日期外，卖方有权决定在这段时间内的任何一天交货。（3）在其他情况下，卖方应在订立合同后的一段合理的时间内交货。至于何谓合理时间，应根据交易的具体情况来确定。

（二）卖方提交单据、安排运输和通知、转移所有权的义务

1. 卖方提交单据的义务

按照国际贸易惯例，在大多数情况下，卖方都有义务向买方提交有关货物的各种单据。而且，买卖合同也往往规定，以卖方移交装运单据作为买方支付货款的对流条件。因此，《公约》明确规定，移交有关货物的单据，是卖方的一项主要义务。

2. 卖方安排运输和通知的义务

根据《公约》第32条的规定，如果买卖合同涉及货物运输事宜，则合同要求卖方通过承运人把货物运交买方时，卖方还应承担下述义务：

（1）如果按照合同或《公约》的规定，卖方要把货物交付给承运人以便运交买方，但货物并未打上标志，也未以填写装运单据的方式或以其他方式将货物确定在该合同项下（identified to the contract），则卖方必须向买方发出具体注明此项货物的发货通知。这项规定，实质上是涉及把货物特定化的问题。所谓把货物确定在合同项下，就是把货物特定化，指定以该项货物作为履行某一合同的标的。

卖方把货物特定化是一项具有重大法律意义的行为。按照许多国家的法律，卖方将货物特定化，乃是货物的风险和所有权由卖方移转于买方的必要条件。在货物特定化之前，其风险和所有权原则上不移转于买方。

（2）如果卖方有义务安排货物的运输，他必须负责订立必要的运输合同，用适当的运输工具，按照通常的运输条件，将货物运到指定地点。具体来说，当卖方按CFR、CIF等条件订立合同时，卖方就要承担安排运输的义务，但如果双方是按FOB条件成交，则除合同另有规定外，卖方一般没有义务安排货物的运输，其义务仅限于将货物送到指定的装运港口，装上买方派来的运输工具。

（3）如果卖方没有义务对货物的运输办理保险（如FOB或CFR合同），他必须在买方提出请求时，向买方提供一切可供买方投保这种保险之用的必要资料，使买方能够投保这种保险。《公约》并没有把这一点作为卖方的一项一般性的义务，因为按照《公约》的规定，只有当买方提出要求时，卖方才须提供这类资料。但是，按照某些国际贸易惯例，即使买方没有提出要求，卖方也应当提供这类资料；否则，如果因为卖方不提供这类资料而导致买方不能及时投保，卖方就可能要对货物在运输过程中的风险负责。

3. 卖方转移所有权的义务

交货和转移货物的所有权是两个不同的问题，买卖合同的交货是债权行为，而转移所有权是物权行为，尤其在不动产的买卖情况下，不动产若没有登记过户，则所有权不转移。当然，动产的转移是以交货的行为作为所有权转移的标志的。《公约》之所以规定卖方有义务转移货物的所有权，是因为德国等国家对物权的转移有特殊规定。如德国法认

为，所有权的转移属于物权法的范畴，而买卖合同则属于债权的范畴，买卖合同本身并不能起到转移所有权的效力，所有权的转移必须订立与买卖合同相分离的物权合同，而且物权合同的生效，如为动产，须以交付为必要条件，如为不动产，须以登记为条件。因此《公约》第30条规定，卖方必须按照合同和该公约的规定，交付货物，移交一切与货物有关的单据并转移货物所有权。也就是说，卖方应作出一切努力，使买方得到货物的所有权。

（三）卖方的品质担保义务

标的物的品质是指标的物的内在素质和外观形态的综合。品质担保是指卖方应保证所交付的货物没有瑕疵，符合合同、法律及有关贸易惯例对有关货物应具备的内在素质和外观形态的规定。货物的内在素质包括物理性能、机械性能、化学成分和生物特征等自然属性，而外观形态则包括货物的外形、色泽、款式和透明度等。

品质担保可分为明示品质担保和默示品质担保。明示品质担保是指卖方明确地、直接地保证自己的货物达到的品质。明示品质担保一般在合同的条款中体现，但卖方在合同订立后对货物品质所作的口头、书面保证和说明亦可构成明示品质担保。卖方对买方就货物品质所作许诺或确认，卖方提供的样品、模型，当事人在广告中对货物品质的说明等，只要该许诺是对事实方面所作的，且构成了双方当事人交易的基础，就可以构成一项明示的品质担保。

默示品质担保是指当事人没有在合同中规定，而是依据法律的规定或交易的习惯、惯例产生的有关货物品质的担保。这种担保意味着只要买卖双方没有在合同中作出相反的规定，则根据法律和习惯、惯例的规定这种担保应当包括在合同中，且依法适用于买卖双方之间的买卖合同。

关于卖方品质担保义务，《公约》第35条作了如下规定：卖方交付的货物必须与合同所规定的数量、质量和规格相符，并须按照合同所规定的方式装箱或包装。除双方当事人另有协议外，卖方所交的货物应当符合下列要求，否则即认为其货物与合同不符：

（1）货物应适用于同一规格货物通常使用的用途。

（2）货物应适用于订立合同时买方曾明示或默示地通知卖方的任何特定用途，除非情况表明买方并不依赖卖方的技能和判断力，或者这种依赖对他来说是不合理的。例如，如果买方是凭他指定的商标选购货物，或者使用高度技术性的规格来描述他所需要的货物，那就可以认为买方是凭自己的自信来选购货物，而不是依赖卖方的技能和判断力来为他提供货物。在这种情况下，卖方就不承担提供适合特定用途的货物的义务。

（3）货物的质量应与卖方向买方提供的货物样品或模型相同。

（4）货物应按同类货物通用的方式装入容器或包装，如无此种通用方式，则应按足以保全和保护货物的方式装进容器或包装。

以上四项义务，是在双方当事人没有其他约定的情况下，由《公约》加诸卖方身上的义务。它们反映了买方在正常交易中对购买的货物所抱有的合理期望。因此，只要双方当事人在合同中没有作出与此相反的规定，《公约》的上述规定就适用于他们之间的合同。

《公约》还对卖方承担上述义务的时间作了明确的规定。如《公约》第 36 条规定，卖方应对货物的风险移转于买方时所存在的任何不符合的情形承担责任，即使这种不符合合同的情况是在风险移转于买方之后才明显表现出来的。《公约》还规定，在某些情况下，卖方对货物在风险移转于买方之后发生的任何不符合合同要求的情形亦应承担责任，如果这种不符合合同情形的发生是由于卖方违反了他的某项义务，包括违反关于货物在一定期间内将继续适合于其通常用途或某种特定用途的保证。

（四）卖方对货物的权利担保的义务

权利担保是指卖方保证其出售的货物享有完整的合法的权利，任何第三者不得就该项货物向买方主张任何权利，卖方也没有侵犯任何第三方的权利。在货物买卖中，卖方最重要的义务就是保证他确实享有出售货物的权利（seller's right to sell the goods）。

卖方的权利担保义务主要包括以下三个方面的内容：（1）卖方保证对其出售的货物享有合法的权利，如所有权。（2）卖方保证在其出售的货物上不存在任何未曾向买方透露的担保物权（security interest）或其他负担，如抵押权、留置权等。例如，承运人用船运送货物，托运人或收货人未付运费，则承运人可以行使留置权。（3）卖方应保证所出售的货物没有侵犯他人的权利，包括商标权、专利权等知识产权。按照各国的法律，上述权利担保义务是卖方的一项法定义务，即使在买卖合同中对此没有作出规定，卖方依法亦应承担此项义务。

关于卖方应承担的权利担保义务，《公约》在第 41 条至第 43 条作了如下规定：卖方所交付的货物，必须是第三方不能提出任何权利或要求的货物，除非买方同意在这种权利或要求的条件下收取货物。但是如果这种权利是以工业产权或其他知识产权为基础的，卖方的义务应依照《公约》第 42 条的规定。

第三者的权利和要求，主要是指货物所有权和担保物权。如果第三者对货物拥有权利，卖方固然是违反义务；又如第三者对货物提出要求，卖方也是违反义务，因为一旦第三者提出要求，买方就可能同第三者发生诉讼，从而推迟货物的使用或转售。

这项规定实质上就是要求卖方保证对所售货物享有合法权益，如果有任何第三方对货物提出权利主张或请求，卖方应对买方承担责任。这往往涉及货物的所有权或担保物权方面的问题。这里应当注意的是，根据《公约》第 4 条的规定，该公约是不涉及买卖合同对货物所有权产生的影响等问题的。因此，如果卖方把不属于他所有或未经货主合法授权出售的货物卖给了买方，买方由于不知情而买受了这批货物，一旦这批货物的真正所有人向买方提出权利请求时，该善意的买方能否在法律上受到保护，真正的所有人能否把这批货物追夺回来，这些问题是不能按照《公约》来处理的。因为《公约》没有涉及这方面的问题，所以如果出现这种情况，只能按照该合同所应适用的国内法来处理。

《公约》第 42 条规定了卖方对知识产权权利担保的义务。该条规定：卖方所交付的货物，必须是第三方不能根据工业产权或其他知识产权主张任何权利或要求的货物，但以卖方在订立合同时已知道或不可能不知道的权利和要求为限，而且这种权利或要求根据以下国家的法律规定是以工业产权或其他知识产权为基础的：(1) 如果双方当事人在订立合同时预期货物将在某一国境内转售或作其他使用，则根据货物将在其境内转售或作其他使用的国家的法律；(2) 或者在任何其他情况下，根据买方营业地所在国家的法律。卖方的上述义务不适用于以下情况：一是买方在订立合同时已知道或不可能不知道此项权利或要求；二是此项权利或要求的发生，是由于卖方要遵照买方所提供的技术图样、图案、程式或其他规格。

工业产权主要是指专利权和商标权。工业产权属于知识产权。知识产权，除工业产权外，还包括版权。由于各国对工业产权、知识产权这两个名词的解释、用法有所不同，故《公约》将二者并用，表明它们属于同一类的权利，具有相同的特征，都是无形的财产权。

《公约》第 43 条规定，买方对有关权利的争议应提出通知。该条规定：(1) 买方如果不在已知道或理应知道第三方的权利或要求后一段合理时间内，将此一权利或要求的性质通知卖方，就丧失援引第 41 条或第 42 条规定的权利。(2) 卖方如果知道第三方的权利或要求以及此一权利或要求的性质，就无权援引上一款的规定。

应当指出的是，在国际货物买卖合同中，卖方的权利担保义务是一种默示担保，即不需要在合同中订明的担保，因此此种担保具有法定的意义，并且这种担保义务是一种严格的责任和义务，只要有关当事人提起有关卖方交付货物的诉讼，卖方就违背了权利担保的义务，就应当承担权利担保义务的责任，因为买方购买的是货物，而不是买官司来打。

（五）检验货物的时间和地点

为了确定卖方所交的货物是否与合同相符，各国法律一般都承认买方有检验货物的权利。《国际货物销售合同公约》对检验货物的时间与地点作了明确的规定。

1. 检验货物的时间

《公约》第 38 条第 1 款规定：买方必须在按情况实际可行的最短时间内检验货物或由他人检验货物。所谓按情况实际可行的最短时间，主要根据货物的性质、交易的情况和贸易惯例来确定。例如，先进的技术设备和需要复杂的测试手段进行检验的商品，其实际所需的检验时间应长于一般农副产品所需的时间。

2. 检验货物的地点

《公约》第 38 条第 2 款和第 3 款对检验的地点作了规定。其中第 2 款规定，如果合同涉及货物的运输，检验可推迟到货物到达目的地后进行。

《公约》第 38 条第 3 款还进一步规定，如果货物在运输途中改运或买方须再发运货物，没有合理机会进行检验，而卖方在订立合同时已经知道或理应知道这种改运或再发运的可能性，则检验可推迟到货物到达新目的地后进行。这项规定的作用是在货物需要转运的情况下，允许把检验的地点延展到新的目的地。但在援用这一规定时，必须符合以下要求：

(1) 货物需在中途改运或买方须再发运。

（2）在改运或再发运以前，买方没有合理机会对货物进行检验。

（3）卖方在订立合同时已经知道或理应知道这种改运或再发运的可能性。

3. 通知货物不符合同的时间

当买方发现卖方所交货物与合同的要求不符时，应按合同或法律规定的时间通知卖方，并提出索赔或退换货物的要求，如果超过了规定期限，买方就会丧失其应有的权利。对于这个问题，《公约》第 39 条作了以下两项规定：

（1）买方对货物不符合同，必须在发现或理应发现此种情况后的一段合理时间内通知卖方，并说明不符合同情形的性质，否则就丧失声称货物不符合同的权利。所谓“丧失声称货物不符合同的权利”，是指买方如果不按上述规定把货物不符合同的情形通知卖方，买方将丧失对卖方违约的各种补救办法。

（2）在任何情况下，如果买方不在实际收到货物之日起 2 年内将货物不符合同的情况通知卖方，他就失去了声称货物不符合同的权利，除非这一时限与合同规定的保证期限不一致。

（六）交货数量

卖方必须按照合同规定的数量交付货物。如合同对此没有规定或没有明确规定，则应按照有关法律或惯例办理。英国《货物买卖法》对交货数量的要求是十分严格的，即必须按合同规定的数量严格履行。英国法不仅把交付的数量少于合同规定的数量视为违约，而且把交付数量多于合同的数量也视为违约。同时，英国法还把交货数量视为合同的要件。卖方违反要件，后果十分严重，买方有权撤销合同，并要求损害赔偿。《公约》第 35 条要求卖方交货的数量必须与合同相符。同时《公约》第 52 条规定：如果卖方交付的货物数量大于合同规定的数量，买方可以收取，也可以拒绝收取多交部分的货物；如果买方收取多交部分货物的全部或一部分，他必须按照合同价格付款。从《公约》的上述规定来看，《公约》对于交货的数量问题的态度要比英国法的态度宽容得多，也是比较合理的。

二、买方的义务

（一）英美法和大陆法对买方义务的规定

买方的主要义务是受领货物和支付价金。原则上买方应按照合同的约定，按时、按地受领货物，并按时、按价付款。如果合同对此没有规定，或者没有明确规定，则根据法律的有关规定履行。

英美法认为，货物的交付和价金的支付是对流条件，即卖方必须备好货物和自愿地将其让渡与买方，以换取货款，而买方则必须备好价金并自愿地将其支付给卖方，以换取货物。同时，当卖方向买方提交货物时，除另有约定外，买方有权要求卖方向他提供一个检验货物的合理机会，以便确定货物是否符合合同的规定。因此，凡是买方事先未曾检验过的货物，不能认为他已经接受了该货物，直到他有合理的机会对该货物作了检验为止。英国《货物买卖法》把接受货物与收到货物或认可货物加以区别。它规定，买方收到货物，并不等于接受货物。而买方接受的货物，法律并不一律要求认可货物，而只是要求买方认为已经接受了货物。所谓认可货物，是指买方明确表示接受货物。根据该法第 35 条规定，以下三种情况被认为是买方接受了货物：(1) 当买方通知卖方，他已经接受了货物，即认可货物。(2) 当货物已经交付给买方，买方对货物采取某种与卖方的所有权相抵触的行为。(3) 买方留下了货物，经过一段合理的时间之后，没有向卖方发出拒收该项货物的通知。《美国统一商法典》在交货付现（cash on delivery）或交单付款（document against payment）的情况下，应先付款。

法国法认为：买方的主要义务是支付价金；如买卖时未就支付价金的日期及地点作出任何规定，买受人应在标的物交付的地点和时间支付价金；关于收取货物，买方必须按时受领货物，未按时的一般应催告，但有例外。如《法国民法典》规定：关于食品及动物的买卖，超过协议期限，买受人未受领其买受物者，为保护出卖人的权益，不经催告买卖即当以解除。

《德国民法典》第 433 条规定，买方对卖方负有支付约定的价金和受领买得之物的义务。如订约时未规定价金而约定依市价确定价金，则应以清偿时清偿地的市价为标准。如合同未对清偿地点作出具体规定，则债务人（即买方）应在债权人（卖方）的所在地进行清偿。

（二）《公约》对买方义务的规定

《公约》在第三部分第三章对买方的义务作了详细规定，其中，第一节规定了买方支付货款的义务，第二节规定了买方收取货物的义务。同时，由于合同法一般都承认买方有权对货物进行检验，如果经过检验发现货物与合同不符，买方有权向卖方要求赔偿损失甚至可要求退换货物，所以《公约》对检验货物的时间又作了明确规定。

1. 支付货款的义务

(1) 付款时间。《公约》第 58 条规定了买方支付货款的时间与条件：

1) 如果买卖合同没有规定买方应当在什么时候付款，则买方应当在卖方按合同和《公约》的要求把货物或把代表货物所有权的装运单据（如提单）移交给买方处置时，支付货款。卖方可以把支付货款作为移交单据的条件，即付款与交单互为条件。如果买方不付款，卖方就没有义务把货物或单据交给买方；反之，如果卖方不把货物或单据交给买方，买方也没有义务支付货款。

2) 如果合同涉及货物的运输，卖方可以在发货时订明条件，规定必须在买方支付货款时方可把货物或代表货物所有权的装运单据交给买方。

3) 买方在未有机会检验货物以前，没有义务支付货款，除非这种检验的机会与双方当事人约定的交货或支付程序相抵触。

4) 买方必须按合同和公约规定的日期付款，无须卖方提出任何要求或办理任何手续，即无须卖方提出请求或办理任何催告之事的手续，如买方不按时付款，应负延迟付款的责任。延迟支付应支付延迟的利息。

（2）付款地点。《公约》规定，如果双方在买卖合同中对付款的地点已有明确的规定，买方应在合同规定的地点付款。如果买卖合同对付款地点没有作出具体的规定，买方应按《公约》第57条的规定，在下列地点向卖方支付货款：1）在卖方的营业地付款。2）如果是凭移交货物或单据支付货款，则买方应在移交货物或单据的地点支付货款。在国际货物买卖中，如采用CIF、CFR和FOB等条件成交时，通常都是凭卖方提交装运单据支付货款。无论是采用信用证付款方式还是跟单托收的支付方式，都是以卖方提交装运单据作为买方付款的必要条件。所以，交单的地点就是付款的地点。如采用跟单托收，则卖方应通过托收银行在买方的营业地点向买方提交有关的装运单据，买方凭单付款。如采用银行信用证付款，卖方通常是向设在出口地（卖方营业地）的议付行提交有关的装运单据，由议付银行凭单付款。3）如卖方的营业地在订立合同后发生变动，则因卖方营业地点的变动而引起的支付方面增加的开支费用，应由卖方承担。

（3）买方应履行必要手续，以便货款得以支付。其手续包括：买方应按合同规定履行付款的必要手续；买方应按法律规章的要求采取支付货款所必需的步骤和手续。

2. 按通常情况确定货价并付款的义务

根据《公约》第55条的规定，如果合同已有效成立，但没有明示或默示地规定价格或如何确定价格的，在没有任何相反表示的情况下，双方当事人应视为已默示同意引用在订立合同时此种货物在有关贸易的类似情况下出售的通常价格。同时，在如何确定价格问题上，《公约》第56条规定，当价格是按货物的重量规定时，如有疑问，应按净重量确定。

3. 通知的义务和合理小心保全货物的义务

如买方发现卖方所交货物与合同不符，则买方有通知的义务，通知的义务非常重要，因为超过期限就丧失了请求赔偿和退货的权利。并且，当买方主张拒收货物时，其有义务采取合理的措施保全货物。对此《公约》作了如下规定：

（1）通知义务。《公约》第39条规定，买方对货物不符合同，必须在发现或理应发现不符情形后一般合理时间内通知卖方，说明不符合同情形的性质，否则就丧失声称货物不符合同的权利。无论如何，如买方不在实际收到货物之日起2年内将货物的不符合同的情形通知卖方，他就丧失声称货物不符合同的权利，除非这一时期与合同规定的保证期限不符。通知最好采用书面方式，如电传、电报、传真。

（2）采取合理措施保全货物的义务。根据《公约》第86条第1款的规定，如买方收到货后打算行使合同或《公约》规定的权利退货，他必须视情况采取合理措施，以保全货物，直至卖方对他所付的合理费用偿还为止。

4. 收取货物的义务

根据《公约》第62条的规定，买方收取货物包括两方面内容：

（1）采取一切理应采取的行动，以便卖方能交付货物。即买方应采取必要的合作措施，如及时指定交货地点或按合同规定安排有关运输事宜，以便使卖方能履行其义务。如采用FOB条件成交时，装运货物的运输工具是由买方负责指派的，如买方不按合同规定时间将运输工具派往装运地，卖方就无法履行其交货义务，买方应承担责任。

（2）在卖方交货时，买方有义务及时接受货物。如买方不及时接受货物，有时可能会对卖方的利益产生直接影响。因为如买方不及时提货，卖方可能要向承运人支付滞期费及其他费用，对此买方亦应承担责任。

第四节　对违反货物买卖合同的救济方法

货物买卖合同订立后，合同的当事人都应严格按照合同的规定履行其义务，如果当事人没有正当理由而没有履行合同规定的义务，则构成违反买卖合同，违反合同的当事人应承担相应的违约责任。各国法律均赋予因违约而受损害的一方有权采取补救措施，以维护其合法的权益。这种措施在法律上称为救济方法（remedies）。

《公约》在第三部分第一、二、三章及第五章中分别对根本违反合同、卖方违反合同时买方的救济方法、买方违反合同时卖方的救济方法以及买卖双方都可以采用的救济方法作出了规定。

一、根本违反合同

《公约》第25条规定：如果一方当事人违反合同的结果，使另一方当事人蒙受损害，以至于实际上剥夺了他根据合同有权期待得到的东西，即属于根本违反合同，除非违反合同的一方并不预知而且同样一个通情达理的人处于相同情况下也没有理由预知会发生这种结果。《公约》对根本违反合同所采取的衡量标准，是看违反合同的后果是否使对方蒙受重大的损害，即违约后果的严重程度。至于损害是否重大，应根据每个案件的具体情况来确定，例如，违反合同所造成的损失金额的大小，或者违反合同对受害一方其他活动所产生的消极影响的程度，等等。但是，如果违反合同的一方能够证明他并没有预见到会产生这种严重后果，而且也没有理由会预见到这种严重后果，他就可以不承担根本违反合同的责任。

是否构成根本违反合同，与当事人可能采取何种救济方法有直接的关系。如果某种违约行为已经构成根本违反合同，受损害的一方就有权宣告撤销合同，并有权要求赔偿损失或采取其他救济办法；如果不构成根本违反合同，则受损害的一方不能撤销合同，而只能要求损害赔偿或采取其他救济方法。正因为如此，《公约》在具体规定卖方和买方的救济方法之前，对什么是“根本违反合同”（fundamental breach of contract）作出了明确规定。

二、买卖双方都可以采取的救济方法

（一）损害赔偿

根据《公约》的规定，损害赔偿是一种主要的救济方法。当一方违反合同时，对方都有权利要求赔偿损失，而且要求损害赔偿的权利并不因其已采取其他救济方法而丧失。《公约》第 74 条至第 77 条对损害赔偿的责任范围和计算办法作了具体的规定。

1. 损害赔偿的原则及责任范围

《公约》第 74 条规定：一方当事人违反合同应负责的损害赔偿额，应与另一方当事人因他违反合同而遭受的包括利润在内的损失额相等。但这种损害赔偿不得超过违反合同一方在订立合同时，依照他当时已知道或理应知道的事实和情况，对违反合同预料到或理应预料到的可能损失。

这项规定对于买方或卖方所提出的损害赔偿请求同样适用，而且适用于因各种不同的违约情事而提出的损害赔偿要求。对于这项规定有以下四点需要加以说明：

（1）《公约》明确规定，损害赔偿的责任范围应与对方因其违约而遭受的包括利润在内的损失额相等。这从损害赔偿的法理上讲，就是要使受损害一方的经济状况与合同假如得到履行时他本应得到的经济状况相同。《公约》特别指明应当包括利润损失，这一点同大多数国家的法律包括我国法律的规定是一致的。

（2）《公约》对损害赔偿的责任范围有一个很重要的限制，这就是不得超过违约一方在订立合同时，依照他当时已知道或理应知道的事实和情况，对违反合同预料到的或理应预料到的损失。即违约一方的赔偿责任仅以其在订立合同时可以预见到的损失为限，对于那些在订约时不可能预见到的损失，违约的一方可以摆脱责任。在这一点上，我国法律的规定与《公约》的规定基本上是一致的。同时，根据联合国国际贸易法委员会秘书处的解释，在签订合同时，一方当事人应向另一方说明如果违约将造成异常严重的损失，否则，守约方无权就违约的异常损失请求巨额的、超过可预见的赔偿额。

（3）《公约》没有采用过失责任原则。根据《公约》的规定，当一方请求损害赔偿时，无须证明违约的一方有过失。只要一方违反合同，并给对方造成了损失，对方就可以要求其赔偿损失。这一点同某些国家的法律规定有所不同。许多大陆法系国家在民法中都采取过失责任原则，即只有当违约一方有过失，并给对方造成损害时，对方才承担损害赔偿责任。而英美法和我国法律均没有采用过失责任原则。

（4）《公约》认为损害赔偿的请求权不因当事人采取其他救济方法而受到影响。根据《公约》第 45 条第 2 款和第 61 条第 2 款的规定，当卖方或买方违反合同时，买方或卖方可能享有的要求损害赔偿的任何权利，并不因为他已采取其他救济方法而丧失。这就是说，即使他已采取了撤销合同或其他救济方法，他仍然可以要求违约的一方给予损害赔偿，即两种救济方法可以同时行使。这一点同某些大陆法系国家的法律是有所不同的。如根据《德国民法典》的规定，债权人只能在解除合同与损害赔偿请求权二者之间选择行使其中一项权利，而不能同时行使两种权利，即两者不能就同一债务关系并存。

2. 减轻损失的义务

当一方当事人违反合同时，没有违反合同的他方有义务采取必要的措施，以减轻因违约而引起的损失，即《公约》第 77 条的规定：声称另一方违反合同的一方，必须按情况采取合理措施，减轻由于另一方违反合同而引起的损失，包括利润方面的损失，如果他不采取这种措施，违反合同一方可以要求从损害赔偿中扣除原应可以减轻的损失数额。这项规定适用于买方或卖方的各种违约索赔情况。我国的法律和其他一些国家的国内法也有类似的规定。

（二）对预期违约的救济方法

预期违约（anticipatory breach）是指在合同规定的履行期到来以前，已有根据预示合同的一方当事人将不会履行其合同的义务。

由于这种预期违约的情况既可能出现在买方身上，也可能出现在卖方身上，因此，《公约》把对预期违约的救济方法作为买卖双方都可以采用的救济方法专列一条加以规定。

1. 中止履行合同义务

根据《公约》第 71 条第 1 款的规定，如果订立合同后，另一方当事人由于下列原因显然将不履行其大部分重要义务，对方当事人可以中止履行义务：一方履行义务的能力或他的履行信用有严重缺陷，或者他在准备履行合同或履行合同中的行为显示他将不履行其主要的义务。

《公约》的上述规定主要包含两个内容：

（1）对预期违约的救济方法。《公约》第 71 条规定：对预期违约的救济方法是中止履行合同义务。但是，根据《公约》第 72 条的规定，如果在履行合同的日期到来之前，已明显看出一方当事人将根本违反合同，则另一方当事人不仅有权终止履行合同，而且可以宣告撤销合同，明确地宣告当事人一方的根本违约。同时，根据《公约》第 71 条第 2 款的规定，如果卖方已发运货物，且买方已持有其有权取得货物的单据（提单），卖方可以通知承运人停止运输货物（停运权）。但若买方已将所有权单据转移给善意的第三方时，卖方就无权行使停运权。

（2）援引中止履行合同这种救济方法时必须具备的条件。一方当事人只有在对方显然将不会履行其大部分重要义务的条件下，方可中止履行自己的合同义务。《公约》对何谓“显然将不履行其大部分重要义务”提出了两个主要标志：第一，当事人的履约能力或信用严重下降，例如，买方在订立合同后失去偿付能力或已宣告破产等。第二，当事人在准备履行合同或履行合同中的行为已显然表明他将不履行其大部分重要义务。此外，如果订立合同后，一方当事人所在国家发生战争或实行封锁禁运，亦可以认为他将不能履行其大部分重要义务。

2. 援用中止履行合同义务时所必须采取的通知程序

根据《公约》第 71 条第 3 款的规定，宣告中止履行合同义务的一方当事人必须立即通知另一方当事人，如果另一方当事人对履行义务提供了充分的保证，则必须继续履行义务。例如，当买方信用下降时，可由银行为其提供信用担保（如银行保函），在这种情况下，宣告中止履行合同的一方仍须继续履行其合同义务。

（三）对分批交货合同发生违约的救济方法

所谓分批交货合同，是指一个合同项下的货物分成若干批交货。例如，一项购买 20 吨小麦的合同，可以分为 5 批交货，每批交 4 吨，即属于分批交货合同。在这种情况下，如果一方当事人对其中一批货物没有履行合同的义务，并构成根本违反合同，对方能否宣告撤销整个合同？或者只能宣告合同对这一批货物无效而不能撤销整个合同？这种情况，买卖双方都有可能遇到，所以《公约》第 73 条专门就此作了规定：

（1）在分批交货合同中，如果一方当事人不履行对其中任何一批货物的义务，便已对该批货物构成根本违反合同，则对方可以宣告合同对该批货物无效，即宣告撤销合同对这一批交货的效力，但不能撤销整个合同。

（2）如果一方当事人不履行对其中任何一批货物的义务，使另一方当事人有充分理由断定今后各批货物亦将会发生根本违反合同，则该另一方当事人可以在一段合理时间内宣告合同今后无效，即撤销合同对今后各批货物的效力，但对在此以前已经履行义务的各批货物不能予以撤销。

（3）当买方宣告合同对某一批交货无效时，如果合同项下的各批货物互相依存、不可分割，不能将任何其中的一批货物单独用于双方当事人在订立合同时所设想的目的（如大型设备分批装运交货），则买方可以同时宣告合同对已经交付或今后将交付的各批货物均为无效，即可宣告撤销整个合同。

三、卖方违反合同时买方的救济方法

卖方的违约形式多种多样，但总的说来大致有三种，即拒绝交货、延迟交货和交付的货物与合同规定不符。

（一）卖方不交货时买方的救济方法

根据《公约》的规定，在卖方不交货的情况下，买方可以采取以下三种救济措施。

1. 要求卖方交货

《公约》第 46 条规定，如果卖方不履行合同或《公约》规定的任何义务，买方可以要求卖方履行其义务。因而，买方在卖方不交货时，可以要求卖方交货。但是这一救济方法受到《公约》第 28 条规定的限制，即当买方有权要求卖方履行交货义务时，法院没有义务判令对方实际履行这一义务，除非法院依照其本身的法律对不属于《公约》支配的销售合同这样做。也就是说，当买方依照《公约》的规定向法院提起实际履行之诉时，法院是否作出强制卖方交货的判决，须取决于法院所在国家的法律对其他类似买卖合同如何处理。例如，大陆法系国家的法院可能会作出这种判决；而英美法系国家的法院则可能不会作出这种强制执行的判决。《公约》作出这种有限制的救济方法的原因是因为大陆法和英美法在此问题上分歧较大，前者认为实际履行是主要的救济方法，后者则认为它是辅助性的救济方法，仅在其他法律上的救济方法不足以弥补受损害一方的损失时才能采用。这种规定照顾了两大法系的不同观点，是一个折中的产物。

2. 在一定条件下可以撤销合同

卖方违约是构成根本违反合同甚至撤销合同的关键。根据《公约》第 49 条第 1 款（a）项的规定，当卖方不履行其合同义务或《公约》规定的义务，构成根本违反合同时，买方可以撤销合同。《公约》在确定违约的救济方法时，首先要看该项违约行为是否可构成根本违反合同。如果是根本违反合同，受损害的一方可以宣告撤销合同，并可以要求损害赔偿；如果不构成根本违反合同，则受损害的一方不能撤销合同，而只能请求损害赔偿或采取其他救济方法。根本违反合同的“标准”是实际剥夺了对方根据合同有权期待得到的东西。如果发生不交货这种情况，根据《公约》第 49 条第 1 款（b）项的规定处理。

买方也可以按照《公约》第 47 条第 1 款（b）项的规定给卖方规定一段合理的额外时间，让其履行交货义务。如果卖方不在该时间内交货，或卖方声明他将不在上述时间内交货，买方即可撤销合同，因为卖方的这种行为构成了根本违反合同。

3. 请求损害赔偿

根据《公约》的规定，损害赔偿是一种主要的救济方法。当卖方违约时，买方具有要求损害赔偿的权利，并不因为他行使采取其他救济方法的权利而丧失。进一步讲，就是即使买方已经采取了其他救济方法（如宣告撤销合同、要求卖方实际履行交货义务），买方对由于卖方违约而遭受的损失仍然具有请求损害赔偿权利。

损害赔偿的范围如何确定？应根据什么原则来确定损害赔偿的金额？这在处理纠纷时是个十分重要的问题。各国法律对此均有规定。《公约》第 74 条至第 77 条就赔偿范围、原则和计算方法作了具体的规定。赔偿范围按照前述《公约》第 74 条的规定来确定，《公约》对损害赔偿所采取的基本原则是：使受损害一方的经济状况同如果合同得到履行时应有的经济状况相等。具体来说，包括两种计算方法：（1）当卖方不交货时，买方可以撤销合同，并可在其后的一段合理时间内，以合理的方式在市场上购进替代物。在这种情况下，买方可以向卖方索赔合同价格和替代货物的交易价格之间的差价，以及因卖方违约而受到的其他损失。（2）买方在撤销合同后，也可以不进行实际的替代交易，而以宣告撤销合同时该项货物原应交货的地点的时价和合同价格之间的差价，加上由于卖方因违约所造成的其他损失，作为向卖方请求损害赔偿的依据。

（二）卖方延迟交货时买方的救济方法

买卖合同签订之后，卖方不按期交货常有发生，且在国际贸易中是常见的。有时是卖方按时交货确有困难，这时应及时通知买方，请求买方同意延长交货期；有时是由于市场行情发生剧烈变化，卖方故意不交货。而对于买方来说，卖方延迟交货可能使他遭受巨大的损失。各国法律对这种违约行为均规定了相应的救济方法。英美法系国家从保护买方的利益出发，在法律上对延迟交货处理十分严厉。大陆法系国家对此则采取较为宽容的态度。

《公约》未就延迟交货问题作出具体的规定，但是依照《公约》的规定，卖方延迟交货如未得到买方的许可，即构成违约，买方可采取下列救济方法：

（1）当卖方延迟交货构成了根本违反合同时，买方就可以撤销合同。在行使该权利时，买方应注意只有在该违约从根本上剥夺了其依据合同有权期待得到的东西时才可行使该权利。所以，当卖方延迟交货时，买方可以给他规定一段合理的额外时间，让他履行义务，如果卖方不在该时间内交货，或声明他将不在新规定的额外时间内交货，买方即可撤销合同；如果卖方已经交货，买方行使撤销合同的权利必须在他知道卖方交货之后的一段合理时间内作出，否则他就丧失了宣告合同撤销的权利。所谓“合理”时间，可以根据具体情况确定，最好尽快行使。

（2）要求损害赔偿。《公约》规定，卖方违约时，买方除了行使其他权利外，还可以同时请求损害赔偿。当卖方延迟交货时，买方要求赔偿损失的权利是十分肯定的，即使他已经以卖方延迟交货为由撤销合同。附带说明的是，《公约》对提前交货也作了具体规定。当卖方在交货期前交货，买方可以受领货物，也可以拒收货物。

卖方交货延迟如何救济，关键是看是否构成根本违反合同。若构成根本违反合同，则可撤销合同，并请求损害赔偿；若未构成根本违反合同，则只能请求损害赔偿。延迟交货在国际交易中是常见的，卖方要及时通知买方，延长交货期，买方同意，则可延长，若不同意，则仍必须按时交货。如何区分卖方延迟交货是否构成根本违反合同，可从以下两个案例得到一点启示和借鉴：

案例一：出售感恩节食用火鸡合同案。买方从国外进口一批供感恩节出售的火鸡，交货时间为 10 月底至 11 月初，而卖方交货为 11 月底。由于感恩节已过，火鸡难以销售，使买方遭受重大损失，导致剥夺了买方有权根据合同可能获得的东西。在这种情况下，卖方延迟交货可以认为是根本违反合同，买方有权撤销合同，拒收迟交的货物。

案例二：出售普通肉鸡合同案。合同规定卖方应于 7 月至 8 月装运，但买方 9 月初才装运，在这段时间肉鸡的市场价格并没有什么变化，供销情况亦正常。在这种情况下，卖方迟延交货就不能认为是根本违反合同，买方不能撤销合同。

若买方订合同时告诉卖方有特定用途，而卖方延迟交货，则此时构成根本违约，可撤销合同，拒收货物。

（三）卖方所交货物与合同规定不符时买方的救济方法

在履行合同过程中，卖方所交货物有时在品质、规格、数量、包装、花色搭配等方面与合同规定不符。各国法律对此均有规定。依照《公约》的规定，在卖方所交货物与合同规定不符的情况下，买方可采取以下救济方法。

1. 要求交付替代货物

根据《公约》第 46 条第 2 款的规定，如果卖方所交付的货物与合同要求不符，买方可以要求卖方交付替代货物。但这种权利的行使只能在所交货物与合同规定不符已构成根本违约时进行。这样的规定是基于以下的考虑：卖方补交替代货物给买方，处理已交付的不符合同的货物的费用，往往高出买方因收受不符货物而遭受的损失。因此，这项规定仅适用于货物不符合同构成根本违约的情况。如果所交货物不符合同的情况不甚严重，不构成根本违约，买方就不能要求卖方交付替代货物，而只能采取其他的救济方法，诸如请求损害赔偿。买方要求卖方交付替代货物的请求应该在合理的时间内作出。应注意合同中有关检验和索赔期限所规定的时间，如合理时间或索赔期为 90 天或 120 天等。通常合理的时间应根据货物的性质、国际贸易惯例、交易习惯等来确定。

2. 要求卖方对不符合同的货物进行修补

《公约》第 46 条规定，如果卖方所交货物与合同规定不符，买方可以要求卖方对不符部分进行修补，除非买方在考虑到所有情况之后，认为这样做不合理。这样的规定比较适用于买方认为对货物进行修补不会引起他的不合理费用及不便，而且该货物经过修补可以达到规定的使用价值。需要注意的是，要求进行修补的请求必须在一段合理的时间内作出。卖方行使修补权时应注意的限制条件：第一，买方认为不合理；第二，卖方的修补会引起买方不合理的费用和不便；第三，修补达不到规定的使用价值。卖方在行使修补权时若要求对其履行作出补救，买方应在规定时期或合理期限内作出回复，否则，买方不能在此期间作出与卖方提供的救济方法相矛盾的要求。卖方提出修补应事先通知买方，通知是到达生效。若买方已解除合同，则卖方无权修补。

3. 要求减低货价

如果卖方所交货物与合同规定不符，《公约》第 50 条规定，不论买方是否付款，他都可以减少价金，减少价金应按照实际交货时的价值与符合合同规定的货物在当时的价值两者之间的比例计算。但是如果卖方已对货物进行补救，或买方拒绝卖方依《公约》规定可以对此不符进行补救的履行，则买方不能减低货价。

减低货价这种救济方法是大陆法之特色。《德国民法典》规定，如卖方违反对货物的瑕疵的担保责任，则买方有权解除合同或减少价金。在德国法中，减低价金是被作为一种独立的救济方法来看待的。英美法没有减价制度，英美法系国家也允许买方扣除赔偿额，但这种扣除赔偿额是买方要求损害赔偿的一种方法，而不是一种独立的补救方法。《公约》的规定是受了大陆法的影响。在国际贸易中，通常使用信用证的方式付款，因而减少货价的可能性较小，买方只能通过请求损害赔偿的方式挽回损失。减价的方法和具体计算公式为：

$$\text{可减价}=\text{合同价}\times\left(1-\frac{\text{交货时不合格货物的市价}}{\text{交货时合格货物的市价}}\right)$$

例如，合同规定一级大米 200 美元/吨，一共 1 万吨，而所交大米为三级，150 美元/吨，则可减价 50 万美元。关于减价和损害赔偿的选择，由于减价和损害赔偿是两种不同的补救方法，一般来说，如市场价格未变，则损害赔偿额应与减价额相等；若市场价格上涨，则损害赔偿额大于减价额；若市场价格下跌，则损害赔偿额小于减价额。

4. 撤销合同

如上所述，买方撤销合同的权利不是绝对的，《公约》对它加以限制。根据《公约》的规定，卖方交货不符合同规定或有瑕疵时，只有在下述情况下买方才可以撤销合同：

第一，卖方所交货物与合同规定不符，构成了根本违约，在这种情况下，买方可以立即撤销合同。

第二，如果卖方所交货物未构成根本违约，则买方可以规定一段合理的额外时间，让卖方履行其义务，如卖方未能在规定的时间内交付与合同相符的货物或对与合同规定的不符状况进行修理以作出补救，或卖方声明他将不在这段时间内采取补救措施，买方即可撤销合同。

第三，如果卖方所交货物与合同规定不符，买方必须在发现或理应发现不符情形后的一段合理时间内通知卖方，说明不符合同情形的性质，否则就丧失了声称货物不符合同的权利。无论如何，如果买方不在实际收到货物之日起 2 年内将货物不符合同的情形通知卖方，他就丧失了主张货物不符合同的权利。

5. 当卖方只交付部分货物或所交货物只有一部分符合合同规定时买方的救济方法

《公约》第 51 条规定，当卖方只交付一部分货物或所交付的货物只有一部分与合同的要求相符合时，买方只能对漏交的货物或对与合同要求不符的那一部分货物采取退货、减价、要求损害赔偿等救济方法。但应当注意的是：买方一般不能宣告撤销整个合同或拒收全部货物，除非卖方完全不交货，或不按合同规定交货已构成根本违反合同，买方才可宣告撤销整个合同。例如，在机器设备买卖中，卖方所交机器设备里有一重要零件与合同不符，使整个机器不能使用，或漏交了这个重要零件，影响了全局，构成了根本违反合同，在这种情况下，买方可宣告撤销整个合同。

6. 当卖方提前交货或超量交货时买方可采用的补救方法

（1）《公约》第 52 条规定，如卖方在合同规定日期以前交货，买方可以收取货物，也可拒收货物。但在后一种情况下，如卖方将货物暂存下来，等到合同规定的交货期来临时再次向买方提交货物，则买方仍须收取这批货物。

（2）如卖方所交货物的数量大于合同规定的数量，买方则可以收取全部货物，亦可拒收多交部分，而只收取合同规定数量的货物，但不能拒收全部货物。如买方收取多交部分货物，他应按合同规定价格付款。如卖方多交货物，买方由于某种实际原因不能仅仅拒收多交部分，这时买方就不能仅收下合同约定数量的货物而拒收多交部分。如这种超量交货的做法构成卖方根本违反合同，买方可宣告撤销合同；如这种超量交货做法并未构成根本违反合同，或按商业上的习惯买方不得不收下整批货物，则买方可要求卖方赔偿因此而遭受的损失。

7. 请求损害赔偿

当卖方交货与合同不符时，买方有权要求损害赔偿。当卖方交货与合同不符构成根本违约，或在合同给予的宽限期间内未能就不符修补时，买方可拒收货物，解除合同，并按卖方不交货要求损害赔偿。当卖方交货与合同不符，不构成根本违约，或在买方给予的宽限期内进行了修补，买方虽有权解除合同，但却接受了与合同不符的货物，则买方仍有权要求损害赔偿，损害赔偿的计算按《公约》第 74 条的规定，视具体情况而定。

四、买方违反合同时卖方的救济方法

买方主要有两项义务：一是按合同和《公约》的规定支付货款；二是按合同和《公约》的规定受领货物。违反上述义务的行为就是买方的违约行为。《公约》针对买方不支付货款及不按合同规定受领货物，为卖方规定了以下的救济方法。

（一）请求买方履行合同义务——实际履行

《公约》第62条规定，卖方可以要求买方支付货款、受领货物或履行其他的义务，除非卖方已经采取了与之不相符合的救济方法。《公约》的这一规定同某些国家的法律规定是不一样的。美国一般把提起价金之诉（即实际履行之诉）作为一种最后的救济方法。按照《美国统一商法典》的规定，卖方在买方拒绝付货款和受领货物时，首先要作出一些努力，以合理的价格转售于第三者。只有经过合理的努力仍无法把货物以合理的价格转售时，才能向买方提起价金之诉。在大陆法系国家，实际履行是一种主要的救济方法。如《法国民法典》规定债务人如不履行合同，债权人有权提出实际履行之诉。《法国民法典》第1652条规定，买方应支付买卖价金的利息，直到价金的本金清偿为止。《公约》规定，只有买方有义务支付货款，卖方就可以采取要求他付款的救济方法。但《公约》的这一规定受到其第28条的制约。按照第28条的规定，当一方当事人要求另一方当事人履行此义务时，法院没有义务作出要求该当事人履行此项义务的判决，除非法院依照其本国的法律对不属于《公约》范围的类似买卖合同判令这样做。这条规定可以说是一个折中的解决方法，协调了两大法律体系之间的矛盾和差异。

（二）请求损害赔偿

请求损害赔偿是《公约》在一方违约时给予另一方的一项基本救济方法。卖方在买方不支付货款和不受领货物时，按照《公约》的规定，卖方可以要求损害赔偿。其损害赔偿的金额应当相当于他由于买方违约所造成的包括利润在内的损失。这种损害赔偿不得超过违反合同一方在订立合同时，依照他当时已知或理应知道的事实和情况，对违反合同预料到的可能损失。

具体来说，损害赔偿有三种方式：（1）如果卖方以合理方式把货物另行出售，则卖方可以取得合同价格和转售价格之间的差额，以及因为买方违约而造成的其他损失的赔偿。（2）如果在撤销合同后卖方没有转售货物，则卖方可以取得合同价格与撤销合同时交货地点的现行市价之间的差额，以及因买方违约而造成的其他损失。（3）如果买方延迟付款，则卖方可以要求赔偿利息损失。利息从应当付款之日起到作出裁决实际付款之日止。利息的计算地则依据货物买卖所适用的准据法即国内法来确定。法国通常是由行政法院来确定。德国法律规定，一般的民事合同的延迟付款的利息为4%，而《德国商法典》规定，商事合同为5%。英国是按照银行的利率再加1%计算。我国通常是以中国银行同期贷款利率计算。

（三）规定额外的合理的时间让买方履行其义务

《公约》第63条规定，如果买方不按合同规定的时间履行其支付货款、收取货物或履行其他义务，卖方可以规定一段额外的合理时间让买方履行义务。买方应在该段时间内履行其义务，否则，卖方可以撤销合同，并要求损害赔偿。在这段时间内卖方不能采取其他救济方式，但卖方并不因此而丧失对买方延迟履行可能享有的请求损害赔偿的权利。

（四）撤销合同

《公约》第64条规定，当买方不履行合同义务时，卖方在某些情况下，可以撤销合同。

（1）买方不履行其按照合同和《公约》规定应承担的义务，构成根本违约，即买方违约行为使卖方遭到重大损失，以至于实质上剥夺了卖方根据合同有权得到的东西，在这种情况下，卖方可以撤销合同。一般来说，当买方拒绝支付或拒绝收取货物时，卖方有权撤销合同。因为这是一种与卖方不交货同样严重的违约行为，它完全剥夺了卖方根据合同规定有权期待得到的东西，故卖方有权撤销合同。

（2）当买方违约是延迟支付价款，或延迟收取货物时，大多数情况下并不构成根本违约，但在某些情况下，亦可构成根本违约。例如，在国际货物买卖中，双方约定使用信用证付款，买方必须在合同规定的时间开出信用证，若买方不按时开证，则属根本违反合同；在订立合同时，买方能预见到如不按时支付合同货款，卖方将遭受严重损失（如面临破产），那么买方延迟支付也将构成根本违约。

（3）如果买方不履行合同及《公约》规定的义务，不构成根本违约，则卖方可以按照《公约》第63条的规定给买方规定一段额外的合理的时间，让买方履行其义务，如买方不在这段时间内履行其支付货款或收取货物的义务，或买方声明他将不在所规定的时间内履行其义务，则卖方可以撤销合同。在国际贸易实务中，经常出现的问题是很难判断买方违约是否构成根本违反合同，所以规定一段额外的合理的时间催告买方履行义务是一种行之有效的方法。买方如在这段时间内仍不履行义务，其后果就是卖方撤销合同，请求损害赔偿。

（4）撤销合同的后果。《公约》第81条至第84条规定，卖方在宣告撤销合同后，就解除了双方在合同中规定的权利义务。这就意味着卖方不需交货，买方不需交付货款，若卖方已交货，可要求归还货物。同时，撤销合同并不终止违约一方对其违约所引起的一切损害承担赔偿责任。撤销合同不终止合同中关于解决争议的任何规定。例如，合同中的仲裁条款不会因撤销合同而终止其效力，如双方对合同有争议，仍应按仲裁条款的规定进行仲裁。此项规定十分重要，因为有些国家的法律认为，合同撤销后就不能要求损害赔偿，仲裁条款应告失效。

（5）撤销合同时，卖方应注意的问题是，如买方已支付货款，卖方原则上就丧失宣告撤销合同权利，除非对买方延迟履行义务，卖方在知道买方履行义务前即宣告撤销合同。例如，买方延迟支付时，卖方必须在买方支付货款之前宣告撤销合同，否则，一旦买方已支付货款，卖方将失去宣告撤销合同的权利，对于买方延迟履行义务以外的任何违反合同的情事，卖方必须在知道或理应知道这种违约情事后一段合理时间内宣告撤销合同，否则，卖方亦将失去宣告撤销合同的权利。

（五）自行确定货物的具体规格

关于买方违约对卖方的救济方法，《公约》还规定，如果合同规定了买方应提供货物的形状、大小或其他特征，而买方在约定日期或在收到卖方的要求的一段合理的时间内没有这样做，则卖方可以根据他所知道的买方的要求，自行订出这些规格，但卖方应将具体的规格内容告知买方，并应给买方一段合理的时间，以便买方可以在该期间内订出不同的规格。如果买方在收到这种通知后没有在该时间内这样做，则卖方所订立的规格就具有约束力。这种规定在来料加工、来样制造的贸易方式中是十分重要的。由于来料来样加工合同一般是按买方来样的规格制造和销售产品，若买方到时间仍未提供样品规格，卖方可自己订出规格，并通知买方，给予一段合理时间，若买方仍未作出反应，则卖方规格有约束力。这种方法不宜经常使用，只有在万不得已情况下才使用，因为买方不提供样品规格一般是已不愿再与卖方订合同，而若按卖方规格，可能与信用证规定的不一致而导致无法收到货款。但根据《公约》的规定，卖方有权按其确定的规格交货，买方不得拒收，当然买方亦可考虑采取损害赔偿的救济方法。

应当注意的是，在买方违约时，英美法中，卖方还可以采取一些物权方面的救济方法。物权救济是指未收到货款的卖方对货物享有的权利（right of the unpaid seller against the goods），它与债权方面的救济方法的主要区别在于：前者是对货物的权利，后者是对债务人的权利；前者是一种物权，当事人可以通过对货物采取措施实现，而后者是一种诉权，是通过诉讼方式来实现的。如英国《货物买卖法》规定，卖方在保留所有权的条件下有停止交货的权利。若在没有保留货物所有权条件下，卖方可根据英国《货物买卖法》的规定，针对货物的不同情况而采取不同的物权救济方法：(1) 如卖方仍占有货物，可留置货物以索取价金。(2) 在买方无力清偿债务而卖方已经与货物占有分离后，卖方对在运输途中的货物享有停运权。(3) 在该法的许可下，卖方享有可出售货物的权利（right of resale)。《美国统一商法典》则规定，在买方错误的拒收、退货或已经破产的情况下，卖方可以采取扣交货物（withhold delivery of the goods)、停止运交货物（stop delivery of the goods)、停止制造合同项的货物和转卖货物等物权方面的救济措施。物权的补救对卖方而言是一种更加有力的保护，它的好处在于可以避免卖方在买方丧失清偿能力和明显违约时仍然向其交货以致陷入纷繁复杂的诉讼程序，或避免被迫与买方的其他债权人一起分担买方无力偿债的风险，从而起到了担保物权的作用。①

① 冯大同．国际货物买卖法．北京：对外贸易教育出版社，1993：165－261.

第五节　货物所有权与风险的移转

一、货物所有权的移转

（一）货物所有权的移转和所涉及的法律问题

一切货物买卖合同都要求卖方把货物所有权移转给买方，这是买卖合同区别于其他各种合同（如加工、承揽合同，租赁合同）的一个主要特点。

货物所有权移转是指在一定时间、一定条件下货物的所有权从卖方移转给买方。在买卖合同中，所有权的移转是指货物的所有权从什么时候起，由卖方移转于买方，即由买方取得货物的所有权。从法律上看，货物所有权移转主要涉及以下问题：所有权移转到买方的时间、条件；所有权移转与风险移转的关系；对第三人权利的影响；买卖双方一方破产对另一方地位的影响；卖方保留对货物的处分权与所有权的效力；等等。

在国际贸易中，货物所有权从何时起由卖方移转于买方，是关系到买卖双方切身利益的一个重大问题，对第三方也会发生重大影响。因为一旦货物的所有权移转于买方之后，如果买方拒付货款或遭遇破产，卖方就将蒙受重大的损失。除非卖方保留了对货物的所有权，或在货物上设定了某种担保权益，否则，一旦买方在付款前破产，卖方就只能以普通债权人的身份参与破产财产的分配，其所得可能会大大少于应收的货款。买卖合同订立后，在货物所有权尚未转移给买方之前，卖方仍享有对货物的处分权，他可将货物转卖给第三人，并使后者取得对货物的合法权利，尽管卖方这种做法违反了他与原买主之间订立的买卖合同，但这并不影响第三人（第二买主）取得货物的所有权；反之，如货物所有权已移转给买方，他也有可能把货物卖给第三人，但很难使后者取得货物的所有权。

各国在民法或买卖法中对所有权的移转问题都作了一些具体规定，一般都允许买卖双方当事人在合同中明确规定货物所有权移转的具体时间。但是，在实际业务中，买卖双方很少在合同中具体确定所有权移转的时间。为了解决这个问题，各国法律都规定了一些原则，以便在双方当事人对此没有作出明确规定的情况下能够迅速确定所有权应于何时移转，具体如下：(1) 以交货时间作为所有权移转的前提；(2) 以货物的特定化作为移转所有权的前提；(3) 以合同成立的时间作为所有权移转的时间。此外，有些国家的法院还形成了一套推定当事人意思的规则，在双方当事人对所有权移转问题没有明示协议的情况下，法院可根据具体情况对当事人打算何时能移转所有权的意思作出它认为适当的解释。在这个问题上，各国法律的规定不一致，在解释上也十分烦琐、复杂。

（二）我国《民法典》关于货物所有权移转的规定

由于货物是有形动产，在我国，关于货物所有权转移问题，理应适用我国《民法典》

关于动产转移的规定。我国《民法典》第 208 条规定，动产物权的设立和转让，应当依照法律规定交付；第 224 条规定，动产物权的设立和转让，自交付时发生效力，但是法律另有规定的除外；第 647 条规定，当事人约定易货交易，转移标的物的所有权的，参照适用买卖合同的有关规定。

我国《民法典》的上述规定表明，在我国货物所有权的转移原则上，在货物交付时转移，但法律另外有规定的除外。比如我国《民法典》第 225 条规定，船舶、航空器和机动车等的物权的设立、变更、转让和消灭，未经登记，不得对抗善意第三人。机动车这种货物在出现一物二卖的特殊情形下，货物所有权的转移，是以交付加登记为条件的。《民法典》第 226 条规定，动产物权设立和转让前，权利人已经占有该动产的，物权自民事法律行为生效时发生效力。这就意味着，根据我国《民法典》的规定，如果双方当事人买卖的货物，在双方订立货物买卖合同之前，如果货物已经在买方的控制之下，此时双方订立的买卖合同生效之时，为货物所有权转移的时间，而不是交付之时。

（三）英国《货物买卖法》的有关规定

按照英国《货物买卖法》的规定，货物的风险是随着货物所有权的移转而移转的，即一旦货物的所有权由卖方移转于买方，货物的风险亦随之由买方承担，因此，当货物由于发生意外事故而遭到损害或灭失时，究竟是由卖方还是买方承担此项损失，就取决于货物所有权是属于卖方还是属于买方。

当遇到卖方或买方破产时，货物是否应当纳入破产清算的财产之列，也取决于货物的所有权是否已经转移。英国《货物买卖法》在处理所有权移转的问题时，严格区别特定物的买卖（sale of specific goods）与非特定物的买卖（sale of unascertained goods）、卖方保留对货物的处分权和保留所有权以及由非所有人出售货物时所有权转移的问题等不同的情况，并分别对其作出不同的规定。

1. 特定物的买卖

按照英国《货物买卖法》的规定，在特定物或已经特定化的货物买卖中，货物所有权移给买方的时间，应按双方当事人的意思来决定，即当事人想要什么时候移转就在什么时候移转。如果双方当事人在合同中对此没有作出明确的规定，则法院可根据合同的条款、双方当事人的行为以及当时的具体情况来确定订约双方的意旨。法院一般根据下列规则来确定双方关于何时将货物移转给买方的意旨：（1）凡属无保留（不附）条件的特定物的买卖合同，如该特定物已处于可交付的状态（deliverable state），则货物所有权在合同订立时即移转于买方。（2）如该合同虽然是特定物的买卖合同，但该项货物尚未处于适宜于交货的状态，即卖方还须做某些工作才能使之处于适于交货状态，则货物所有权须于卖方履行了此项行为，并在买主收到有关通知时，才移转于买方。（3）如特定物买卖合同中的货物已处于适宜交货的状态，但卖方仍须对货物进行衡量、丈量、检验或其他行为才能确定其价金者，是须在上述行为业已完成，并在买方收到有关通知时，货物所有权才能转于买方。（4）如果货物是按“试验买卖”（sale on approval）或按“余货退回”（sale or return）

条件交付给买方的，则当买方向卖方表示认可或接受该项货物，或以其他方式确认这项交易时，所有权即移转于买方。或者，买方虽然没有向卖方表示认可或接受该项货物，但他在收到货物后，在合同规定的退货期届满之前，没有发出退货通知；或在合同没有规定退货期限时，在经过一段合理的时间后没有发出退货通知，货物的所有权即移转于买方。

2. 非特定物的买卖

非特定物是指仅凭说明进行交易的货物。英国《货物买卖法》规定，凡属凭说明买卖未经指定或未经特定化的货物，在将货物特定化之前，其所有权不移转于买方。

所谓特定化，就是把处于可交货状态的货物无条件地划拨于合同项下的行为。所谓划拨合同项下，是指在货物上标明并分开堆放，或是在装船后将装船通知送给对方。应注意的是，如卖方保留了货物所有权凭证则不属无条件划拨。这种划拨行为可以由卖方提出，征得买方的同意；也可以由买方提出，征求卖方的同意。买方在表示同意时，可以明示表示同意，也可以默示同意；可以在划拨之前作出同意的表示，也可以在划拨之后予以确认。

3. 卖方保留对货物的处分权

无论是在特定物的买卖中，或者是在非特定物的买卖中，即使在货物已经特定化以后，卖方都可以保留对货物的处分权（主要是指对所有权的处置权），在这种情况下，在卖方所要求的条件得到满足以前（主要是指在买方支付货款以前），货物的所有权仍不移转于买方。根据英国《货物买卖法》第 19 条的规定，在下述情况下，应认为卖方保留对货物的处分权：(1) 卖方以合同条款作出保留对货物处分权的规定。(2) 卖方以通过提单抬头的写法表示卖方保留对货物的处分权。(3) 卖方通过对装运单据（主要是提单）的处理方法来表示卖方保留对货物的处分权。

4. 卖方保留对售出货物的所有权

在以信贷为基础进行的买卖交易中，如赊销，卖方可能会面临买方在支付货款之前就陷入破产的风险。为避免这种风险，英国法规定，允许当事人在买卖合同中订立在卖方收到货款以前一直保留所售出货物的所有权的条款，即简单地保留所有权的条款。同时允许进一步规定扩张了的保留所有权条款，又称罗马尔帕条款（Romalpa clauses），即买方在向卖方付清全部欠款之前，如将货物或由该货物所制成的产品出售，则买方将被视为卖方的代理人或受托人，买方有义务将出售款支付给卖方，这种条款称为“扩张了的保留所有权条款”，这种条款可以扩大到使买方成为卖方的代理人和受托人，从而使卖方有权在买方已经处置货物或已将货物投入生产时追回出售货物或产品的价金。这种条款在英、德、荷兰的合同中比较常见。由于此项判例法原则是在著名的罗马尔帕案中确立的，故称为罗马尔帕条款。

5. 由非所有人出售货物时所有权的转移问题

当卖方将不属于他所有的货物出售给买方时，买方能否取得该项货物的所有权，真正的货主能否从买方追回该项货物，这是一个很有争议的问题。在这种情况下，是保护善意的货主还是保护善意的买主？按照英国法的基本原则，任何人都不能把他自己所没有的权利转让给别人。如英国《货物买卖法》第 21 条第 1 款规定，如卖方不是货物的所有人，而且未经货物所有人的授权，货物所有人未同意出售货物时，买方所取得的权利不能超过该卖方原来所有的权利。根据这一规定，买方有责任将该货物返还给真正的所有人，且无权要求该所有人给予赔偿。对于这项原则，过去只有一个例外，即在公开市场上出售的，买方可获得对该货物的所有权。但随着商业经济的发展，仅有一种例外已不足以保护善意的第三方，于是又发展了一项原则——保护商事交易的原则，即善意支付了价金的人应当取得货物合法所有权的原则。正如英国著名的法官丹宁所指出的，在英国法律发展过程中有两个原则一直在争相竞取优势地位：一是保护财产权原则，即上述“任何人都不能把自己所没有的权利转让给别人”的原则；二是保护商事交易的原则，即善意支付价金的人应当能取得货物的合法所有权。后者作为前者的例外，是为了适应经济发展需要而制定的，英国《货物买卖法》第 21 条和普通法反映了这一变化，现归纳如下：

第一，对货物作了改善而支出了费用，有权要求赔偿。如买方出于诚信，以为自己对货物享有合法的所有权，对货物作了某种改善（improvement）并且支付了费用，则按英国 1977 年《民事侵权（妨碍财物）法》的规定：当货物所有人要求买方返还货物时，该买方在其为改善货物所支出的费用范围内有权要求给予补偿。

第二，禁止反悔原则（estoppel）。按英国《货物买卖法》第 21 条第 1 款的规定，如货物所有人通过其行为表现他并不否认卖方有出售该货物之权利，在这种情况下，由于信赖货物所有人的行为而买受货物的买方，可以取得该项货物的合法权益。该货物所有人不得否认其先前的行为，要求买方返还该项货物。

第三，在公开市场出售（sale in market overt）。按英国《货物买卖法》第 22 条第 1 款的规定，当货物是在公开市场上出售时，按照市场习惯，如买方是出于诚信而购买，且对卖方欠缺所有权或其所有权有瑕疵一事并不知情，则买方可以取得该货物的完整的所有权。

第四，由商业代理（mercantile agent）进行的买卖。按普通法关于代理的规则，货物所有人的代理人在其明示或默示授权的范围内，可出售委托人的货物，并将货物的合法所有权转移给买方。英国 1889 年《代理人法》也保护同商业代理人诚信地进行买卖的买主。但商业代理人在处置货物时，必须占有货物或握有代表货物所有权的物权凭证（document of title），包括提单、仓单、公司收据等提货单据等。

第五，依可撤销合同取得货物的当事人所进行的转卖。按英国《货物买卖法》第 23 条的规定，对货物具有可撤销的所有权的卖方，如在其对货物的所有权尚未被撤销之前将货物进行转卖，只要买方不知道卖方的权利有瑕疵，并且是基于善意而购买，买方就可对货物取得合法的所有权。

（四）《美国统一商法典》的有关规定

美国制定《美国统一商法典》时就抛弃了把所有权的移转问题同风险移转问题联系在

一起的陈旧过时的观念，而不再以所有权的移转作为决定风险与救济方法的关键性因素。

根据《美国统一商法典》的规定，在把货物确定在合同项下以前，货物的所有权不移转于买方，这是美国关于所有权移转的一项基本原则。

《美国统一商法典》允许双方当事人在合同中明确规定所有权移转的时间。根据该法典第 401 条的规定，除双方当事人另有特别约定外，货物的所有权应于卖方完成其履行交货时移转于买方，而不管卖方是否通过保留货物所有权的凭证（如提单）来保留其对货物的权利，一般只起到担保利益（security interest）的作用，即以此作为买方支付货款的担保，但这并不影响货物所有权按照该法典的规定移转于买方。

按照《美国统一商法典》的规定，确定货物所有权移转于买方的时间，主要应区别以下两种不同的情况。

1. 当货物需要运输时

如果按照合同的规定，卖方需要把货物运交买方，但并未规定具体的目的地，则货物的所有权应于货物装运的时间和地点移转于买方。如果要求卖方把货物运到指定的目的地，则货物的所有权应于目的地交货时移转于买方。

2. 当货物无须移动时

有时卖方可能已经把货物交给第三人保管，如已把货物存入仓库而让买方到指定的仓库提货，在这种情况下，卖方在交货时就无须移动货物，而只要把仓库收据交给买方让其自行提货即可。这时，货物的所有权应按下列规定移转于买方：

（1）如果卖方已将货物交给一个作为第三方的保管人保管，并由保管人（例如仓库保管人）对货物出具了可转让的物权凭证（negotiable document of title），则货物的所有权在卖方将此项物权凭证背书交给买方时转移于买方。

（2）如果上述保管人没有出具任何可以转让的物权凭证，而且货物在订立合同时已经确定在合同项下，则货物的所有权应于订立合同时移转于买方。

（五）《法国民法典》的有关规定

《法国民法典》原则上是以买卖合同的成立决定货物所有权的移转。按照《法国民法典》第 1583 条的规定，当事人就标的物及其价金相互同意时，即使标的物尚未交付，价金尚未支付，买卖即告成立，而标的物的所有权亦于此时在法律上由卖方移转于买方。但这只是一般原则，在审判实践中，还有一些例外情况，需要适用不同的原则：

（1）如果买卖的标的物是种类物，则必须经过特定化之后，所有权才移转于买方，但无须交付。

（2）买卖双方可以在合同中规定所有权移转的时间，例如，可以规定所有权须于货物运到目的地后移转，或规定须于买方付款后移转等。

（六）《德国民法典》的有关规定

德国法同法国法不同。德国法认为，所有权的移转是属于物权法的范畴，而买卖合同则属于债权的范畴，买卖合同本身并不能起到移转所有权的效力。

依照《德国民法典》的规定，所有权的移转必须订立与买卖合同相分离的物权合同，而且物权合同的生效，如为动产须以交付为必要条件，如为不动产须以登记为条件，具体地说，在动产中，所有权移转必须具备以下两个条件：

(1) 双方当事人除买卖合同外，必须另外再就所有权移转的问题成立同意。

(2) 必须由卖方将货物交付给买方，才能完成所有权的移转。在卖方必须交付物权凭证的场合，卖方可以通过交付物权凭证来代替实际交货而完成所有权的移转。

（七）《国际货物销售合同公约》和其他国际贸易惯例的有关规定

《国际货物销售合同公约》没有涉及货物的所有权的移转问题。这一方面是因为各国关于所有权移转的法律分歧较大，很难在这个问题上达到一致的协议；另一方面是因为在现代商业实践中，特别是在国际贸易中，所有权移转问题不如风险移转重要，所以，在讨论公约草案时，各国代表都同意把风险移转问题同所有权移转分开，只对货物的风险从何时起由卖方移转于买方加以规定，而对所有权移转问题则不作任何规定。

但是，有些国际贸易惯例对所有权移转的时间作了具体的规定。如国际法协会制定的关于 CIF 合同的《华沙-牛津规则》第 6 条规定，在 CIF 合同中，货物所有权移转的时间，应当是卖方把单据交到买方手中的那个时刻。也就是说，在 CIF 合同中，货物所有权既不是在订立合同的时候移转，也不是在交货的时候移转，而是在交单的时候才移转于买方。虽然《华沙-牛津规则》并没有普遍的约束力，它只在双方当事人自愿采纳它的时候才能适用于当事人之间订立的合同，但是在国际贸易中，《华沙-牛津规则》的上述规定已经得到普遍的承认。至于在 FOB 合同中货物所有权从何时起由卖方移转于买方的问题，国际商会制定的《国际贸易术语解释通则》并没有作出具体的规定。但一般认为，在 FOB 合同中，货物在装运以前所有权不能移转于买方，至于在装运之后货物所有权是否移转于买方，还要看卖方是否通过保留提单而保留其所有权，如果卖方通过保留提单而保留了货物的所有权，则必须在卖方把装运单交付给买方的时候，货物所有权才移转于买方。

二、风险的移转

（一）风险、风险移转的概念和风险移转的意义

风险指的是货物可能遭受的各种意外损失，其中包括盗窃、火灾、沉船、破碎、渗漏及不属于正常损耗的腐烂变质等。风险的移转（the passing of risk）是指货物发生灭失等各种意外损失的可能性何时从卖方转移给买方。

风险和不可抗力的关系是两个既有联系又有区别的概念，风险和不可抗力产生的基础和原因可能相同，而二者的区别在于：(1) 风险概念的外延和所包括的内容比不可抗力要大，不可抗力是风险的一种，在出现不可抗力这种风险的情况下，双方当事人都不承担责任。(2) 二者的功能不同。不可抗力解决的是谁免责的问题，而风险解决的是谁承担责任的问题。(3) 二者产生或发生的时间不同。不可抗力是指在合同订立后、履行合同之前发生的，其发生后才产生免责的问题。而风险在任何时候都可能产生。

风险移转的中心问题是时间问题，即从什么时候起货物的风险从卖方移转于买方。在现代商业实践中，风险移转的问题往往比所有权移转更为重要。它直接涉及买卖双方的基本义务，并关系到是由买方还是卖方承担货物所遭受的损失。

风险的移转，对卖方权利有巨大影响。如卖方已将货物装船发运，而风险仍未转移，则货物在途中遭受灭失、受损时的风险均由卖方承担；并且，如买方尚未付款，则卖方货、款均遭损失，卖方还要承担不交货的责任并赔偿买方的损失，除非卖方能证明这种损失是由于不可抗力造成的。虽然在国际贸易中均会对货物进行保险，但保险公司只承担在承保范围之内的损失，超出承保范围的损失仍由卖方承担。

风险移转对买方权利也有影响。若货物的风险已转移于买方，则即使货物遭受损害或灭失，买方仍需支付合同规定的价金，因此，对于买方而言，等于支付了价金却未能实现签订买卖合同的目的。

由于风险移转问题关系到买卖双方的重大利益，因此各国买卖法对这个问题都十分重视，规定了一系列有关风险移转的规则。但各国法律对这个问题的规定不一致，而且在某些方面分歧还相当大。

（二）西方各国法律的有关规定

西方各国法律对于货物的风险从什么时候起由卖方移转于买方各有不同的规定，主要有以下两种情况。

1. 由所有权移转时间决定风险移转时间

把风险移转同所有权移转联系在一起，以所有权移转的时间决定风险移转的时间，即“物主承担风险”原则。英国法和法国法属于这一类。

例如，根据英国《货物买卖法》的规定，除双方当事人另有协议外，在货物的所有权移转于买方之前，货物的风险由卖方承担；但一旦所有权移转于买方之后，货物的风险即由买方负担，至于是否已经交货，则在所不问。如果由于买卖双方中任何一方的过失，致使交货迟延，则货物的风险应由有过失的一方承担。

特别应当注意的是，按照英国《货物买卖法》第 32 条的规定，如果买卖合同涉及海上运输，卖方有义务通知买方保险，如卖方没有向买方发出充分的通知，使买方未能向保险公司投保，则卖方承担货物在运输过程中的风险。了解这一点在对外贸易中是十分重要的。对外贸易的货物有很大一部分都涉及海上运输，所以，如遇合同规定须由买方负责投保货物的海上运输保险时，卖方在把货物交给承运人后，应及时把情况通知买方，以便让买方投保，如因卖方怠于通知，致使买方未能投保，一旦货物在运输途中遭到损害或灭失，应由卖方承担一切责任。

2. 由交货时间决定风险移转时间

由交货时间决定风险移转时间即不把风险移转问题同所有权移转问题联系在一起，而以交货时间来决定风险移转的时间。如美国、德国、奥地利以及斯堪的纳维亚各国的买卖法都属于这一类。其中，《美国统一商法典》可以作为代表。

《美国统一商法典》的起草人抛弃了英国《货物买卖法》以所有权的移转决定风险移转的做法，他们认为，风险移转是一个实际问题，而所有权的移转则是一个抽象的、不可捉摸的甚至是无法证明的问题，所以，以所有权的移转来决定风险的移转是不妥当的。他们主张应当把所有权移转的问题与风险移转的问题区别开来，原则上应以交货时间来确定风险移转的时间，而不管货物的所有权是否已经移转给买方。从这一观点出发，《美国统一商法典》根据不同的情况对风险移转的时间作了以下几项规定：

（1）买卖双方当事人可以通过协议来划分双方承担风险的界限，也可以通过采用某种国际贸易术语，例如FOB、CIF、CFR等，来确定各方所应承担的风险。

（2）如果双方当事人在合同中对风险移转问题没有作出规定，则在没有发生违约的正常情况下，应根据以下两种不同情况来确定风险移转的时间：

第一，当货物需要交由承运人运输时，则货物的风险应于卖方把货物适当地交付给承运人之时起移转于买方。这里的“适当地交付”（duly delivered）包括以下内容：首先，卖方所交付的货物必须符合买卖合同的要求。其次，卖方必须做到：以合理的方式把货物交给承运人占有；订立一个合理的运输合同；取得并迅速交出或提出必要的货运单据；从速通知买方货物已经装船。卖方必须做到以上各点，才符合“适当地交付”的要求，货物的风险才能于交付时移转于买方。如果买卖合同要求卖方把货物交到指定的目的地，则货物的风险须于卖方目的地向买方提交货物时，才能移转于买方。运输途中的风险，仍由卖方负担。

第二，当货物是在受托人手中无须移动即可交货时，则货物的风险从何时起移转于买方，须视货物的受托人是否出具了代表货物所有权的单据以及所出具的是流通性的物权凭证还是非流通性的物权凭证而定，如果受托人所出具的是可以转让的物权凭证，则货物的风险应从卖方这项可以转让的物权凭证交给买方的时候移转于买方，或货物的风险于受托人承认买方有占有货物的权利时移转于买方。如果买方所收到的单证是不可转让的物权凭证或责成受托人交货的其他书面单据，则应经过一段合理时间让买方把他对货物的权利通知受托人之后，风险才能移转于买方。如果受托人拒绝按单据上的指示交货，则卖方的交货即不能成立，货物的风险仍由卖方负担。

（三）我国法律的有关规定

我国法律就货物买卖的风险转移问题作了如下规定。

1. 货物买卖的风险一般是在货物交付时转移

如我国《民法典》第604条规定，标的物毁损、灭失的风险，在标的物交付之前由出卖人承担，交付之后由买受人承担，但法律另有规定或者当事人另有约定的除外。从这一规定可以看出，我国法律对于货物买卖的风险的转移原则上是以交付来确定的，在这一点上与所有权的转移是一样的。

2. 货物在运输途中出售时风险何时转移

《民法典》第606条规定，出卖人出卖交由承运人运输的在途标的物，除当事人另有约定的以外，毁损、灭失的风险自合同成立时起由买受人承担。

3. 当买卖合同涉及运输时风险何时转移

《民法典》第 607 条规定，当事人没有约定交付地点或者约定不明确，依照《民法典》第 603 条第 2 款第 1 项的规定，标的物需要运输的，出卖人将标的物交付给第一承运人后，标的物毁损、灭失的风险由买受人承担。

4. 卖方违约对风险转移的影响

《民法典》第 609 条规定，出卖人按照约定未交付有关标的物的单证和资料的，不影响标的物毁损、灭失风险的转移。《民法典》第 610 条规定，因标的物质量不符合质量要求，致使不能实现合同目的的，买受人可以拒绝接受标的物或者解除合同。买受人拒绝接受标的物或者解除合同的，标的物毁损、灭失的风险由出卖人承担。《民法典》第 611 条规定，标的物毁损、灭失的风险由买受人承担的，不影响因出卖人履行义务不符合约定，买受人请求其承担违约责任的权利。

5. 买方违约对风险转移的影响

《民法典》第 605 条规定，因买受人的原因致使标的物不能按照约定的期限交付的，买受人应当自违反约定时起承担标的物毁损、灭失的风险。《民法典》第 608 条规定，出卖人按照约定或者依照《民法典》第 603 条第 2 款第 2 项的规定将标的物置于交付地点，买受人违反约定没有收取的，标的物毁损、灭失的风险自违反约定时起由买受人承担。

我国企业在国际贸易业务中一般都采用某贸易术语来确定买卖双方分担风险的界限。例如，采用 FOB、CFR 和 CIF 条件成交时，货物的风险都是在装运港将货物装上船时起由卖方移转于买方，即货物装上船以前的风险由卖方承担，装上船以后的风险则由买方承担。我国这种做法同国际贸易惯例的解释以及绝大多数国家的做法基本上是一致的。

（四）《国际货物销售合同公约》的有关规定

货物损失的风险是由卖方还是由买方承担的问题，是《国际货物销售合同公约》需要解决的最重要的问题之一。《公约》抛弃了风险随所有权移转的观念。根据《公约》第 66 条至第 70 条的规定，风险移转有以下几种情况。

1.《公约》允许双方当事人在合同中约定有关风险移转的规则

根据《公约》的规定，双方当事人可以在合同中使用某种国际贸易术语（如 FOB、CIF 等）或以其他办法来规定货物损失的风险从卖方移转于买方的时间及条件。如果双方当事人在合同中对此作了具体规定，其效力将高于《公约》的规定。所以，下面所介绍的《公约》有关风险移转的各项规则，仅在买卖合同对此没有作出具体规定时才适用，如双方当事人在合同中已就此作出规定，则应按合同的规定办理。

2. 风险移转所产生的后果

《公约》第 66 条规定，如果货物在风险移转给买方后发生灭失或损坏，买方支付货款的义务并不因此解除，除非这种灭失或损坏是由于卖方的行为或不行为所造成的。根据这项规定，一旦风险移转于买方之后，买方就要对货物的损失承担责任，即使货款已经支付，但是，如果这种损失是由于卖方的行为或不行为所造成的，则不受此限。

3. 当买卖合同涉及运输时风险何时转移

《公约》第 67 条规定，如果买卖合同涉及货物的运输，但卖方没有义务在某一特定的地点交付货物，则自货物按照合同交付给第一承运人以运交给买方的时候起，风险就移转给买方承担。如果卖方有义务在某一特定地点把货物交付给承运人，在货物于该地点交给承运人以前，风险不移转给买方承担。但卖方有权保留控制货物处分权的单据，并不影响风险的转移。

4. 当货物在运输途中出售时风险何时转移

当卖方先把货物装上开往某个目的地的船舶，然后再寻找适当的买主订立买卖合同时，这种交易就是在运输途中进行的货物买卖，在外贸业务中称为“海上路货”（floating cargo）。按照《公约》第 68 条的规定，对于在运输途中出售的货物，从订立合同时起，风险就移转给买方承担。但是，如果情况表明有需要，则从货物交付给签发运输合同单据的承运人时起，风险就由买方承担。尽管如此，如果卖方在订立合同时已经知道或理应知道货物已经遭受损坏或灭失，而他又不将这一事实告知买方，则这种灭失或损坏应由卖方负责。

5. 在其他情况下风险何时移转

有些买卖合同并不涉及货物的运输问题，即由买方自行安排运输，则在这种情况下，对于风险从何时起由卖方移转给买方，《公约》第 69 条作了如下规定：（1）在不属于《公约》第 67 条、第 68 条规定的其他情况下，从买方收受货物时起，或者如果买方不在适当时间内收受货物，则从货物已交给他处置而他违反合同不受领货物时起，风险即移转给买方承担。这主要适用于卖方在其营业地点把货物交给买方处置的场合，即由买方自备运输工具到卖方的营业地提货的场合。（2）如果买方有义务在卖方营业地点以外的某一地点收取货物，则当交货时间已到而买方知道货物已在该地点交给他处置时起，风险才移转给买方承担。但是，如果合同所出售的货物在上述时间尚未确定在该合同项下，即尚未特定化，则在这些货物清楚地确定在该合同项下以前，不得视为货物已交给买方处置，风险亦不移转于买方。

6. 根本违反合同对风险移转的影响

根据《公约》第 70 条的规定，如果卖方已根本违反合同，则上述第 67 条至 69 条的规定，都不损害买方对这种根本违反合同可以采取的各种补救方法。对于这项规定有两点需要进一步加以说明：（1）此项规定仅适用于卖方根本违反合同，否则不能援用此项规定。（2）按照这项规定，即使卖方已根本违反合同，也并不影响货物的风险按公约的规定移转给买方，不过，在这种情况下，买方对卖方根本违反合同所应享有的采取各种补救方法的权利不应受到损害。例如，因卖方根本违反合同，使货物发生灭失或损害，即使货物的风险已经按照《公约》第 67 条至第 69 条的规定移转于买方，但买方仍有权采取撤销合同、要求卖方交付替代货物或请求损害赔偿等救济方法。

（五）国际贸易惯例的有关规定

在国际上，一些影响较大的贸易惯例，例如国际商会制定的《国际贸易术语解释通则》和国际法协会制定的《华沙-牛津规则》等，对风险移转的时间都有明确的规定。

例如，根据《2020年国际贸易术语解释通则》的规定，在工厂交货（Ex work）合同中，货物的风险从卖方在双方约定的地点或者指定地点将货物交给买方支配时起转移到买方；在FOB、CFR和CIF合同中，货物的风险是从货物在装运港被装上船时起移转于买方；在目的港交货合同中，货物的风险是在货物运到目的港交由买方支配时移转于买方。所以，如果双方当事人在买卖合同中采用了上述贸易术语，则应按这些贸易术语的规定来确定风险移转时间，而不按《公约》的规定来确定风险移转的时间。因为《公约》承认，双方当事人在合同中作出的规定，具有高于《公约》规定的效力。至于上述贸易术语的具体内容，在“国际贸易法”或“国际贸易实务”课程中已有详细介绍，这里不再重复。

本章小结

国际货物买卖法是指调整国际货物贸易活动过程中产生的各种权利义务关系的法律规范的总称。本章主要涉及的是有形动产的货物的买卖，而且主要是以国际货物买卖为限。

国际货物买卖法的渊源有多种多样的表现形式，除各国国内调整国际货物买卖的法律之外，国际贸易惯例和《国际货物销售合同公约》（以下简称《公约》）在国际货物买卖过程中发挥着重要的调节作用。要重点掌握《公约》适用的范围和没有涉及的问题、我国在批准《公约》生效时作出的两项保留、《公约》与合同及国际贸易惯例的关系等问题。

要注意掌握合同法与《公约》对国际货物买卖合同的订立的不同规定，了解发价与接受的含义与法律效力。

《公约》对买卖双方义务的规定，是国际货物买卖法的重要内容。就卖方的义务而言，主要包括：按合同或法律规定的时间、地点、方式交货的义务；提交单据、安排运输、通知和转移所有权的义务；卖方的品质担保义务和权利担保义务；等等。买方的义务主要体现在受领货物和支付价金两个方面。

违反买卖合同的救济包括：(1) 买卖双方都可以采取的救济方法；(2) 卖方违约，买方的救济方法；(3) 买方违约卖方的救济方法。

在国际货物买卖的过程中，货物所有权转移和风险转移，以及两种转移的时间和条件，是买卖双方最为关注的问题，是关系到买卖双方的重大利益的问题。综观各国法律的规定，所有权的转移主要有三种判断方法：(1) 以交货时间作为所有权移转的前提；(2) 以货物的特定化作为移转所有权的前提；(3) 以合同成立的时间作为所有权移转的时间。此外，有些国家的法院还形成一套推定当事人意思的规则，在双方当事人对所有权移转问题没有明示协议的情况下，法院可根据具体情况对当事人打算何时能移转所有权的意思，作出它认为适当的解释。关于货物风险的转移，主要有以下两种情况：(1) 把风险移转同所有权移转联系在一起，以所有权移转的时间决定风险移转的时间，即“物主承担风险”原则。英国法和法国法属于这一类。(2) 不把风险移转问题同所有权移转问题联系在一起，而以交货时间来决定风险移转的时间。如美国、德国、奥地利以及斯堪的纳维亚等国的买卖法都属于这一类。

重要概念

1. 买卖法：是指调整买卖活动过程中产生的各种权利义务关系的法律规范的总称。

2. 买卖：是指一方当事人按合同将财产所有权转让给另一方，另一方当事人支付一定价金的行为。

3. 买卖合同：是指缔结合同的当事人之间为买卖财产而相互约定的，由一方移交财产所有权，另一方当事人支付价金的协议。

4. 国际货物买卖合同：是指营业地处于不同国家的当事人订立的货物买卖合同。

5. 发价：是指向一个或一个以上的特定人提出的关于订立合同的建议，并且其内容十分确定，含有表明发价人在其发价一旦得到接受就将受其约束的意思。

6. 接受：是受发价人作出声明或以其他行为对一项发价表示的同意，其实质是对发价表示同意。

7. 逾期接受：是指接受通知到达发价人的时间已经超过了发价所规定的有效期，或者在发价未规定有效期时，已经超过了合理的时间。

8. 交货：是指自愿地移转货物的支配和占有，即由卖方把对货物的占有权移转给买方。

9. 品质担保：是指卖方应保证所交付的货物没有瑕疵，符合合同、法律及有关贸易惯例对货物应具备的内在素质和外观形态的规定。

10. 明示品质担保：是指卖方明确地、直接地保证自己的货物达到的品质。

11. 默示品质担保：是指当事人没有在合同中规定，而是依据法律的规定或交易的习惯、惯例产生的有关货物品质的担保。

12. 权利担保：是指卖方保证其出售的货物享有完整的合法的权利，任何第三者不得就该项货物向买方主张任何权利。卖方也没有侵犯任何第三方的权利。

13. 根本违反合同：是指一方当事人违反合同的结果，使另一方当事人蒙受损害，以致实际上剥夺了他根据合同有权期待得到的东西，除非违反合同的一方并不预知而且同样一个通情达理的人处于相同情况下也没有理由预知会发生这种结果。

14. 预期违约：是指在合同规定的履行期到来以前，已有根据预示合同的一方当事人将不会履行其合同的义务。

15. 货物所有权移转：是指在一定时间内、一定条件下货物的所有权从卖方移转给买方。

16. 风险的转移：是指货物发生灭失等各种意外损失的可能性何时从卖方转移给买方。

思考与练习

1. 什么是买卖法？什么是买卖？什么是买卖合同？什么是国际货物买卖合同？

2. 我国在批准《公约》生效时作出了哪几项保留？

3. 根据《公约》的规定，什么是发价？

4. 什么是发价的终止或失效？

5. 接受的方式有哪些？

6. 根据《公约》的规定，接受对发价内容的变更中哪些属于实质性变更？

7. 在国际货物买卖合同中，卖方的基本义务是什么？

8. 在国际货物买卖合同中，大陆法、英美法和《公约》对于卖方交货的时间、地点有何规定？

9. 关于卖方移交与货物有关的单据的义务，《公约》是如何规定的？

10.《公约》对于卖方品质担保的义务有何规定？

11. 关于卖方品质担保的义务，德国法有何规定？英国《货物买卖法》有何规定？

12. 什么是权利担保？权利担保包括哪些内容？《公约》对于卖方权利担保的义务是如何规定的？

13. 国际货物买卖合同中，买方的基本义务有哪些？《公约》对买方的义务有何规定？

14. 根据英国《货物买卖法》的规定，买方收到货物和接受货物有何区别？

15.《公约》是如何规定损害赔偿的原则的？

16. 何谓预期违约？根据《公约》的规定，对于预期违约可以采用哪些救济方法？

17. 根据《公约》的规定，国际货物买卖合同中，卖方违约时买方可采取哪些救济方法？

18. 根据《公约》的规定，国际货物买卖合同中，买方违约时卖方可采取哪些救济方法？

19.《公约》关于货物所有权转移和货物风险转移的时间、地点是如何规定的？

20. 在实际履行问题上，《公约》是如何弥补大陆法系和英美法系的差异的？

21. 根据英国《货物买卖法》的规定，对于买方违反合同，卖方可以采取的物权方面的救济方法有哪些？

第七章 产品责任法

导入案例

自 1942 年到 1984 年，罗丝·西波伦每天抽 1～2 包香烟。1984 年罗丝因患肺癌去世，罗丝的丈夫安托尼奥·西波伦向美国联邦地区法院起诉利格特集团公司、罗瑞莱德公司和菲利浦·莫里斯公司三家烟草公司，要求他们就其妻子的死亡承担责任。

西波伦先生主张的其中一个产品责任的理论是违反了明示的担保。有一个事实是无可争议的，即这三家烟草制造者都在多媒体广告促销活动中保证、允诺或暗示抽烟是安全的。例如，有关 Chesterfield 牌香烟的广告就曾吹嘘医学专家证明在抽吸 6 个月后没有发现该香烟有害于健康。同时 Chesterfield 牌香烟还通过广告宣称“制造商拥有奇特的电子技术使得该香烟对您有益且安全”。另外一则广告则声称 Chesterfield 牌香烟的原料和成分经一流大学的科学家检测和核准。而另一香烟品牌 L&M 则公然表示该香烟拥有神奇的过滤嘴，并声称是按照医嘱设计制造的。

作为初审法院的联邦地区法院判决驳回被告烟草公司的抗辩，即西波伦太太不相信或并没有信赖烟草公司的广告中关于抽烟是安全的保证。陪审团判决被告由于违背了明示的担保而应赔偿原告 40 万美元。被告烟草公司不服判决，向联邦上诉法院（第三巡回法院）提起上诉。上诉中双方当事人争议的分歧在于：（1）被告的广告是否构成明示担保？（2）信赖是否属于《美国统一商法典》第二篇第 313 条[①]有关明示担保的规定？

---

① 《美国统一商法典》第二篇第 313 条规定的内容是：通过保证、允诺、说明和样品构成的明示担保，（1）卖方可以通过以下方式构成明示担保：（a）任何有关事实的保证或由卖方对买方所作的有关货物的允诺，并且该允诺和保证构成双方交易基础的组成部分，则卖方的允诺或保证构成了对货物明示的担保，卖方所交付的货物应与保证或允诺相符。（b）任何有关货物的说明构成了双方交易基础的组成部分，也构成描述担保，则卖方应保证所交货物与该说明相符。（c）任何样品或模型若构成了双方交易基础的组成部分，也构成明示的担保，则卖方所交付的所有货物都应与样品或模型相符。（2）卖方的明示担保并不需要采用“担保（warrant）、保证（guarantee）”等措辞，或具体地作出担保的意图；但卖方仅就货物价值的保证或旨在仅推荐货物所作的观点或意见的陈述等均不构成明示的担保。

联邦上诉法院判决，初审的联邦地区法院的陪审团基于下述两点理由被误导：第一，他们没有要求原告举证西波伦太太已经阅读、看见或听到了广告。第二，他们没有允许被告举证，即便西波伦太太已经阅读、看到或听到了广告，但她并没有信赖广告中关于抽烟是安全的这一保证。联邦上诉法院要求初审的联邦地区法院应对被告是否违反明示担保这一争议点重新审理，同时要求法院应适用《联邦烟草标示法》（Federal Cigarette Labeling Act）的规定，即自1966年1月1日起，只要提供了足够的警示性标志，则烟草制造商或销售商就可以对购买者拥有免责的优先主张权。

问题：

1. 本案中被告的广告宣传是否构成明示的担保？

2. 西波伦太太是否信赖了被告的广告中的宣传？而信赖是否属于《美国统一商法典》第二篇第313条规定的明示担保应考虑的内容？

产品责任法，是随着现代工业生产的发展，许多新产品投入市场，造成消费者受到伤害的案件不断增多，而形成和发展起来的。随着社会生产力不断发展，科学技术取得巨大进步，国际分工日益扩大，许多本来是由一个生产商制造的产品，现在往往将不少部件交其他国家和地区生产，然后将部件集中于本国进行组装。由于生产者遍布世界各地，如何检验部件的质量就成为非常重要的问题，但是，自20世纪50年代以来，发达国家生产的商品的数量巨大，品种又不断创新，为了推出新产品，厂商不愿花更多的时间去试验，以发现和消除产品的缺陷，这就造成了消费者使用时经常出现损害消费者的事故。同时，日益增加的五花八门的工业产品迅速进入亿万家庭，产品质量的好坏，其安全性的大小，给人们的生活带来的影响日益严重。20世纪60年代后，尤其70年代以来，产品责任发案率越来越高。根据美国产品安全全国委员会1970年报告的统计，每年有2 000万美国人因使用消费产品而受伤，其中11万人终生致残，3万人丧生；1980年美国联邦政府消费品安全委员会的调查材料表明，在美国每年因消费品不安全引起的事故中，3 600万人受伤，3万人死亡，财产损失估计高达95亿美元；1982年上半年，美国各法院共收到产品责任经济诉讼案89 441件。许多工业发达国家也有类似情况。同时，各国发生的一些产品责任事故涉及面广，造成损失惨重，赔偿金额巨大。例如，1973年3月4日，美国一架DC-10型飞机在起飞后，货舱门自行打开，突然减压，以致飞机坠毁，死亡346人，这属于产品设计上的缺陷，此案共赔偿5 000万美元；又如德国销售的镇静剂，孕妇服用后导致婴儿畸形，赔偿额达1 100万马克。正是上述问题，一方面使制造商重视产品的质量，尽可能消灭产品的瑕疵，另一方面又使各国认识到，必须制定相应的法律来保护消费者，于是，许多发达国家加强了产品责任的立法，产品责任法律问题受到企业界、法律界和有关国际组织的重视。产品责任的立法和对消费者的保护水平，一般是与生产力发展水平一致协调的，生产力和科学技术水平越高，其产品责任的立法水平和对消费者的保护水平就越高，因此本章以美国为主，介绍有关产品责任法的一些基本原理。

第一节　产品责任法概述

一、产品责任法、产品和产品责任的概念

产品责任法是指由国家制定的调整生产者、销售者和消费者、使用者之间基于产品侵权行为而引起的人身伤害和财产损失的权利与义务关系的法律规范的总称。

所谓产品，按传统的观念，一般指工厂产品，主要是指工业制造的成品，大的如机器设备，小的如手术刀。但随着西方各国司法实践的发展，产品这一概念的外延正在扩大，它不仅指机器设备和工业制造的成品，而且扩大到零部件、半成品以至原材料等，西方国家有人将产品定义为：所有经过某种程度加工的物质。不论是可以移动的还是不能移动的，不论是工业品还是农产品，也不论是成品还是零部件、副产品或材料，都可列入产品。按这一定义，目前出口的商品极大部分均可列入产品这一概念，这样在出口贸易中，出口商承担责任的范围和可能性是很大的。《中华人民共和国产品质量法》（以下简称《产品质量法》）中将产品定义为：经过加工、制作，用于销售的产品。一些国际公约和大多数西方国家把天然产品和人工制造的产品以及工程项目都纳入了产品的范畴。如欧洲理事会制定的《斯特拉斯堡公约》把产品定义为“一切可移动的产品”。

产品责任是指产品的制造者、生产者和销售者由于其产品不具备合理的安全性（一般是合理期待的安全性）而致使消费者、使用者人身受到伤害，财产受到损失，所应承担的民事上的强制性责任。具体一点说，如果产品存在缺陷，具有一定的危险性，由此导致消费者、使用者及有关联的第三者遭受人身伤害或财产损失，该产品的生产者和销售者应依法承担赔偿损失的责任。

二、产品责任法的法律特点

产品责任法同买卖法有一定的联系，因为买卖法中有关卖方品质的担保责任的规定，同产品责任法的某些要求有相近之处，但二者是有区别的，产品责任法有其自身的特点。

（一）产品责任法属于民事责任的法律

产品责任法属于民事责任的法律，与刑事责任的法律不同。尽管产品导致人身伤害和财产损失，但侵犯产品责任的行为同犯罪行为有本质区别。犯罪行为也是侵权行为，但行为人有恶意意图，其行为又触犯刑律，故犯罪行为应受刑事处罚；而产品责任的侵权行为人虽有过失，但并非恶意伤害他人，主要是由疏忽造成的，因此属于民事案件，当事人只承担损害赔偿的经济责任，而不负刑事责任。

（二）产品责任法属公法性质

产品责任法属公法性质，对当事人具有强制性，与属于私法范畴的买卖法不同。由于产品责任法属于社会经济法的范畴，它主要是产品的制造者、销售者与消费者之间由于侵权行为所引起的人身伤亡和财产损害的责任，它的多项规定或原则大多是强制性的，双方当事人在订立合同时不得事先加以排除或变更，过分排除一方产品责任会造成显失公平的后果。而买卖法属于私法的性质，它所调整的是卖方与买方之间基于买卖合同所产生的权利义务关系，它的规定大多数是任意性的，双方当事人可以在买卖合同中加以排除和变更。

（三）产品责任法规定的赔偿金额比一般贸易索赔金额要大得多

在贸易索赔案件中，其赔偿金额充其量不会超出合同的金额。但依据产品责任法，赔偿金额不是根据合同而是根据该法所确立的赔偿原则来确定，即补偿受伤害者的损失应是整个损失，不仅包括过去的损失、将来的效益和实际开支（如医疗费），而且包括伤害者的痛苦代价，同时，赔偿的金额必须一次支付，并且不得扣除原告可能从其他方面取得的任何补偿（如保险赔偿）和津贴（如社会救济金）。因此，产品责任法的赔偿金额比一般贸易索赔大得多。如香港甲公司与乙公司订立一份出口 1 000 台收录机的合同，每台 30 美元，合同总值为 30 000 美元，货到美国 3 个月后，公司突然接到美国地方法院的通知，原告美国约翰太太控告香港甲公司，由于该产品内部电路安装有过错而发生漏电事故，其丈夫因触电而受重伤，因此她按照美国产品责任法要求甲公司赔偿 500 万美元。这件案件就属于产品责任案件，原告要求赔偿的金额是贸易索赔金额的若干倍，甚至成百上千倍。

（四）产品责任法的诉讼并不要求原告与被告之间存在合同关系

发生违约案件时，首先要求当事人之间须存在合同关系，如双方当事人之间根本不存在合同关系，任何第三者都不能提出违约的诉讼或其他权利主张。但在产品责任侵权行为的案件中，并不要求原告与被告之间存在合同关系，只要求一方当事人的侵权行为成立，任何一个因该侵权行为引起的受损害方（injured party）均可向侵权行为人依法主张权利。正因为产品责任法不属于合同法的范畴，因此凡是遭到该产品伤害或被波及的人均有可能作为原告向法院起诉。作为原告的当事人可以是直接使用该产品而受伤害的消费者、使用者或其家属或者家中的任何人，甚至可以是旁观者和过路人，同时，作为产品责任方的被告可以是产品直接生产者、装配者、出口商、进口商、批发商以至零售商。而在合同诉讼中，被告和原告仅限于订立贸易合同的当事人。

三、各国的产品责任法立法概况

从传统上看，产品责任法是根据契约法的原则和侵权责任的原则而发展起来的。早期处理产品责任事故依据的是合同法的原则，即依据当事人之间任意的约定来处理产品责任事故，追究卖方提供有缺陷的产品带来的损害。

但依据合同法原则起诉有两个缺陷：第一，要求原告与被告之间有合同关系。但在实际产品责任事故中，受害人很可能与被告没有合同关系。第二，被告仅为零售商，很难使受害人得到应有的赔偿费。如作为被告的零售商为夫妻店，则会因财力有限而赔不起。

为了避免这上述结局，各国法律引入了侵权责任来突破合同法的局限性。根据侵权法，处理产品责任事故可以：(1) 不要求原告与被告之间存在合同关系；(2) 起诉的对象可追至零售商、生产商、制造商。但前提是要求原告有举证责任，即证明被告有疏忽和过错。

但是，在现代大工业生产中，一般消费者要证明这一点很困难，于是产品责任法发展到第三阶段，即严格责任原则阶段。严格责任原则减轻了消费者的举证责任，只要求产品责任诉讼的原告证明：(1) 产品有缺陷，造成消费者的人身伤害和财产损失，其本身就是疏忽的证据。(2) 实行举证责任倒置，即要求制造商、销售商、被告举证自己无疏忽、无过错。这就是严格责任说。可见，产品责任法的发展从平衡消费者与生产者的利益，逐步转向保护消费者和社会公共利益。随着经济的发展和技术的进步，对消费者保护也越来越强。

英美法系国家深感产品责任法的判例不够，不能单靠民法典中的合同法和侵权法来解决产品责任问题，而应制定单行的成文法规，于是在 20 世纪 80 年代欧共体制定了《关于对有缺陷的产品的责任的指令》，并要求各成员国将其变为国内法。

美国各州都有自己的产品责任法，美国生产力发展水平较高，产品责任法也较发达，但在 20 世纪 70 年代末，美国商务部提出美国统一产品责任法草案，并在此基础上于同年公布了美国《统一产品责任示范法》，供给各州批准采纳，但这一示范法至今并未得到各州的广泛采纳。

大多数国家把产品责任法归为消费者保护法的范围，我国将产品质量法划归入经济法领域。1993 年《中华人民共和国产品质量法》的颁布，表明我国的产品责任立法前进了一大步。

第二节 美国的产品责任法

美国的产品责任法是发展得较早的，其他国家虽有这方面的法律或判例，但不如美国发达。第二次世界大战以后，西欧一些国家已开始重视产品责任的法律问题，并拟定了一些有关产品责任的国际公约。尽管美国和西欧国家在法学理论和经济发展水平上有差别，美国各州对产品责任法的具体规定也有不同，但从总体上看，美国与西欧的产品责任立法在基本原则上是趋于一致的。在美国，产品责任法不属于联邦法范畴，现行的产品责任法主要是州法。

一、原告可以起诉的理由

（一）疏忽责任原则

1. 疏忽责任原则的概念

疏忽（negligence）责任是指生产者和销售者没有尽到合理的注意，使产品有缺陷，并因这种缺陷导致消费者的人身或财产受到损害，对此该产品的生产者和销售者应对其疏忽承担责任。

2. 疏忽责任原则的产生和发展

美国最先发展了这个原则，美国早期的产品责任法主要是采取契约原则，即产品制造者就其产品所发生的损害，对合同关系外的第三人不负赔偿责任。1916 年之前，美国一直奉行英国的无契约无责任原则，就是根据合同关系来确定当事人的责任，即生产者或销售者就其在商品生产或销售中的疏忽行为，对于合同关系之外的任何人，不负损害赔偿责任，这是传统的私法原则。然而，1916 年在“麦克・费尔森诉别克汽车公司”案中，法官卡多佐顺应时势，抛弃了“非责任原则”，首先确定产品制造人“疏忽责任原则”。

“麦克・费尔森诉别克汽车公司”案的案情如下：被告是别克汽车公司，原告从零售商处购买了别克汽车公司制造的汽车，驾驶时汽车左后车轮轮辐断裂，突然翻车，将车主抛出窗外，受到伤害和损失。汽车是通过零售商出售给买主的，因此，被告声称它和买主之间没有任何合同关系，同时声称汽车车胎不是它的产品，是在别人那里购置的。但卡多佐法官在判决中确认：“任何商品，依其本质如足以危害人的生命健康和安全，均属危险产品；在制造人可能知悉的买受人以外的第三人会不经试验就使用该产品时，则不论当事人间有无合同关系，制造人对该产品均负有注意的义务。”并进而指出，要求有直接合同关系是不公平的，因为在大部分情况下制造者与产品的消费者没有合同关系。因而判决被告应负疏忽行为责任，给予原告赔偿。卡多佐否决了不合商业发展的旧传统，为国家修改法律打开了通道。这一原则一经提出，立即为其他各州法院所采纳，成为当时美国法院确定产品责任的主要依据。

3. 疏忽责任原则涉及的范围

在以疏忽为理由提起诉讼时，原告和被告之间不需要有直接的合同关系，因为这不是根据合同提起的诉讼。所以，作为原告的一方就不限于买方，可以扩及其他人，只要他们是由于该产品的缺陷而受到损害，都可以对该产品的生产者或销售者提起疏忽之诉。根据疏忽责任原则的规定，原告在以疏忽为理由对被告起诉时，须负有举证责任。原告的举证责任在产品责任法中适用于一切财产的损坏案件。被告也从产品制造人扩展到部件生产者、修理者以及以自己的商标或名义推销商品的人。

4. 以疏忽为由起诉原告应提供的证据

美国各州的产品责任法规定，当原告以疏忽为理由向法院起诉要求被告赔偿损失时，必须证明：(1) 被告的疏忽直接造成了原告的损失。(2) 被告没有做到“合理注意”(reasonable care)，即被告确有疏忽之处。关于疏忽可从以下几方面证明：原告可证明使用产品的设计有缺点，从而说明生产者在设计产品时没有做到合理的注意；原告也可以证明被告对产品的危险性能没有作出充分的说明，以提醒消费者或使用者的注意，从而构成疏忽；原告还可证明被告在生产或经销产品时违反了联邦或州的有关这种产品的质量、检验、广告或推销方面的规章、法令，而违反这种规章、法令本身就是一种疏忽行为，因为产品中的缺陷对原告来说是未知的。(3) 在判断疏忽行为的责任时，一般应注意以下几个要素：第一，责任。行为人应承担不得使他人陷于不合理的危险（unreasonable danger）的责任。第二，行为。行为人不得有违反上述责任的行为，或者不得有未尽合理注意的行为。所谓合理注意，是指作为一个正常的通情达理的人应该做到预防的事情。第三，后果。由于上述行为导致他人产生实际的损害或损失的后果。第四，因果联系。上述行为和后果之间有着直接的因果关系，也就是有着合理、紧密的联系。

5. 原告以疏忽责任原则起诉遇到的困难和问题

该原则对消费者的难题是：以疏忽为理由起诉生产者和销售者，举证是比较困难的。尤其在现代大生产条件下，要证明产品有缺陷是很困难的，有时甚至是不可能的。因为产品从设计到制造始终控制在生产者和销售者的手中，如对生产和销售的过程不熟悉就无法举证。同时，有些产品在事故中被损毁，无法找寻，也造成了消费者和使用者的举证困难。

(二) 担保责任原则

1. 担保责任原则的定义

担保责任原则就是指产品有缺陷（指产品不符合合理安全的标准），是由于生产者、销售者违反了对产品的明示的或依法律规定的默示的担保，以致给消费者、使用者造成了人身伤害或财产损失，对此，生产者和销售者应承担责任。

2. 担保责任原则的内容

担保责任原则包括：(1) 明示担保。明示担保是指产品的生产者和销售者对其生产或出售的产品的品质以口头、书面或其他方式所作的明确的、直接的担保。一般来说，产品的生产者或销售者等在广告说明书上所列的事项，包括在电台、电视、报纸上的广告宣传，食品类标志上所载明的成分或日期，广告上所记载的特殊功能或效能，等等，都属于明示担保。(2) 默示担保。默示担保是指不是基于生产者或销售者的意思表示，而依据法律、交易习惯、惯例而产生的一种担保责任。

3. 担保责任原则的特点及发展

违反担保之诉原属于买卖合同法的概念，它具有以下不足：(1) 依合同法的原则，据合同提起违反担保之诉的有利之处在于无须证明被告有过失，其弊端在于要求双方当事人之间必须有直接的合同关系。(2) 缩小了承担责任的范围，赔偿不会超过合同金额。若固守双方当事人必须有直接合同关系，就不能达到保护消费者的目的。即在买卖合同中，只有买卖双方才有直接合同关系，如卖方违反合同的担保义务，只有买方才能对卖方起诉，买方以外的任何人均无权对卖方起诉，同时，买方也只能对卖方起诉，而不能对卖方以外的任何人起诉。后来，美国法院在审判实践中放弃和取消了这一要求，使担保既有合同法的性质，又具有侵权行为法的性质。

例如，在1932年“巴克斯特诉福特汽车公司”一案中，福特汽车公司通过广告宣传其产品的质量，表示其生产的双层挡风玻璃不易破碎，原告巴克斯特因为相信广告中被告对玻璃质量的保证，而从销售商处购买了被告生产的汽车，但原告在驾车行驶时，一辆与其并行的汽车弹起一块石头打碎了原告的福特汽车的玻璃，使原告的眼睛致残。原告巴克斯特据此向和他没有合同关系的制造商福特汽车公司提起损害赔偿之诉，结果美国法院予以受理并判原告胜诉。法院认为，由于制造商福特公司借广告向消费者大众作了广泛的陈述，如果其虚假的陈述导致消费者受损，则基于公共政策和诚信原则，制造商应承担明示担保的责任，故应负赔偿责任。

又如，1953年“麦克白诉哥特杂货公司”一案中，原告麦克白从被告哥特杂货公司购得一套咖啡具，当原告根据使用说明煮咖啡时，咖啡沸腾后喷到原告脸上，造成烫伤，检查咖啡具的结果证明咖啡具的滤器槽口不适合排放水开后产生的压力。法院判决，依默示担保原则，被告应负赔偿责任。此案属于违反默示担保，即卖方出售的产品应默示担保消费者使用该产品时是安全可靠的，不会损伤消费者。

目前，担保责任这一概念已扩展到产品责任法上。这样，担保既是合同法的基本概念，又具有侵权行为法的性质。由于担保的双重性质，违反担保除负有合同责任外，又可依其情节轻重构成侵权责任，而且基于被告违反其产品的明示担保或具有商销性的默示担保，并不依赖于对方举证疏忽，因而美国法院将其适用于解决产品责任问题。《美国统一商法典》在1966年修改时，在第318条就有关产品责任提出了三种方案：

第一，卖方的明示或默示担保责任涉及买方的家庭成员、共同居住或者其家庭中的客人，若合理预见这些自然人会使用、消费或受该产品的影响并因此受到人身伤害，卖主应对他们的人身伤害负责。这就是说，允许有权起诉的原告包括买方及其家属，以及与其居住在一起的亲朋，但只限于人身伤害而不包括财产损失。美国多数州采纳此方案。

第二，把担保责任扩展到任何可以合理预见的将使用、消费或受该产品影响的人的人身伤害，而不仅仅限于买主的家人。也就是说，可以起诉的原告是预期可能会使用这种产品的人，但也只限于人身伤害，不包括财产损失。美国目前有四五个州采纳了此方案。

第三，将责任扩大到任何可以合理预见会使用、消费或受该产品影响的人的人身伤害和财产损失。即原告可以扩大到合理预期可能会使用这种产品的人，并包括人身、财产损失，责任可追溯到生产者、制造者。美国目前有四五个州采纳此方案。有些州则没有明确规定。

从上述方案可看出，目前在美国以违反担保为理由提起诉讼时，作为产品责任法中的担保责任原则有两个特点：

其一，由于确定了产品制造人明示担保和默示担保责任，因而可排除原告必须举证产品制造者的过失义务，即他无须证明被告有疏忽。如果以违反明示担保为由要求赔偿，则原告只需证明：被告所作的说明；受害人相信该项说明；伤害是由于产品不符合被告所作说明而引起的。如果因违反默示担保要求赔偿，则原告也只需证明：产品在出厂时就有缺陷；缺陷与损害之间存在因果关系。这样原告就可以要求被告赔偿其损失。原告在担保诉讼中还必须就被告违反担保给予及时通知，否则这可能会妨碍他提起诉讼且使他遭受损失。

其二，产品责任法的担保责任原则与买卖法相比，放宽和取消了双方当事人要有直接合同关系的要求。这种放宽和取消体现在两个方面：一是从原告起诉对象看，原告不仅可起诉卖方，而且可对从生产到销售这种有缺陷的产品的各个环节的当事人起诉，包括零售商、批发商、生产者。二是从有权起诉人这方面看，不仅可以是买方，而且可以是由于这种缺陷的产品而遭受损失的一切人，如买方的家属、亲友、客人，甚至包括过路行人。

4. 以违反担保责任起诉应注意的问题

尽管以担保责任原则为由起诉一般都具有上述两个特点，但应当注意的是，各国产品责任法及美国多数产品责任法也并非完全一致。

（1）从原告起诉的对象看，美国有些州和有些国家仍然要求原告证明被告有过失。

（2）从有权起诉的人这方面看，美国有的州放得比较宽，有的州则还有保留。

因此，在使用这一原则时，应注意各国及美国各州的法律的具体规定。

（三）严格责任原则

1. 严格责任原则的定义

严格责任原则亦称无过失责任（strict liability in tort）原则，是指一件产品只要有缺陷，对消费者或使用者具有不合理的危险性，因而造成其人身伤害或财产损害，该产品的生产者或销售者就应负赔偿责任。严格责任原则是产品责任法的一个新原则，目的是更有利地保护消费者的利益。依此原则，消费者或使用者在正常状态下使用产品时，只要产品有缺陷，或具有不合理的危险，不管对此种缺陷生产者或使用者是否给予了合理的注意，只要该产品对使用者或消费者造成了损伤或其他财产损失，所有参与该产品生产或销售各个环节的人均应负赔偿责任，且消费者无须证明生产者有疏忽或过失。

2. 严格责任原则在美国的产生

1963 年，美国加利福尼亚州最高法院在审理“格林曼诉尤巴电器公司”一案中第一次应用了严格责任原则。该案的案情是：原告的妻子格林曼夫人购买了尤巴电器公司生产的一种多用削木机床作为送给丈夫的礼物，格林曼在按说明书使用该机床时，一块木头从机器中飞出来，撞击到格林曼的头部，致格林曼重伤。经检查，该机床属于有缺陷的产品，它与事故有直接关系。原告以违反担保为由提起诉讼。加州最高法院认为，尽管原告认为该机床有缺陷，但原告无法证明工具制造上有疏忽，也不属于违反担保责任的范围，但法院仍然判决原告胜诉，理由是此案适用侵权法上的严格责任原则。加州最高法院的法官特雷诺在该案的判决中进一步明确表示：“为使生产者承担严格责任，原告一方无须证明明示担保的存在，一旦制造者将其产品投入市场，而明知使用者对产品不经检查就使用，只要能证明该产品的缺陷对人造成伤害，生产者即负赔偿责任。”也就是说，制造商应承担侵权法上的严格责任。特雷诺法官进一步指出，即使没有疏忽，只要公众准则认为哪一方负责后最能有效地减少市场上有缺陷的产品对人的生命和健康的潜在威胁，那么就应该由哪一方负责。加州的这个判例确立了“格林曼规则”，即严格责任原则。

严格责任原则被美国法学会在 1965 年出版的《侵权行为重述》中确认。《侵权行为重述》第 402 条对此作了规定：凡出售任何有缺陷的产品，给使用者或消费者或其财产带来不合理危害的人，属于下述情况，对于由此而造成使用者的人身伤害或财产损失应承担责任：(1) 销售者是从事经营出售此种产品的人；(2) 当产品到达使用者或消费者手中时，与其在出售时的条件并没有重大的改变。根据严格责任原则，只要受害人能证明下列事项，他即可获得损害赔偿：(1) 产品存在缺陷并在投入市场时就已存在；(2) 产品缺陷是造成损害的直接原因。

3. 严格责任原则的特点及对消费者的有利之处

严格责任原则具有以下特点：第一，从产品制造者来说，不论它有无过失均应负责，故称无过失责任。第二，产品制造者与受害者之间不存在直接的合同关系，故是一种严格责任。

严格责任原则比较有效地保护了消费者的利益，并将疏忽责任和担保责任原则有机结合起来。这种有利体现在原告只需证明以下三点，被告就承担损害赔偿之责任：(1) 产品确有缺陷或处于不合理的危险状态。产品缺陷指设计上的缺陷、生产上的缺陷或缺乏产品安全使用所必需的因素，如包装、标签、提醒用户注意事项、安全使用证明书。(2) 这些缺陷在产品进入市场时已经存在。(3) 这些缺陷造成了人身伤害或财产损失。

4. 严格责任原则和疏忽责任原则的区别

疏忽责任原则是以卖方有无疏忽，即卖方是否尽到“适当注意”，作为确定其是否应对原告的损失承担损害赔偿责任的依据。而严格责任原则则不必考虑卖方是否做到“适当注意”的问题，即使卖方在制造或销售产品时已经做到了一切可能做到的注意，但如果产品有缺陷并使原告遭到损失，卖方仍须对此负责。这里所说的卖方不仅包括同买方直接订立合同的卖方，还包括生产者、批发商、经销商、零售商以及为制造该项产品提供零部件的供应商。买方也不仅包括直接买主，还包括买主的家属、亲友、客人甚至过路行人。

综上所述，疏忽责任、担保责任和严格责任这三个原则构成美国各州独立的产品责任法的基本体系。美国各州的产品责任法既各有差异，又彼此重叠或相互影响，但其总的原则是一致的。从近年的司法实践和发展趋势上看，严格责任原则已为大多数州所接受，成为产品责任法的共同基本制度。

二、被告可以抗辩的理由

在产品责任诉讼中，被告可以提出抗辩，要求减轻或免除其责任。依据原告起诉的诉因不同，被告可以提出以下不同的抗辩。

(一)担保的排除或限制(disclaimer or limitation of warranties)

在产品责任诉讼中，如果原告以被告“违反担保”为理由对其起诉，被告如按《美国统一商法典》的有关允许排除其对货物的明示担保和默示担保（如商销性的担保和适合特定用途的担保）的规定，在合同中排除了各种明示或默示担保，他就可以提出担保已经排除作为抗辩。但按照美国 1974 年《麦格拉森·莫斯担保法案》的规定，为保护消费者的利益，在消费交易中，卖方如有书面担保就不得排除各种默示担保。此外，这项抗辩仅能对抗以“违反担保”为理由的起诉，而不能用来对抗以“疏忽”为理由的起诉，因为后者属于侵权之诉，不受合同中关于排除明示或默示担保义务的制约。

(二)承担疏忽(contributory negligence)与相对疏忽(comparative negligence)

1. 承担疏忽

承担疏忽，是指原告（受害者）在使用被告所提供的有缺陷的产品时也有疏忽之处，由于双方的疏忽而使原告受到伤害。按照普通法早期的原则，承担疏忽在侵权之诉中是一个充足的抗辩理由，故在以疏忽为依据提起的产品责任诉讼中，如一旦确认原告有“承担疏忽”，原告就不能向被告要求任何损害赔偿。但近年来，美国许多州已通过立法或判例放弃了承担疏忽原则而利用“相对疏忽原则”。

2. 相对疏忽

相对疏忽，是指尽管原告有一定的疏忽，但法院只是按原告的疏忽在引起损害中占的比重，相应减少其索赔的金额，而不是像承担疏忽那样，原告不能向被告请求任何损害赔偿。目前美国许多州都把相对疏忽原则适用于严格责任之诉的抗辩。

3. 以承担疏忽和相对疏忽抗辩应注意的问题

被告无论是以承担疏忽还是相对疏忽抗辩，都属于侵权法范畴，只有在侵权之诉中才能提出这一抗辩。在合同之诉中的违反担保之诉，则不能提出这种抗辩。

(三)自担风险(assumption of the risks)

自担风险，是指原告已知产品有缺陷或带有危险性，尽管如此原告也仍将自己置于这种危险或风险境地，由于原告甘冒风险而使自己受到了损害。

按照美国法的规定，无论原告以违反担保还是以疏忽责任或严格责任为由起诉，被告均可以自担风险作为抗辩。根据美国《侵权行为重述》第 402 条的注释，如使用者、消费者已发现产品有缺陷，并知道有危险，但他仍不合理地使用该产品，并因而使自己受到损害，则他不能要求被告赔偿损失。

目前，采取相对疏忽原则的各州已不再将自担风险作为完全阻止原告索取任何赔偿的抗辩，而只把原告疏忽作为减少索赔金额的依据。

(四)非正常使用产品或误用、滥用产品(unnormal or misuse or abuse of the product)

在产品责任诉讼中，如原告由于非正常使用产品或误用、滥用产品，使自己受到损害，被告可以此理由抗辩要求免除责任。但被告提出此抗辩时，法院则对此加以某种限制，一般要求被告证明对产品的误用或滥用已超出了合理的范围，如这种误用、滥用是在被告合理预见范围之内，被告就必须采取措施予以防范，否则不能免责。

（五）擅自改动产品（subsequent alteration）

如原告对产品或其中部分零部件擅自加以变动或改装，从而改变了该产品的状态或条件，因而使自己遭受损害，被告可以原告擅自改变产品的状态或条件为理由提出抗辩，并要求免责。

（六）带有不可避免的不安全因素的产品

如某种产品即使正常使用也难以完全保证安全，而且权衡利弊，该产品对社会公众是有益的，是利大于弊，则制造或销售这种产品的被告可以要求免除责任，其中以药物最为典型。因药物不可避免含有对人体有害的副作用，但它又能治疗某种疾病，在这种情况下，制造和销售这种产品的卖方若能证明，该产品是适当加工和销售的，且他已提醒使用者注意该产品的危险性，他就可以要求免责，即使在严格责任之诉中，也可提出这一抗辩。

三、产品责任诉讼中原告可以请求损害赔偿的范围

（一）对人身伤害的损害赔偿

产品责任中的人身伤害一般是指产品具有缺陷而对他人生命、身体和健康所造成的损害。对人身伤害的损害赔偿包括精神的痛苦和苦恼、收入的减少和挣钱能力的减弱、合理的医疗费用、身体残疾等。通常肉体和精神上的痛苦在全部赔偿中占很大的比重。

（二）财产损失的赔偿

财产损失是指缺陷产品造成的缺陷产品之外的其他财产损失。其赔偿包括替换受损坏的财产、修复受损的财产所支出的合理费用。

（三）商业上的损失

商业上的损失通常是指有缺陷的产品的价值和完好、合格的产品的价值（或合同价金）之间的差价。一般除包括产品毁灭之外，还包括产品本身的价值的减少、不能使用、必须修缮或丧失营业利益等。美国各州对产品自身的损害是否可以得到赔偿态度不一，需按具体案情具体分析。

（四）惩罚性的赔偿

如产品责任之诉中的有过错的被告全然置公共政策于不顾，受损害的原告可要求法院给予惩罚性的赔偿，这种赔偿金额一般很高，其目的是对有过错一方恶意的、不负责任的行为施加惩罚，以遏制其他人重犯类似的过错。是否判惩罚性损害赔偿，以及赔偿金额大小，由陪审团根据案情事实酌定。

四、产品责任诉讼的管辖权和法律适用

由于各国的产品责任法均属国内法，在国际贸易中，本国产品输出国外，外国产品输入本国，因产品的缺陷使他国或本国消费者和用户遭到人身和财产的损害，消费者可对进口商、经销商和零售商起诉，也可对产品输出国的制造商起诉，请求损害赔偿。当然，本国产品出口到其他国家时，因产品缺陷使外国消费者和用户遭到人身伤害或财产上的损失，外国消费者同样可以利用产品责任要求出口商和制造商赔偿损失。但由于各国产品责任法的差异，各国法律对此类案件处理不完全相同，这就往往涉及复杂的管辖权和法律适用问题。

（一）“长臂管辖”或长臂法

确定产品责任的管辖权是受理产品责任案件时首先需要解决的问题。由于各国产品责任法属国内法，当本国消费者或用户在本国法院对外国的出口商或生产者提起产品责任诉讼时，法院必须首先确定它对该案是否有管辖权。同时，由于商品的流动，一地产品销往另一地发生产品责任时，该由哪个法律进行管辖常引起争议。管辖权也就是法院受理案件的权力和对人的管辖权力。早期美国法采取“实际控制”的原则，即以被告本人出现为基础，传票和起诉书者必须在法院管辖区内交给本人。但这样一来使得各州法院由于被告在本州无住所而丧失了对一些案件的管辖权。目前，美国采用所谓的“伸长司法管辖”，又称“长臂法”(Long-Arm Statute)，“长臂管辖”是美国法院对不居住在美国（或本州）的被告取得的对人的管辖权。1945 年联邦最高法院在审理“国际鞋业公司诉华盛顿州法院”一案中认为，本案的上诉人国际鞋业公司虽然设立于密苏里州，但在华盛顿州雇用了十多个推销员为该公司展览样品，接受订单，并将订单寄回公司，说明该公司在华盛顿州有业务活动，涉及本案的纳税义务直接产生于这些活动，故该公司与华盛顿州有足够的联系，按照公平和正义原则，该州要求该公司纳税是公平合理的。同时，最高法院还判定，如果被告人与一个州有“最低限度的接触”时，该州法院将有管辖权。1955 年美国伊利诺伊州根据最高法院第五次修正案制定的延伸管辖权的法律，首开先河，制定了“长臂管辖法令”，使美国法院扩大了司法管辖权，并于 1962 年制定了《统一的州际和国际诉讼法》，概括了“长臂管辖”的规则，即法庭可对不住在本州内的非居民被告取得对人的司法管辖权，这使得美国州法院控告他国（州）加害者的侵权行为成为可能。

就管辖权的标准而言，美国各州都制定了一些法律用以确定法院对不居住在美国的被告是否享有管辖权的标准，但各州法律规定的标准并不完全一致。按照美国各州制定的法令，符合“最低限度的联系”就可管辖。所谓“最低限度的联系”，是指被告经常直接地或通过代理人在该州境内从事商业活动，或因其行为或不行为在该州境内造成了损害，只要符合这个标准，法院就对该被告有管辖权，法院就有权受理此案，有权按照法定程序传唤国外的被告出庭，并有权依法作出有效判决。在大多数情况下，美国法院认为：只要国外的被告与法院所在的州有某种联系，法院就对该被告有对人的管辖权，而且美国法院的

判决可以向被告所在国的法院要求承认和执行这个判决。

欧盟对产品责任案件的管辖规定是：原告既可以在他受损失的地点起诉，也可在该产品投放市场的地点起诉。

（二）法律冲突与法律适用

法院在确定了管辖权之后，就带来了一个法律适用问题，即法律冲突。法律冲突是指涉外民事关系中应适用何种法律规范来确定当事人的责任问题，这是国际私法的规则。就涉外产品责任法来说，是适用本国法律还是适用外国法律的问题。

各国的冲突法有不同规定，美国的冲突法规则是适用损害发生地法（lex loci delict）来确定当事人的责任，即产品在什么地方对消费者或用户造成了损害，就适用什么地方的法律来确定产品的生产者和销售者的责任。但这项原则受到了批评，特别在涉及汽车事故的产品责任案件中，由于汽车到处行驶，经常跨州越国，如完全按照出事地点的法律来确定汽车的生产者或销售者的产品责任，有时可能对受害者不利。20 世纪下半叶，美国一些有影响的州如纽约州和加利福尼亚州已不再坚持适用损害发生地法，而转为适用对原告最有利的地方的法律，以保护原告的利益。

英国法的规定是将审判地法与侵权行为地法相结合来处理法律冲突问题，而德国则采用侵权行为地法。

第三节　关于产品责任的国际立法

随着科学技术的日益发展和生产力的日益发达，产品责任的问题也日益在世界各国凸显出来，产品责任的国际调整也日益为世界各国所重视。有关产品责任的区域性或全球性国际条约主要有：《关于人身伤亡产品责任欧洲公约》，又称《斯特拉斯堡公约》（Strasboury Convention）；《关于对有缺陷的产品的责任的指令》（Directive Concerning Liability for Defective Product），又称《欧共体产品责任指令》；《关于产品责任的法律适用公约》，又称《海牙公约》。

一、《关于人身伤亡产品责任欧洲公约》

《关于人身伤亡产品责任欧洲公约》，又称《斯特拉斯堡公约》，是由欧洲理事会拟定的一项地区性的国际公约，1977 年缔约于法国的斯特拉斯堡，故得此名。其主要内容是：

（1）该公约抛弃了欧洲大陆法系国家传统的过失责任原则，采用了严格责任原则，凡由产品缺陷造成的损害，生产者均应当负责。

（2）该公约对产品责任的损害赔偿范围仅限于人身伤害及死亡，不包括对财产造成的损失。

(3) 确定“生产者”的范围包括：制造者、产品进口商，或将他的名字、商标等标志在商品上的人；在产品没有标明任何生产者的身份时，每个供应者都应被视为公约所指的生产者。

(4) 该公约规定制造商须承担无过失责任，因此制造商就不能提出“客观技术水平限制”作为抗辩理由；这种无过失责任也适用于将其名称或商标标明在商品上的进口商或供应商，除非供应商能证明该产品的真正生产者。

(5) 如果生产者能够证明该产品不是由他投放市场流通，或者考虑到各种情况，在他将产品投放市场流通时，造成损害的缺点可能并不存在，或者缺陷是在以后才发生的，则不应负责任。

(6) 该公约强调两个时效：一是受损害的当事人提起诉讼的时效，其期限是 3 年，从受损害的当事人发现或应当发现损害之日起算；二是生产者对其产品所造成的损害承担责任的时效，其期限为 10 年，从产品投放到市场时起算。

(7) 该公约还有一个附件，规定缔约国在签字交存公约批准书时可以声明保留其国内法规定的赔偿限额的权利。但对每一死者或遭受人身伤害的人的赔偿限额不得少于 20 万德国马克，同一产品造成的全部赔偿额不得少于 3 000 万德国马克，或等值的其他货币。

二、《关于对有缺陷的产品的责任的指令》

为了协调欧洲经济共同体各成员国有关产品责任的法律，欧洲经济共同体理事会于 1985 年 7 月 25 日通过了《关于对有缺陷的产品的责任的指令》(以下简称《指令》)，要求各成员国在 1988 年 8 月 1 日以前采取相应的国内立法予以实施，但允许各成员国有某些取舍的余地。其主要内容包括以下方面。

(一) 采取无过失责任原则

《指令》对产品责任放弃了欧洲大陆传统的过失责任原则，而采用无过失责任原则。这是一个很大的变化，作出这种改变的主要出发点是为了使消费者获得更充分的保护。《指令》明确规定，在产品责任诉讼中，受损害的消费者只需证明他受到损害和产品有缺陷的事实，以及二者之间存在着因果关系，即可使该产品的生产者承担责任，而无须证明生产者有过失，这就是无过失责任的原则。

(二) 关于生产者的定义

《指令》对生产者所下的定义是较为广泛的，它包括：制成品的制造者；任何原材料的生产者；零部件的制造者；任何将其名称、商标或其他识别标志置于产品之上的人；任何进口某种产品在共同体内销售、出租或在共同体以任何形式经销该产品的人。如果不能确认谁是生产者，则提供该产品的供应者即被视为生产者，除非受损害的消费者在合理的时间内获得查出谁是生产者的通知。

（三）关于产品的定义

按照《指令》的规定，所谓“产品”是指可以移动的物品，但不包括初级农产品和戏博用品。不过，各成员国可以通过国内立法，将上述两种产品包括在“产品”的定义范围之内。至于经过工业加工的农产品则包括在“产品”的范围内。对于核产品，如果出现核意外事故，只要该事故已为各成员批准的国际条约所包括，则亦被包括在“产品”的定义范围内。

（四）关于缺陷的定义

《指令》对缺陷的定义采用客观标准。按照这种标准，如果产品不能提供一般消费者有权期望得到的安全，该产品就被认为是有缺陷的产品（defective product）。在确定产品是否有缺陷时，要考虑到各种情况，其中包括产品状况、对产品的合理预期的使用和把产品投放流通的时间。不能因为后来有更好的产品投入市场，就认为先前的产品有缺陷。

（五）关于损害赔偿

按照《指令》的规定，可以请求损害赔偿的范围主要包括人身伤害和死亡。对有缺陷的产品自身的损失，一般不予考虑。对不超过 500 欧元的损害亦不予考虑，以免引起过多的小金额的诉讼。特别值得指出的是，《指令》对“痛苦”（pain and suffering）的补偿有所保留，它认为这是属于非物质性的损害赔偿，应按有关国家的国内法来处理，这一点与美国产品责任法有所不同。

同时，《指令》允许成员国在立法中规定，生产者对由于同一产品、同一缺陷所引起的人身伤害或死亡的总赔偿责任不得高于 7 000 万欧元。

该指令在 2024 年 10 月 10 日被欧盟理事会更新，新指令于 2024 年 11 月 18 日正式公布，并于 2024 年 12 月 8 日生效。

三、《关于产品责任的法律适用公约》

在国际产品责任诉讼中，由于各国的产品责任法不完全相同，法院所采用的法律冲突规则也有所不同，因而使案件的处理结果带有相当大的不确定性。为了统一各国关于产品责任的法律冲突规则，海牙国际私法会议于 1973 年 10 月 2 日通过《关于产品责任的法律适用公约》（又称《海牙公约》）。该公约于 1977 年 10 月 1 日生效。其主要内容如下。

（一）《海牙公约》对产品、损害及责任主体的规定

该公约规定“产品”一词应包括天然产品和工业产品，无论是未加工的还是经过加工的，也无论是动产还是不动产。这里对“产品”所下的定义，比《关于对有缺陷的产品的责任的指令》所下的产品定义更为广泛。

该公约对“损害”也作了广义的解释。按照该公约的规定，“损害”是指对人身的侵害或对财产的损害以及经济损失；但是除非与其他损害有关，产品本身的损害以及由此而引起的经济损失不应包括在内。

该公约规定，对产品责任的“主体”应当包括：成品或部件的制造商、天然产品供应生产者、产品的供应者、在产品准备或销售等各个商业环节中的有关人员（包括修理人、仓库管理员）。以上人员的代理人或雇员的责任亦适用该公约。

（二）《海牙公约》对产品责任的法律适用规则的规定

该公约第 4 条至第 6 条规定，根据当事人和有关国家之间的联系点或接触者不同，分具体情况确定了三项法律适用规则，即适用侵害地国家的法律、适用直接受害人的惯常居所地国家的法律和适用被请求承担责任人的主营业地国家的法律。

1. 适用侵害地国家的法律

该公约第 4 条规定，如果侵害地国家同时又是直接受害人的惯常居所地或被请求承担责任人的营业地或直接受害人取得产品的地点，则应适用侵害地国家的国内法。

2. 适用直接受害人的惯常居所地国家的法律

该公约第 5 条规定，尽管有上述第 4 条的规定，但是，如果直接受害人的惯常居所地同时又是被请求承担责任的人的主营业地或直接受害人取得产品的地方，则仍然应适用于直接受害人的惯常居所地国家的国内法。

3. 适用被请求承担责任人的主营业地的国家的法律

该公约第 6 条规定，如上述第 4 条和第 5 条指定的适用的法律都不适用，则除非原告基于侵害地国家的国内法提出其请求，应适用被请求承担责任人的主营业地国家的国内法。

本章小结

产品责任法，是随着现代工业生产的发展，许多新产品投入市场，造成消费者受到伤害的案件不断增多，而形成和发展起来的。产品责任的立法和对消费者的保护水平，一般是与生产力发展水平相协调的，生产力和科学技术水平越高，其产品责任的立法水平和对消费者的保护水平就越高。

产品责任法同买卖法有一定的联系，因为买卖法中有关卖方品质的担保责任的规定，同产品责任法的某些要求，有相近之处，但产品责任法又有其自身的特点：产品责任法属于民事责任的法律，属公法性质，对当事人具有强制性，依据产品责任法的赔偿金额比一般贸易索赔金额要大得多，而且，依据产品责任法的诉讼并不要求原告与被告之间存在着合同关系。

美国各州对产品责任法的具体规定虽然有所不同，但从总体上看，在基本原则上是趋于一致的。这些原则主要有疏忽责任原则、担保责任原则和严格责任原则，其中严格责任原则是对保护消费者最有利的原则。在产品责任诉讼中，原告可以要求被告对人身伤害、财产损失、商业上的损失承担损害赔偿的责任以及要求惩罚性的赔偿。被告可以提出抗辩，要求减轻或免除其责任。依据原告起诉的诉因之不同，被告一般可以提出以下不同的抗辩：担保的排除或限制，承担疏忽与相对疏忽，自担风险，非正常使用产品或误用、滥用产品，擅自改动产品，带不可避免的不安全因素的产品，等等。

国际贸易的发展，使得各国的产品既可能对本国的消费者也可能对外国的消费者造成人身伤害或财产上的损失，外国消费者同样可以利用产品责任要求出口商和制造商赔偿损失。但由于各国产品责任法的差异，各国法律对此类案件处理不完全相同，这就往往涉及复杂的管辖权和法律适用问题。美国的“长臂管辖”原则是处理这方面问题的典型代表。《关于人身伤亡产品责任欧洲公约》、《关于对有缺陷的产品的责任的指令》以及《关于产品责任的法律适用公约》反映了产品责任的国际立法趋势。

重要概念

1. 产品责任法：是指由国家制定的调整生产者、销售者和消费者、使用者之间基于产品侵权行为而引起的人身伤害和财产损失的权利与义务关系的法律规范的总称。

2. 产品责任：是指产品的制造者、生产者和销售者由于其产品不具备合理的安全性（一般是合理期待的安全性）而致使消费者、使用者人身受到伤害，财产受到损失，所应承担的民事上的强制性责任。

3. 疏忽责任原则：是指生产者和销售者没有尽到合理的注意，使产品有缺陷，并因这种缺陷导致消费者的人身或财产受到损害，对此该产品的生产者和销售者应对其疏忽承担责任。

4. 担保责任原则：就是指产品有缺陷（指产品不符合理安全的标准），是由于生产者、销售者违反了对产品的明示的或依法律规定的默示的担保，以致给消费者、使用者造成了人身伤害或财产损失，对此，生产者和销售者应承担责任。

5. 明示担保：是指产品的生产者和销售者对其生产或出售的产品的品质以口头、书面或其他方式所作的明确的、直接的担保。

6. 默示担保：是指不是基于生产者或销售者的意思表示，而依据法律、交易习惯、惯例产生的一种担保责任。

7. 严格责任原则：也称无过失责任原则，是指一件产品只要有缺陷，对消费者或使用者具有不合理的危险性，因而造成其人身伤害或财产损害，该产品的生产者或销售者就应负赔偿责任。

8. 长臂管辖：是美国法院对不居住在美国（或本州）的非居民被告取得的对人的管辖权，从而使得美国州法院控告他国（州）加害者的侵权行为成为可能。

思考与练习

1. 什么是产品责任法？它与买卖法的关系如何？

2. 什么是产品责任？产品责任的成立一般应具备哪些条件？

3. 在美国法中，产品责任的诉讼依据有哪些？

4. 美国产品责任法的严格责任原则的含义是什么？

5. 严格责任的法律特征有哪些？它与“疏忽说”及“违反担保说”有何区别？

6. 什么是产品的缺陷？它主要包括哪几种类型？

7. 在产品责任诉讼中，生产者和销售者可以提出哪些抗辩？

8. 按美国产品责任法的赔偿原则，对人身伤害的损害赔偿范围包括哪些方面？

9. 根据美国产品责任法，在产品责任诉讼中，原告可以请求赔偿的范围包括哪些方面？

10. 试述美国产品责任法中的“长臂法”的内容。

11.《关于产品责任的法律适用公约》对产品损害和责任主体是如何规定的？

12.《关于产品责任的法律适用公约》确定了哪几项基本的法律适用规则？

13. 我国《产品质量法》规定的产品质量责任和产品责任有何异同？

第八章 代理法

导入案例

1982年5月1日，布雷恩·汉森在参加美国俄亥俄州大学与阿瑟兰德大学的长曲棍球比赛时受伤瘫痪。事情经过是：汉森的一位队友与阿瑟兰德大学队的一位选手威廉·凯拉斯特打架，汉森前去劝架，汉森抓住凯拉斯特，推挤并抱住他，但凯拉斯特将汉森从其后背摔倒在地，汉森的头部撞到地面，遭受了严重损伤。随后救护车将汉森运送到当地的一家医院，在医院他接受了外科手术。大夫诊断汉森的第六节脊椎骨节为挤压性碎裂，汉森因此成为不完全的四肢麻痹患者。汉森以威廉·凯拉斯特和阿瑟兰德大学为被告向法院提起诉讼，并主张由于凯拉斯特是以阿瑟兰德大学代理人的身份行事，依据长官负责主义，阿瑟兰德大学应对凯拉斯特的不当行为负责。初审法院作出了有利于汉森的判决，阿瑟兰德大学不服初审法院的判决，向俄亥俄州最高法院提起上诉。俄亥俄州最高法院判决阿瑟兰德大学胜诉。

问题：

1. 凯拉斯特是否是阿瑟兰德大学的代理人？阿瑟兰德大学是否应对凯拉斯特的行为负责？

2. 学生交费上大学，大学向学生交付的“货物”是教育，学生和学校之间的关系是合同关系还是代理关系？

3. 凯拉斯特参加阿瑟兰德大学长曲棍球俱乐部并代表阿瑟兰德大学参加长曲棍球比赛，是否表明凯拉斯特受阿瑟兰德大学控制，且其行为是受命于阿瑟兰德大学和为实现阿瑟兰德大学所要达到的目标？可否因此确定阿瑟兰德大学和凯拉斯特之间存在本人和代理人的关系？

第一节 代理法概述

一、代理的概念

所谓代理（agency）是指代理人（agent）按照本人的授权（authorization）代表本人同第三人订立合同或从事其他的法律行为，由此而产生的权利与义务直接对本人发生效力。

二、代理权的产生

关于代理权产生的原因，大陆法和英美法的规定有所不同，现分别介绍如下。

（一）大陆法

1. 法定代理

（1）根据法律的规定而享有代理权；

（2）根据法院的选任而取得代理权；

（3）因私人的选任而取得代理权。

2. 意定代理

意定代理是由本人的意思表示产生的代理权。这种意思表示可以采用口头方式，也可以采用书面方式；可以向代理人表示，也可以向同代理人打交道的第三人表示。

（二）英美法

英美法认为，代理权可以由下列原因而产生。

1. 明示的授权

所谓明示的授权（express authority）就是由本人以明示的方式指定某人为他的代理人。按照英美法的法例，代理协议的成立并不要求特定形式，既可以采用口头方式，也可以采用书面方式。

2. 默示的授权

所谓默示的授权（implied authority），是指一个人以他的言词或行动使另一个人有权以他的名义签订合同，同时他要受该合同的拘束，就像他明示地指定了代理人一样。

3. 不容否认的代理

不容否认的代理（agency by estoppel），是指一个人以他的言词或行动使善意第三人合理相信某人是其代理人，有权以他的名义签订合同，且该第三人已基于这种相信改变了自己的经济地位，他就要受该合同的拘束，而不能事后否认某人是其代理人。

4. 客观必需的代理权

客观必需的代理权（agency of necessity）是在一个人受委托照管另一个人的财产，为了保护这种财产而必须采取某种行动时产生的。在这种情况下，虽然受委托管理财产的人并没有得到采取此种行动的明示的授权，但由于客观情况的需要必须视为具有此种授权。这种情况在国际贸易中是时有发生的。

5. 追认的代理

如果代理人未经授权或者超出了授权的范围而以本人的名义同第三人订立了合同，这个合同对本人是没有拘束力的。但是，本人可以在事后批准或承认这个合同，这种行动就叫作追认的代理（agency by ratification）。追认的效果就是使该合同对本人具有拘束力，如同本人授权代理人替他订立了该合同一样。追认具有溯及力，即自该合同成立时起就对本人生效。

三、无权代理

无权代理是指欠缺代理权的人所作的代理行为。无权代理的产生主要有以下四种情形：（1）不具备默示授权条件的代理；（2）授权行为无效的代理；（3）越出授权范围行事的代理；（4）代理权消灭后的代理。

根据各国法律的规定，无权代理所作的代理行为，如与第三人订立合同或处分财产等，非经本人的追认，对本人是没有拘束力的。

（一）大陆法的有关规定

无代理权人以他人名义订立合同者，非经本人追认不发生效力。在本人追认以前，无权代理人所作的代理行为处于效力不确定的状态。在这种情况下，大陆法有两种处理办法：一是由第三人向本人发出催告，要求本人在一定时间内答复是否予以追认；二是允许第三人在本人追认以前，撤销他与无权代理人所订立的合同。

关于无权代理人的责任，大陆法系国家的法律规定并不完全相同。从原则上来说，无权代理人对第三人是否须承担责任，主要取决于第三人是否知道该代理人有没有代理权。如果第三人不知道该代理人没有代理权而与之订立了合同，无权代理人就要对第三人承担责任；反之，如果第三人明知该代理人没有代理权而与之订立了合同，无权代理人就不负责任。在这一点上，大陆法系国家的法律规定是一致的。

（二）英美法的原则

英美法把大陆法上的无权代理称为违反有代理权的默示担保（breach of implied warranty of authority）。按照英美法的解释，当代理人同第三人订立合同时，代理人对第三人有一项默示的担保，即保证他是有代理权的。因此，如果某人冒充是别人的代理人，但实际上并没有得到本人的授权，或者是越出了他的授权范围行事，则与其订立合同的第三人就可以以其违反有代理权的默示担保对他提起诉讼，该冒牌的代理人或越权的代理人就须对第三人承担责任。

第二节 本人与代理人之间的关系

一、代理人的义务

（1）代理人应勤勉地履行其代理职责。

（2）代理人对本人应诚信、忠实。

首先，代理人必须向本人公开他所掌握的有关客户的一切必要的情况，以供本人考虑决定是否同该客户订立合同。

其次，代理人不得以本人的名义同代理人自己订立合同，除非事先征得本人的同意。

最后，代理人不得受贿或密谋私利，或与第三人串通损害本人的利益。代理人不得谋取超出本人给他的佣金或酬金以外的任何私利。

（3）代理人不得泄露在代理业务中所获得的保密情报和资料。

但在代理合同终止后，除经双方同意的合理的贸易上的限制外，本人也不得不适当地限制代理人使用在代理期间所获得的技术、经验和资料。因为根据某些国家关于限制性商业做法的法律（restrictive business practice），这种限制是无效的。

（4）代理人须向本人申报账目。

（5）代理人不得把代理权委托给他人。

二、本人的义务

（1）支付佣金。

本人必须按照代理合同的规定付给代理人佣金或其他约定的报酬，这是本人的一项最主要的义务。在商订代理合同时，对佣金问题必须特别注意以下两点：

第一，本人不经代理人的介绍，直接从代理人代理的地区内收到订货单，直接同第三人订立买卖合同时，是否仍须对代理人照付佣金；

第二，代理人所介绍的买主日后连续订货时，是否仍须支付佣金。

（2）偿还代理人因履行代理义务而产生的费用。

（3）本人有义务让代理人检查核对其账册。这主要是大陆法系国家的规定。

第三节 本人及代理人同第三人的关系

代理关系是一种三角关系，其中既有代理人同第三人的关系，也有本人同第三人的关系，因此，从第三人的角度看来，最重要的问题是弄清楚他究竟是同代理人还是同本人订立了合同，即弄清楚与他订立合同的另一方当事人究竟是代理人还是本人。这个问题在外贸业务中是时常发生的。例如，我国对外贸易企业在同外商订立合同时双方或其中一方究竟是作为代理人还是作为“本人”签订合同？究竟应该由谁对合同负责？

对于这个问题，大陆法和英美法有不同的处理方法。

一、大陆法

在确定第三人究竟是同代理人还是同本人订立了合同的问题时，大陆法所采取的标准是看代理人是以代表的身份同第三人订立合同，还是以他自己个人的身份同第三人订立合同。

当代理人以代表身份同第三人订立合同时，这个合同就是第三人同本人之间的合同，合同的双方当事人是第三人与本人，合同的权利义务直接归属于本人，由本人直接对第三人负责。在这种情况下，代理人在同第三人订立合同的时候，可以指出本人的姓名，也可以不指出本人的姓名，而仅声明是受他人的委托进行交易，但无论如何代理人必须表示作为代理人身份订约的意思，或订约时的环境情况可以表明这一点，否则就将认为是代理人自己同第三人订立合同，代理人就应对该合同负责。

如果代理人是以他个人的身份同第三人订立合同，则无论代理人事先是否得到本人的授权，这个合同都将认为是代理人与第三人之间的合同，代理人必须对合同负责。在这种情况下，本人原则上同第三人没有直接的法律上的联系。

二、英美法

对于第三人究竟是同代理人还是同本人订立合同的问题，英美法的标准是，对第三人来说，究竟是谁应当对该合同承担义务，即采取所谓的义务标准。

英美法在回答这个问题时，区分三种不同的情况：第一，代理人在同第三人订约时具体指出本人的姓名；第二，代理人表示出自己的代理身份，但不指出本人的姓名；第三，代理人事实上有代理权，但他在订约时不披露代理关系的存在。这是英美法特有的制度，现分别介绍如下。

（一）代理人在订约时已指出本人的姓名

如果代理人在同第三人订约时已经表明他是代表指名的本人订约的，在这种情况下，这个合同就是本人与第三人之间的合同，本人应对合同负责，代理人不承担个人责任。代理人在订立合同后，即退居合同之外（drops out），他既不能从合同中取得权利，也不对该合同承担义务。

(二) 代理人在订约时表示有代理关系存在，但没有指出本人的姓名

如果代理人在同第三人订立合同时表明他是代理人，但没有指出他代理的本人的姓名，在这种情况下，这个合同仍认为是本人与第三人之间的合同，应由本人对合同负责，代理人对该合同不承担个人责任。

(三) 代理人在订约时根本不披露有代理关系的存在

在这种情况下，第三人究竟是同本人还是同代理人订立了合同，他们当中谁应当对该合同负责，这是一个比较复杂的问题。毫无疑问，在这种情况下，代理人对合同是应当负责的，因为他在同第三人订约时根本没有披露有代理关系的存在，这样他实际上就是把自己置于本人的地位同第三人订立合同，所以他应当对合同承担法律上的责任。问题在于，在这种情况下，未被披露的本人能否直接依据这个合同取得权利并承担义务？英美法认为，未被披露的本人原则上可以直接取得这个合同的权利并承担其义务。

第四节 我国的代理法与外贸代理制

按照我国《民法典》第 919 条的规定，委托合同是委托人和受托人约定，由受托人处理委托人事务的合同。关于委托合同双方当事人之间的权利和义务，我国《民法典》合同编的规定与其他国家有关法律大体相同，在此不赘述。

在我国外贸代理制中，很多外贸公司接受无外贸经营权的企业的委托，以外贸公司的名义，作为买卖合同的一方同外商签订进出口合同。对于这种情况，我国《民法典》第 925 条、第 926 条作了专门的规定。

《民法典》第 925 条规定：受托人以自己的名义，在委托人的授权范围内与第三人订立的合同，第三人在订立合同时知道受托人与委托人之间的代理关系的，该合同直接约束委托人和第三人；但是，有确切证据证明该合同只约束受托人和第三人的除外。这一条款对外贸公司有很大意义。在实践中，国内的委托企业常常与外方当事人先谈判合同的条件，然后再找到外贸企业，委托外贸企业对外签订进出口合同。在这种情况下，外方当事人清楚地知道外贸公司只是国内企业的外贸代理人。在外贸公司完成委托事务后，如双方发生争议，委托人或第三人一般应直接进行协商或提起诉讼、仲裁，外贸公司则可以以此作为抗辩理由，不再承担合同责任。

根据《民法典》第 926 条的规定，受托人以自己的名义与第三人订立合同时，第三人

不知道受托人与委托人之间的代理关系的，其后果分为以下几种情况：

（1）当受托人因第三人的原因对委托人不履行义务时，即受托人对于未能履行对委托人的义务没有过错时，受托人应向委托人披露第三人，委托人因此可以行使受托人对第三人的权利。但是，第三人与受托人订立合同时如果知道该委托人就不会订立合同的除外。

（2）当受托人因委托人的原因对第三人不履行义务时，受托人应当向第三人披露委托人，第三人因此可以选择受托人或者委托人作为相对人主张其权利，但是第三人不得变更选定的相对人。例如，一旦他选择受托人主张权利，那么即使他在对受托人的诉讼中败诉，或者虽胜诉，但未能得到实际履行，他也不能重新对委托人提起诉讼。可以看出，我国《民法典》的这一规定在很大程度上借鉴了英美法中有关未被披露本人的代理的法律制度。

本章小结

代理是指代理人按照本人的授权代表本人同第三人订立合同或从事其他的法律行为；代理在英美法中可以分为明示的授权代理、默示的授权代理、不容否认的代理、客观必需的代理和追认的代理。在大陆法系代理则分为法定代理和意定代理。

无权代理是指欠缺代理权的人所作的代理行为。无权代理的产生主要有以下四种情形：不具备默示授权条件的代理；授权行为无效的代理；越出授权范围行事的代理；代理权消灭后的代理。

在代理人同本人的关系中，代理人应承担的义务有：勤勉地履行其代理职责；对本人应诚信、忠实；不得泄露他在代理业务中所获得的保密情报和资料；向本人申报账目和亲自作为的义务。而本人则应承担支付佣金、偿还代理人因履行代理义务而产生的费用和让代理人检查核对其账册的义务。

代理人同第三人的关系以及本人同第三人的关系，大陆法系和英美法系的法律规定有较大区别。

在我国外贸代理制中，大量的是外贸公司接受无外贸经营权的企业的委托，以外贸公司自己的名义，作为买卖合同的一方同外商签订进出口合同。对于这种情况，我国《民法典》第 925 条、第 926 条作了专门的规定。

重要概念

1. 代理：是指代理人按照本人的授权代表本人同第三人订立合同或从事其他的法律行为，由此而产生的权利与义务直接对本人发生效力。

2. 法定代理：是指根据法律的规定，或者根据法院或私人的选任而取得代理权的代理。

3. 意定代理：是由本人的意思表示产生的代理权。

4. 明示的授权代理：就是由本人以明示的方式指定某人为他的代理人。

5. 默示的授权代理：是指一个人以他的言词或行动使另一个人有权以他的名义签订合同，他就要受该合同的拘束，就像他明示地指定了代理人一样的代理。

6. 不容否认的代理：是指一个人以他的言词或行动使善意第三人合理相信某人是其代理人，有权以他的名义签订合同，且该第三人已基于这种相信改变了自己的经济地位，他就要受该合同的拘束，而不能事后否认某人是其代理人。

7. 客观必需的代理：是指在一个人受委托照管另一个人的财产，为了保护这种财产而必须采取某种行动时产生的代理。

8. 追认代理：是指如果代理人未经授权或者超出了授权的范围而以本人的名义同第三人订立了合同，但本人在事后批准或承认这个合同，这种行动就叫作追认代理。

9. 无权代理：是指欠缺代理权的人所作的代理行为。

10. 委托合同：是委托人和受托人约定，由受托人处理委托人事务的合同。

思考与练习

1. 何谓法定代理、意定代理？

2. 代理人对本人负有哪些义务？

3. 当代理人未披露被代理人的存在，而以自己的名义订立合同时，其法律后果在大陆法和英美法中有何差异？

4. 如何理解我国《民法典》第 925 条和第 926 条？

第九章 国际海上、铁路、航空货物运输法

导入案例

1990年11月7日申请人将"通发"号轮报给了被申请人，要求被申请人联系营口至仁川的水泥1万吨，并明确了船舶规格、受载日期，以及船舶预计10天内可抵达营口鲅鱼圈。被申请人11月9日用传真回复称，韩国方面已确认同意我方租船，具体情况如下：水泥1万吨，±5%，装卸港营口至仁川，运费17美元/吨FIO，佣金5%；装卸量均为每晴天工作日1 200吨；装货时间船到锚地24小时起算。1990年11月14日，"通发"号轮抵达营口港鲅鱼圈锚地。11月19日被申请人电报通知申请人称：贵公司"通发"号轮来营口鲅鱼圈港区受载，由于租方开不出信用证，今通知您撤销此船，请贵公司另行安排货载。申请人根据其与被申请人1991年6月13日的书面仲裁协议于1993年10月28日向中国海事仲裁委员会以书面方式申请仲裁。申请人提出，申请人与被申请人之间的航次租船合同已经成立，理由在于：(1) 1990年11月7日申请人发给被申请人的传真电报已明确了船舶规格、受载日期。1990年11月9日被申请人的复函传真进一步确认了双方合同内容。(2) 申请人向被申请人递交了装货准备就绪的通知书，也说明双方之间有租船合同。(3) 被申请人1990年11月19日用传真电报通知申请人，由于租方开不出信用证，撤销此船，这说明双方之间有合同约定，被申请人才有义务通知申请人撤船。因此申请人要求被申请人赔偿以下损失：(1) 自1990年11月12日绿华山锚地至1990年12月11日12:30抵达上海长江口锚地的船期损失；(2) 主机和辅机耗油损失；(3) 港口使用费；(4) 因被申请人违约而导致申请人被诉的由申请人承担的仲裁费和本案的仲裁费。被申请人认为，申请人与被申请人的往来传真纯属报盘和发盘的性质，尚未进入确认和租船合同阶段，因此租船合同并未成立。理由在于：(1) 被申请人1990年11月9日所发的传真中根本没有关于受载日期的条款，而该条款是租船合同中的重要条件；(2) 双方并未签订租船合同确认书，对适用什么样的合同条款更未

提及；(3) 装货准备就绪通知书的“递交”和“接受”是两个不同的概念。申请人可以递交装货准备就绪的通知书，但被申请人在合同没有成立的前提下也有不接受的权利。因此，鉴于租船合同没有成立，申请人的损失完全是由于申请人对租船业务中的询价与还价产生误解而造成的，与被申请人无关，因此被申请人不承担责任。

问题：

1. 本案中申请人和被申请人的海上航次租船合同是否已经成立？为什么？

2. 对于船舶到达港口无货可装所引起的损失，申请人可否要求赔偿？仲裁庭应如何裁定？

3. 若可以要求赔偿，应如何确定损失的范围和数额？

第一节　国际海上货物运输法

一、概述

（一）有关海上货物运输的立法和国际惯例

1. 有关海上货物运输的立法

关于海上货物运输的法律，大陆法系国家或是制定海商法典，或是在商法内列有海商一章。如 1807 年《法国商法典》把海商法列为第二编；日本 1979 年修订的《商法》第四编为“海商”；德国于 1861 年制定的《德国商法典》也将海商法纳入其中。

而在英美法系国家则是制定单行法。英国 1971 年颁布了《海上货物运输法》(Carriage of Goods on Sea Act)，1855 年制定了《提单法》(Bill of Lading Act)，1894 年制定了《商船航运法》(Merchant Shipping Act)。美国于 1936 年公布了《海上货物运输法》(Carriage of Goods on Sea Act)，1916 年制定了《提单法》(Bill of Lading Act)，1984 年制定了《商船航运法》(Merchant Shipping Act)。同时，在英美法系国家，海上货物运输还受普通法的调整。

我国为了促进海上运输和经济贸易的发展，制定了《中华人民共和国海商法》(以下简称《海商法》)。该法于 1992 年 11 月 7 日通过，自 1993 年 7 月 1 日起生效。我国《海商法》是从我国的实际情况出发，以目前通行的国际公约为基础，参照国际航运界广泛使用的标准合同格式，吸收航运界普遍采用的民间规则而制定的，既符合国际惯例，又有中国的特色。

2. 有关海上货物运输的国际条约和国际惯例

(1) 关于提单的国际公约。

1924 年有关国家就缔结了《统一提单的若干法律规则的国际公约》，简称《海牙规则》(The Hague Rules)。1968 年有关国家缔结了《修改 1924 年 8 月 25 日在布鲁塞尔签订的关于〈统一提单的若干法律规则的国际公约〉的议定书》，简称《维斯比规则》(The Visby Rules)。1978 年缔结了《联合国海上货物运输公约》，简称《汉堡规则》(The Hamburg Rules)。《海牙规则》于 1931 年生效。《维斯比规则》于 1977 年生效。《汉堡规则》于 1992 年 10 月生效。目前，多数国家采用《海牙规则》，少数国家采用《维斯比规则》，批准加入《汉堡规则》的国家截至 2024 年 1 月，有 35 个。

《海牙规则》于 1924 年 8 月 25 日在布鲁塞尔签订。由于该规则第一次是在海牙起草的，所以习惯上都称之为《海牙规则》。《海牙规则》共有 16 个条款。第 1 条至第 8 条规定了承运人与托运人双方的责任与权利。第 9 条是对承运人赔偿限额的货币单位的解释。第 10 条规定《海牙规则》的适用范围。第 11 条至第 16 条规定了缔约国批准、退出、修改《海牙规则》的程序。各国政府采用《海牙规则》并据以制定国内法时，是采用第 1 条至第 8 条的规定。至于第 9 条，由于各国的货币单位不同，并不要求都以英镑作为货币单位，缔约国可以把英镑折合成本国的货币。

《维斯比规则》于 1968 年 2 月在布鲁塞尔签订。由于该规则的准备工作是在维斯比完成的，故称之为《维斯比规则》。《维斯比规则》共计 17 条。第 1 条至第 5 条是对《海牙规则》的修改和补充。第 6 条至第 17 条是加入和退出的手续以及解决纠纷程序的规定。

《汉堡规则》于 1978 年 3 月在汉堡签订。《汉堡规则》共有 34 条。第 1 条至第 26 条是对《海牙规则》的修改和补充。第 27 条至第 34 条是加入、退出和修改该公约的程序。

（2）标准租船合同与调整租船合同的法律。

目前国际上尚未就租船合同制定公约。大陆法系国家在其国内法即海商法中对租船合同作出规定。英美法系国家没有制定有关租船合同的单行法。英美法系国家航运公会制定的标准租船合同格式被广泛使用，例如金康（Gencon）航次租船合同格式和波尔的摩(Baltime）定期租船合同格式。当事人采用这些合同格式后，就受其约束。各国法院有关租船合同条款争议的判决在本国有约束力，对别国也有参考作用。我国远洋运输公司在金康合同格式及波尔的摩合同格式的基础上，制定了程租船及期租船合同范本。

（二）船舶和船员

1. 船舶

（1）船舶的概念有广义和狭义之分。广义的船舶是指通常意义上讲的船舶，是指具有凹陷中空的形状，能在水上或水中载重航行的运载工具。狭义上的船舶是指法律法规中对船舶所下的定义。如《中华人民共和国海上交通安全法》第 117 条规定，船舶是指各类排水或非排水的船、艇、筏、水上飞行器、潜水器、移动式平台以及其他移动式装置。《1972 年国际海上避碰规则》第 3 条规定，船舶是指用作或者能够用作水上运输工具的各类水上船筏，包括非排水船舶和水上飞机。海商法所说的船舶与日常说的船舶，在概念上并不完全一致，通常是指狭义的船舶。各国海商法规定的船舶的含义也不大相同。海商法对船舶的适用要看场合和事项。正在建造中的船舶和失事沉没的船舶，在一定条件下，在特定的法律关系中，也可视为船舶。我国《海商法》第 3 条规定：船舶是指海船和其他海上移动式装置，但是用于军事的、政府公务的船舶和 20 总吨以下的小型船艇除外。前款所称船舶，包括船舶属具。之所以这样规定，是因为用于军事的、政府公务的船舶，其从事的活动性质特殊，与商业活动不同；而 20 总吨以下的小型船舶，在海上航行风险太大，不能远航，因此也不属于海商法调整的范围。

（2）船舶的分类和性质。船舶按照国籍可以分为本国轮和外国轮；按照航程远近分为近海轮和远洋轮；按照船舶的动力分为机动船（如蒸汽船、内燃机船等）和非机动船（如帆船、摇橹船等）；按照是否与商业有关分为商船和非商船，非商船指非以营利为目的的船舶，如军舰和各种公务船舶，商船是指用于承载旅客、货物并将客货从某一港口运往另一港口，或从某一国港口运往另一国港口的船舶；以船舶所有人不同，分为国有船和非国有船。

船舶作为海上运输工具，同时又是海商法律关系中的一个重要的并具有特殊意义的客体。船舶的法律性质，可以从以下几方面来理解：第一，船舶的拟人性。船舶是物，却是一个特殊的物，在法律上往往把它当作具有一定的人格来处理，从而使之具有了法律主体的一些属性。第二，船舶的不动产性。船舶的功能就是在海上移动，并且不会因为移动而损害其经济价值，这就决定了它属于动产的范围。但由于船舶价值很高，体积大，移转较难，作为运输工具很少用作交易的对象，因此各国都将其按不动产处理。

（3）船舶是国家领土的延伸。在国际法上，船舶被视为国家领土的延伸，是广义上的国家领土。一个主权国家可以在船舶上行使国家主权，特别是对于在海上发生的与船舶有关的争议以及在船舶上发生的纠纷，大多由船旗国管辖，形成了以船旗国管辖来解决海事法律冲突的准据法原则。

（4）船舶是合成物。现代船舶是由钢铁组成的船体，再配装主机、辅机、属具、导航仪器等设备，成为一个合成的水上浮动运输工具，缺乏其中的任何一个部分都无法构成船舶。因此，船舶在法律上应属于不可分物。在进行船舶登记时视为一个整体，但航行时船舶经常需要用的锚链、罗盘、海图、测探仪、消防救生设备等，各自又具有独立的价值。

2. 船员

船员、海员、水手这些名称的概念，各国用法不完全一致。船员的范围，在各国的法律规定中不尽相同，归纳起来有两类：一类是以日本、德国为代表的合并规定方式，即把船长（captain or master）和海员（seaman）统称为船员。例如日本《船员法》第 1 条规定，船员是指在船上服务的船长、船员及预备船员。另一类是以英美法为代表的分别规定方式，即将船长和成员分章规定。我国《海商法》第 31 条规定，船员，是指包括船长在内的船上一切任职人员。我国对船员的规定采用的是人陆法的合并规定的方式。海船的船员（mariner）通常叫作海员（seaman），海员的范围比船员要广，因为在港口、码头上为海船装卸和提供服务的人员以及随船的邮政、银行或其他服务部门的人员也被称为海员，因而，从严格意义上讲，只有持有海员证书并在海船上工作的人员才是船员（crew），水手只是其中的一部分，是在甲板上工作的船员。

二、国际海上货物运输合同

国际海上货物运输合同是指承运人或船舶所有人以船舶将货物从一国港口运至另一国港口，而由托运人或承租人支付运费的合同。

国际海上货物运输合同分为两大类，即提单（bill of lading）与租船合同（charter-party），另外还包括与国际海上货物运输有关的其他运输单证。

国际海上货物运输合同的当事人指提单的当事人，即托运人和承运人；作为提单受让人的收货人亦可取得提单权利。租船合同的当事人是船舶所有人和租船人。合同双方以电报、电传或其他方式达成协议后，合同即告成立。法律要求租船合同采取书面形式。合同的解除，是指因一方违约或由于人力不可抗拒的原因，可以解除合同。根据解除条件的不同，可分为约定解除和法定解除。约定解除，是指合同的解除条件由双方当事人自由协商决定的合同解除。当事人协商一致，可以解除合同。法定解除，是指解除条件由法律直接规定的合同解除。

根据我国《海商法》的规定，海上货物运输合同在以下情况下可以解除：(1) 船舶开航前因托运人要求而解除。托运人应向承运人支付约定的运费的一半，如果货物已经装船，还应负担装货、卸货和其他与此有关的费用。(2) 船舶开航前因不可抗力等原因而解除。不可抗力包括自然因素和社会因素，如地震、海啸、战争、罢工等，这种情况下，双方当事人均可解除合同，并且不负赔偿责任。(3) 船舶开航后因不可抗力等原因而解除。船舶开航后，由于遇到不可抗力和其他不能归责于承运人和托运人的原因，致使船舶不能在合同约定的目的港卸货的，船长有权将货物在目的港邻近的安全港口卸货，视为合同已经解除。

三、提单与承运人和托运人

（一）提单

1. 提单的定义

提单是指证明海上运输合同和货物由承运人接管或装载以及承运人保证凭以交付货物的单据。

《汉堡规则》第 1 条第 7 款给提单下的定义是：提单是指一种用以证明海上运输合同和货物由承运人接管或装载，以及承运人保证据以交付货物的单证。单证中关于货物应交付指定收货人或按指示交付，或交付提单持有人的规定，即是这一保证。

2. 提单的法律性质

(1) 提单是要式证券。各国国内法和有关国际公约一般都认为，提单作为一个要式证券，必须记载能够说明货物的托运人、承运人、收货人各自的职责以及货物的外表、性质、数量或重量等相关的具体事项。

(2) 提单是文义证券。提单制成后，承运人与托运人或其他的提单合法持有人之间的权利与义务均按提单上记载的事项确定。

(3) 提单是流通证券。除少数记名提单不可转让外，其他大多数提单可经背书或交付连续多次地转让，不过，连续背书人不负连带责任。同时，转让人的权利如果有瑕疵，善意受让人不能取得货物的所有权。这一点是和“票据”不同的。

(4) 提单是处分证券。提单制成后，非依提单不得处分货物，只有交付提单才等于交付货物。

(5) 提单是有价证券。提单本身代表提单上所记载的货物，买卖提单等于买卖货物。

3. 提单的作用

(1) 货物收据。提单是承运人签发给托运人的收据，确认承运人已收到提单所记载的货物并已装船，或者等待装船，同时确认装船时的数量和重量。这一确认的法律后果是：承运人在卸货港交付的货物必须和他收到的一样，除非因免责风险而受损。

对托运人而言，提单是按提单所载收到货物的初步证据。如果提单被托运人转让给善意的第三者，例如已由托运人转让给收货人，提单就不是初步证据，而是终结性的证据。承运人对提单受让人不能就提单所载事项如数量或重量提出异议，这是因为提单受让人在购买提单之时并没有机会检查货物，而只能信赖提单所载事项。法律不允许承运人对受让人提出抗辩，是为了保护受让人。而且只有这样，才能使提单更容易成为转让的文件，并使提单具有准流通单据的作用。

(2) 运输契约的证据。大陆法认为，提单是承运人与托运人订立的运输合同。而英美法则认为，提单仅是二者的运输合同的证据。按照英国法，提单不是合同本身，只是合同条款的证据。这一原则是在英国早期案例中确立的，而后在1951年阿登尼斯一案中又予以重申。理由是：提单是在货物装船以后签发的，而运输合同是在此以前订立的，运输合同的双方总是在装船以前以口头或书面（订舱单与确认书）的形式订立合同。

(3) 所有权凭证。提单是货物的所有权凭证，它赋予提单持有人占有货物的权利。提单代表货物。占有提单在法律上等于占有货物。提单持有人有权要求承运人在卸货港交付货物。提单持有人也可以通过转让提单而转让货物所有权。承运人有责任将货物交给提单持有人。如果提单经过转让，就是将货物交给最后的提单持有人。谁提交提单，承运人就把货物交给谁，而不问提单持有人的权利依据。

4. 提单的种类

(1) 按签发时间分类。1) 已装船提单（shipped or on board bill of lading)。已装船提单是指承运人向托运人签发的货物已经装船的提单。已装船提单可以保障收货人按时收到货物，所以在买卖合同中一般都规定卖方提供已装船提单。2) 备运提单（received for shipment bill of lading)。备运提单又称收货待运提单，是指承运人已收到货物等待装船的提单。如果承运人签发备运提单，就是他确认货物已交由他保管，或存在指定的地点，或存在他的仓库，而不是确认货物已经装船。这种提单仅说明货物将装上就要到港的远洋轮船。

（2）按运输方式分类。1）直达提单（direct bill of lading）。直达提单亦称直运提单，是指由承运人签发给托运人的，货物自装货港直接运往卸货港而不转船的提单。此种提单仅填写装货港和卸货港的名称，而无中途转船的批注。有时提单条款内列有承运人有权转装他船的所谓“自由转船条款”，但没有转船的批注，这种提单仍应视为直达提单。2）海上联运提单（ocean through bill of lading）。我国运输业有时也把它称为转船提单。海上联运提单是指由一个以上的船舶所有人以一艘以上船舶承运货物，从一地运至另一地的提单。货物由第一承运人在装船港装运，由第二承运人在中途港接转，运往最终目的港。海上联运可以转运多次，但以转运一次者居多。

（3）按提单的抬头分类。提单抬头就是货物的收货人。根据提单如何填写收货人，提单可以分为：1）记名提单（straight bill of lading）。记名提单亦称收货人抬头提单，是指填明收货人的姓名或名称的提单。记名提单是不可转让的单据。记名提单的收货人不能把提单背书转让。记名提单不能转换为指示提单。收货人如要转让货物，只能按照一般的财产转让手续办理。2）不记名提单（bearer bill of lading）。不记名提单是指应向提单持有人交付货物的提单。在提单收货人一栏内不填写收货人名称，也不填写“凭指示”字样，可填写“付持票人”（to bearer）。承运人应将货物交付给提单持有人。不记名提单是可转让的提单。这种提单在国际贸易中很少使用。3）指示提单（order bill of lading）。指示提单是按照记名人（named person）的指示或非记名人的指示交货的提单。记名指示提单在收货人一栏填写“凭公司指示”（to the order of ×× Co.）。不记名指示提单在收货人一栏仅填写“凭指示”（to order）。根据发出指示的人的不同，记名指示又可分为托运人指示（to the order of the shipper）、收货人指示（to the order of the consignee）和银行指示（the order of the bank）三种情况。指示提单是一种可转让的单据。指示提单的使用较记名提单和不记名提单都普遍得多。

（4）按提单有无批注分类。1）清洁提单（clean bill of lading）。清洁提单是指对货物的表面状况未加批注的提单。它说明货物是在表面状况良好的条件下装船，即说明承运人在接收货物时货物的表面状况没有缺陷。货物的表面状况，一般是指货物的包装情况；如果没有包装，则指货物的外表状况。如果承运人签发了清洁提单，就是他确认经过他或他的代理人的合格检查，货物装船时的表面状况良好。卸货时如果发现货物外表有缺陷，承运人就应负责。2）不清洁提单（unclean bill of lading or foul bill of lading）。不清洁提单是指对货物的表面状况加有批注的提单。它说明货物在表面状况不良的条件下装船。在装船时，承运人如发现货物或包装的表面状况不良，有权在提单上进行批注。交货时如发现货物损害可以归因于这些批注的事项，就可以减轻承运人的责任。但托运人一般不愿意接受不清洁提单，因为不清洁提单会造成向银行结汇困难。托运人为了及时收回货款，往往向船长出具保函以换取清洁提单。如果货物由于包装不良在交货时发现残损，承运人在赔偿收货人后可向托运人追赔。

（5）租船合同项下的提单（charter-party bill of lading）。租船合同项下的提单是指承运人根据租船合同签发的提单。定期租船的租船人按照班轮条件经营租船时，须给托运人签发提单。程租船的船舶所有人也须给租船人签发提单，以便租船人据以向银行取得货款。这样，就产生两个运输合同，即租船合同与提单。二者的关系是什么，是法律需要解决的问题。

关于提单与租船合同的关系，有以下三种情况：1）当租船人是货物托运人时，如果没有相反的协议，船舶所有人与租船人之间的关系即二者之间的权利义务依据租船合同，提单内任何与租船合同相反的条款都为无效。提单仅是一张物权凭证和货物收据。2）如果租船人不装运自己的货物，而是由租船人以外的托运人装运货物，则租船人与船舶所有人之间的关系依据租船合同，而托运人与船舶所有人之间的关系依据提单。3）如果租船人把提单背书转让给第三者，提单从转让给受让人之时起成为承运人与提单持有人之间的运输合同。

5. 提单的签发、份数与日期

在货物装船以后，承运人、船长或承运人的代理人，应按照托运人的请求，给托运人签发提单。提单的签发一般是正本两份至三份，以便托运人经银行分别寄交买方。如果其中一份遗失，还可凭其他提单收回货款。副本提单的份数没有限制，船方亦不签字。收货人凭一份正本提单即可提货。承运人对任何一份正本提单完成交货义务后，其他各份失效。这种规定是为了保护承运人。提单签发日期一般以装船日期为准。

6. 提单的转让

随着国际贸易的发展，在商业上有了转让提单的做法并为法律认可，除记名提单以外，指示提单和不记名提单都可以转让。指示提单须经背书转让；不记名提单无须背书，仅凭交付即可转让。

（1）提单的背书。提单的转让须经背书与交付才能完成。背书就是托运人或受让人的提单背面签名。如果只是签名而不写明货物交给谁，这种背书叫"空白背书"（indorsement in blank）。如果写明交给谁或凭某人指示，叫"记名背书"（indorsement in full）。

（2）背书的效力。1）提单的背书与交付可以转让货物的所有权，但以当事人有这种意图为条件。记名背书的指示提单是背书交单时转让。不记名提单、空白背书的指示提单不需要背书，是在交单时转让。提单可以多次转让，实际的收货人是最后的提单受让人。2）提单经过背书与交付，可把转让人在提单合同中的一切权利和义务转移给受让人，而无须通知承运人。运输合同中的权利、义务随货物所有权的转让而转让。提单受让人可以以他自己的名义起诉和被诉，而无须联合原来的订约人。而一旦受让人又把提单转让出去，他就失去了运输合同中的权利。3）租船人把承运人根据租船合同签发给他的提单背书给第三者时，该提单就成为不同于租船合同的新合同，即令提单明确地结合于租船合同。

（3）提单转让的条件。1）提单是否可以转让，首先要看提单抬头即收货人一栏如何记载，不记名提单可以转让，指示提单也可以转让，而记名提单不可以转让。托运人要转让提单就要按照不记名提单和指示提单的要求填写收货人。只有托运人把提单作成可以转让的提单，这种提单才能转让。2）提单转让的双方当事人必须有转移货物所有权的意图。

提单转让人把提单背书交付给受让人，这不一定意味着货物所有权的转移。只有双方当事人有意转移货物所有权时，它才能转移。3）提单转让必须在交货前进行。提单转让时，货物必须在途。一旦货物交付于收货人，提单就不再代表货物，提单转让的效力也就消失。

（4）提单与汇票在可转让性上的区别。提单虽然可以自由转让，但其可转让性小于汇票的可转让性，这表现在以下两个方面：1）汇票除非明确排除其可转让性，否则都可转让；而提单只有托运人把它做成可转让的单据时，才可转让。2）如提单转让人无权转让，则善意的受让人不能取得货物的所有权。如果一个人偷得货物，经向船方托运取得提单，并把它转让给一个善意的受让人，或者卖方的代理人未经授权把货物托运给船方，并把提单转让出去，则受让人不能根据提单获得货物所有权，不能对抗真正的货主。所以提单受让人必须查明该提单有无权利上的争执。相反，当汇票转让给善意的付了对价的受让人时，受让人不必考虑转让人的权利是否有瑕疵。因此有的法学家认为，提单是类似的流通证券或“准流通”（quasi-negotiable）单据。

（二）承运人的责任与免责

1.《海牙规则》的相关规定

（1）承运人的责任。

第一，在开航前与开航时恪尽职责（也称谨慎处理）使船舶适航。《海牙规则》第 3 条第 1 款规定：承运人应在开航前与开航时恪尽职责，使船舶具有适航性；适当地配备船员、设备和船舶供应品；使货舱、冷藏舱和该船其他载运货物的部位适宜和安全地收载、运送和保存货物。现将这一款规定的主要内容解释如下：

1）适航性（seaworthiness）的意义。适航性的担保，既不是条件，也不是保证，而是一个中间条款。如果承运人违反适航性的担保，应给他机会修理船舶，只有对适航性的违反达到破坏合同基础的程度，才能解除合同。

2）恪尽职责（due diligence）的意义。在制定《海牙规则》以前，根据英国普通法，承运人对船舶的适航性，在上述含义的范围内，应负严格的责任。除天灾和战争以外，承运人应对承运货物遭遇的一切风险负责。这种责任就是所谓绝对的责任或保险人的责任。只要承运人是公共承运人，他就应负这种责任。这是因为英国法是把承运人作为受托人看待的，他对货物的运输和保存应绝对负责，即使他在开航之时采取了一切措施使船舶适航，而事实上船舶不具有适航性，货物致损，他仍有责任。但是《海牙规则》在船舶适航性的保证上修改了普通法。按照该规则第 3 条第 1 款的规定，承运人对船舶的适航责任不是绝对的而是有条件的，即仅须对船舶适航做到恪尽职责。如果承运人已恪尽职责，即使货物受损，他也没有责任；反之，他就应对他的过失行为负责。所以“恪尽职责”是很关键的词句。

3）承运人使船舶适航的义务应从何时开始并于何时终止。按照英国法对《海牙规则》的解释，承运人应于“开航前与开航之时”使船舶适航，即承运人只对航程的开始负责，而不是对全程负责。所谓开航前，确切地说，是指开始装货之时；开航时，是指船舶离开锚地之时。但适航的时间并不仅仅指开始装货之时与开航时这两个孤立的时间，而是指开始装货至开航这一整段时间。按照英国法，承运人使船舶适航的义务在开航之时终止。一旦船舶离开锚地，船舶就不再处于开航阶段，而是在途。虽然承运人的适航责任于船舶开航之时终止，但对船舶航行途中发生的损失仍应及时修理。

4）违反适航性义务的后果与举证的责任。违反适航性义务的后果是，如果这种违反尚未剥夺货主在合同中的全部实质性利益，或者货主选择不终止合同，则货主可以根据合同向承运人索赔。但如果违反适航性的义务达到剥夺货主在合同中全部实质性利益的程度，货主可以终止合同。货主如果主张货损是由于船舶不适航所造成，他应举证。另外，如承运人认为货损并非不适航的原因所引起，他也应举证。一般运输合同中解除承运人使船舶适航义务的规定或协议无效。

第二，对承运的货主应适当和谨慎地装载、搬运、积载、运送、保管、照料和卸载。《海牙规则》第 3 条第 2 款规定：除依照第 4 条的规定外，承运人对所承运的货物应适当和谨慎地装载、搬运、积载、运送、保管、照料和卸载。应注意的是，承运人按照第 3 条第 2 款承担的义务是严格的，而不是如第 3 条第 1 款所规定的恪尽职责。他应对他的疏忽或过失负责。第 3 条第 2 款规定的法律效果是，如果货主能证明已装船货物没有交付或装船后残损，则承运人应该负责。但如承运人能证明当货物在他掌管时他已适当和谨慎地管理货物，或者残损属于第 4 条第 2 款的免责范围，则可以免除责任。第 3 条第 2 款的规定使承运人有责任在船舶的吊钩下以同装船时同样良好的状况交货。运输合同中解除承运人承担本款义务的规定和协议无效。

（2）承运人的免责事项。

《海牙规则》第 4 条规定了承运人的权利和免责事项。该条第 2 款是其中最重要的一款。该款同第 3 条第 1、2 款一样，也是《海牙规则》的核心，该款包括 17 个项目。承运人所承运的货物受到损害，如果是 17 项中的任何一项原因所造成的，承运人就不负赔偿责任。所以航运界称该款为“免责事项”或“例外事项”(catalogue of exceptions)。这 17 项免责事项大致可以分为六类：第一类，船长、船员、引水员或承运人所雇用的其他人员在驾驶上或管理船舶上的行为、疏忽或过失。第二类，火灾，但由于承运人的实际过失或知情所引起的除外。第三类，不可抗拒的自然力量，包括海难、天灾。第四类，不可抗拒的人为力量，包括战争行动、公敌行为、政府的管制或司法扣押、检疫限制、罢工。第五类，托运人的过失或他所能控制的原因，包括托运人的过失行为、货物的潜在缺陷、包装不固和标志不清。第六类，非由于承运人或其代理人的过失引起的损害。

（3）承运人的责任期间。

承运人的责任期间就是承运人对货物运送负责的时间范围。《海牙规则》第 1 条第 5 款对承运人的责任期间作了规定。按照该款的规定，“货物运输”包括自货物装上船的时候起直至卸下船的时候止的一段时间。

本款用了“装上”(loaded on) 和“卸下”(discharged) 二词，使得本款在时间概念上很不明确，这就必须联系其他条款来理解。联系《海牙规则》第 2 条、第 3 条第 2 款和第 7 条可以明确，装货和卸货的时间包括在内，而装船前和卸货后的时间则在责任期间以外。装船从哪一点开始，卸货至哪一点为止，条文并不明确，通常是适用“钩至钩”条款。按照这一条款，在使用船上吊杆的情况下，装货时，当货物在码头上挂上船舶的吊钩，《海牙规则》开始适用；卸货时，当货物在码头上离开船舶的吊钩，《海牙规则》停止适用。如使用岸上起重吊，则装货时当货物越过船舷时《海牙规则》开始适用；卸货时当货物越过船舷时《海牙规则》终止适用。如货物由驳船直接装大船，则自货物挂上大船的吊钩时《海牙规则》开始适用；如由大船卸货至驳船，则自货物卸至驳船脱离吊钩时，《海牙规则》停止适用。

（4）承运人的责任限制。

根据《海牙规则》，承运人有权限制其对货物的灭失或残损的责任，责任限制就是承运人对货物灭失或残损的最高赔偿额。《海牙规则》第 4 条第 5 款和第 9 条对承运人的责任限制作了如下规定：承运人或是船舶，在任何情况下对货物或与货物有关的灭失或损害，每件或每计费单位超过一百英镑或与其等值的其他货币的部分，都不负责；但托运人于装货前已就该项货物的性质和价值提出声明，并已在提单中注明的，不在此限。该项声明如经载入提单，即作为初步证据，但它对承运人并不具有约束力或最终效力。经承运人、船长或承运人的代理人与托运人双方协议，可规定不同于本款规定的另一最高限额，但该最高限额不得低于上述数额。如承运人在提单中，故意谎报货物性质或价值，则在任何情况下，承运人或是船舶，对货物或与货物有关的灭失或损害，都不负责。本公约所提到的货币单位为金价。凡缔约国中不以英镑作为货币单位的，得保留其将本公约所指的英镑数额以四舍五入的方式折合为本国货币的权利。

（5）收货人通知货物灭失或损坏的时间。

根据《海牙规则》的规定，收货人最迟应在卸货港收到货物以前或当时，就货物灭失和损坏的情况书面通知承运人，否则即推定承运人已经交付了提单列明的货物。如果损坏的情况不明显，收货人应在收到货物后 3 日内通知承运人。

（6）诉讼时效。

《海牙规则》第 3 条第 6 款对诉讼时效作了如下规定：除非从货物交付之日或应交付之日起 1 年内提出诉讼，承运人和船舶在任何情况下都免除对灭失或损害所负的一切责任。1 年的期限自货物交付之日起算；如货物灭失，则自应交付之日起算。“提出诉讼”并不意味着向法院提出起诉书，而意味着向被告发出传票。诉讼开始之时，即是向被告发出传票之日。

2.《维斯比规则》的相关规定

该规则对《海牙规则》的修改有以下几个方面：

（1）提高了最高赔偿额。《维斯比规则》第 2 条第 1 款规定，凡属未申报价值的货物，其灭失或损坏的最高赔偿限额为每件或每单位 1 万金法郎，或毛重每千克 30 金法郎（按两者之中的高者计算）。按该条第 4 款规定，一个金法郎是指一个含有纯度为 900‰的黄金

65.5毫克的单位。

按照上述规定，承运人的赔偿限额有所提高；以金法郎作为责任限制的计算单位，是为了保持责任限制额即赔偿限额的实际价值；以每件或每单位或每千克作为责任限制的计算标准，即采用数量和重量两种计算标准，以适应海运货物品种日益繁多的情况。

（2）明确了计算集装箱或托盘货物最高赔偿责任的数量单位。集装箱和托盘是新出现的运输工具。一个集装箱内装许多小件货物，承运人的责任限制的数量单位，是按一件计算，还是按内装货物的件数计算，是新产生的问题。《维斯比规则》对此作了明确规定。该规则第2条第3款规定，如果在提单中载明这种运输工具中的件数或单位数，则提单所列的数量就是计算责任限制单位，如果在提单中没有载明，则一个集装箱或一个托盘应视为一件货物。

（3）扩大了适用范围。《海牙规则》只适用于缔约国签发的提单，而《维斯比规则》既适用于缔约国签发的提单，也适用于从一个缔约国港口起运的货物提单，而且如果提单规定受此条约约束，则此规则也适用。

（4）增加了保护承运人的雇员和代理人的条文。根据《维斯比规则》第3条，凡是承运人可以享受的免责权利和责任限制，他的雇员和代理人亦可享受。

（5）诉讼时效经双方当事人同意可以延长。

（6）明确了“不得否认”（estoppel）原则。为了保障善意的第三人的利益，《维斯比规则》规定，承运人不得对提单所作的说明提出反证，即当提单合法转让给善意的第三人时，承运人不得提出与提单所载明事项相反的证据来否认提单所作的说明。

从以上可以看出，《维斯比规则》对《海牙规则》的修改是很不彻底的，对《海牙规则》的主要缺点，即免责条款第4条第2款的第1项及第2项并未废除。它较《海牙规则》稍有改进的只是提高了赔偿限额。

3.《汉堡规则》的相关规定

1978年的《汉堡规则》对《海牙规则》作了全面的修改。《汉堡规则》加重了承运人的责任，废除了《海牙规则》中驾驶和管理船舶过失免责条款。现将《汉堡规则》中关于承运人责任的规定介绍如下。

（1）对货物损害赔偿的一般原则。《汉堡规则》第5条第1款规定了承运人责任的基本原则：除非承运人证明他本人，其受雇人或代理人为避免该事故发生及其后果已采取了一切所能合理要求的措施，否则承运人应对因货物灭失或损坏或延迟交货所造成的损失负赔偿责任，如果引起该项灭失、损坏或延迟交付的事故，如同第4条所述，是在承运人掌管货物期间发生的。

《汉堡规则》第5条第1款确立了承运人责任原则的最重要的两点：第一，采取了完全过失责任制。承运人的责任以他的过失为依据，承运人应对他、他的雇员和代理人的过失负责。第二，承运人负责举证。只要货物发生损害，就推定承运人有过失，但这只是初步推定。初步推定允许提出反证。如果承运人能提出他、他的雇员和代理人已采取合理措施避免事故发生的证据，则他可以免责。

(2) 废除了驾驶和管理船舶过失免责条款。《汉堡规则》以第 5 条第 1 款废除了《海牙规则》第 4 条第 2 款第 1 项关于驾驶和管理船舶过失的免责条款。这是对《海牙规则》的最重要的修改。

(3) 保留了托运人对火灾举证的规定。《海牙规则》原则上免除了承运人的火灾责任，即使火灾是由于承运人的雇员或代理人的过失所引起，亦可免责。只有一种情况除外，即如果火灾是由于承运人本人的过失所造成，则不能免责。而多年来火灾事故案例说明，火灾极少是由承运人本人的过失引起而多半是由他的雇员或代理人的过失所造成的。所以，这一规定实际上免除了承运人的火灾责任。

《汉堡规则》第 5 条第 4 款规定了承运人的火灾责任。按照《汉堡规则》，不免除承运人因火灾造成的货损责任，不论火灾是由于承运人本人的过失引起，还是由于承运人的雇员或代理人的过失所造成，都不能免除责任，但应由货方（托运人或收货人）举证。实践证明，货方举证是很困难的。因为关于船上的火灾，承运人掌握情况和证据，而货方则不掌握；如果要求货方对承运人或其雇员的过失举证，实际上就等于承认火灾免责。

《汉堡规则》保留了由货方对火灾举证的规定，使它对《海牙规则》火灾免责规定的修改有名无实。这是在制定《汉堡规则》过程中货方对船方妥协的结果，也是《汉堡规则》的严重缺点。

(4) 延迟交货的责任。《海牙规则》没有对延迟交货的责任作出规定。而《汉堡规则》第 5 条则明确规定承运人对延迟交货应负赔偿责任，而不论延迟交货是由于承运人本人的过失还是由于他的雇员和代理人的过失所造成的。该条第 2 款给延迟交货所下的定义是：如果货物未能在明确议定的时间内，或虽无此项议定，但未能在考虑到实际情况对一个勤勉的承运人所能合理要求的时间内，在海上运输合同所规定的卸货港交货，即为延迟交付。

(5) 责任期间。《汉堡规则》第 4 条专门规定了责任期间。按照《汉堡规则》第 4 条第 1 款，承运人对货物的责任期间包括在装货港、在运输途中以及在卸货港的期间。该条第 2 款又规定，在下述起讫期间，承运人应视为已掌管货物。1) 自承运人从以下各方接管货物时起：托运人或代其行事的人；或根据装货港适用的法律或规章，货物必须交其装运的当局或其他第三方。2) 至承运人将货物交付以下各方时止：将货物交付收货人；或遇有收货人不向承运人提货时，则依照合同或卸货港适用的法律或特定的贸易惯例，将货物置于收货人支配之下；或根据在卸货港适用的法律或规章将货物交给必须交付的当局或其他第三方。

根据《汉堡规则》，承运人的责任期间是从接收货物时起至交付货物时止的整个期间。而根据《海牙规则》，承运人只对货物在船上这一段时间负责。因此，《汉堡规则》的责任期间较《海牙规则》扩大了。这一规定有助于解决装船前或卸货后无人负责的问题，也可以避免法律适用上的复杂问题。

(6) 责任限制。《汉堡规则》以第 6 条限制承运人对货物的赔偿责任。该条第 1 款规定：承运人对货物的灭失或损坏的赔偿责任，以灭失或损坏货物相当于每件或其他装运单位 835 计算单位或相当于毛重每千克 2.5 计算单位的金额为限，以其较高者为准。承运人对延迟交付的赔偿责任，以相当于该延迟交付货物应付运费的 2.5 倍的金额为限，但不超过海上运输合同中规定的应付运费总额。无论如何，承运人根据本款的总赔偿责任，不许超过根据本款第 1 项对货物全部灭失招致的赔偿责任所确定的限额。

《汉堡规则》的责任限制条款是参照《维斯比规则》制定的。而赔偿限额则较《维斯比规则》提高 25%。按照制定《汉堡规则》时的比价，835 计算单位等于 12 500 金法郎，2.5 计算单位等于 37.5 金法郎。《汉堡规则》提高赔偿限额的原因是金法郎的价值降低。

（7）承运人和实际承运人的责任。实际承运人是《汉堡规则》新提出的概念，之所以提出实际承运人的概念，是因为承运人或称订约承运人常将运输合同即提单规定的全部运输或部分运输委托给其他船公司完成，即委托给实际承运人完成。而承运人又在提单中规定，他只对自己履行的运输负责，对实际承运人履行的运输不负责。实际承运人又以自己不是订约承运人为由也不对他履行的运输负责。故《汉堡规则》第 10 条第 1 款规定，即使全部运输或部分运输委托给实际承运人履行，承运人仍应对全程运输负责，而且对实际承运人的雇员负责。承运人按照第 10 条虽应对全程运输负责，但他按照《汉堡规则》第 11 条也可以在运输合同联运提单中规定，他仅对他履行的那部分运输负责，即对第一程船运输负责，而不对全程运输负责；第二程船的运输，由实际承运人负责。第 11 条是第 10 条的例外。

（8）承运人对舱面货的责任。按照《海牙规则》第 1 条第 3 款，舱面货（也称甲板货）不包括在货物的定义之内，其发生损害，承运人不负责任，除非在提单上加以说明，即在提单正面加注了“货装舱面上”字样。如果有这种注明，承运人应按《海牙规则》第 3 条第 2 款负责。《汉堡规则》在第 9 条中设置了舱面货条款。按照该条规定，承运人应对按照与托运人的协议、贸易习惯或者法规装载在舱面上的货物的损害或延迟交付负责，但不对舱面货固有危险负责任。

（9）诉讼时效。《汉堡规则》把诉讼时效的期间，从《海牙规则》规定的 1 年改为 2 年，《汉堡规则》第 20 条第 1 款规定：有关货物运输的任何诉讼，如果在 2 年内没有提出司法或仲裁程序，即失去时效。诉讼时效期间规定为 2 年，主要是为了给货主充分的时间做提起诉讼的准备。2 年的时效期间不仅适用于托运人对承运人的诉讼，也适用于承运人对托运人的诉讼。

4. 我国《海商法》有关承运人责任和免责的规定

我国《海商法》第四章第二节规定了承运人的责任。其主要规定如下：

（1）第 47 条规定承运人应提供具有适航性的船舶：承运人在船舶开航前和开航当时，应当谨慎处理，使船舶处于适航状态，妥善配备船员、装备船舶和配备供应品，并使货舱、冷藏舱、冷气舱和其他载货处所适于并能安全收受、载运和保管货物。

（2）第 48 条规定承运人管理货物的责任：承运人应当妥善地、谨慎地装载、搬移、积载、运输、保管、照料和卸载所运货物。

（3）第 51 条规定承运人的免责事项：在责任期间货物发生的灭失或者损坏是由于下

列原因之一造成的，承运人不负赔偿责任：

1）船长、船员、引航员或者承运人的其他受雇人在驾驶船舶或者管理船舶中的过失；

2）火灾，但是由于承运人本人的过失所造成的除外；

3）天灾，海上或者其他可航水域的危险或者意外事故；

4）战争或者武装冲突；

5）政府或者主管部门的行为、检疫限制或者司法扣押；

6）罢工、停工或者劳动受到限制；

7）在海上救助或者企图救助人命或者财产；

8）托运人、货物所有人或者他们的代理人的行为；

9）货物的自然特性或者固有缺陷；

10）货物包装不良或者标志欠缺、不清；

11）经谨慎处理仍未发现的船舶潜在缺陷；

12）非由于承运人或者承运人的受雇人、代理人的过失造成的其他原因。

承运人依照前款规定免除赔偿责任的，除第（二）项规定的原因外，应当负举证责任。

（4）第46条规定了承运人的责任期间：承运人对集装箱装运的货物的责任期间，是指从装货港接收货物时起至卸货港交付货物时止，货物处于承运人掌管之下的全部期间。承运人对非集装箱装运的货物的责任期间，是指从货物装上船时起至卸下船时止，货物处于承运人掌管之下的全部期间。在承运人的责任期间，货物发生灭失或者损坏，除本节另有规定外，承运人应当负赔偿责任。前款规定，不影响承运人就非集装箱装运的货物，在装船前和卸船后所承担的责任，达成任何协议。

本条既规定了集装箱装运的货物的责任期间，也规定了非集装箱装运的货物的责任期间。而《海牙规则》对责任期间的规定，只限于后一种情况，不包括前一种情况。

（5）第50条规定承运人对货物迟延交付的责任：货物未能在明确约定的时间内，在约定的卸货港交付的，为迟延交付。除依照本章规定承运人不负赔偿责任的情形外，由于承运人的过失，致使货物因迟延交付而灭失或者损坏的，承运人应当负赔偿责任。除依照本章规定承运人不负赔偿责任的情形外，由于承运人的过失，致使货物因迟延交付而遭受经济损失的，即使货物没有灭失或者损坏，承运人仍然应当负赔偿责任。承运人未能在本条第一款规定的时间届满六十日内交付货物，有权对货物灭失提出赔偿请求的人可以认为货物已经灭失。

（6）第56条规定承运人的责任限制：承运人对货物的灭失或者损坏的赔偿限额，按照货物件数或者其他货运单位数计算，每件或者每个其他货运单位为666.67计算单位，或者按照货物毛重计算，每千克为2计算单位，以二者中赔偿限额较高的为准。但是，托运人在货物装运前已经申报其性质和价值，并在提单中载明的，或者承运人与托运人已经另行约定高于本条规定的赔偿限额的除外。货物用集装箱、货盘或者类似装运器具集装的，提单中载明装在此类装运器具中的货物件数或者其他货运单位数，视为前款所指的货物件数或者其他货运单位数；未载明的，每一装运器具视为一件或者一个单位。装运器具不属于承运人所有或者非由承运人提供的，装运器具本身应当视为一件或者一个单位。

(7) 第 60 条规定承运人和实际承运人的责任：承运人将货物运输或者部分运输委托给实际承运人履行的，承运人仍然应当依照本章规定对全部运输负责。对实际承运人承担的运输，承运人应当对实际承运人的行为或者实际承运人的受雇人、代理人在受雇或者受委托的范围内的行为负责。虽有前款规定，在海上运输合同中明确约定合同所包括的特定的部分运输由承运人以外的指定的实际承运人履行的，合同可以同时约定，货物在指定的实际承运人掌管期间发生的灭失、损坏或者迟延交付，承运人不负赔偿责任。

(8) 第 53 条规定承运人对舱面货的责任：承运人在舱面上装载货物，应当同托运人达成协议，或者符合航运惯例，或者符合有关法律、行政法规的规定。承运人依照前款规定将货物装载在舱面上，对由于此种装载的特殊风险造成的货物灭失或者损坏，不负赔偿责任。承运人违反本条第一款规定将货物装载在舱面上，致使货物遭受灭失或者损坏的，应当负赔偿责任。

(三) 托运人的责任

1.《海牙规则》和《汉堡规则》有关托运人的责任的规定

按照《海牙规则》第 3 条第 5 款和《汉堡规则》第 17 条，托运人应承担以下义务：托运人应保证所提供货物的标志、号码、数量和重量的正确性，还应保证货物的性质或价值的正确性。托运人应对由于上述资料的不正确造成的损失对承运人负责。

无论是按照《海牙规则》(第 4 条第 6 款) 还是《汉堡规则》(第 13 条)，托运人托运危险货物，均应将其危险性质通知承运人。如未通知，而承运人又不知其危险性质，托运人应赔偿承运人由于装运危险货物遭受的损失。承运人可以卸货，无须赔偿。

按照《汉堡规则》，托运人应保证赔偿承运人由于接受保函未对提单批注而受到的损失。《海牙规则》没有关于保函的规定。

2. 我国《海商法》有关托运人的责任的规定

我国《海商法》规定，托运人应保证提供的货物的标志、数量和重量的正确性。托运人托运危险品，应将其危险性质和预防措施通知承运人。如托运人未作通知，承运人可以将货物卸下、销毁。托运人对承运人因运输危险品所受到的损害应负赔偿责任。托运人应当按照约定向承运人支付运费。

四、租船合同

(一) 租船合同的概念、种类和标准格式

1. 租船合同的概念

租船合同是指船舶所有人与租船人订立的，在约定的航程或期间内，为了运输货物，由前者提供整个船舶的使用，而由后者支付运费或租金的合同。租船合同一般都以书面形

式订立。如根据我国《海商法》第128条的规定，无论是定期租船合同，还是光船租赁合同，均应以书面形式订立。

2. 租船合同的种类

按照英美法，租船合同可以分为航次租船合同（voyage charter-party）、定期租船合同（time charter-party）和光船租赁合同（charter-party by demise）三种。航次租船合同，是指船舶所有人保留船舶的所有权和占有权，自己雇用船长、船员，按一个航次或几个航次将船舶出租给租船人以供运输，并按照实装货物的数量收取运费的合同。光船租赁合同，又称定期租船合同，是指船舶所有人保留船舶的所有权和占有权，自己雇用船长、船员，仅在一定期间内将船舶出租给租船人以供运输，并按照租船人使用船舶的时间收取租金的合同。光船租赁合同，是指船舶所有人保留船舶的所有权，而将船舶的占有权转移给租船人以供运输，由租船人雇用船长、船员，并按照使用船舶的时间支付租金的合同。

光船租赁合同与定期租船合同的相同点是租金按照使用船舶的时间计算，这与航次租船合同不同。定期租船合同与航次租船合同的相同点是船舶所有人保留船舶的占有，这与光船租赁合同不同。

3. 租船合同的标准格式

在国际航海贸易中，有些国家和地区的航运组织或协会团体，为了便于租船交易的进行，根据不同的租船方式、货物种类和航线等特点，制定了各种租船合同标准格式，其条款内容往往过多地维护船方的利益，有些条款无确定性解释，仅提供给出租人和承租人自愿采用，或由双方协议增删某些条款及内容。采用这种标准格式的好处是，可以起到缩短洽谈租船时间、加速交易进行的作用。目前，航程租船合同格式中比较普遍采用的是《标准杂货租船合同》(Uniform General Charter)，简称“金康”(Gencon) 格式；定期租船合同格式中比较广泛采用的是《标准定期租船合同》(Uniform Time Charter)，简称“波尔的摩”(Baltime) 格式。中国租船公司也制定了《定期租船合同标准格式》，简称“Zhongzutime，1976”。

（二）航次租船合同

1. 航次租船合同的概念

航次租船合同是指船舶所有人在约定的航程内，为了运输约定的货物提供整个船舶的使用，而由租船人支付运费的运输合同。

2. 船舶所有人的默示担保

按照英美法，在一切海上运输合同中，除非有明示的相反规定，船舶所有人或承运人应默示担保下列三点：(1) 船舶具有适航性（seaworthiness)。适航性担保的含义是：船舶在开航时具有适航性；在装货时，船舶适于接受特定的货物。船舶所有人担保时，不仅仅是他已采取一切措施使船舶适航，而是船舶在事实上适航。他不能以不知道存在缺陷为理由进行抗辩。(2) 合理勤勉的担保（undertaking of reasonable diligent)。按照英国普通法，船舶所有人默示担保其船舶以合理的勤勉开始、进行并完成约定的航程。船舶应以合理的勤勉驶抵装货港，并以合理的勤勉驶达目的港。现代航次租船合同常以明示条款规定，船舶应“以一切可能的敏捷”（with all possible despatch）、“以合理的速度”（with reasonable speed）或“以方便的速度”（with convenient speed）驶往装货港。以上这些语句都没有超过普通法“合理的勤勉”的法律责任。(3）船舶不绕航的义务（no deviation)。如果在航次租船合同中没有相反的规定，船舶所有人就默示担保船舶按照通常、合理的航线行驶，不得不合理地偏离该航线。船舶的航线应该是直接的地理航线。绕航是指改变预定航次的直接的地理航线。

3. 船舶所有人的义务

(1）船舶所有人应如实说明船舶的性能，包括船名、国籍、船级、航速以及装货量等。有关船舶的说明是租船合同的基本条款之一。船舶的说明是船舶所有人作出的，他应保证他所作的说明都是事实。船舶所有人应以符合合同规定的船舶进行运输。

英国法将租船合同中的条款分为三类，以决定租船人是否有权终止合同或索赔：第一类是条件；第二类是担保；第三类是中间条款。违反条件，即使轻微违反，另一方也有权解除合同并要求损害赔偿。而违反担保，不管如何严重，另一方仅有权要求损害赔偿，而不能解除合同。中间条款，既不是条件，也不是担保。违反中间条款，只有达到破坏合同基础的程度，另一方才能解除合同。美国法没有条件与担保的区分，而只有担保这个概念，因此美国法是从船舶说明的重要性和违反发生的时间及违反的后果来考虑这个问题的。

船舶的说明具体而言有以下方面：1）船名（vessel’s name)。航次租船合同应订明船名，这是合同的一项重要条件。改变船名，实际上是更换船舶。更换船舶是违约行为，租船人可以终止合同。2）船舶国籍（vessel’s nationality)。英国法认为船舶国籍也是一项重要条件，而且是整个租期中都应保证的条件。在租期中更换船舶国籍往往是由于原船舶所有人把船舶卖给外国人，这是违约行为，更换船籍是对约定船舶的实质性改变，租船人有权拒绝。而美国法认为船舶国籍是一个中间条款，只有在战时才使租船人有权销约。3）船级（vessel’s class)。按照英国法，船级是租船合同中的重要条件。但这一规定有一定的限制，即船舶所有人对船级的保证仅限于订约之时，而不是船舶在整个租期内都能保持约定的船级。美国法认为，船级可以构成担保。如违反船级担保，租船人有权索赔；后果如果严重，租船人可以销约。4）货物载重量（dead weight cargo)。按照英国法，货物载重量是一个中间条款。违反这一条款的处理办法，要依据违反达到什么程度而定。如构成根本的违反，租船人有权解除合同。5）船舶的位置（vessel’s position)。英国法认为订约时船舶的位置是一项要件，违反这一要件，租船人有权解除合同。而美国法认为船舶的位置的说明是否构成担保取决于它在每一案件中的重要性。

(2）船舶所有人应在航次开始之时提供具有适航性的船舶。即船舶所有人提供的用于航次租船合同的船舶，应在航次开始之时具有适航性。

(3）船舶至迟应于销约日驶抵装货港，否则租船人有销约的选择权。船舶所有人在约定的航程开始以前就承担他的船舶尽快驶往装货港的义务，这可称为初步义务。这是航次租船合同与提单合同不同之处。船舶所有人完成这项义务的方法有两种：一是在合同中规定销约日期，船舶所有人绝对担保他的船舶在规定的日期到达装货港；二是船舶所有人仅担保他的船舶以合理的勤勉驶往装货港。无论采用哪一种方法，都是租船人装货责任的先决条件。金康合同格式第 10 条采取第一种办法，规定了销约日期。

（4）除非为了救助人的生命或财产，或为了船货的安全，否则船舶不得绕航。船舶应按照通常、合理的航线行驶，不得不合理地偏离该航线。船舶的航线应该是直接的地理航线，但为了救助人命或财产或者为了船货的安全绕航时例外。

（5）船舶所有人对因船舶不适航或积载不当造成的货损负责。金康合同格式第 2 条规定：船舶所有人对货物的灭失、损坏或延迟交付的责任限于造成灭失、损坏或延迟的原因是由于货物积载不当或疏忽（积载由托运人/租船人或其装卸工人和雇用人员完成者除外），或是由于船舶所有人或其经理人本身未恪尽职责使船舶各方面适航，并保证适当配备船员、装备船舶和配备供应品，或由于船舶所有人或其经理人本身的行为或不履行职责。由于其他货物的接触或泄漏，或气味挥发，或由于其他货物的易燃或易爆性质，或包装不充分而造成的损坏，即使事实上是由于积载不当或疏忽所致，亦不应视为由此而造成。

4. 租船人的义务

（1）提供满载的货物，否则应支付空舱费。

首先，租船人有责任提供货物。这是一项严格责任。租船人不能以不能提供货物为由而解除责任，除非履行合同成为不合法、合同另有明示的规定、合同落空或不能装货是由于船舶所有人的过失。

其次，租船人应提供满载的货物。提供满载货物的理由是，如不满载，船舶所有人将因船舶的载货能力未被充分利用而失去一些运费。租船人有义务装足船舶的最大载货重量或最大载货容积，租船人如不能提供满载货物，除应支付已装货物的运费外，还应支付空舱运费。

（2）应在约定的期间内装卸完毕货物，否则应支付滞期费。

租船人应在约定的时间内装卸完毕货物。租船合同中规定的装货和卸货的天数叫装卸时间（laydays or laytime），即许可装卸的时间。如果租船人实际使用的时间超过约定的装卸时间，他应支付滞期费；如未超过，可以获得奖金，叫速遣费（despatch money）。之所以在合同中作出这个规定，是因为船舶所有人按照航程收取运费，如果装卸延迟会使船舶所有人受到损失。

滞期费就其性质来说，按照英美法，是一种违约金，而不是罚款，但大陆法认为是罚款。违约金就是预先在合同中规定违约时应支付的损害赔偿金额。船舶所有人得到的补偿金额应正好是他的损失，不得超过损失。滞期费大致相当于定期租船运费加上船舶在港的日耗油费用。

由于装卸时间对于船、货双方的利害关系很大，因此要明确地规定装卸时间。规定的装卸时间有固定的和不固定的两种。表示装卸时间的“日”有多种表现形式，包括：

1）连续日（running days）。连续日是指连续 24 小时的日历日，包括星期日和假日。2）工作日（working days）。工作日指按照港口习惯可以正常工作的日子，不包括星期日和假日。3）良好天气工作日（weather working days）。良好天气工作日指天气条件良好、能装卸合同约定货物的工作日。4）连续 24 小时良好天气工作日（weather working days of 24 consecutive hours）。这是指昼夜连续 24 小时的良好天气工作日。

从以上四种形式看，“连续日”对船舶所有人有利；从船舶所有人的立场讲，“工作日”不如“连续日”好；“良好天气工作日”对船舶所有人不利；“连续 24 小时良好天气工作日”比较合理，船舶所有人和租船人都愿意接受，所以在租船市场上用得比较普遍。

固定的装卸时间也可以用装卸率来表示，如每天 1 000 吨。用装卸率和用若干日表示装卸时间，对租船人来说，责任相同，只是以装卸率表示时须以每日装卸率去除实际装货量才能得出许可的装卸时间。

超过许可装卸时间的天数是滞期天数。滞期费率乘以滞期天数就是应支付的滞期费。在总计滞期天数时，不足一天按一整天计算，但合同内可以订明不足一天者按比例计算。在滞期费的计算上，除非合同另有规定，要遵循“一旦滞期，永远滞期”（once on demurrage always demurrage）的原则。即在许可装卸时间届满以后，就应连续计算，遇到星期日和假日也不扣除。但合同规定滞期费应“按同样的日子”计算的除外。从船舶所有人的立场讲，加注“按同样的日子”对他不利。

虽然租船人由于支付滞期费而有权留滞船舶，但也不能无限期的延误。因为这样会打乱船舶所有人的整个运输安排，造成进一步的损失，故航次租船合同中有时对延滞期限作出规定。金康合同格式第 7 条规定：允许货物在装卸港共 10 个连续日的滞期。在 10 天的延滞期限届满以后，如果船舶继续延滞，租船人仍应对进一步的延滞赔偿损失，但这不是违约金，而是对滞期的损害赔偿（damage for detention），如同其他的违约索赔一样，应提交仲裁或由法院确定。

（3）租船人默示担保不装运危险品，但合同另有约定者除外。

按照英国判例法，租船合同的租船人默示担保不装运危险品。即使船长同意装运，除非船长处置不当，否则租船人也应对危险品可能造成的损失负责。

如果合同规定可以装运危险品，除应符合合同规定的条件外，还应遵守成文法的规定。

（4）租船人应指定安全的港口。

航次租船合同一般均订明装货港和卸货港。但有时不订明卸货港，而留待租船人以后指定，这是因为订立租船合同时收货人尚未确定。在很少的情况下，订约时也不订明装货港，留待以后指定，这是因为租船人不是发货人，订立租约时还不知道在何港装货，故要求船舶所有人给租船人指定港口的选择权。

租船人虽然有权指定港口，但他指定的必须是安全的，因为某些港口在某些季节或天气条件下是不安全的。安全港口条款是保护船舶所有人的。

所谓安全港口，就是船舶可以在装货港安全漂浮装满货物，并可以满载进入卸货港，而不需过驳货物。船舶进出港口应不受自然原因的影响，且也不应受政治原因的影响。例如，港口水深不够、通往港区的航道上有沙洲以及冰冻等都是自然原因，战争等则是政治原因。船舶不仅可以安全进出港口，而且可以安全停留港内。

租船人指定的港口，不仅在指定时应是安全的，而且在船舶到达时也应是安全的。

（5）租船人应按合同规定支付运费。

1）运费的意义。在早年英国的案例中，给运费下的定义是：运费是对安全运输和交付货物而付给承运人的报酬。

按照这个定义，在卸货港交付货物是承运人取得运费的先决条件，除非不能交货是收货人的无理拒绝。如果在租船合同中没有特别的协议，法律默示运费应在卸货港交货时支付。承运人只有在完成他的运送义务后，才有权请求支付运费，也就是运费应该到付。

根据货物交付这一前提，如果货物在运输途中或到达后交付前灭失，无论灭失是由什么原因造成的，船舶所有人都不能取得运费。属于合同规定的免责条款，如天灾、战争等，可以免除船舶所有人不交货的责任，但船舶所有人不能以此理由收取运费。当然，如果货物灭失是由于货主单方面的过失造成的，则仍可取得运费。

2）预付运费。运费得按照船舶所有人与托运人的约定，预先支付。预付运费是租船人在货物交付以前给船舶所有人的运费。预付运费并不等于取得，如未完成运送，还应退还。但这一原则可以以双方当事人的协议而变更。现代程租船合同常规定，预付运费在承运人接管货物或签提单时应视为已经赚得，无论货物灭失与否概不退还。法律承认当事人的这一约定。

按照合同双方的约定，预付运费可以在签发提单时支付，也可以在船舶开航后的特定时间支付。在合同中如未规定预付的比例，应全部预付；但也可约定部分预付，如预付60%或80%。

3）到付运费。在目的港交付货物时租船人支付给船舶所有人的运费叫到付运费。到付运费原则上是应在船舶抵达目的港交货前付清。到付运费和交货是相关联的行为。租船人和收货人如不支付运费，就无权提货。船舶所有人只有做好交货准备时才有权收取运费。至于支付运费的具体时间，可由船、租双方约定。采取运费到付这种支付方法的程租合同不多，较多的合同还是规定运费预付。

在到付运费的条件下，如果船货中途灭失，租船人就没有支付运费的责任，所以到付运费对船舶所有人是有风险的，但他可以通过投保运费保险解决这个问题。

4）货物残损时还应支付全部运费。按照英国法，即使运抵目的港的货物处于残损状态，货主还应支付全部运费，而无权以货物受损为理由拒付运费或扣减运费。即使货损严重到甚至不值运费的程度或货损是由于船长和船员的过失所引起的，仍应支付运费。但如在目的港交付的货物失去商销性，则可不支付。虽然货主在货物受损的情况下仍应支付全部运费，但他可以另案提起损害赔偿之诉。如果货损是由于货物本身的缺陷所造成的，或者适用合同免责条款，则无权起诉。

5. 其他条款

(1) 留置权条款。留置权是指因未付运费及其他费用，船舶所有人对他承运的货物进行留置的权利。

船舶所有人并不因留置货物而取得货物的所有权，故在一般的情况下不能出卖货物，但他可以占有货物，直到各项费用付清。留置权不是所有权，而是占有权、担保物权。

现代程租船合同留置权条款所规定的留置权的范围，主要包括未付运费、共同海损分摊费用、为保护货物支出的费用、预付运费、空舱费以及滞期费等。

(2) 合同落空条款。船舶所有人与租船人签订租船合同以后，双方都应严格执行合同。有时在签订合同以后，尽管合同双方均无过失，但由于发生了不可预见的情况，使合同的履行成为不可能，在这种情况下，可以解除合同双方的责任。这就是合同落空的原则。

合同落空是一项法律上的默示条款，即使在租船合同内没有订立落空条款，只要发生使合同落空的事件，合同落空的原则就应适用。无论是尚未履行的合同或是已经部分履行的合同，均可适用。

凡遇下列一些事件，往往要适用合同落空的原则：

1) 租船合同订立以后，船程开始以前，并非由于船舶所有人的过失，船舶被烧毁或在海中灭失；

2) 租船合同订立以后，由于战争爆发，不能履行合同；

3) 船舶被政府征用，征用时间超过租期，租船合同不能履行；

4) 装卸货港口发生冰冻，船舶无法进港。

但是，船舶在航程中遭遇海难，损坏严重，不属于合同落空。

6. 我国《海商法》对航次租船合同的规定

我国《海商法》将航次租船合同看成类似提单的海运合同，对航次租船合同所涉及的问题，作了如下规定：

(1)《海商法》第 94 条第 1 款规定：本法第四十七条和第四十九条的规定，适用于航次租船合同的出租人。按照此款的规定，出租人应提供具有适航性的船舶并承担不绕航的义务。

(2)《海商法》第 94 条第 2 款规定：本章其他有关合同当事人之间的权利、义务的规定，仅在航次租船合同没有约定或者没有不同约定时，适用于航次租船合同的出租人和承租人。

(3)《海商法》第 97 条规定：出租人在约定的受载期限内未能提供船舶的，承租人有权解除合同。因出租人过失延误提供船舶致使承租人遭受损失的，出租人应当负赔偿责任。这一规定与金康合同格式的有关规定相同。

(4) 按照《海商法》第 98 条的规定，租船人应在约定的期限内装卸完毕货物。如果承运人实际使用的时间超过约定的装卸期限，他应支付滞期费；如果提前完成装卸货，他可以获得速遣费。这一规定与金康合同格式的有关规定相同。

（三）定期租船合同

1. 定期租船合同的定义

定期租船合同是指船舶所有人在约定的期间内，为了运输约定的货物，提供整个船舶的使用，而由租船人支付租金的运输合同。

2. 船舶所有人的义务

（1）船舶所有人应保证他在订约时对船舶特性的陈述的正确性。船舶陈述条款（description clause）是船舶所有人关于船舶特性的说明。这个条款包括船名、船籍、船级、载重量、燃油消耗量、速度及其他项目。

（2）船舶所有人应在交船时提供具有适航性的船舶。波尔的摩合同格式第 1 条规定，船舶在交船时“在各方面都适于通常的货物运输”。美国土产交易所期租合同格式也规定了“船舶紧密、坚实、强固并在各方面适于航行”。这些条文都是适航性的保证，它意味着船舶应在广泛的意义上适航。

（3）船舶所有人负责船舶的维修，在航运期间保证船舶处于彻底有效状态。定期租船仅须在交船时适航，而不要求每一航次开始时适航。但是，在租期内如果机器发生故障，船舶所有人应在合理的时间内将船舶修好。所以波尔的摩合同格式第 3 条规定，船舶所有人应“维持船壳和机器处于充分有效状态”。如果有机会修理而船舶所有人未修理，他应负船舶不适航的责任。

适航责任不是重要条件，而是中间条款。如在交船之时船舶不适航，租船人可以要求修船，或按销约条款实施销约的权利。

（4）船舶所有人应负责赔偿因船舶不适航或照料货物不当而造成的货物损害。船舶所有人对因船舶合同中的货损责任，与在航次租船合同中的责任类似。按照波尔的摩合同格式第 13 条，船舶所有人仅对由于其本人或其经理未恪尽职责使船舶适航和积载不当造成的货损负责。

（5）船舶所有人应使船舶以最大的速率进行航程。在定期租船条件下，船舶所有人按照船舶被利用的时间收取租金，船舶运转的快慢与船舶所有人没有利害关系。而租船人却十分关心船舶的运输效率，所以，在期租合同内规定船舶所有人应尽以最大的速率进行航程。

3. 租船人的义务

（1）租船人担保指示船长在安全港口运输合法货物。

1）航运范围（trading limits）。航运范围也就是租用范围。在定期租船条件下，租船人对船舶的使用有较大的权利。租船人在租期内可以命令船舶驶往广阔范围内的港口。这与航次租船合同不同。在航次租船条件下，租船人租用的范围仅限于合同规定的航次。但定期租船人的租用范围也有一定限制，这个限制在定期租船合同中称为“航运范围条款”。

2）安全港口。按照定期租船合同租船人担保船舶在安全港口之间使用的责任，和按照航次租船合同租船人担保指定安全港口的责任是相同的。

租船人指示船舶驶往不安全港口就是使船舶驶出租约规定的航运范围，是违约行为，船长可以拒绝这种指示。如果船长服从租船人的指示行事，租船人应负责因此造成的船损。

3）合法货物。如果货物按照地方法规不能从装货港装出，或不能合法地在指定卸货港卸货，就不是合法货物。合法货物还应是按照船旗国法和合同准据法是合法的。

（2）租船人默示担保不装运危险货物，但合同另有约定者除外。租船人应担保不装运危险品，即使船长同意装运，除非船长处置不当，否则租船人也应对危险品可能造成的损失负责。有时租船合同明确规定禁止装运危险品，或者规定可以装运，但租船人要及时通知船长。租船人如要装运危险品，应取得船舶所有人的同意。如果合同规定可以装运危险品，除应符合合同规定的条件外，还应遵守成文法的规定。

（3）未得到船舶所有人的许可，租船人不得指示船舶驶入危险区。

（4）租船人应在约定的日期支付租金。如果租船人拖欠租金，船舶所有人有权撤船。

波尔的摩合同格式第 6 条规定："自按第 1 条规定起算至船舶交还船舶所有人为止，租船人应以第 19 栏规定的租金费率，每 30 天支付租金。租金须用第 20 栏规定的货币，以该栏规定的方式，无折扣地每 30 天现金预付。如果欠付租金，船舶所有人有权将船舶从租船人的营运中撤回，而无须提出任何声明，也无须通过任何法院或其他形式的干预，且不影响船舶所有人根据本租船合同所具有的对租船人的任何索赔权利。"

如果没有明确的协议，因封锁、禁运、港口拥挤、天气恶劣、修理船舶、罢工而延滞的时间，仍应支付租金。但如延滞构成合同落空，则可不付。关于船舶的延期损失，租船人负担的风险较多，这是因为在租期内船舶是由租船人控制使用的。而船舶所有人只负担船舶运转意外事故造成的延期损失。

撤船条款对租船人来说是很严厉的。按照英美判例法，一般合同中有关支付时间的规定，不是合同的要件，租船人迟付租金，船舶所有人仅能索赔，而不能撤船。但是由于租船合同内规定了撤船条款，船舶所有人获得撤船的权利。船舶所有人仅须说明租金未曾按时支付即可撤船，而不须说明理由。只要租船人拖欠租金，船舶所有人就有权撤船，而不须事先向租船人催付，更不须给租船人一个宽限期。

（5）租船人应于租期届满时还船。但最后航次的安排如果合理，超过租期还船不算违约。定期租船合同是规定期限的租船合同，租船人仅在租期内使用船舶。按照波尔的摩合同格式第 7 条，租船人应在租期届满时还船。然而，除非另有规定，这并不意味着租船人必须在租期届满时立即还船。因为按照海洋运输的特点，这常常是办不到的。租船人在租期届满后合理的时间内还船并不违约。

如果还船期届满前余下一段时间，按照波尔的摩合同格式第 7 条，租船人可以安排一个短航次，即最后航次。英国法认为，租船人在安排最后航次时，如他能合理地预计到可以在租期届满后合理的时间内还船，则不违约。美国法认为，只要能预计到超过租期的时间短于租期余下的时间，这一安排就不违约。

（6）船租人如果在有关船舶的装卸港口、签发提单方面指示船长不当，致使船舶所有人遭受损失，应负赔偿责任，即使用和赔偿条款（the employment and indemnity clause）。

波尔的摩合同格式第 9 条规定：有关使用、代理或其他安排，船长应服从租船人的指示。因船长、高级船员或代理人签发提单或其他文件，或在其他方面遵照租船人的指导，以及由于船舶证书不规范或货物超载而引起的各种后果和责任，租船人应赔偿船舶所有人。

虽然有关船舶的使用及其他方面的安排，船长须服从租船人的指示，但船长不受租船人根据租约无权发出指示的约束，例如船长可以不服从在不安全港装货的指示。

虽然船长应按照租船人的指示行事，但船舶所有人仍应对船长的疏忽负责，除非合同订有免责条款。

如因租船人指示不当使船舶所有人遭受损失，船舶所有人可向租船人请求损害赔偿。在提出赔偿请求时，应证明指示与损失之间有因果关系。

（7）租船人应赔偿船舶所有人因装卸疏忽造成的损失，即装卸疏忽条款（careless loading or discharge）。波尔的摩合同格式第 13 条规定：租船人应对由于违反本租船合同的规定装载的货物或不当或粗心添加燃料、装载、积载和卸载货物，或其他其本身或其雇佣人员的不当或疏忽行为所造成的对船舶或船舶所有人的灭失或损坏负责。

（8）租船人应按照交给他时相同的良好条件还船。波尔的摩合同格式第 7 条规定，租船人应按照交给他时相同的良好条件还船（自然损耗除外）。违反这项规定，租船人应赔偿船舶所有人的损失，即修理费用，但不负责修理期间的租金，因为此时合同已经终止。

4. 其他条款

（1）停租条款（off-hire clause）。虽然租船人在整个租期均有义务支付租金，但其租船合同内一般均订有一个条款，规定在某些情况下可不支付租金，即停租条款。停租的理由是：由于船舶不能提供服务致使租船人损失时间，租船人可不付这部分时间的租金。

除非停租是船舶所有人违约所引起，停租条款不影响租船人应承担的其他义务，例如支付停租期间的燃油费等。但如合同另有规定，则这一原则不适用。如果停租是由于租船人的过失所引起的，船舶所有人仍可以索取一部分或全部租金。

（2）转租条款（liberty to sublet）。在定期租船合同内均订有转租条款。波尔的摩合同格式第 20 条规定：租船人有权转租船舶，但应给予船舶所有人预期通知。但是，最初的租船人始终对本租船合同的适当履行向船舶所有人负责。

按照上述规定，租船人有权在租船合同的租期内把船舶转租给他人，一般称之为第二租船人。租船人转租船舶不须取得船舶所有人的同意，但应通知船舶所有人。第二租船人与船舶所有人之间没有合同关系。船舶所有人对第二租船人不直接承担船舶适航性及其他方面的义务。第二租船人对船舶所有人也不承担支付租金等方面的义务。原租船人仍应向船舶所有人负责履行租船合同。

船舶所有人不能根据前一租船合同或转租合同对第二租船人起诉或被诉。这是因为合同不能赋予非合同当事人以权利，亦不能使他承担责任。

但如第二租船人与船舶所有人是提单的当事人，则第二租船人可以根据提单与船舶所有人建立直接的合同关系。船舶所有人可按提单对第二租船人起诉或被诉。船舶所有人可以向第二租船人收取提单运费。

5. 我国《海商法》关于定期租船合同的规定

我国《海商法》第六章第二节有关于定期租船合同的规定，但这些规定仅在出租人与承租人在合同中没有约定或没有不同约定的情况下适用。

(1) 我国《海商法》第 132 条规定：出租人交付船舶时，应当做到谨慎处理，使船舶适航。交付的船舶应当适于约定的用途。出租人违反前款规定的，承租人有权解除合同，并有权要求赔偿因此遭受的损失。

本条规定与波尔的摩合同格式第 13 条的规定一致。

(2) 我国《海商法》第 133 条第 1 款规定出租人在租期内维修船舶的责任。该款规定：船舶在租期内不符合约定的适航状态或者其他状态，出租人应当采取可能采取的合理措施，使之尽快恢复。

本款规定与波尔的摩合同格式第 3 条第 1 款的有关规定一致。

(3) 我国《海商法》第 131 条规定：出租人应当按照合同约定的时间交付船舶。出租人违反前款规定的，承租人有权解除合同。出租人将船舶延误情况和船舶预期抵达交船港的日期通知承租人的，承租人应当自接到通知时起四十八小时内，将解除合同或者继续租用船舶的决定通知出租人。因出租人过失延误提供船舶致使承租人遭受损失的，出租人应当负赔偿责任。

本条规定与波尔的摩合同格式第 22 条的规定一致。

(4) 我国《海商法》第 134 条规定：承租人应当保证船舶在约定航区内的安全港口或者地点之间从事约定的海上运输。承租人违反前款规定的，出租人有权解除合同，并有权要求赔偿因此遭受的损失。

本条规定与波尔的摩合同格式第 2 条第 1 款的规定一致。

(5) 我国《海商法》第 135 条规定：承租人应当保证船舶用于运输约定的合法的货物。承租人将船舶用于运输活动物或者危险货物的，应当事先征得出租人的同意。承租人违反本条第一款或者第二款的规定致使出租人遭受损失的，应当负赔偿责任。

本条第 1 款与波尔的摩合同格式第 2 条第 1 款一致。按照本条第 2 款，在取得出租人同意后，承租人可以装运活动物和危险货物。但是波尔的摩合同格式第 2 条第 2 款明确规定不得装运此类货物。

(6) 我国《海商法》第 140 条规定：承租人应当按照合同约定支付租金。承租人未按照合同约定支付租金的，出租人有权解除合同，并有权要求赔偿因此遭受的损失。

本条规定与波尔的摩合同格式第 6 条基本上一致。

(7) 我国《海商法》第 136 条规定：承租人有权就船舶的营运向船长发出指示，但是不得违反定期租船合同的约定。

本条规定与波尔的摩合同格式第 9 条的规定，原则上是一致的。

（8）我国《海商法》第 143 条规定：经合理计算，完成最后航次的日期约为合同约定的还船日期，但可能超过合同约定的还船日期的，承租人有权超期用船以完成该航次。超期期间，承租人应当按照合同约定的租金率支付租金；市场的租金率高于合同约定的租金率的，承租人应当按照市场租金率支付租金。

本条规定与波尔的摩合同格式第 7 条对最后航次的规定是相同的。

（9）我国《海商法》第 142 条规定：承租人向出租人交还船舶时，该船舶应当具有与出租人交船时相同的良好状态，但是船舶本身的自然磨损除外。

本条规定与波尔的摩合同格式第 7 条的规定基本上一致。

但按照波尔的摩合同格式，租船人只负责修理费用，而不安排修理工作。按照我国《海商法》，出租人可以要求承租人安排修理船舶的损坏部分，即恢复原状。

（10）我国《海商法》第 133 条第 2 款规定：船舶不符合约定的适航状态或者其他状态而不能正常营运连续满二十四小时的，对因此而损失的营运时间，承租人不付租金，但是上述状态是由承租人造成的除外。

本条规定与波尔的摩合同格式第 11 条第 1 款原则上是一致的。

（11）我国《海商法》第 137 条规定：承租人可以将租用的船舶转租，但是应当将转租的情况及时通知出租人。租用的船舶转租后，原租船合同约定的权利和义务不受影响。

本条规定与波尔的摩合同格式第 20 条对船舶的转租的规定原则上一致。

但波尔的摩合同格式规定最初的承租人始终对本租船合同的适当履行向船舶所有人负责。我国《海商法》对此未作明确规定。

（四）光船租赁合同

1. 光船租赁合同的定义和性质

光船租赁合同是指船舶所有人提供不配备船员的船舶，由租船人在约定期间内占有、管理和使用，并向船舶所有人支付租金的合同。

在航次租船合同和定期租船合同条件下，船舶所有人只在一个航程或几个航程，或在一定期间内，把船舶的使用权交给租船人，而船舶的占有权仍然在船舶所有人之手。而在光船租赁合同条件下，船舶所有人不仅把使用权而且把占有权也交给租船人。船舶所有人完全放弃船舶的占有是光船租赁合同的特点。

2. 光船租赁合同的主要条款

（1）船舶所有人应在租期开始之时提供具有适航性的船舶。

（2）租船人应在租期届满时以良好条件还船。

（3）租船人在租赁期间负责维修船舶，但交船时不能发现的潜在缺点由船舶所有人负责修理。

（4）租船人投保船壳险和船舶责任险。

（5）租船人作为承运人，对货损负责。

（6）租船人对因船长、船员的过失使第三者遭受的损害负责。

（7）租船人有权取得全部救助费，但亦可由租船人与船舶所有人按比例分得。

（8）租船人可以享受责任限制。

（9）船舶所有人对船舶载运的货物无留置权。

（10）租船人应指示船舶在约定的范围内载运合法货物。

（11）租船人有权转租船舶。

3. 我国《海商法》关于光船租赁合同的规定

（1）第146条规定：出租人应当在合同约定的港口或者地点，按照合同约定的时间，向承租人交付船舶以及船舶证书。交船时，出租人应当做到谨慎处理，使船舶适航。交付的船舶应当适于合同约定的用途。出租人违反前款规定的，承租人有权解除合同，并有权要求赔偿因此遭受的损失。

（2）第147条规定：在光船租赁期间，承租人负责船舶的保养、维修。

（3）第148条规定：在光船租赁期间，承租人应当按照合同约定的船舶价值，以出租人同意的保险方式为船舶进行保险，并负担保险费用。

（4）第152条规定：承租人应当按照合同约定支付租金。承租人未按照合同约定的时间支付租金连续超过七日的，出租人有权解除合同，并有权要求赔偿因此遭受的损失。

（5）第153条规定：本法第一百三十四条、第一百三十五条第一款、第一百四十二条和第一百四十三条的规定，适用于光船租赁合同。

五、我国《海商法》的修订

我国现行《海商法》自1993年7月1日施行以来，已实施32年，已与我国航运和贸易的发展不相适应，滞后于国际海商立法的最新发展变化，且无法满足我国共建“一带一路”倡议和“交通强国”的需要，加之《民法典》颁布之后，《海商法》作为特别法，与上位一般法之间出现了重复、用语不一致，甚至规范冲突等问题，因此，我国《海商法》亟待修改。顺应这种需求，2018年我国及时启动了《海商法》的修订进程，2024年列入全国人大常委会和国务院年度立法工作计划。同年，修订草案已经国务院常务会议讨论通过，并经十四届全国人大常委会十二次会议对《中华人民共和国海商法（修订草案）》进行了审议。目前《中华人民共和国海商法（修订草案）》正式公布，向社会公众征求意见。这次《海商法》修订的主要内容包括以下几个方面。

（一）拓展了调整范围，统一国内和国际海上货物运输的法律适用

现行《海商法》第2条第2款规定：“本法第四章海上货物运输合同的规定，不适用于中华人民共和国港口之间的海上货物运输。”当时，《海商法》制定时，国内港口之间的海上货物运输在许多方面仍实行计划管理，不具备与国际海上货物运输适用同一规则的条件。随着社会主义市场经济的发展，国内海上货物运输市场发生了很大变化，统一国内和国际海上货物运输法律适用的条件已经成熟。修订草案据此相应调整了现行《海商法》的

适用范围，删去了第 2 条第 2 款的规定，以更好地统筹国内国际两个市场，进一步促进航运和贸易发展。同时，鉴于《国内水路货物运输规则》废止后带来了国内水路运输法律调整的缺失，为解决因缺乏具有针对性的民商事制度规则而对内河货物运输行业发展和海事审判实践造成的困扰，修订草案规定："内河货物运输参照适用本法第四章关于国内海上货物运输的有关规定。"（第 309 条）

（二） 健全海洋生态环境保护相关制度

随着我国经济的发展，我国参与国际油类和有毒有害物质的运输活动不断增多，我国水域船源污染风险与隐患逐步加大，根据我国参加的有关国际公约，修订草案增加"船舶油污损害责任"一章（第十二章），明确了船舶油污损害赔偿的范围，规定船舶油污损害赔偿责任由漏油船舶所有人承担，国家建立船舶油污损害责任保险制度和船舶油污损害赔偿基金制度（第 226 条至第 231 条）；对船舶油类污染损害责任和船舶燃油污染损害责任有关事宜，分设专节作了具体规定（第 233 条至第 241 条）。同时，明确了船长在防治和减少海洋环境污染方面的职责，规定海难救助的救助方和被救助方不得通过合同约定免除其防止或者减少环境损害的义务，意在建立健全船舶污染损害赔偿制度，以保护水域生态环境，促进航运经济发展。

（三） 适当调整海商活动当事人的权利和义务

为适应新形势下航运和贸易发展的实际需要，合理配置责任和风险，促进形成更加明确稳定的市场预期，修订草案适当调整了海商活动当事人的权利和义务。

（1）适当强化海上货物运输承运人责任，更好平衡船货双方利益；明确实际托运人可以要求承运人签发运输单证，托运人可以书面通知承运人变更卸货港；细化承运人交付货物的规则要求等。（第 48 条、第 74 条、第 88 条、第 97 条）

（2）加大对旅客权益的保护力度，适当提高海上旅客运输承运人对旅客人身伤亡和财产损失的赔偿责任限额，并统一国内和国际海上旅客运输赔偿责任限额；规定承运人对旅客人身伤亡赔偿责任进行责任保险，并明确人身伤亡赔偿请求可以直接向责任保险人提出。（第 116 条、第 126 条、第 127 条）

（3）适当提高船舶所有人、海难救助方对相关海事赔偿请求的赔偿责任限额。（第 220 条、第 221 条）

（4）适当调整海上保险合同当事人的权利和义务，明确保险人解除保险合同时退还保险费的有关规则、保险人对保险合同格式条款的说明和提示义务、预约保险合同中被保险人向保险人如实申报有关事项的义务等。（第 250 条、第 251 条、第 261 条）

（四） 为航运数字化发展提供了制度保障

适应航运单证电子化实际需要，参考借鉴联合国国际贸易法委员会制定的《电子可转让记录示范法》和有关国际公约，在第四章"海上货物运输合同"中增加"电子运输记录"一节（第五节），明确了电子运输记录的法律地位，规定符合法定条件的电子运输记录与运输单证具有同等效力；承运人和托运人协商一致可以签发、使用电子运输记录；电子运输记录应当符合内容完整、准确，可供调取查用，签发人能够被识别，持有人能够证明其身份等条件；电子运输记录与运输单证之间可以互相转换。(第 83 条至第 87 条)

(五) 完善了涉外关系法律适用有关规则

修订草案在以下方面，进一步完善了涉外关系法律适用有关规则：

(1) 明确规定了装货港或者卸货港位于我国境内的国际海上货物运输合同适用本法第四章的规定。(第 297 条)

(2) 对一些重要涉外关系的法律适用规则作了补充完善。如规定建造中的船舶所有权、抵押权，船舶已经登记的适用登记国法律，未经登记的适用船舶建造地法律；船舶留置权适用船舶被留置地法律；增加了船舶担保物权相互之间受偿顺序的法律适用规定；船舶油污损害责任适用油污损害结果发生地法律等。(第 298 条、第 299 条、第 301 条、第 302 条、第 304 条、第 306 条)。参照《中华人民共和国涉外民事关系法律适用法》对船舶碰撞的法律适用规定引入意思自治原则。(第 303 条)。

(六) 其他一些重要修改

修订草案还对以下重要制度进行了修订：

(1) 为促进我国船舶融资租赁业务发展，明确了船舶融资租赁物权登记有关事宜以及租赁船舶对出租人债权实现的保障功能。(第 8 条)

(2) 充分体现当事人意思自治，明确当事人对建造中船舶的所有权有约定的，按照其约定 (第 10 条)；将有关航次租船合同的规定从"海上货物运输合同"一章调整到"租船合同"一章 (第六章)，明确该章规定仅在租船合同没有约定或者没有不同约定时适用。(第 129 条)

(3) 调整了海上旅客运输合同定义，使其适用于邮轮运输新业态。(第 106 条)

(4) 为提高我国航运保险承保能力和全球服务水平，将建造中的船舶保险合同纳入本法适用范围 (第 247 条)，并明确了在实践中发挥重要作用、具有互助保险性质的会员制互助组织的法律地位及规则适用 (第 310 条)。

(5) 完善了共同海损有关规则，明确船舶、货物或者其他财产泄漏污染物造成的损失或者支付的费用不得列入共同海损。(第 203 条)

(6) 完善了有关海事请求诉讼时效规定，更好维护当事人合法权益 (第十四章)。如将有关海上货物运输的请求权，诉讼时效期间由一年调整为二年 (第 285 条)；增加了关于共同海损分摊的请求权，在任何情况下诉讼时效期间不得超过从共同航程终止之日起六年的规定 (第 291 条)；等等。

(7) 进一步明确了船长在船舶安全和防治污染方面的权利与责任，强调了船长的独立决定权。(第三章)

第二节　国际多式联运合同

一、国际多式联运合同概述

（一）国际多式联运合同的定义

国际多式联运合同是指多式联运经营人以至少两种不同的运输方式，负责将货物从一国境内接管货物的地点，运至另一国境内指定交付货物的地点，并收取全程运费的合同。多式联运合同的当事人为多式联运经营人和发货人。

（二）国际多式联运所引起的法律问题

传统的转运做法是将整个运输过程分成几个阶段，而多式联运则是把海、陆、空运输联结一起，作为一个单一的运输过程来安排。这种运输方式的大变革势必带来一系列的法律问题，主要有下列几个：

（1）谁是多式联运合同的当事人？是多式联运经营人，还是海运承运人或内陆承运人？

（2）是否需要规定统一的多式联运单据？

（3）是采用统一责任制（uniform liability principle），还是网状责任制（network liability principle）？按照现行多式联运单据，联运人对运输全程负责。货物的灭失或损坏不论发生在哪个运输区段，联运人都应负赔偿责任。如果联运人不管货物损害发生在哪个运输区段都按共同的一个责任原则即一个责任标准处理，并按共同的一个限额赔偿，这就是统一责任制。反之，如果联运人对不同运输区段发生的货物损害，分别根据各该运输区段法律规定的责任原则和赔偿限额负赔偿责任，这就是网状责任制，或称分段责任制。

（4）统一责任制下，联运人赔偿责任的原则是什么？如果实行统一责任制，如何规定联运人的赔偿责任原则？是《海牙规则》规定的不完全过失责任制，或是《汉堡规则》规定的完全过失责任制，还是《国际铁路货物运输公约》规定的严格责任制？

（5）如何规定货物赔偿的责任限制？联运人对货物赔偿的责任限制，是作出统一的规定，还是依照各个运输区段所适用的法律办理？如运输全程适用一个赔偿限额，那么，是根据《海牙规则》的规定，或是根据《汉堡规则》的规定，还是根据《国际铁路货物运输公约》的规定？

（三）适用国际多式联运合同的法律和惯例

国际多式联运合同适用的国际规则有《联合国国际货物多式联运公约》和国际商会制定的《多式联运单证统一规则》。

二、《联合国国际货物多式联运公约》的主要内容

《联合国国际货物多式联运公约》（United Nations Conventions on International Multimodal Transport of Goods）于 1980 年 5 月 24 日在日内瓦召开的联合国国际多式联运公约会议上通过，此公约目前尚未生效，需待 30 个国家批准或加入 1 年之后生效。公约分为总则、单据、联运经营人的赔偿责任、发货人的赔偿责任、索赔和诉讼、补充规定、海关事项和最后条款等，共 8 个部分 40 条。该公约规定的主要内容如下所述。

（一）国际货物多式联运中几个术语的定义

国际货物多式联运是指按照多式联运合同，以至少两种不同的运输方式，由多式联运经营人将货物从一国境内接管货物的地点运至另一国境内指定交付货物的地点。多式联运合同（multimodal transport contract）是指多式联运经营人凭以收取运费，负责完成或组织完成国际货物多式联运的合同。《联合国国际货物多式联运公约》第 1 条第 2 款规定，多式联运经营人（multimodal transport operator）是指其本人或通过其代表同发货人订立多式联运合同的当事者本人，而不是发货人的代理人或代表，也不是参加多式联运的承运人的代理人或代表。多式联运经营人负有履行联运合同的责任。联运的货物包括由发货人提供的任何集装箱（container）、货盘（pallet）或者类似的装运工具或包装。

（二）公约的强制适用性

《联合国国际货物多式联运公约》明确规定，凡是货物启运地或到达地在缔约国境内的任何多式联运合同，均强制适用。这就改变了上述多式联运合同的当事人可任意选用其他多式联运规则的可能性。

（三）国际货物多式联运单据

多式联运的经营人在接管货物时，应签发多式联运单据。它是证明多式联运合同和多式联运经营人接管货物并负责按照合同条款交付货物的单据。多式联运单据可由发货人选择，或为可转让单据，或为不可转让单据。可转让的多式联运单据：如果列明“按指示”（to order）交付的，需经背书后转让；如果列明“向持票人”（bearer）交付的，无须背书即可转让。不可转让的多式联运单据，应指明记名的收货人。

（四）国际货物多式联运经营人的赔偿责任

1. 赔偿责任期间

多式联运经营人对于货物灭失或损害的赔偿责任的期间，规定为从他接管货物时起到交付货物时止，并在整个期间承担统一的责任，即采用统一责任原则，否定了网状责任原则。

2. 赔偿责任基础

关于货物赔偿责任的基础，采用完全的过失责任原则。联运经营人要对他本人的行为或不行为，或其受雇人、代理人在受雇范围内行事时的行为或不行为而造成的货物灭失、

损坏或延迟交付所引起的损失负赔偿责任，除非多式联运经营人能证明本人、受雇人或代理人为避免事故的发生及其后果已经采取一切所能合理要求的措施。

3. 赔偿责任限制

赔偿责任限制按灭失或损坏的货物的每件（或其他货运单位）920 计算单位（unit of account）计算，或按货物毛重每千克 2.75 计算单位计算，以较高者为准。计算单位为国际货币基金组织所规定的特别提款权。上述赔偿限额较《汉堡规则》规定的提高 10%，这是由于考虑到通货膨胀的因素。如果联运不包括海上运输或内河运输的，按货物毛重每千克 8.33 计算单位计算（这与《国际公路货物运输合同公约》规定的限额一致）。此外，该公约还规定，如果确知货物损失发生的具体阶段，而这个阶段所适用的国际公约或国内法所规定的赔偿额高于上述赔偿额时，则多式联运经营人应按后者较高的赔偿额偿付。

（五）管辖、诉讼时效和仲裁

《联合国国际货物多式联运公约》规定，国际货物多式联运的任何诉讼都必须在下列地点有管辖权的法院进行：被告主要营业所，如无主要营业所的为被告的经常居所；多式联运合同的缔约地，该合同是由被告在该地的营业所、分支机构或代理机构所订立；货物的接管地点或交付地点；多式联运合同或单据中所载明的地点。但是，如果发生索赔以后，双方已协议在其他地点进行诉讼，则达成的协议有效。

诉讼时效为 2 年。但是，如果在货物交付后 6 个月内，或者货物未交付而在应当交付之日起 6 个月内，没有提出书面索赔通知，即为失去诉讼时效。

各方当事人也可用书面协议将有关国际多式联运的任何争议提交仲裁。

（六）海关过境条款

《联合国国际货物多式联运公约》规定，各缔约国应该核准使用国际货物多式联运的海关过境手续，给予国际多式联运货物过境自由。如果缔约国海关当局认为有关办理海关过境手续的各项要求已经办到，则联运货物在进出口时一般只检验海关印记及其他安全措施，在途中一般不再受海关检查，不再履行过境制度以外的任何海关手续，同时也无须向过境国家交付进出口关税及其他税收。

三、《多式联运单证统一规则》的责任制度

《联合国国际货物多式联运公约》迟迟未能生效，主要是因为多式联运经营人不愿接受该公约规定的统一的赔偿限额。如果多式联运经营人对货损按照该公约规定的限额赔付，而货物发生损坏的运输区段所适用的赔偿限额低于该公约规定的赔偿限额时，联运人就不能追赔到足够的款项，就是受到损失。所以目前各国联运人签发的多式联运单据多采用网状责任制度。联合国贸发会议有鉴于此，经与国际商会协商，制定了《多式联运单证统一规则》。按照这个规则，只有在多式联运合同中明确规定采用这个规则，这个规则才对当事人有约束力。现将这个规则的主要规定介绍如下。

（一）赔偿责任基础

采用推定过失责任制。该规则第 5.1 条规定：除规则第 5.4 条和规则第 6 条所规定的免责事项外，多式联运经营人应当对货物的灭失、损坏和延迟交付负赔偿责任，如果造成货物的灭失、损失或延迟交付的事故发生在规则第 4.1 条所规定的货物由其掌管的期间，除非多式联运经营人证明，其本人、受雇人、代理人或规则第 4 条所规定的任何其他人对造成此种灭失或损坏或延迟交付没有过失或疏忽，但是多式联运经营人不应当对货物延迟交付所造成的损失负赔偿责任，除非托运人对及时交付的利益作出声明，并经多式联运经营人接受。

按照该规则第 5.4 条的规定，海运承运人的责任实际上适用《维斯比规则》，但是在该规则中未明确指出。

（二）多式联运经营人的赔偿责任限制

《多式联运单证统一规则》虽实行网状责任制，但也未明确指出。按照该规则第 6 条的规定，如果能确定货物损害发生的运输区段，则应适用该区段适用的国际公约或强制性的国家法律规定的赔偿责任限额。如不能确定货物损害发生的运输区段，除非托运人对货物价值作出声明，多式联运经营人的赔偿限额，包括海运时，不得超过每件或每单位 666.67 计算单位，或者毛重每千克 2 计算单位，以其高者为准。如果联运不包括海运，联运经营人的赔偿责任以不超过灭失或损坏货物毛重每千克 8.33 计算单位为限。

第三节 《鹿特丹规则》

2008 年 12 月 11 日在联合国大会上通过了《联合国全程或者部分海上国际货物运输合同公约》(也称为《联合国统一运输法公约》《联合国运输法公约》)，简称《鹿特丹规则》(The Rotterdam Rules)。2009 年 9 月 23 日，在荷兰鹿特丹举行签字仪式，2013 年 6 月 23 日起正式生效。截至 2024 年 11 月，已有包括荷兰、西班牙等 23 个国家批准或加入了该公约。

《鹿特丹规则》是一个现代的、统一的、包含海上国际货物运输，并不仅仅局限于港口到港口的货物运输的国际货物运输公约。除了为“门至门”的货物运输提供法律支持以外，公约还包含很多革新性的特征，比如允许电子货物运输记录和一些其他的技术手段来弥补现行的货物运输体制中的漏洞，而且扩大了承运方对货物丢失损坏的责任限制范围。

《鹿特丹规则》共有 18 章 96 条，主要是围绕船货双方的权利义务、争议解决及公约的加入与退出等作出一系列规定，其主要的内容和变革如下所述。

一、扩大了调整范围

《鹿特丹规则》首次确立了“海运加其他”（海运区段以及海运前后其他运输方式的区段）的法律制度，其适用范围有很大变化。与《海牙规则》“钩至钩”或“舷至舷”及《汉堡规则》“港至港”的调整范围不同，为适应国际集装箱货物“门至门”的运输方式的变革，《鹿特丹规则》的调整范围扩大到“门至门”运输，即扩大到传统的海上区段以外的其他领域，包括与海上运输连接的陆上运输，铁路、公路、内河水上运输甚至是航空运输。但这套规则原则上适用于海上运输，如果货物运输合同在涵盖了海上运输的同时还包括其他非海上运输阶段，而且货物是在其他运输区段发生损失，在这种情况下，如果该运输区段有强制适用的国际公约，就适用相关的国际公约。但如果该运输区段没有强制性的国际公约，就要适用《鹿特丹规则》的规定。现在除海运和空运有适用全球的国际公约外，公路、铁路等均无适用于全球的国际公约。这实际上将国际海运或包括海运在内的国际多式联运货物运输合同均囊括在《鹿特丹规则》的调整范围之内。《鹿特丹规则》排除了国内法的适用，使其成为最小限度的网状责任制。

二、关于无单放货的规定

《鹿特丹规则》考虑到在一些运输情况下，尤其是航程比较短时，凭提单放货在实际操作上有很多困难，所以允许在一定条件下、按照一定的程序可以不凭提单放货。《鹿特丹规则》将航运实践中承运人凭收货人的保函和提单副本交货的习惯做法，改变为承运人凭托运人或单证托运人发出的指示交付货物，且只有在单证持有人对无单放货事先知情的情况下，才免除承运人无单放货的责任。如果单证持有人事先对无单放货不知情，那么，承运人对无单放货仍然要承担责任，此时承运人有权向上述发出指示的人索要担保。《鹿特丹规则》为承运人实施上述无单放货设定了条件，即可转让运输单证必须载明可不凭单放货。这是一个非常新的规定。对这一规定我国一直持否定态度。这一规定的关键是只在理论上通过论证认为这种方法很好，能解决问题，但没有实践基础，不是根据哪个国家已有法律、已有实践且实践的情况很好为依据而制定的。

三、关于电子运输记录

《鹿特丹规则》专门规定了“电子运输记录”一章（第三章），并确认其法律效力，同时将电子运输记录分为可转让与不可转让电子运输记录。该规定适应了电子商务的发展，具有一定的超前性，势必加速运输单证的流转速度并提高安全性。

四、关于承运人的责任

第一，《鹿特丹规则》在承运人的免责事项中，取消了“承运人的航海过失免责”，即船长、船员对在驾驶船舶和管理船舶时的过失要承担责任，使海运承运人又进入了完全过失责任制机制。

第二，《鹿特丹规则》还扩大了承运人对船舶适航的义务，承运人必须在开航前、开航当时和海上航程中恪尽职守，使船舶处于且保持适航状态，适航义务扩展到贯穿航程的始终。根据《鹿特丹规则》的规定，承运人对货物的责任期间，自承运人或履约方为运输而接收货物时开始，至货物交付时终止。承运人责任基础采用了完全过错责任原则，废除了现行的“航海过失”免责和“火灾过失”免责。《鹿特丹规则》规定，未在约定时间内在运输合同规定的目的地交付货物，为迟延交付，承运人承担迟延交付的责任限于合同约定的时间，未采纳《汉堡规则》规定的合理时间标准。《鹿特丹规则》对船货双方的举证责任和顺序作了较为具体的规定，这是以前立法所没有的。承运人的单位责任限制有较大幅度的提高。总的来说，承运人的责任比以前加重了。这是非常重大的变化。

第三，提高了承运人的责任限额。《鹿特丹规则》增加了承运人的赔偿责任限制，赔偿责任限额有了很大的提高。《海牙-维斯比规则》和《汉堡规则》中都有责任限额，其中后者要高于前者。很多国家不愿意加入《汉堡规则》的主要原因是限额太高。但《鹿特丹规则》限额比《汉堡规则》还高，这也是对我国不利的地方。

五、责任主体扩大了

《鹿特丹规则》创设了海运履约方制度，是指凡在货物到达船舶装货港至货物离开船舶卸货港期间履行或承诺履行承运人任何义务的履约方。内陆承运人仅在履行或承诺履行其完全在港区范围内的服务时方为海运履约方。海运履约方与托运人之间不存在直接的合同关系，而是在承运人直接或间接的要求、监督或者控制下，实际履行或承诺履行承运人在“港至港”运输区段义务的人。《海牙-维斯比规则》的责任主体是承运人，《汉堡规则》的责任主体包括承运人和实际承运人。《鹿特丹规则》的责任主体包括了海运履约方。海运履约方的范围比其他两个公约的范围扩大了很多，港口营运商以及为货物提供运输服务的各方都包括在内，在港口内提供服务的公路、驳船运输等都属于海运履约方，与海上承运人具有同样的地位，承担的责任也一样。海运履约方承担公约规定的承运人的义务和赔偿责任，并有权享有相应的抗辩和赔偿责任限制。班轮运输条件下的港口经营人作为海运履约方将因此受益。这些规定实际上突破了合同相对性原则。

六、关于托运人的义务

以前的公约都侧重于承运人，对承运人的义务都有详细的规定，但对于托运人（货主）应该承担什么样的责任没有明确的规定，即便有，也是各国国内法规定。《鹿特丹规则》基于对等、平衡原则，将托运人的义务、赔偿责任参照对承运人的规定，作出类似设置和规定。《鹿特丹规则》规定，托运人应交付备妥待运的货物，及时向承运人提供承运人无法以其他合理方式获取、合理需要的有关货物的信息、指示和文件。托运人应在货物交付给承运人或履约方之前，及时将货物的危险性质或特性通知承运人，并按规定对危险货物加标志或标签。托运人对承运人承担赔偿责任的责任基础是过错原则，对于承运人遭受的灭失或损坏，如果承运人证明此种灭失或损坏是由于托运人违反其义务而造成的，托运人应负赔偿责任。《鹿特丹规则》增设单证托运人。单证托运人是指托运人以外的同意在运输单证或电子运输记录中记名为“托运人”的人。单证托运人享有托运人的权利并承担其义务。

七、赋予批量合同当事人较大的合同自由

《鹿特丹规则》在就各类运输合同当事人的合同自由进行严格限制的同时，赋予批量合同当事人较大的合同自由。《鹿特丹规则》规定，在承运人与托运人之间，批量合同可以规定背离（增加或减少）本公约规定的权利、义务和赔偿责任，也就是合同自由。这就意味着《鹿特丹规则》允许在符合一定条件时，批量合同的当事人背离公约的规定自行协商合同条款，这是合同自由在一定程度上的回归。自美国颁布《哈特法》以来，立法无不对承运人规定最低责任限度，以防止承运人滥用合同自由和自身优势逃脱责任，而《鹿特丹规则》考虑到某些货主力量和地位的增长，具有平等谈判的能力，为扩大本公约的适用范围而对批量合同作出规范。所谓批量合同，是指“在约定期间内分批装运约定总量货物的合同”。“货物总量可以是最低数量、最高数量或一定范围的数量”，其常见的类型是远洋班轮运输中的服务合同。《鹿特丹规则》适用于班轮运输中使用的批量合同，除承诺的货物数量外，每次运输项下承托双方关于货物运输的权利、义务或责任等方面适用该公约的规定。

八、关于收货人的义务

《鹿特丹规则》赋予收货人收取货物的强制性义务，当货物到达目的地时，要求交付货物的收货人应在运输合同约定的时间或期限内，在运输合同约定的地点接受交货。无此种约定的，应在考虑到合同条款和行业习惯、惯例或做法以及运输情形，能够合理预期的交货时间和地点接受交货。

九、增加了有关控制权和权利转让方面的规定

《鹿特丹规则》增加了有关控制权和权利转让方面的规定，以便解决货物买卖过程中一些与运输相关的问题。

《鹿特丹规则》首次在海上货物运输领域规定货物的控制权。货物控制权是指根据公约规定按运输合同向承运人发出有关货物的指示的权利。具体包括：就货物发出指示或修改指示的权利，此种指示下不构成对运输合同的变更；在计划挂靠港或在内陆运输情况下，在运输途中的任何地点提取货物的权利；由包括控制方在内的其他任何人取代收货人的权利。在符合一定条件下，承运人有执行控制方指示的义务；在无人提货的情况下，承

运人有通知托运人或单证托运人请其发出交付货物指示的义务。签发可转让运输单证的，其持有人可以通过向其他人转让该运输单证而转让其中包括的各项权利，主要是请求提货权、控制权。权利转让的同时，义务并不当然同步转让。作为运输单证的受让人，只有其行使运输合同下的权利，才承担运输合同下的责任，并且这种责任以载入可转让运输单证或可转让电子运输记录为限，或者可以从中查明。

十、关于承运人的识别

《鹿特丹规则》规定，在运输单证中未载明承运人的名称和地址时，可以推定载货船舶的登记船东为承运人，如果登记船东可以证明船舶已经光船租赁给其他人，则推定光船租船人为承运人。在现代海上运输中，登记船东与真正的承运人之间不知要间隔多少层。例如光船承租人、期租承租人、程租出租人、程租承租人、无船承运人等，要分辨真正接受该单证的承运人并不容易，既浪费精力和时间，又不能取得实效。因此，仅就海上运输而言，推定登记船东或光船租船人为承运人的做法在实践上很有必要，在法理上也有一定的基础，即无论登记船东或光船租船人是否是与托运人签订运输合同的人，其总是实际运送货物的人，因此，即便登记船东或光船租船人不是与托运人签订运输合同的承运人，推定其为承运人并承担承运人的责任并不会产生过大的不公平。但鉴于《鹿特丹规则》适用范围超出了传统的海上运输范畴，这种推定登记船东或光船租船人为承运人很可能会使其为其所不了解的其他运输区段的损失承担责任，这无疑会产生不公平的后果。

第四节　国际铁路货物运输法

一、国际铁路货物联运的概念和有关国际铁路货物联运的国际协定

国际铁路货物联运，是指使用一份统一的国际联运单据，经过两国或两国以上的铁路，由铁路负责完成货物的全程运送。参加国际铁路联运的国家通过签订有关的国际铁路联运协定，规定铁路与发、收货人之间的权利与义务，以及运送费用的核收办法等事项。

关于国际铁路货物运输的国际公约主要有两个：一是《国际铁路货物运输公约》，简称《国际货约》，二是《国际铁路货物联运协定》，简称《国际货协》。

二、联运运单的概念

联运运单是国际铁路货物联运的运输合同。它既是铁路承运货物的凭证，也是铁路在

终点到站向收货人核收运杂费用和点交货物的依据。

联运运单是参加联运的发送国铁路与发货人之间订立的运输合同的凭证，对铁路、发货人和收货人都具有法律约束力。

发货人在运单内应填写发站和发送路、到站和到达路、货物应通过的国境站、发货人和通信地址、收货人和通信地址、货物名称、包装种类、件数、每件的记号（标记）和号码、货物重量、办理种别、货物的声明价格等项目。发货人不得修改填写的事项，在特别情况下可以修改，但不得超过一栏或相互关联的两栏，并应在“发货人的特别声明”栏内注明所作的修改。

三、《国际货协》的主要内容

（一）协定的适用范围

该协定适用于缔约国之间的国际铁路直通货物联运，对铁路、发货人和收货人都有约束力。

（二）运输合同的订立

发货人将所填写的运单和运单副本签字后提交发站，同时提交运单中所列的全部货物，并支付应负担的费用；铁路在运单上加盖发站日期戳，表示已接收货物，受理托运，运输合同于此时订立。

在运输合同订立后，运单副本退还发货人。运单副本不具有运单的效力。

运单应随同货物从发站至到站按运送全程附送。

（三）发货人和收货人的权利和义务

（1）发货人应对其在运单中所记载和声明的事项的正确性负责。如填写的货名不正确，应按实际运送的货物运价等级计算运费。如因运单中记载的事项不正确，以致承运了不准承运的货物或只准按特定条件运送的货物，发货人应缴纳罚款。

（2）托运的货物应按照铁路的要求进行包装。在货件上应作出标记，其内容包括：每件货物的记号（标记）和号码；发送路和发站；到达路和到站；发货人和收货人；零担货物件数。

（3）按照铁路的规定支付运送费用。发送路的运送费用，在发站由发货人支付；到达路的运送费用，在到站由收货人支付；过境路的运送费用在发站由发货人支付或在到站由收货人支付。

（4）货物到达到站，收货人应付清运费并领取货物。

（5）发货人和收货人有变更运输合同的权利。发货人对运输合同可作下列变更：在发站将货物领回；变更到站；变更收货人；将货物返还发站。收货人对运输合同可作下列变更：在到达国范围内变更货物的到站；变更收货人。

（四）铁路的权利和义务

（1）铁路的连带责任。按照《国际货协》对运单的规定，承运货物的铁路应负责完成货物的全程运送，直到到站交付货物时为止。每一继续运送的铁路自接收附有运单的货物时起即参加这项运输合同，并承担因此而发生的义务。

(2) 在货物到站、收货人付清运送费用后，铁路应将货物连同运单交给收货人。

(3) 铁路从承运货物时起，到到站交付货物时为止，对于货物运到逾期以及因货物全部或部分灭失或毁损发生的损失负责。

(4) 铁路对由于下列原因发生的货物灭失、减量或毁损不负责任：第一，由于铁路不能预防和不能消除的情况；第二，由于货物的自然特性引起的后果；第三，由于发货人或收货人的过失；第四，由于发货人或收货人所派的押运人的过失；第五，由于容器或包装的缺点；第六，货物的自然减量；第七，因自然灾害而延期15天内交货，或者因按照有关国家政府指示行车中断或受到限制而延期交货。

(五) 赔偿请求、诉讼和时效

发货人和收货人都有权根据运输合同向铁路提出赔偿请求和诉讼。但只有赔偿请求未得到合理解决时，才可提起诉讼。提出赔偿请求和诉讼的时效为9个月，但延期到货的赔偿请求和诉讼的时效为2个月。赔偿请求时效和诉讼时效相同。

第五节 国际航空货物运输法

一、有关国际航空货物运输的国际公约

《统一国际航空运输某些规则的公约》，简称《华沙公约》(Warsaw Convention)，1929年10月12日在华沙签订，1933年2月13日生效。

《修改1929年10月12日在华沙签订的〈统一国际航空运输某些规则的公约〉的议定书》，简称《海牙议定书》(Hague Protocol)，1955年9月28日在海牙订立，1967年8月1日生效。

《统一非缔约承运人所办国际航空运输某些规则以补充华沙公约的公约》，简称《瓜达拉哈拉公约》，1961年9月18日在墨西哥的瓜达拉哈拉签订，1964年5月1日生效。

《海牙议定书》和《瓜达拉哈拉公约》是对《华沙公约》的补充。订立《瓜达拉哈拉公约》是为了明确实际承运人根据订约承运人的授权办理运输时的权利与义务。如果实际承运人办理的运输是受《华沙公约》约束的运输合同的全部或部分时，订约承运人和实际承运人都应受《华沙公约》的约束，订约承运人适用合同规定的运输的全部，实际承运人只适用于其运输的部分。

我国于1958年参加《华沙公约》，于1975年8月20日递交加入《海牙议定书》的通知，同年11月18日《海牙议定书》对我国生效。

《蒙特利尔第一至四号议定书》于1975年签订，1998年6月14日生效。1999年，国

际民航组织（ICAO）制定了《蒙特利尔公约》，2003年11月4日生效。我国加入该公约，2005年7月31日该公约对我国生效。

二、航空货运单的概念

国际航空货物运输的单证称为“航空货运单”，它是承运人与托运人签订的国际航空货物运输合同的证据，是承运人收到货物后签发的货物收据，是空运托运单所列货物的重量、尺寸、包装以及件数的初步证据。但航空货运单不是货物所有权凭证，不能流通，这一点与海运提单不同。

三、《华沙公约》的主要内容

《华沙公约》共有5章41条，适用于以航空器运送旅客、行李或货物的国际运输。其主要内容如下所述。

（一）《华沙公约》适用的航空运输范围

该公约适用于国家和其他公法人以及航空运输企业以航空器械运送旅客、行李或货物而收取报酬的国际运输。国际运输是指有关方订立的运输契约，不论在运输中是否间断或转运，其出发地和目的地是在两个缔约国的领土，或在一个缔约国的领土内，而在另一个缔约国或非缔约国的领土内有一个约定的经过停落地点的航空运输。该公约不适用于航空邮件和邮包运输。

（二）承运人的责任与免责

对货物在航空运输期间因毁灭、遗失、损坏以及延迟交付而造成的损失负责。

承运人的货物责任限额为每千克250法郎。法郎是指含有900‰成色的65.5毫克黄金的法国法郎。这项金额可以折成任何国家的货币。但如托运人在交运货物时曾特别声明货物运到后的价值，并已缴付必要的附加费，则承运人所负的责任以声明的金额为限。但如损失的发生是由于承运人的有意的不良行为，承运人就无权引用限制承运人责任的规定。

在下述情况下，承运人可以免除货损责任：

（1）如果承运人证明他自己和他的代理人为了避免损失的发生，已经采取一切必要的措施，或不可能采取这种措施。

（2）如果承运人证明损失的发生是由于驾驶上、航空器的操作上或领航上的过失，而在其他一切方面承运人和他的代理人已经采取一切必要的措施以避免损失。

（3）如果承运人证明损失的发生是由于发货人或收货人的过失。

（三）托运人的权利和义务

（1）托运人应填写航空货运单，并对所填有关货物的各项说明和声明的正确性负责。如因说明和声明的不正确使承运人或任何其他人遭受损失，托运人应负赔偿责任。

（2）托运人应提供各种必需的资料，以便完成海关、税务和公安手续，并应将必需的有关证件附在航空货运单后面。如因资料或证件不足或不符合规定造成损失，托运人应对承运人负责。

（四）争议与诉讼条款

当货物发生损坏时，收货人应在收到货物后 7 天内提出异议，如果是延迟交货，应在货物交由收货人支配之日起 14 天内提出异议。异议应以书面提出。

诉讼应在航空器到达目的地之日起或应该到达之日起 2 年内提出。

四、《海牙议定书》的主要内容

《海牙议定书》对《华沙公约》作了如下的补充和修改：

（1）将空运托运单改称为航空货运单。

（2）承运人的雇员或代理人，对其在职责范围内行事造成的损失，可享有与承运人相同的责任限额。

（3）如果损失是出于承运人、雇员或代理人的故意，或明知可能发生损失而漠不关心的行为或不行为，则不得援引第 22 条的责任限制的规定。

（4）删去《华沙公约》第 20 条第 2 款，即删去驾驶上、航空器的操作上或领航上的过失免责条款。

（5）延长提出异议的期限。对货物的损坏，应在收到货物后 14 天内提出异议；如是延迟交货，异议应在货物交由收货人自由处置之日起 21 天内提出。

五、《蒙特利尔公约》的主要内容

（1）对客货运输的损害赔偿均采用“严格责任”的归责原则，客货运输的延误则采用“推定过错责任”；旅客损害的赔偿采取了“双梯度原则”，货运损害为每千克 17 特别提款权。

（2）在《华沙公约》“承运人住所地、主要营业地、订立合同的营业地、目的地点”四个法院之外，增加了“第 5 管辖权”，即原告还可以选择在其主要和永久居所所在国的法院提起诉讼。

（3）规定任何保存将要履行的运输的记录都可以替代相应票据，使电子票据合法化。

（4）确立了“先行给付”制度——承运人在其国内法有规定的情况下，应当不迟延地向索赔人先行付款，以满足其经济方面的需求。此外，为确保承运人承担其赔偿责任，公约还设立了强制保险制度。

（5）增加了货物运输当事人可以“约定以仲裁方式解决有关承运人责任所发生的任何争议”的条款。

（6）规定了《蒙特利尔公约》与其他华沙体制文件的关系。

本章小结

世界上的航运大国都有关于海上货物运输的国内立法；有关海上货物运输的国际公约主要是关于提单的《海牙规则》、《维斯比规则》与《汉堡规则》；目前国际上尚未就租船合同制定公约，但各国大型船公司或地区的航运公会都有关于租船合同的标准格式供当事人选用。

国际海上货物运输合同分为两大类，即提单与租船合同，另外还包括与国际海上货物运输有关的其他运输单证。要了解有关提单的法律性质、作用与分类，分析比较《海牙规则》、《维斯比规则》、《汉堡规则》和我国《海商法》关于承运人的责任与免责的规定、有关托运人的责任的规定。

掌握航次租船合同、定期租船合同与光船租赁合同的定义、性质，各自所包含的条款的内容与法律意义，合同双方当事人的权利与义务关系。

国际多式联运合同是指多式联运经营人以至少两种不同的运输方式，负责将货物从一国境内接管货物的地点，运至另一国境内指定交付货物的地点，并收取全程运费的合同。多式联运合同的当事人为多式联运经营人和发货人。了解国际多式联运所引起的一系列的法律问题，以及《联合国国际货物多式联运公约》《多式联运单证统一规则》对这些问题的处理。

《联合国全程或者部分海上国际货物运输合同公约》，简称《鹿特丹规则》，是一个现代的、统一的、包含海上国际货物运输，但不仅仅局限于港口到港口的货物运输的国际货物运输公约。

关于国际铁路货物运输的国际公约主要有两个：一是《国际铁路货物运输公约》，简称《国际货约》；二是《国际铁路货物联运协定》，简称《国际货协》。

有关国际航空货物运输的国际公约，主要有：《统一国际航空运输某些规则的公约》，简称《华沙公约》；《修改的华沙签订的〈统一国际航空运输某些规则的公约〉的议定书》，简称《海牙议定书》；《统一非缔约国承运人所办国际航空运输某些规则的公约》，简称《瓜达拉哈拉公约》。后两个公约是对《华沙公约》的补充。《蒙特利尔第一至四号议定书》1975年签订，尚未生效。

重要概念

1. 国际海上货物运输合同：是指承运人或船舶所有人以船舶将货物从一国港口运至另一国港口，而由托运人或承租人支付运费的合同。

2. 提单：是指证明海上运输合同和货物由承运人接管或装载以及承运人保证凭以交付货物的单据。

3. 租船合同：是指船舶所有人与租船人订立的，在约定的航程或期间内，为了运输货物，由前者提供整个船舶的使用，而由后者支付运费或租金的合同。租船合同一般都以书面形式订立。

4. 航次租船合同：是指船舶所有人保留船舶的所有权和占有权，自己雇用船长、船员，按一个航次或几个航次将船舶出租给租船人以供运输，并按照实装货物的数量收取运费的合同。

5. 定期租船合同：是指船舶所有人保留船舶的所有权和占有权，自己雇用船长、船员，仅在一定期间内将船舶出租给租船人以供运输，并按照租船人使用船舶的时间收取租金的合同。

6. 光船租赁合同：是指船舶所有人保留船舶的所有权，而将船舶的占有权转移给租船人以供运输，由租船人雇用船长、船员，并按照使用船舶的时间支付租金的合同。

7. 国际多式联运合同：是指多式联运经营人以至少两种不同的运输方式，负责将货物从一国境内接管货物的地点，运至另一国境内指定交付货物的地点，并收取全程运费的合同。

8. 航空货运单：是指承运人与托运人签订的国际航空货物运输合同的证据；是承运人收到货物后签发的货物收据，是空运托运单所列货物的重量、尺寸、包装以及件数的初步证据。

9. 国际铁路货物联运：是指使用一份统一的国际联运单据，经过两国或两国以上的铁路，由铁路负责完成货物的全程运送。

10. 联运运单：是参加联运的发送国铁路与发货人之间订立的运输合同的凭证，对铁路、发货人和收货人都具有法律约束力。

思考与练习

1. 什么是国际海上货物运输合同？

2. 什么是提单？提单有何作用？提单的种类有哪些？

3. 试述租船合同与提单的关系。

4. 什么是提单的背书？提单的背书包括哪几种？提单的背书有何法律效力？

5. 提单和汇票在可转让性上有何区别？

6. 根据《海牙规则》的规定，承运人应承担哪些义务？

7. 船舶应具备哪些条件才算是具有适航性？

8. 承运人使船舶适航的义务应从何时开始，于何时终止？承运人违反适航性义务的法律后果是什么？

9. 根据《海牙规则》的规定，承运人的免责事项包括哪些内容？

10. 试述承运人承担责任的期间及《海牙规则》对承运人的责任限制有何规定。

11.《维斯比规则》对《海牙规则》作了哪些修改？

12. 根据《汉堡规则》的规定，承运人承担对货物损害赔偿责任的基本原则是什么？《汉堡规则》为什么要废除《海牙规则》中关于驾驶和管理船舶过失的免责条款？

13. 对于承运人延迟交货，《汉堡规则》有何规定？《汉堡规则》对承运人的责任限制有何规定？

14.《汉堡规则》就承运人的责任期间的规定与《海牙规则》有何不同？《汉堡规则》与《海牙规则》对诉讼时效问题分别有何规定？

15. 什么是租船合同？根据英美法，租船合同可以分为哪几种？

16. 根据1976年修订的航次租船合同金康标准格式，船舶所有人应承担哪些默示担保义务？

17. 在航次租船合同中，船舶所有人应承担哪些明示担保义务？租船人应承担哪些义务？

18. 根据波尔的摩合同格式，船舶所有人在定期租船合同中应承担哪些义务？

19. 在定期租船合同中，租船人应承担哪些义务？

20. 试述光船租赁合同的特征和性质。

21. 什么是国际多式联运？什么是国际多式联运合同？

22. 什么是国际铁路货物联运？什么是国际铁路联运运单？

23. 在国际铁路货物联运运输合同中，发货人和收货人具有哪些权利和义务？铁路应承担哪些责任和义务？

24. 什么是航空货运单？其与海运提单有何不同？

25. 根据《华沙公约》的规定，在国际航空货物运输合同中，承运人主要应承担哪些责任？在哪些情况下承运人可以免除货损的责任？托运人主要应承担哪些责任？

26.《鹿特丹规则》的主要内容有哪些？

第十章 海上保险法

导入案例

原告玻利维亚政府在与巴西接壤的边境地区围剿叛乱者时，曾租用"拉玻利"号货轮取道巴西，沿亚马孙河支流向政府军运送给养。玻利维亚政府在巴西的经纪商舒尔兹·荷曼罗斯公司代理运输业务，玻利维亚政府委托该公司向被告保险公司投保。该代理公司与叛乱者有联系，向叛乱者提供了有关"拉玻利"号货轮的情报。叛乱者中途拦截该船，并造成船货损失。玻利维亚政府向保险公司要求理赔，被保险公司拒绝，于是玻利维亚政府向法院提起诉讼。法院认为，玻利维亚政府及其代理人舒尔兹·荷曼罗斯公司未向被告保险公司披露叛乱者可能袭击该船这一事实，因而判决原告败诉。至于原告玻利维亚政府的代理人舒尔兹·荷曼罗斯公司向叛乱者通风报信这一事实，法院没有理会，只是认定该代理人代表玻利维亚政府的利益，代理人不披露的后果应由原告玻利维亚政府承担。

问题：

1. 法院为什么判决原告玻利维亚政府败诉？法院依据的是保险法中哪一原则？
2. 为什么代理人舒尔兹·荷曼罗斯公司的不披露的法律后果应由原告玻利维亚政府承担？

第一节　海上保险法和海上保险合同

一、保险的概念和作用

（一）保险的概念

根据我国《保险法》的规定，保险是指投保人根据合同约定，向保险人支付保险费，保险人对于合同约定的可能发生的事故因其发生所造成的财产损失承担赔偿保险金责任，或者当被保险人死亡、伤残、疾病或达到合同约定的年龄、期限等条件时承担给付保险金责任的商业保险行为。

（二）保险的作用

保险的作用主要体现在以下几个方面：

（1）分散风险，稳定生产和社会秩序。保险能够确保正常的社会生产与人民生活，不因保险事故所致损失而受到影响，或者将其不良影响降低到最小的程度。

（2）保险有利于减少保险事故的发生，具有防灾减灾、防损减损的作用。

（3）保险有利于积累建设资金，同时是收取外汇的一种手段。

（4）保险客观上可以起到促进国际经济贸易和发展旅游经济的作用。

二、海上保险的产生、发展和海上保险的概念

（一）海上保险的产生和发展

海上保险是适用于海上活动领域内的保险关系的统称。它是保险制度的必要组成部分，它通过其特有的经济补偿功能，成为海运业普遍适用的风险转移的手段，对于海上运输的正常运转起到了不可替代的作用。它又是海商法中非常重要的制度。

海上保险制度比陆上保险具有更悠久的历史。古罗马和希腊的船舶抵押贷款制度（bottomry），就是一种高利息贷款的契约，期满时借方偿还本金和利息，如果作为抵押的船舶因海上风险遭受灭失，借方无须偿还本金和利息，且债权即告终止，其超出一般利率的那一部分，实质上就是最早形式上的海上保险费。世界上发现的最早的保险单是一个名叫乔·勒克维伦的意大利热那亚商人在1347年10月23日出具的一张船舶航程单，承保“圣·克勒拉”号船从意大利的热那亚驶往马乔卡的风险。世界上最早的保险公司是1424年意大利热那亚的一家海上保险公司。

16世纪以后，英国的海外贸易有所发展，保险业也随之发展起来，出现了经营海上保险的垄断组织和较完备的海上保险合同文本，其中的劳埃德保险合同社即劳合社（是由在劳埃德咖啡馆接受保险业务的商人组成的、专营海上保险业务的保险人组织）已发展成为世界上最大的保险垄断组织之一，由其制作的劳氏保险单至今仍在国际海上保险业务中占有重要的地位。同时，英国政府也在不断完善其海上保险立法，制定了1906年《海上保险法》，用成文法的形式将海上保险予以固定，它所确立的有关海上保险的一些基本原则，如最大诚信原则、保险利益原则、近因原则和代位求偿原则，对世界各国后来的海上保险立法起到了指导作用。因此，关于海上保险虽然至今尚未制定统一的国际公约，但各国海上保险的基本原则和规定差别却不是很大，在一定的程度上是得益于英国法的影响。

（二）海上保险的概念

海上保险属于财产保险的范畴，是对海上风险（maritime perils）——自然灾害和意外事故所造成的财产损失的一种补偿方法。海上保险合同所承保的风险基本上限于海上风

险，经双方同意，也可扩展到与航海有关的内河和陆上发生的风险。

三、海上保险的范围和标的

（一）海上保险的范围的变化

海上保险本来只是承保海上运输中发生的特有的风险和损失，后来，根据海上保险当事人的约定和商业及保险惯例的发展，保险的范围得到了扩展，各国立法也允许海上保险扩展到与航海有关的内河与陆上的风险和损失。

（二）海上保险的标的

海上保险的标的可以是任何可能遭受海上风险的财产、期得的收入以及对第三人应负的责任等，具体包括：船舶、货物或其他动产；运费、旅客票款、佣金等；对第三者的赔偿责任。

我国《海商法》第 218 条对保险标的的规定是：下列各项可以作为保险标的：（1）船舶；（2）货物；（3）船舶营运收入，包括运费、租金、旅客票款；（4）货物预期利润；（5）船员工资和其他报酬；（6）对第三人的责任；（7）由于发生保险事故可能受到损失的其他财产和产生的责任、费用。保险人可以将对前款保险标的的保险进行再保险。除合同另有约定外，原被保险人不得享有再保险的利益。

四、海上保险合同的定义和当事人

（一）海上保险合同的定义

由于海上保险的法律关系是通过海上保险合同而得以体现的，因此，人们对海上保险定义的分析就变成了对海上保险合同定义的分析。英国 1906 年《海上保险法》对海上保险合同曾下过这样的定义：海上保险合同是保险人向被保险人承诺，当被保险人遭遇海上损失，即海上冒险所发生的损失时，依据约定的条款和数额，赔偿被保险人损失的合同。美国法对海上保险合同的定义是：海上保险合同是被保险人按照约定向保险人支付保险费，保险人按照约定，当被保险人所有处在海上危险中的特定利益受到损失时承担赔偿的合同。

我国《海商法》第 216 条对海上保险合同的定义与英美法系的定义基本相同：海上保险合同，是指保险人按照约定，对被保险人遭受保险事故造成保险标的的损失和产生的责任负责赔偿，而由被保险人支付保险费的合同。该条规定体现了海上保险的基本原则，即赔偿的原则，同时也体现了海上保险的近因原则。所谓近因原则，就是赔偿责任的有无是以损失与承保的风险有无直接或接近的因果关系为依据。

（二）海上保险合同的当事人和其他关系人

1. 保险人

保险人是指按照合同约定，收取保险费、承担赔偿责任的一方当事人。通常经营保险业务的经济组织或个人，必须是取得了保险人的资格，并且还应当具有经营海上保险业务的资格。在英国，保险人通常是劳合社保险人或保险公司。在美国则没有劳合社类型的个体保险人而只有保险公司。在中国，保险人为保险公司。

2. 投保人

投保人又称要保人，是指经申请与保险人订立海上保险合同，负有缴纳保险费义务的一方当事人。投保人可以是自然人或法人；其订立海上保险合同可以是为自己的利益，也可以是为他人的利益或两者兼有，但他必须具有保险利益。

3. 被保险人

被保险人，是指承受保险事故所造成保险标的损失的后果，并有权请求赔偿的一方当事人。若投保人为自身的利益投保海上保险合同，则投保人与被保险人是同一当事人，但若投保人为他人利益投保，被保险人就是另一个当事人。

4. 其他关系人

按照英美法系的保险业务惯例，多数海上保险合同的订立是经由保险经纪人之手。被保险人不同保险人直接接触，而是委托保险经纪人代他投保。这是由于海上保险业务的专业性强，进行这项业务需要专门的知识，而经纪人一般是富有经验的。保险经纪人在法律上是被保险人的代理人，他代被保险人申请保险，经手支付保险费。除非被保险人对保险经纪人另行委托，否则，关于损害赔偿和保险费的退还，应由被保险人直接与保险人洽商解决。

五、海上保险合同的订立

（一）英国法有关海上保险合同成立的规定

英国 1906 年《海上保险法》第 21 条规定：海上保险合同于保险人接受被保险人的要求时，即视为已经成立，不论当时保险单是否签发。

在西方国家投保，无论是向劳合社保险人还是向其他保险公司投保，其做法大致相同。海上保险合同的成立，主要分两步，第一步是签发投保条（slip），第二步是签发保险单。

投保船舶、货物或运费险，通常由被保险人委托经纪人办理。被保险人必须把一切必要的情况提供给经纪人，并授权经纪人在一定的保险费率范围内投保。经纪人据以起草投保条。投保条的内容包括经纪人名称、船舶、航程、保险期间、保险财产和保险金额，并提出保险费率的建议和留待保险人报价。经纪人把投保条交给各个保险人传阅。保险人如愿意承保，即签署投保条，在投保条上写明保险费率及承保金额。当全部保险金额得到承保时，保险合同成立，只差签署保险单这一正式手续。经签署的投保条虽是海上保险合同，但不能等同于保险单，在法律上不能约束双方。但是，投保条在信誉上约束双方。如果在签发投保条后、签发保险单以前保险标的发生损失，保险人照例赔偿。保险单由保险人根据投保条签发。

（二）我国海上保险合同的成立问题

根据我国《保险法》第 13 条的规定，“投保人提出保险要求，经保险人同意承保，保险合同成立。保险人应当及时向投保人签发保险单或者其他保险凭证。保险单或者其他保险凭证应当载明当事人双方约定的合同内容。当事人也可以约定采用其他书面形式载明合同内容”。在我国投保海上货物运输险，是由货主或发货单位直接向中国人民保险公司或其代理处办理。

我国《海商法》第 221 条对海上保险合同的订立作出了如下规定：“被保险人提出保险要求，经保险人同意承保，并就海上保险合同的条款达成协议后，合同成立。保险人应当及时向被保险人签发保险单或者其他保险单证，并在保险单或者其他保险单证中载明当事人双方约定的合同内容。”从本条可以看出，一旦被保险人与保险人就保险合同达成协议，合同即告成立。以后保险人签发保险单，只不过是完成保险手续而已。

我国《海商法》第 217 条就海上保险合同的内容作了规定。海上保险合同的内容主要包括：(1) 保险人名称；(2) 被保险人名称；(3) 保险标的；(4) 保险价值；(5) 保险金额；(6) 保险责任和除外责任；(7) 保险期间；(8) 保险费。按照上述规定可知，海上保险合同须以书面订立。海上保险合同必须载明上述各项，但不限于这些项目。

六、保险费和保险单

（一）保险费（the premium）

英国 1906 年《海上保险法》第 52 条至第 54 条对支付保险费的时间和责任作了规定。

按照英国法，保险一经开立保险单，就要收取保险费。被保险人及其代理人的责任是支付保险费，而保险人的责任是签发保险单，两方面的责任是对流条件。保险人在取得保险费以前，没有签发保险单的责任。

保险经纪人本人对保险人负责保险费的支付。经纪人从被保险人处取得保险费后，支付给保险人。

保险人只能通过经纪人取得保险费，而无权直接向被保险人提出支付保险费的请求，保险人更不得因未支付保险费而向被保险人起诉。

不论经纪人是否已将保险费支付给保险人，被保险人都必须负责向经纪人支付保险费。这是因为按照英国的保险制度应视为经纪人已向保险人支付了保险费而有权立即从被保险人处得到偿还。

如果被保险人未向经纪人支付保险费，经纪人可留置保险单。他可以留置他占有的属于被保险人的任何保险单。

保险经纪人在被保险人未向他支付保险费时，有权作为债权人取得保险费；在被保险人破产时，他作为普通债权人有保险费请求权，但无优先权。

（二）保险单（the policy）

保险单是证明保险合同内容的书面文件。保险人一经签署投保条，海上保险合同即告成立。虽然投保条包括合同的内容，但根据英国法，投保条不具有证明合同文件的法律效力，故不能对投保条强制执行。只有把保险合同内容载明到保险单上，才能强制执行，因为只有保险单才是证明合同的文件。所以，保险人均须出立保险单。保险单可以在签约时或以后签发。

按照英国法，保险单虽不是签字蜡封式的合同，但要求保险单必须作成书面形式，并须由保险人或其他保险人签署。如果是海上保险公司，则由公司盖章即可。

（三）保险单必须载明的事项

按照保险惯例，保险单应载明下列事项：（1）被保险人的姓名；（2）保险期间；（3）保险标的物；（4）承保的危险；（5）船名；（6）保险单的种类；（7）保险费；（8）保险金额；（9）保险人签署。英国保险法对于保险单的内容没有特殊要求，但如作为证据，应包括上述（1）（3）（4）（6）（8）（9）六项。

（四）保险单的分类

保险单可以按保险价值、保险期限和承保方式的不同加以分类。

1. 按保险价值分类

（1）定值保险单（valued policy）。定值保险单是在保险单上载明保险人与被保险人约定的保险标的价值的保险单。保险单上载明的保险价值可能是保险标的的实际价值，也可以稍有出入。如有小的出入，只要被保险人是本着诚实信用的原则订立合同，就不影响合同的效力。但如果出入很大，是被保险人的有意欺骗，就可使合同无效。

（2）不定值保险单（unvalued policy）。不定值保险单是在保险单上不载明保险标的价值，而留待以后确定的保险单。

定值保险单与不定值保险单的区别是，不定值保险单应由被保险人证明标的物的实际价值，而定值保险单上载明的价值是终结性证据。

2. 按保险期限分类

（1）航程保险单（voyage policy）。航程保险单是承保标的物从某一地点至另外一个或几个地点的合同。保险人对保险标的所负责任的期限，不是以某一段时间而是以航程为限定。航程保险单不限于单程保险，也可以是多程保险。货物运输保险往往采用这种保险单。

（2）定期保险单（time policy）。定期保险单是对标的物在一定期间内承保的合同。保险人对保险标的所负责任的期限以某一段时间为限定。船舶保险较多采用定期保险单。运费保险也使用这种保险单。

3. 按承保方式分类

（1）流动保险单（floating policy）。流动保险单也称不定名保险单，船名在订约时不能预先订明。流动保险单载明保险的总条件，而将船名和其他细节留待以后申报。

流动保险单是对一定期间内陆续装船出口的货物采取总保险的办法。按照这种保险单，保险人与被保险人双方事先约定保险期限、承保的危险、保险总金额以及保险费率等。每批货物出运后，被保险人立即将船名和其他细节申报保险人，保险人即自动承保。当保单所承保的总金额申报运出完毕，即全部保足。被保险人预先支付一部分保险费，保单到期时结算。

(2) 预约保险单（open covers）。预约保险单也称开口保单，是对陆续装船出口的货物订立总保险的另一种办法，较流动保险单更为灵活。而每次出运货物的详细情况，如货物数量和价值、船名、起讫港等，仍须向保险人申报。在法律上将每批货物视作独立的保险，并分别计算保险费。

按照这种保单，保险人与被保险人事先约定保险范围，订立预保合同，在这个范围内的货物，经被保险人申报后，全部由保险人自动承保。合同内只规定保险范围、保险责任、保险费率和总的保险限额。预约保单通常载有保险人对每艘船舶所有负责的最大限额和地点条款。对被保险人申报的每批出运的货物，保险人发给保险凭证（certificate of insurance）。在大量投保的情况下，预保方式可以节省手续费用。预约保单连同保险凭证，在出口贸易中已成为最普通的保险形式。

流动保单与预约保单的区别在于：流动保单为被保险人买进的一张固定的保单，这张保单一旦申报完毕即告用完。而预约保单不会用完，它在保险期限内承保保单范围内的一切风险。

（五）保险单的转让

英国 1906 年《海上保险法》第 50 条第 1 款规定：海上保险合同可以转让，除非合同内订有条款，明确地禁止转让。保险合同在损失发生前或发生后，均可转让。

英国 1906 年《海上保险法》还规定，保险单转让的方式是：得以背书或其他习惯的方式，予以转让。所谓习惯的方式，是指如果在背书中没有写明受让人，则这种保险单可仅以交付转让。

保险单转让的效果是受让人可以他自己的名义向保险人起诉。

七、可保利益

（一）保险利益原则的产生和定义

1. 保险利益原则的产生

海上保险合同是赔偿合同，也即保险人承担赔偿被保险人海上损失的合同。保险合同的目的是使被保险人可以弥补他遭受到的损失，所以被保险人对于特定的保险标的应有一定的保险利益方能投保，即是说，他对特定的保险标的有利害关系，他因保险标的损失会受到损失。如果他没有保险利益而订立保险合同，保险标的损失对他并无损失，反而给他带来利益，则这种合同不是保险合同，而是以他人的灾难进行赌博的工具。制定保险利益这一法律原则就是为了防止将保险用于赌博。如果被保险人不具有保险利益，保险合同无效。

2. 保险利益的定义

保险利益亦称可保利益。英国1906年《海上保险法》第5条给它下的定义是：(1) 按照本法的规定，凡对于特定的航海有利害关系者，是有保险利益。(2) 尤其是对于特定的航海，或对于在航海危险中的任何可以保险的财产，按照法律或衡平法而成立的关系，因他的财产的安全或准时到达有可得的利益，或因他的财产的灭失、损坏或扣留将受到损失或负有责任者，为有利害关系。

在衡量是否具有保险利益的问题上，该法设立了两个条件：一是要看对保险标的是否有法律或衡平法则的关系；二是要看对保险标的安全到达是否有实际利益。这两个条件是相关联的，必须同时具备。如果对保险标的的安全到达有实际利益，但对保险标的没有法律关系，就不能说有保险利益。

（二）保险利益的拥有者

(1) 虽然船舶或货物的所有权人一般都具有保险利益，但按照英国1906年《海上保险法》，有保险利益的人不必绝对拥有所有权，只要他对于特定的航海，对于保险财产，有法律或衡平法则的利害关系，并因保险财产的安全到达与否而受益或受损，他就是有保险利益。具有可保利益的人主要是指：船舶所有人；货物的买主；承运人；租船人；船舶的抵押权人；船舶受信托人。

(2) “无论灭失与否”(lost or not lost) 条款。英国的保险单内常加注“无论灭失与否”条款。如果保险单内列有这一条款，尽管被保险人投保之前标的物已经灭失，只要他出于善意而不知标的物的危险事故已经发生，保险人就应赔偿被保险人的损失。但如被保险人明知损失已经发生而仍然投保，则保险合同无效。另外，如果在订立保险合同时保险标的物已安全到达，而保险人不知其已安全到达，则保险费概不退还。这一条款是被保险人在标的发生损失时必须具有保险利益的原则的例外。

（三）我国法律关于保险利益的规定

我国《海商法》对此没有作出规定，但在《保险法》中有具体的规定。

我国《保险法》第12条规定：人身保险的投保人在保险合同订立时，对被保险人应当具有保险利益。财产保险的被保险人在保险事故发生时，对保险标的应当具有保险利益。保险利益是指投保人或者被保险人对保险标的具有的法律上承认的利益。

八、保险期间

（一）英国旧货物险条款的规定

1. 仓至仓条款

保险自承保货物离开保险单载明的地点的仓库或储存处开始运输时生效，直至保险货物运交保险单所载目的地的收货人或其他最后仓库或储存所为止。但是货物在最后目的港从货船卸下满60天以后，无论是否进入收货人仓库，保险责任即告终止。

2. 扩展责任条款

在货物运输途中，如果发生被保险人无法控制的延迟、绕航、被迫卸货和转运，则在此期间，保险继续有效。

3. 航程终止条款

如果由于被保险人无法控制的原因，运输合同在保险单载明以外港口终止，或者航程在运输条款规定的保险期间截止前终止，则保险应继续有效，直至保险货物在这些卸载港口卖出去或交出时为止，或至货物在卸货港卸货后满60天为止，在这两种情况下，保险期间的终止，应以先发生的情况为准。如果在上述60天的期间内，货物仍运至原保险单载明的目的地或运至其他目的地，则保险期间的终止仍按运输条款的规定办理，保险的继续有效应以被保险人及时将情况通知保险人并在需要时支付额外保险费为条件。

4. 驳船条款

按此条款，保险人对驳运过程中保险货物的损害负赔偿责任。

（二）英国新货物险条款的规定

伦敦保险人协会货物险（A）条款对保险期间作如下规定：

（1）本保险责任自货物远离保险单所载明的启运地仓库或储存处所开始运输时起生效，包括正常运输过程，直到运到保险单所载明的目的地收货人或其他最后仓库或储存处所时终止。

如货物在本保险责任终止前于最后卸载港卸离海轮，需转运到非保险单载明的其他目的地时，保险责任仍按上述规定终止，但在该项货物开始转运时终止。

在被保险人无法控制的运输延迟、任何绕航、被迫卸货、重新装载、转运以及船东或租船人运用运输契约赋予的权限所作的任何航海上的变更的情况下，本保险仍继续有效[但需按照上述有关保险终止期限和下述（2）的规定办理]。

（2）如由于被保险人无法控制的情况，致使运输契约在非保险单载明的目的地港口或处所终止，或者运输在按上述（1）规定交货前终止，本保险亦应终止，除非被保险人立即通知保险人并提出续保要求，并在必要时加缴保险费的情况下，本保险继续有效。

1）直到货物在该港口或处所出售或交货，或除非有特别约定，在被保险货物抵达该港口或处所后60天为止。以先发生者为准。

2）如果货物在上述60天期限内（或任何约定的延长期限内），继续运往保险单所载明的目的地或任何其他目的地时，保险责任仍按上述（1）的规定终止。

（3）当本保险责任开始后，被保险人变更目的地，应立即通知保险人，除另外商定保险费和条件，本保险仍然有效。

（三）我国保险公司有关保险期限的规定

（1）《中国人民保险公司海洋运输货物保险条款》规定对被保险货物负"仓至仓"责任。《中国人民保险公司海洋运输货物保险条款》中列有"责任起讫"一条，即有关保险期间的规定。本保险负"仓至仓"责任，自被保险货物运离保险单所载明的起运地仓库或储存处所开始运输时生效，包括正常运输过程中的海上、陆上、内河和驳船运输在内，直至该项货物到达保险单所载明目的地收货人最后仓库或储存处所或被保险人用作分配、分派或非正常运输的其他储存处所为止。如未抵达上述仓库或储存处所，则以被保险货物在最后卸载港全部卸离海轮后满 60 天为止。如在上述 60 天内被保险货物需转运到非保险单所载明的目的地时，则以该项货物开始转运时终止。

（2）《中国人民保险公司船舶保险条款》规定，船舶的定期保险的保险期限最长为 1 年；航次保险的保险期限以保单订明的航次为准。

九、保险价值

保险价值（insurable value）也称可保价值，是保险标的物在危险开始时的实际价值。保险价值一般由保险人与被保险人约定。如果保险人与被保险人未约定保险价值，则保险价值依照法律规定计算。

（一）保险价值的计算方法

英国 1906 年《海上保险法》规定的保险价值的计算方法如下：

（1）船舶的保险价值，应以承保的危险开始时的价值为标准，包括船舶的属具，高级船员和（中下级）船员的给养品，海员的预支工资，以及其他使船舶适宜于保险合同所预期的航程或海上冒险有关的一切开支，加上整个保险费用。

如果船舶为轮船，其保险价值还包括被保险人所有的机器、锅炉、存煤、引燃物料等。当船舶经营特殊业务时，还包括有关特殊业务所需要的一般装备。

（2）货物的保险价值，为被保险财产的成本，加上一切运输费用和保险费。

（3）运费的保险价值，为被保险人在保险合同承保的危险开始时所应负运费的总额，加上保险费。

我国《海商法》第 219 条对保险价值的计算方法作了如下规定：保险标的的保险价值由保险人与被保险人约定。保险人与被保险人未约定保险价值的，保险价值依照下列规定计算：（1）船舶的保险价值，是保险责任开始时船舶的价值，包括船壳、机器、设备的价值，以及船上燃料、物料、索具、给养、淡水的价值和保险费的总和；（2）货物的保险价值，是保险责任开始时货物在起运地的发票价格或者非贸易商品在起运地的实际价值以及运费和保险费的总和；（3）运费的保险价值，是保险责任开始时承运人应收运费总额和保险费的总和；（4）其他保险标的的保险价值，是保险责任开始时保险标的的实际价值和保险费的总和。

同时，我国《海商法》第 220 条规定了保险金额与保险价值的关系：保险金额由保险人与被保险人约定。保险金额不得超过保险价值；超过保险价值的，超过部分无效。这条规定符合海上保险惯例。

（二）保险金额

保险金额（amount insured）是保险人与被保险人约定的保险人对损失负责的最高限

额，但不是赔偿额。原则上，保险金额应与保险价值相等，但也可约定低于保险价值的保险金额。前者是足额保险，后者是不足额保险。如保险金额超过保险价值，便是超额保险，保险人对超额部分不负责。

我国《海商法》第 237 条规定了保险人支付保险赔偿金额的义务：发生保险事故造成损失后，保险人应当及时向被保险人支付保险赔偿。这条规定的是保险人的主要义务，也体现了海上保险的赔偿原则。

（三）计算赔偿的方法

保险人对损失负责的范围，对不定期的保险单以保险价值为准，对定值保险单以约定的金额为限。

船舶、货物或运费全损，如果是定值保险单，按照保险单确定的数额赔偿；如果是不定值保险单，按照保险标的的保险价值赔偿。

船舶部分损坏，可以索赔全部的修理费用。货物或运费的部分损失，如为定值保险单，按保险单所确定数额的比例部分赔偿；如为不定值保险单，以损失部分的保险价值为限。

我国《海商法》第 238 条规定了赔偿金额的计算方法："保险人赔偿保险事故造成的损失，以保险金额为限。保险金额低于保险价值的，在保险标的发生部分损失时，保险人按照保险金额与保险价值的比例负赔偿责任。"这种计算方法与多数国家保险法规定相同。我国《海商法》规定了保险标的物损失的计算方法，将保险标的物的损失划分为全部损失和部分损失。全部损失又可分为实际全损和推定全损。我国《海商法》的具体规定如下：

第 245 条：保险标的发生保险事故后灭失，或者受到严重损坏完全失去原有形体、效用，或者不能再归被保险人所拥有的，为实际全损。

第 246 条：船舶发生保险事故后，认为实际全损已经不可避免，或者为避免发生实际全损所需支付的费用超过保险价值的，为推定全损。货物发生保险事故后，认为实际全损已经不可避免，或者为避免发生实际全损所需支付的费用与继续将货物运抵目的地的费用之和超过保险价值的，为推定全损。

第 247 条：不属于实际全损和推定全损的损失，为部分损失。

第 248 条：船舶在合理时间内未从被获知最后消息的地点抵达目的地，除合同另有约定外，满两个月后仍没有获知其消息的，为船舶失踪。船舶失踪视为实际全损。

第二节　承保的风险与损失

一、保险人承保的风险

保险人对被保险人承保的海上风险都必须在保险单中载明。

（一）英国劳合社旧船货保险单

承保的主要风险是海难、火灾、抛弃和船长、船员的非法行为。

（二）伦敦保险人协会旧货物险条款

伦敦保险人协会旧货物险条款是对船货保险单的补充和修改。旧货物险条款主要有：协会航程保险条款——船壳；协会定期保险条款——船壳；平安险条款；水渍险条款；一切险条款；运输条款；战争险条款；罢工、暴动和民变险条款。

（三）伦敦保险人协会新货物险条款

1. 伦敦保险人协会货物险（A）条款的承保风险与除外责任

（1）承保的危险。

本保险承保除下述（2）中各条规定的除外责任以外的一切危险所造成的保险标的灭失或损失。

本保险承保共同海损和救助费用，其理算或确定应按照运输合同和（或）有关法律办理。该项共同海损或救助费用的产生，应为避免任何原因所造成或与之有关的损失所引起，但下述（2）所列的除外责任或其他各条免责事由引起的共同海损或救助费用除外。

本保险负责赔偿被保险人根据运输合同内双方过失碰撞条款所负责的部分，视作本保险应予补偿的损失。如果船舶所有人根据上述条款提出索赔要求，被保险人同意通知保险人，保险人有权自负费用为被保险人就该项索赔提出抗辩。

（2）除外责任。

第一，本保险在任何情况下对下列原因引起的损失不负赔偿的责任：归因于被保险人的故意不当行为造成的损失或费用；保险标的物的自然渗漏、重量或容量的自然损耗或自然磨损；由于保险标的物的包装或准备不足或不当所造成的损失或费用；由于保险标的物的潜在缺陷或特性所造成的损失或费用；直接由于延迟引起的损失和费用；由于船舶的所有人、经理或经营人破产或不履行债务造成的损失或费用；由于使用任何原子或热核武器等造成的损失或费用。

第二，本保险在任何情况下对下列原因引起的损失和费用不负责：如果被保险人或其雇员在保险标的物装船时知道船舶不适航以及船舶、装运工具、集装箱不适货，则本保险不承保由此引起的损失和费用；如果被保险人或其雇员不知道船舶不适航和不适货，而保险人放弃违反船舶具有适航性和船舶适于承运保险标的物至目的港的默示担保的索赔权。

第三，本保险在任何情况下都不承保由于下列原因造成的灭失、损害和费用：战争、内战、革命、叛乱、暴动或由此引起的内乱，或任何交战国的敌对行为或反敌对行为造成的损失；捕获、扣押、逮捕、限制或扣留（海盗行为除外）和由于上述事故所引起的后果和因企图实行上述行为所引起的后果；遗弃的水雷、鱼雷、炸弹或其他遗弃的武器造成的损失。

第四，本保险在任何情况下都不承保由于下列原因造成的损失和费用：罢工者、被关闭工作场所的工人或参与工潮、暴动或民变人员造成的灭失、损害或费用；由于罢工、关闭工作场所、工潮、暴动或民变造成的灭失、损害和费用；任何恐怖主义者或出于政治目的而采取行动的任何人造成的灭失、损害或费用。

2. 伦敦保险人协会货物险（B）条款的承保风险与除外责任①

（1）承保的危险。

本保险承保除货物险（A）条款中各条免责规定以外的下列损害：

第一，保险标的物的灭失或损害可合理归因于下述事由：火灾或爆炸；船舶或驳船遭受搁浅、触礁或倾覆；陆上运输工具的倾覆或出轨；船舶、驳船或运输工具同除水以外的任何外界物体碰撞或接触；在避难港卸货；地震、火山爆发或雷电。

第二，由于下述原因所致保险标的物的灭失或损害：共同海损牺牲；抛货或浪击落海；海水、湖水或河水进入船舶、驳船、运输工具、集装箱、大型海运箱或贮存处所。

第三，货物在船舶或驳船装卸时落海或摔落造成的任何整件全损。

（2）除外责任。

由于任何个人或多数人的恶意行为故意损害或破坏保险标的物的全部或一部分。

上述货物险（B）条款代替旧条款中的水渍险，二者承保的范围基本一致。但货物险（B）条款增加承保陆上地震、火山爆发或雷电造成的损害以及湖水、河水浸入船舶造成的损害。

3. 伦敦保险人协会货物险（C）条款的承保风险与除外责任②

（1）承保的危险。

本保险承保除货物险（A）条款中各条免责规定以外的下列损害：

第一，保险标的物的灭失或损害可合理归因于下述事由：火灾或爆炸；船舶或驳船遭受搁浅、触礁或倾覆；陆上运输工具的倾覆或出轨；船舶、驳船或运输工具同除水以外的任何外界物体碰撞或接触；在避难港卸货。

第二，由于下述原因所致保险标的物的灭失或损害：共同海损牺牲；抛货。

（2）除外责任。

由于任何个人或多数人的恶意行为故意损害或破坏保险标的物的全部或一部分。

上述货物险（C）条款承保的危险与旧条款中的平安险承保的没有大的区别，但去掉了不承保单独海损的条款，增加承保陆上运输工具的倾覆和出轨，不承保恶意行为造成的损害。

（四）《中国人民保险公司海洋运输货物保险条款》承保的风险

《中国人民保险公司海洋运输货物险条款》中将承保的风险分为一切险（all risks）、水渍险（W. A.）和平安险（F. P. A）三种。这些条款与伦敦保险人协会货物险条款是相对应的，其基本内容相似，特别是一切险条款几乎等于货物险（A）条款。

---

①② 节录与（A）条款不同之处，未节录部分与（A）条款同。

二、保障的损失

海上保险所保障的损失，是指被保险标的物在海洋运输过程中由于海上灾害和意外事故造成的损失。

（一）全部损失与部分损失

1. 全部损失

简称全损。按照损失的程度划分，全损可以分为实际全损（actual total loss）和推定全损（constructive total loss）。

（1）实际全损。

英国 1906 年《海上保险法》第 57 条第 1 款给实际全损下的定义是：如果保险标的物被毁灭，或受到损坏而失去投保时的品质，或丧失到无法复原，即是实际全损。

构成实际全损的情况有下述几种：

1）保险标的物毁灭：船舶因海难沉于海底，货物因着火全部焚毁。

2）保险标的物已完全改变了性质：水泥受浸泡而变质，水果、鱼类发酵而腐烂。

3）丧失保险标的物的使用权：船舶被海盗劫走，货物被敌人扣押，而无回收希望。

4）船舶失踪，在一段合理时间以后仍无音讯。

（2）推定全损。

英国 1906 年《海上保险法》第 60 条第 1 款给推定全损下的定义是：如果保险标的物因实际全损不可避免而被合理地予以放弃，或因不支出超过其价值的费用就不能防止实际全损，即构成推定全损。

构成推定全损的情况有下列几种：

1）被保险人因承保的危险丧失对船舶或货物的占有权，而且不可能收复。即使能收复，收复的费用将超过收复后的船舶或货物价值。

2）修复受损船舶的费用将超过修复后的船舶价值。

3）修复受损货物的费用和转运到目的港的费用将超过货物到达目的港时的价值。

实际全损与推定全损的主要区别在于：实际全损是保险标的物毁灭，或确实不能复原；推定全损是标的物并未灭失，可以救助或修复，但救助费用或修理费用超过标的物的价值。

2. 部分损失

英国 1906 年《海上保险法》没有从正面给部分损失下定义，而是从全部损失的反面来解释它，即“全部损失以外的损失都是部分损失”。

（二）单独海损与共同海损

1. 单独海损

单独海损是指因风险引起不属于共同海损性质的保险标的物的部分损失。它仅限于标的物本身的损失，而不包括由此引起的费用。

2. 共同海损

共同海损是指为保全在同一航海中遭受危险的财产，在危难中自动而且合理地作出特殊的牺牲或支出特殊的费用。

第三节 说明、披露和担保

一、最大善意原则

最大善意原则（utmost good faith），又称为诚信原则。诚信原则适用于一切合同，但保险合同对于诚信原则有更高的要求。在订立海上保险合同时，一方当事人有责任以诚信对待另一方，一方要照顾另一方的利益。双方当事人都应把据以订约的主要情况和条件告知对方，以便双方能在真实的基础上考虑订约。英国 1906 年《海上保险法》第 17 条规定：海上保险合同是以诚信为基础的合同，如当事人一方违背此原则，他方得撤销合同。

虽然诚信的原则约束双方，但遵守诚信的义务更多地落在被保险人身上。这是因为保险条款和保险费率是公开的，不易隐瞒，而有关保险标的的情况，因它是在被保险人占有之下，保险人无法核查其正确性，故被保险人须在订约前或订约时把所知道的重要情况告知保险人，以便保险人衡量风险的程度，决定是否承保并决定保险费率。为此，法律作出陈述与披露的规定，作为保险人控制风险的方法。如果被保险人在影响保险人决定承保的事实方面作了虚伪的陈述和遗漏，无论是否故意，保险人都有权撤销合同。

二、说明

被保险人在订立合同前或订立合同时应将影响保险人决定是否承保并决定保险费率的重要情况告知保险人。如果被保险人作了不正确的说明，无论是否故意，保险人均有权撤销合同。

保险人因被保险人的虚伪说明（misrepresentation）可以撤销合同的理由是，法律推定被保险人有欺骗行为。也许被保险人作出的虚伪说明是由于他的疏忽，但法律推定是欺骗所造成的。或许被保险人没有欺骗的意图，但事实上欺骗了保险人。

如果被保险人故意作出虚伪的说明，则无论其对承保的危险重要与否，保险合同均可被撤销。

作出虚伪说明的后果是保险合同的撤销，而不是无效。只有受害的保险人才有权选择使合同有效或弃约，而有责任的被保险人不能使合同无效。

三、披露

（一）保险合同的当事人有披露义务

如隐瞒或疏于通知一方当事人知道而另一方不知道或推定不知道的重要事实，则构成遗漏（non-disclosure）。如果被保险人遗漏，无论是否故意，保险人均有权撤销合同。

（二）披露义务的内容

按照英国1906年《海上保险法》第18条的规定，被保险人有义务在订立合同前将他所知道或应知道的重要情况告知保险人。凡属业务中应知道的情况均视为被保险人已经知道。如被保险人未告知，保险人得撤销合同。所谓重要情况，就是影响保险人确定保险费率或决定是否承保的情况。情况的重要与否属事实问题。

被保险人的代理人也有义务把重要情况告知保险人。凡代理人在一般业务上所应知道，或曾收到通知的情况，均应视为代理人已经知道。

四、我国保险法的诚信原则

保险所承保的危险是不确定的，保险人主要依据投保人对保险标的的告知、保证来决定是否承保和保险费的多少。如果投保人欺诈或隐瞒，就有可能导致保险人判断失误或上当受骗，故保险活动对诚实信用的要求特别严格。我国《保险法》第5条规定：保险活动当事人行使权利、履行义务应当遵循诚实信用原则。我国《保险法》第16条规定：订立保险合同，保险人就保险标的或者被保险人的有关情况提出询问的，投保人应当如实告知。投保人故意或者因重大过失未履行前款规定的如实告知义务，足以影响保险人决定是否同意承保或者提高保险费率的，保险人有权解除合同。这些都是诚实信用原则在我国保险立法上的具体体现。

我国《海商法》第222条、第223条和第225条对海上保险的诚信原则也有类似和更为详细的规定，主要是规定了被保险人的告知义务，以及被保险人违反合同约定的保证条款时保险人所享有的救济权利。

五、担保

（一）担保的含义

担保是指被保险人履行或不履行某种事项，保证履行某种条件，保证某种情况的存在或不存在。如果被保险人违反其担保，保险人对于违反担保之后所发生的损失可解除一切责任。

保险法中的担保相当于运输合同中的条件。如违反担保，保险人可以解除合同。保险法中的"担保"一词，在含义与法律后果方面均与买卖法中的"担保"一词有所不同。按照买卖法，如违反担保，受害人仅能请求损害赔偿，而不能解除合同。担保与陈述、披露也不同。陈述不必记载于保单上，而担保应记载于保单上。说明与披露须调查其情况是否重要，而担保不管是否重要均须严格履行。

（二）担保的分类

被保险人的担保分为明示担保（express warranty）和默示担保（implied warranty）两种。

1. 明示担保

明示担保是指保险人与被保险人在保险合同中以书面约定的事项。如船级、船舶国籍、船舶自装港开航的日期以及签约时船舶状态的保证。

2. 默示担保

默示担保是指未经当事人明示约定，而由法律推定应当履行的担保。英国 1906 年《海上保险法》规定的默示担保主要有以下三项：船舶适航性的担保；航海合法性的担保；船舶不绕航的担保。

第四节　委付与代位权

一、委付

（一）委付的概念

委付是指在保险标的物发生推定全损时，被保险人把保险标的物的所有权转让给保险人，而请求支付保险标的物全部保险金额的行为。

（二）委付的通知

当船舶或货物受到的全损是实际全损时，被保险人不必向保险人办理委付手续，即不必向保险人发出委付通知，即可取得保险标的的保险金额。但当全损是推定全损时，被保险人必须发出委付通知，经接受后，才能要求给付保险金额。这是因为，被保险人对推定全损可以采取两种处理办法：一种是把它作为部分损失处理，另一种是把它作为全损处理。如采取前一种办法，就无须发出委付通知，只索赔修理等费用。但如采取后一种办法，就应发出委付通知，以表示被保险人作出的选择。

（三）委付的法律效力

委付的法律效力包括两个方面：一是保险标的物权利的转移，保险人取得被保险人对保险标的物的权利，包括保险标的物的剩余部分及其一切所有权；二是被保险人可以请求支付保险金额的全额。

我国《海商法》第 249 条和第 250 条规定了海上保险的委付制度。

第 249 条规定：保险标的发生推定全损，被保险人要求保险人按照全部损失赔偿的，应当向保险人委付保险标的。保险人可以接受委付，也可以不接受委付，但是应当在合理的时间内将接受委付或者不接受委付的决定通知被保险人。委付不得附带任何条件。委付一经保险人接受，不得撤回。

第250条规定：保险人接受委付的，被保险人对委付财产的全部权利和义务转移给保险人。

二、代位权

（一）代位权的概念

代位权是指当保险人赔偿被保险人损失以后，保险人有权代位行使被保险人的权利，包括对有责任的第三人的损害赔偿请求权。例如，保险人向被保险人支付由于船方过失造成的货损以后，被保险人对船舶所有人的诉权即应转移给保险人，由后者代位行使这一权利。代位权（subrogation）是英国保险法的重要原则之一。代位的原则不是依据合同，而是建立在衡平法、公平原则的基础上。只有防止被保险人得到两次补偿并使第三人不能逃避责任才是公平的。

（二）设立代位权制度的作用

（1）防止被保险人取得保险人的赔偿后，再次向第三人求偿。

（2）防止第三人仅由于存在与他无关的保险单而逃脱责任。

（三）行使代位权的原则

（1）保险人取得的权利不能优于被保险人。

（2）保险人只能在已赔付被保险人的金额范围内代位行使被保险人的权利。

无论是全损还是部分损失，保险人都可以代位行使被保险人的权利。如果是部分损失，只向保险人转移向第三者追偿的权利，保险标的物的所有权仍归被保险人所有。而如果是全损，则保险人除取得诉权外，还取得已赔偿的残余标的物的所有权。

（四）代位权与委付的区别

（1）代位权是转让对第三人的诉权；而委付则是转让标的物的所有权。

（2）保险人取得代位权以保险人给付赔款为条件，而委付则没有这一条件。

（五）我国法律有关代位权的规定

我国《保险法》第60条规定，因第三者对保险标的的损害而造成保险事故的，保险人自向被保险人赔偿保险金之日起，在赔偿金额范围内代位行使被保险人对第三者请求赔偿的权利。

本章小结

海上保险是适用于海上活动领域内的保险关系的统称，它是保险制度的必要组成部分，它通过特有的经济补偿功能，成为海运业普遍适用的风险转移的手段，对于海上运输的正常运转起到了不可替代的作用，因此它又是海商法中非常重要的制度。

海上保险具有悠久的历史，它的范围和标的是不断发展变化的。海上保险合同是确立海上保险关系的一种重要的方式，遵循着海上保险的基本原则。

英国的海上保险制度是发展得比较完备的。英国 1906 年《海上保险法》对支付保险费的时间和责任、保险单的转让、保险价值与保险金额的计算等作了明确的规定。保险单是证明保险合同内容的书面文件，保险单可以按保险价值、保险期限和承保方式的不同作出不同的分类。保险人对被保险人承保的海上风险及除外责任都必须在保险单中载明。单独海损与共同海损是海上保险所特有的制度。

海上保险合同的订立应在坚持最大善意原则的前提下，对保险标的作出说明、披露和担保。委付是指在保险标的物发生推定全损时，被保险人把保险标的物的所有权转让给保险人，而请求支付保险标的物全部保险金额的行为。代位权是指当保险人赔偿被保险人损失以后，保险人有权代位行使被保险人的权利，包括对有责任的第三人的损害赔偿请求权。

重要概念

1. 保险：是指投保人根据合同约定，向保险人支付保险费，保险人对于合同约定的可能发生的事故因其发生所造成的财产损失承担赔偿保险金责任，或者当被保险人死亡、伤残、疾病或者达到合同约定的年龄、期限时承担给付保险金责任的商业保险行为。

2. 海上保险：属于财产保险的范畴，是对海上风险——自然灾害和意外事故所造成的财产损失的一种补偿方法。

3. 海上保险合同：是指保险人按照约定，对被保险人遭受保险事故造成保险标的的损失和产生的责任负责赔偿，而由被保险人支付保险费的合同。

4. 保险单：是指证明保险合同内容的书面文件。

5. 保险利益：也称可保利益，是指被保险人对特定的保险标的有利害关系，会因保险标的损失而受到损失。

6. 保险价值：也称可保价值，是保险标的物在危险开始时的实际价值。

7. 保险金额：是保险人与被保险人约定的保险人对损失负责的最高限额，但不是赔偿额。

8. 推定全损：是指保险标的物因实际全损不可避免而合理地予以放弃，或因不支出超过其价值的费用就不能防止实际全损的情况。

9. 最大善意原则：又称为诚信原则，是指双方当事人都应把据以订约的主要情况和条件告知对方，以便双方能在真实的基础上考虑订约。

10. 说明：是指被保险人在订立合同前或订立合同时应将影响保险人决定是否承保并

决定保险费率的重要情况告知保险人。

11. 担保：是指被保险人履行或不履行某种事项，保证履行某种条件，保证某种情况的存在或不存在。如果被保险人违反其担保，保险人对于违反担保之后所发生的损失可解除一切责任。

12. 委付：是指在保险标的物发生推定全损时，被保险人把保险标的物的所有权转让给保险人，而请求支付保险标的物全部保险金额的行为。

13. 代位权：是指当保险人赔偿被保险人损失以后，保险人有权代位行使被保险人的权利，包括对有责任的第三人的损害赔偿请求权。

思考与练习

1. 什么是海上保险合同？其性质如何？海上保险合同包括哪些当事人和关系人？

2. 什么是保险单？按照保险惯例，保险单一般应载明哪些事项？保险单可以分为哪几种？

3. 根据英国1906年《海上保险法》的规定，海上保险标的包括哪些内容？

4. 什么是保险利益？为什么被保险人对保险标的必须具有可保利益？

5. 试述最大善意原则的含义和主要内容。

6. 英国1906年《海上保险法》就保险价值的计算方法有何规定？

7. 根据英国1906年《海上保险法》的规定，什么是实际全损？构成实际全损的情况有哪几种？

8. 什么是推定全损？构成推定全损的情况有哪几种？推定全损与实际全损有何区别？

9. 什么是委付？什么是海上保险的委付？

10. 在什么条件下被保险人必须发出保险委付通知？保险委付有何法律效力？

11. 什么是代位权？保险委付和代位权有何区别？

12. 根据我国《海商法》的规定，海上保险合同主要包括哪些内容？保险标的包括哪些内容？

第十一章 票据法

导入案例

S公司从M钢铁公司购进一批钢材，数量20吨，价款56 000美元。钢材运抵S公司后，S公司为M钢铁公司签发一张以M钢铁公司为收款人的、到期日在三个月后的商业承兑汇票。一个月后，M钢铁公司从C金属公司购买一批冶金轧辊，价款60 000美元。M钢铁公司就将S公司开具的汇票背书转让给C金属公司，余下的4 000美元用现金支付。汇票到期后，C金属公司把汇票提交S公司要求付款，S公司拒付，理由是M钢铁公司供给的钢材不合格。于是，C金属公司以M钢铁公司和S公司为被告向法院提起诉讼。法院判决原告C金属公司胜诉，由S公司支付C金属公司56 000美元。

问题：

1. 法院判决原告C金属公司胜诉的理由是什么？
2. 若适用中国的票据法，结果又如何？S公司的做法是否合法？
3. 对于M钢铁公司供给的钢材不合格的问题，S公司如何寻求救济？

第一节 票据概述

一、票据的产生和经济作用

票据是指某些可以代替现金流通的有价证券。票据最早起源于古希腊罗马时代，当时称为“自笔证书”，这种证书的持有人在要求债务人偿付债务时，必须提示证书，并须于债务清偿后将证书退还债务人。到 12 世纪，在意大利的一些城市，票据已颇为流行。当时意大利的沿海城市航海贸易相当发达，促进了兑换的产生。当地的兑换商通过发行票据从事货币兑换业务，并使用票据作为隔地付款的证券。此后，票据的使用日趋普遍。

我国票据的起源很早，唐代的飞钱和帖子，就是汇票与支票的萌芽，南宋使用的交子则是本票的雏形。但当时的票据既无一定的格式，又无确定的种类，当事人之间的权利义务很难确定，因而使票据的流通使用受到很大的限制。

票据的经济作用主要体现在以下三个方面：（1）汇兑的作用；（2）信用工具的作用；（3）支付工具的作用。

二、票据的概念和法律特征

票据是发票人依法发行的、由自己无条件支付或委托他人无条件支付一定金额的有价证券。票据又称流通证券（negotiable instrument），其全部权利得依票据的交付或背书而合法转让。

票据有广义和狭义之分。广义的票据是指以证明或设定权利为目的而作成的各种凭证，如股票、债券、发票、提单、汇票、本票和支票等各种有价证券。狭义的票据是指票据法上规定的票据，即是指出票人依法签发的、由自己无条件支付或委托他人无条件支付一定金额的有价证券。《中华人民共和国票据法》（以下简称《票据法》）中的票据是指狭义的票据。

票据的法律特征有如下八个：

（1）票据是设权证券。

（2）票据是金钱债权证券。

（3）票据是完全有价证券。票据权利的发生、转让、行使均与票据不分离，因而票据是完全有价证券。

（4）票据是要式证券。

（5）票据是无因证券。

（6）票据是文义证券。票据上所创设的权利和义务，均以票据上记载的文字为准。

（7）票据是流通证券。票据作为一种流通证券，主要强调的是：票据的权利可以依背书或给付而转让，不必通知原债务人，使得票据的让与有别于民法典上的债权让与；受让人取得票据即可取得它的全部权利，他有权用自己的名义对票据上的所有当事人起诉，无须前手参加；善意而又支付了对价的受让人可以取得优于其前手的权利，不受前手权利瑕疵的影响。

（8）票据是提示返还证券。票据执票人欲行使票据权利，必须提示票据，执票人收到票款后，应将票据返还给付人，以示票据上债权债务关系的消灭。

三、票据的种类

关于票据的种类，各国法律的规定并不是完全一致。德国和法国的法律认为，票据只包括汇票和本票两种，不包括支票。有关支票的法律，另由单行法规予以规定，不包括在票据法之内。但英国、美国及日本等国的法律则与此不同，如《日本商法典》明确规定，票据包括汇票、本票和支票三种；英国 1882 年《汇票法》（Bills of Exchange Act）和《美国统一商法典》则把支票纳入汇票的范畴，在汇票法中加以规定。我国的《票据法》规定的票据包括汇票、本票和支票。现在国际上一般都认为票据应包括汇票、本票和支票。

（1）汇票与支票是委托式的票据，它是由出票人签发的、委托付款人于规定的时间有条件地向受款人支付一定金额的流通证券。因此，汇票与支票都有三个当事人，即出票人（drawer）、受款人（payee）和付款人（drawee）。

支票与汇票的主要区别在于：支票必须以银行为付款人；而汇票的付款人则不以银行为限，既可以是银行，也可以不是银行。

（2）本票是允诺式的票据，它是由出票人允诺于规定时间无条件地由他自己向受款人支付一定金额的流通证券。所以，本票只有两个当事人，即出票人（本身就是付款人）和受款人。

四、各国票据法的编制及法律体系

西方各国都制定有票据法，但各国票据法的编制体例不一。从形式上看，英国、德国、奥地利、瑞典等国采取单行法的办法，专门制定了关于票据的单行法规。我国也是采取单行法的形式。法国、比利时、日本等大多数国家都把票据法列入商法典内。美国各州原先都有各自的票据法，《美国统一商法典》于 1952 年公布，把有关票据法律规定编入第三篇，称为“商业票据”（commercial paper）。由于各州已通过立法程序相继采用《美国统一商法典》，因此现在美国各州的票据法已基本趋于统一。瑞士则把票据法编入债务法典内，作为债务法的一部分。

（一）票据法三大法系

西方各国票据法在本质上是相同的，但在某些具体法律制度方面存在着不少的分歧和差异，在关于统一票据法的“日内瓦公约”制定以前，大致可以分为以下三个法系。

1. 法国法系（又称拉丁法系）

法国的票据法历史最为悠久，早在 1673 年《法国商事条例》中就有关于票据的规定，后来经过修订编入 1807 年《法国商法典》内，作为该法典的一章。法国票据法的主要特点有两个：一是认为票据是代替现金输送的工具，对票据的这一作用规定得十分详尽，而对票据作为信用工具和流通手段的作用则考虑较少，规定也很简略。二是认为票据关系与基础关系（包括对价关系与资金关系）不能截然分离。因为法国票据法制定较早，当时票据在经济生活中主要是作为代替现金输送的工具，因此，作为上层建筑的票据法，也只能反映当时社会经济生活的客观需要。

法国的票据法对欧洲大陆各国的票据法一度产生过重大的影响。欧洲各国的票据法许多都是仿效法国法来制定的。但随着时代的推移，商业的发展使法国票据法的某些原则已不能适应近代经济发展的要求。因此，某些原来仿效法国票据法的国家后来已舍弃法国的旧制度而采取德国的法例。

2. 德国法系（又称日耳曼法系）

《德国票据法》于 1871 年 4 月 16 日公布施行，其内容包括汇票法与本票法。《德国支票法》则于 1908 年另行制定。《德国票据法》注重票据的信用功能与流通功能。其主要特点是：(1) 强调票据关系与基础关系相分离，使票据成为不要式的证券；(2) 采取严格的形式主义，认为票据乃是一种不要式的有价证券。属于德国法系的国家主要还有瑞士、瑞典、奥地利、荷兰、丹麦、挪威以及日本等。

3. 英国法系

英国法系包括英国、美国以及受英国普通法传统影响的国家。《英国票据法》颁布于 1882 年。由于《英国票据法》制定的年代较晚，票据作为流通手段和信用工具的作用已十分明显，因此，《英国票据法》的立法宗旨与法国票据法有明显的差别，而与《德国票据法》则比较接近。但对票据的形式要求，英国法有一定的灵活性，不像德国法那样严格。《英国票据法》的主要特点是强调票据的流通作用和信用功能，保护正当执票人的利益，这对于促进票据的流通、加速社会资金周转都是有利的。

（二）关于票据的统一法

由于资本主义各国票据法的体例不同，不仅存在着上述法国、德国和英国三个不同的法系，而且在同一法系的各个国家之间，其关于票据的某些具体规定也有差异，这种状况的存在对于票据在国际上的流通使用和国际贸易的发展都是不利的。第一次世界大战后，在国际联盟的主持下，先后于 1930 年和 1931 年在日内瓦举行了两次关于统一票据法的国际会议，通过了四项关于统一票据法的“日内瓦公约”，这就是：(1)《1930 年关于统一汇票和本票的日内瓦公约》；(2)《1930 年关于解决汇票与本票的若干法律冲突的公约》；(3)《1931 年关于统一支票法的日内瓦公约》；(4)《1931 年关于解决支票的若干法律冲突的公约》。

此外，还通过了《关于汇票及本票印花税法公约》。现在，大多数欧洲国家和日本以及某些拉丁美洲国家已经采用了上述各项“日内瓦公约”。此后，大陆法系国家的票据法即逐步趋于统一。

但是，英、美等国则从一开始就拒绝参加“日内瓦公约”，认为“日内瓦公约”主要是按照大陆法的传统制定的，与英美法的传统和实践有矛盾，如果参加“日内瓦公约”，将会影响英美法系国家之间已经实现的统一局面。由于这个缘故，历史上存在的票据法的三大法系，现在已演进为日内瓦统一法系与英美法系并存的局面。为了解决日内瓦统一法系和英美票据法的分歧，联合国国际贸易法委员会于 1988 年主持制定了《联合国国际汇票和国际本票公约》。

第二节 票据法的一般法律原则

一、票据法概述

（一）票据法的概念和特征

票据法有广义和狭义之分。广义的票据法是各种广义票据的法律规范的总称。它包括以票据法的名称颁布的法律和其他一些法律规范中关于票据的规定。狭义的票据法是专门规定有关调整票据的种类、形式、权利等票据法律关系的法律规范的总称。我国于1995年5月10日通过《中华人民共和国票据法》并于1996年1月1日起施行。2004年8月，十届全国人大常委会十一次会议对《票据法》进行了修正，删除了第75条规定，修正后的《票据法》于2004年8月28日生效。中国人民银行组织制定了《票据管理实施办法》和《支付结算办法》等有关票据的配套法规。票据法的调整对象是票据法律关系。

票据法的特征为：(1) 强制性；(2) 技术性；(3) 国际统一性；(4) 票据法实行"严格的形式主义"，即票据法重视票据和票据行为的形式。

（二）票据法的基本法律原理

1. 票据得以迅速、简便的方式进行转让

各国票据法都规定，票据仅凭交付或经适当背书后交付给受让人即可合法完成转让手续，比民法典上的债权让与简单方便得多。民法典上的债权让与一般都以通知债务人作为债权让与生效的条件或作为对抗第三人的要件。

2. 票据本身与其基础关系相分离

票据关系是指基于票据行为所产生的债权债务关系，即根据票据享有权利的人与承担义务的人之间的关系，这是票据本身所固有的法律关系。基础关系包含原因关系和资金关系。

(1) 票据的原因关系。票据的原因是指当事人之间发行票据或转让票据的依据或缘由。各国票据法都认为，票据上的权利义务关系一经成立，即与原因关系相脱离，不受原因关系的影响。大陆法学者都把票据称为无因的证券，其目的是促进票据的流通。

但是，票据的原因关系与票据关系毕竟还是存在着某种联系，这在票据的直接当事人之间表现得更为明显。在这种情况下，原因关系就会对票据关系产生影响。这种情况称为原因关系与票据关系相牵连。

(2) 票据的资金关系。票据的资金关系是指票据（汇票与支票）的付款人与出票人之间的资金补偿关系。目前，大多数国家的票据法都认为（除法国外），票据的资金关系应与票据关系相分离，不论出票人是否向付款人提供了资金，票据的效力都不受影响。

3. 强调保护善意第三人

善意并支付了对价的票据受让人，可以取得优于其前手的权利，不受其前手的权利瑕疵的影响。这是票据的流通转让（negotiation）与民法典上的债权转让（assignment）的一个重大区别，是为促进票据流通、保障票据交易的安全所必需的。

4. 票据是一种要式证券

所谓要式是指票据的作成必须符合法定的形式要求，如果不符合法定的形式，就不能产生票据的效力。

二、票据行为和票据权利

（一）票据行为

1. 票据行为的定义、分类和特征

票据行为是指当事人以发生票据权利义务为目的而依法设立、变更或消灭票据法律关系的行为。

票据行为有广义和狭义之分。狭义的票据行为是指以发生票据上的债务为目的的分离行为，包括出票、背书、承兑、参加承兑、保证等。广义的票据行为除包括狭义的票据行为外，还包括付款、改写、涂销、保付、（支票的）划线、参加付款、见票等。票据法上通常采用狭义，将其他行为称为“准票据行为”。

票据行为具有要式性、文义性、无因性和独立性的特征。其中，票据行为的独立性是指票据上有多个行为时，只要各个票据行为具备法定要式，就各自独立发生法律效力，互不影响，一种行为的无效不影响其他行为的效力。

2. 票据行为的要件

票据行为的要件包括实质要件和形式要件。

（1）票据行为的实质要件包括票据行为能力和票据行为意思表示两方面。票据行为能力是指票据行为人应当具有权利能力和行为能力，一般适用民法典的一般规定。票据行为之意思表示，原则上适用民法典关于意思表示的一般规定。应当注意的是，不少学者认为，为促进票据的使用和流通，保护善意的持票人，票据法较之民法典应更多采取表示主义。从我国《票据法》第 4 条的规定可以看出，我国《票据法》采用的是“表示主义”。

（2）票据行为的形式要件包括：第一，书面。即口头票据行为无效。第二，表明票据种类的文字。即应表明其为汇票、本票或支票。第三，一定的票据金额。第四，无条件支付或无条件委托支付的文字。第五，出票的年月日。第六，签名。第七，交付。票据记载完成后，必须由票据行为人将票据交付于持票人，票据行为方为有效。

3. 票据行为的代理

票据行为代理是指代理人基于本人的授权，在授权范围内，代本人实施票据行为的行为。票据行为代理的成立应具备形式要件和实质要件。根据我国《票据法》第 5 条的规定，票据当事人可以委托其代理人在票据上签章，并应当在票据上表明其代理关系。从这一规定可以看出，票据行为的形式要件包括：(1) 必须明示本人的名义，不得采用隐名代理。(2) 必须表明代理的意思。(3) 必须有代理人的签名或盖章。票据行为代理的实质要件为代理权的存在，即代理权的发生以票据当事人的委托授权为必要条件。

4. 票据行为的无权代理和越权代理

我国《票据法》第 5 条规定，没有代理权而以代理人名义在票据上签章的，应当由签章人承担票据责任；代理人超越代理权限的，应当就其超越权限的部分承担票据责任。

(二) 票据权利

1. 票据权利的定义和特征

票据权利是指持票人向票据债务人请求支付票据金额的权利，包括付款请求权和追索权。

票据权利具有以下法律特征：

(1) 票据权利是证券性权利和完全的金钱债权。作为证券性权利票据，其体现的权利和作为证券的票据是合而为一的，只有取得证券，才能取得票据权利。所谓票据权利是完全的金钱债权，是指票据的持票人仅得请求票据债务人给付票面金额，不得为其他请求权，同时，持票人实现票据权利不负任何对价义务，票据的债务人单方面负担无对价的给付义务。

(2) 票据权利是单一性权利。即就同一票据而言，不可能有两个以上的所有人同时占有同一票据。

(3) 票据权利具有确定性。即票据上的票据种类、金额、支付日期和收款人一旦由出票人依法确定，就不得更改。

(4) 票据权利是二次性权利。票据权利人可首先对主债务人行使付款请求权，如未获付款，则可以向债务人行使追索权，追索权为票据的第二次权利。

(5) 票据权利是只能对票据行为关系人行使的权利。

2. 票据权利的取得

(1) 取得票据权利的方式。

票据权利以占有票据为前提。取得票据权利的方式有以下几种：1) 原始取得。它包括：依出票行为取得票据；善意受让取得，即出票人从无处分权人那里善意取得票据。2) 继受取得。是指受让人从票据权利人手中以法定方式取得票据，包括：第一，因票据权利人背书转让或无记名票据的交付票据而继受取得票据权利。第二，依票据法以外的原因，如公司合并或分立、税收、继承或赠予等行为受让票据取得。第三，票据债务人因被追索偿还票据金额，取得票据后，继受取得票据权利。

(2) 取得票据的原则。

根据我国《票据法》的规定，取得票据应遵守以下原则：第一，票据的签发、取得和转让，应当遵循诚实信用的原则，具有真实的交易关系和债权债务关系。第二，票据的取得，必须给付对价。第三，因税收、继承、赠予可以依法无偿取得票据的，不受给付对价的限制。但是，所享有的票据权利不得优于其前手的权利。第四，以欺诈、偷盗或者胁迫等手段取得票据的，或者明知有前列情形，出于恶意取得票据的，不得享有票据权利。持票人因重大过失取得不符合《票据法》规定的票据的，也不得享有票据权利。

3. 票据权利的行使和保全

票据权利的行使是指票据权利人向票据债务人提示票据并请求其履行票据债务的行为。票据权利的保全是指票据权利人为防止票据权利的丧失而为的一切行为。

票据权利的行使和保全方法有三：第一，按期提示。是指票据权利人依票据法规定的期限向票据债务人出示票据，请求其履行票据债务。第二，制作成拒绝证书。是指为了证明出票人曾依法行使票据权利而遭拒绝或者根本无法行使权利，由法定机关制作的一种公证书。第三，时效中断。如当事人一方起诉，导致票据时效的中断。

票据权利行使和保全的时间和地点，根据我国《票据法》第 16 条的规定，应当在票据当事人的营业场所和营业时间内进行，票据当事人无营业场所的，应当在其住所进行。

4. 票据权利的消灭

票据权利的消灭包括以下事由：（1）付款。（2）被追索人清偿票据债务及追索费用。（3）因票据时效期间届满而消灭。（4）保全手续欠缺。（5）票据记载事项欠缺。我国《票据法》第 18 条规定，持票人因超过票据权利时效或者因票据记载事项欠缺而丧失票据权利的，仍享有民事权利，可以请求出票人或者承兑人返还其与未支付的票据金额相当的利益。

5. 票据权利的瑕疵

（1）票据的伪造和变造。票据的伪造是指行为人假冒他人名义或者虚构他人的名义而为票据行为的不法行为。票据的变造是指无更改权的人对票据上签章以外的记载事项加以变更的行为。关于票据的伪造和变造的法律责任，我国《票据法》第 14 条规定：伪造、变造票据上的签章和其他记载事项的，应当承担法律责任。票据上有伪造、变造的签章的，不影响票据上其他真实签章的效力。票据上其他记载事项被变造的，在变造之前签章的人，对原记载事项负责；在变造之后签章的人，对变造之后的记载事项负责；不能辨别是在票据被变造之前或者之后签章的，视同在变造之前签章。

（2）票据的更改和涂销。票据的更改是指票据的原记载人依照票据法的规定，改写票据上的记载事项的行为。我国《票据法》第 9 条作了如下规定：票据上的记载事项必须符合《票据法》的规定。票据金额、日期、收款人名称不得更改，更改的票据无效。对票据上的其他记载事项，原记载人可以更改，更改时应当由原记载人签章证明。票据的涂销是指有关当事人涂抹消除票据上的签名或其他记载事项的行为。我国《票据法》中未规定票据的涂销制度，在票据实务中，银行不允许票据上有涂销现象。

三、票据的抗辩和补救

（一）票据的抗辩

票据的抗辩是指票据的债务人依据票据法的规定，对票据债权人拒绝履行义务的行为。

票据抗辩主要有两种：(1) 物的抗辩。是指基于票据本身的内容（票据上记载的事项以及票据的性质）发生的事由而为的抗辩。这一抗辩可以对任何持票人或债务人提出，称为绝对抗辩和客观抗辩。(2) 对人的抗辩。是指票据债务人对抗特定债权人的抗辩。主要是因债务人与特定的债权人之间的关系而发生的抗辩，因而只能向特定的债权人行使，故又称为相对抗辩或主观抗辩。

票据的抗辩是有限制的，我国《票据法》第 13 条第 1 款规定，票据债务人不得以自己与出票人或者与持票人的前手之间的抗辩事由，对抗持票人。但是，持票人明知存在抗辩事由而取得票据的除外。

（二）票据丧失的补救

票据的丧失是指持票人并非出于自己的本意而丧失对票据的占有，包括：绝对丧失，如烧毁、撕碎等；相对丧失，如遗失、被盗等。对于票据丧失的补救措施，我国《票据法》第 15 条规定了三种措施：(1) 挂失止付；(2) 公示催告；(3) 提起诉讼。

（三）票据权利丧失的补救措施

为了弥补票据权利人因超过票据权利时效或者因票据记载事项的欠缺而丧失的票据权利，我国《票据法》第 18 条规定了“利益返还请求权”，具体规定如下：持票人因超过票据权利时效或者因票据记载事项欠缺而丧失票据权利的，仍享有民事权利，可以请求出票人或者承兑人返还其与未支付的票据金额相当的利益。

第三节 汇 票

一、汇票的定义及汇票原始当事人之间的法律关系

（一）汇票的定义

汇票是由出票人签名出具的，要求受票人于见票时或于规定的日期或于将来可以确定的时间内，向特定人或凭特定人的指示或持票人，支付一定数额金钱的无条件的书面支付命令。

汇票的特征是：(1) 汇票是票据的一种；(2) 汇票是委托他人支付确定金额的票据；(3) 汇票是无条件支付一定金额给收款人或持票人的书面票据；(4) 汇票的金钱必须确定；(5) 汇票须于见票时或规定的到期日付款。

（二）汇票原始当事人之间的法律关系

汇票的出票人对付款人来说是债权人，而对受款人来说则是债务人。但是，只有付款

人在汇票上签名，承担了付款义务之后，他才成为该汇票的主债务人，而出票人则居于次要地位，成为从债务人。

二、汇票的出票

（一）出票的定义和内容

出票是指出票人签发票据，首次将格式完备的汇票交付给受款人的行为。这是产生票据关系的一种基本票据行为。出票包括两个方面的内容：由出票人作成汇票，并在其上签名；将票据交付给收款人。

（二）各国规定汇票必须记载的事项

（1）标明"汇票"字样。德国法系各国及"日内瓦公约"都要求在汇票上必须标明"汇票"（wechsel/sola wechsel）字样，但英美法系国家则不要求必须注明"汇票"字样。

（2）汇票必须是无条件的。

（3）汇票上所载明金额须是确定的。汇票是一种金钱证券，其支付的标的必须是金钱，而且金钱的数额必须确定。

（4）必须载明付款人的姓名。

（5）汇票的受款人。英美法认为，汇票上可以指定受款人，也可以不指定受款人而仅填写"付给持有人"（to bearer）字样，谁持有汇票，谁就有权要求付款人支付票据上所记载的金额。但"日内瓦公约"原则上不承认无记名式的汇票。

按照《英国票据法》，汇票上受款人可以有以下三种写法：1）限制性抬头。例如汇票上载明"仅付给 A 公司"（pay A Co. only）或"付给 A 公司，不准转让"（pay to the order of A Co.）。这种汇票只能按一般民法典上债权让与的方式转让。2）指示式抬头。例如汇票上载明"付给 A 公司或其指定的人"（pay A Co. or order；pay to the order of A Co.）。这种汇票可以经过背书转让。3）来人式抬头。汇票上不载明受款人的姓名，而只写明"付给持票人"（payable to bearer）字样。这种汇票在转让时无须由执票人背书，仅凭交付即可转让。

（6）汇票的出票日期及地点。"日内瓦公约"规定，汇票应当记载出票日期及地点，否则不得认为有效，但有一个例外，如果汇票上没有载明出票地点，则以出票人姓名旁的地点为出票地点。英美法系各国则认为，出票日期和地点并不是汇票必须记载的事项。如果汇票上没有填写出票日期，汇票仍然有效，执票人可以将其认为正确的日期补填在汇票上。如果汇票上没有载明出票的地点，则可以以出票人的营业所、住所或居住地为出票地点。

出票的时间和地点在法律上具有重大意义。按照一些国家的票据法的规定，付款提示和承兑提示都有一定的期限，这个期限是从出票之日起开始计算的。出票的地点对国际汇票法有重要意义，它关系到汇票的法律适用问题。按照《1930 年关于解决汇票与本票的若干法律冲突的公约》和许多国家的法律冲突规则，汇票所适用的法律在许多方面都采用行为地法的原则。

(7) 汇票的到期日。汇票的到期日就是汇票所载金额的支付日期。如未载明付款时间者，可视为见票即付。汇票的到期日有以下四种规定方式：1) 定日付款 (fixed date)；2) 见票即付 (sight bill)，即要求付款人在执票人向其提示汇票时付款；3) 出票日后定期付款 (after date)，即从出票日起算，于出票日后的一定时间内 (如 1 个月) 付款；4) 见票后定期付款 (after sight)，即从执票人提示汇票后起算，于见票后的一定期间内 (如 3 个月) 付款。按照《英国票据法》的规定，汇票的到期日可以是确定的期限或日期，也可以把将来肯定会发生的但不能预先确定其发生的确切日期的事件作为这类汇票的到期日。但“日内瓦公约”则只允许采取上述 1) 至 4) 种办法来规定汇票的到期日，否则汇票无效。

(8) 汇票的付款地点。《英国票据法》规定，票据上不一定要载明付款地点，不管付款人在什么地方，只要执票人能找到他，就可以向他提示汇票要求付款。“日内瓦公约”则要求在汇票上应载明付款地点，但是，如果没有记载付款地点，将付款人姓名旁的地点视为付款地，亦即视为付款人的所在地。

(9) 必须由付款人在汇票上签名。按照票据法的原则，只有在汇票上签名的人，才对票据承担责任。因此，各国票据法都规定，汇票上必须要有出票人的签名才能生效，欠缺出票人签名的汇票在法律上是无效的。

(三) 出票人的责任

出票人的责任有两项：(1) 担保其汇票将获得承兑。(2) 担保其汇票将获得付款。关于出票人可否在汇票上列入“免予追索” (without recourse) 的文句，各国法律有不同规定。按照“日内瓦公约”的规定，出票人可以在汇票上列入免责文句以免除担保承兑的责任，但不得免除担保付款的责任。而《英国票据法》和《美国统一商法典》则规定，出票人可以在汇票上列入免责文句，免除或限制其对执票人的偿还义务。

(四) 我国对汇票出票的规定

我国《票据法》第 21 条至第 26 条对汇票的出票作了如下规定：

(1) 汇票出票条件。汇票的出票人必须与付款人具有真实的委托付款关系，并且具有支付汇票金额的可靠资金来源。

(2) 汇票的绝对记载事项。汇票必须记载下列事项：1) 表明“汇票”的字样；2) 无条件支付的委托；3) 确定的金额；4) 付款人名称；5) 收款人名称；6) 出票日期；7) 出票人签章。

(3) 汇票的相对记载事项。汇票上未记载付款日期的，为见票即付。汇票上未记载付款地、出票地的，付款人、出票人的营业场所、住所或者经常居住地为付款地、出票地。

(4) 汇票的非法定记载事项。汇票上可以记载《票据法》规定事项以外的其他出票事项，但是该记载事项不具有汇票上的效力。

(5) 汇票的到期日的记载方式。汇票的到期日即汇票的付款人应当付款的日期。我国《票据法》第 25 条规定，付款日期可以按照下列形式之一记载：1) 见票即付；2) 定日付款；3）出票后定期付款；4）见票后定期付款。

（6）出票的效力。出票人签发汇票后，即承担保证该汇票承兑和付款的责任。出票人在汇票得不到承兑或者付款时，应当向持票人清偿我国《票据法》第 70 条、第 71 条规定的金额和费用。

三、汇票的背书

（一）背书的概念和作用

背书（endorsement）一词来自拉丁语 in dorsum，指背面的意思。汇票的背书就是执票人在汇票背面签名，并把它交给对方的行为。在汇票背面签名的人称为背书人（endorsor），接受经过背书的汇票的人称为被背书人（endorsee）。按照各国法律的规定，除无记名式汇票得仅凭交付而转让外，记名式汇票和指示式汇票都必须以背书的方式进行转让。

背书有两种作用：一是把汇票上的权利转让给被背书人；二是背书人对包括被背书人在内的一切后手担保该汇票必然会被承兑或付款，如汇票的受理人拒绝承兑或承兑后拒绝付款，则受背书人及其后手有权向背书人追索。根据我国《票据法》第 32 条、第 37 条的规定，一般转让背书产生以下法律效力：（1）以背书转让的汇票，后手应当对其直接前手背书的真实性负责。（2）背书人以背书转让汇票后，即承担保证其后手所持汇票承兑和付款的责任。

（二）背书的方式

1. 记名背书

记名背书（special endorsement）又称为完全背书或特别背书。执票人在背书时，在汇票背面写上被背书人的姓名、商号名称，并签上自己的名字，然后将汇票交付给被背书人，汇票的转让即告完成。

2. 空白背书

空白背书（blank endorsement）又称无记名背书或略式背书。背书人在汇票背面上签上自己的名字，不必填写被背书人的姓名或商号名称。经空白背书后的汇票可仅凭交付而转让，其结果同来人式汇票相同。

空白背书可以转变为记名背书，记名背书也可以转变为空白背书。

（三）背书的种类

依背书人作出背书时的意图，背书主要可以分为以下几种。

1. 转让背书

转让背书是以转让汇票上的权利为目的所作的背书，其受让人（受背书人）可取得该汇票的所有权利，执票人在背书时另有记载的除外。通常的背书多属于此类。按照各国票据法的规定，执票人在背书转让票据时，须把汇票上的全部金额同时转让给同一个人，这就是所谓的“背书的不可分割性”。

2. 有特殊记载的背书

有特殊记载的背书是指执票人背书时，除签名外，还附加了某种特殊文句，借以限制自身的责任，限制汇票的再度转让或附加其他条件等。这主要有以下几种情形：

（1）限制转让的背书（restrictive endorsement）。背书人在背书时加注限制的文句，如注明"不得转让"（no negotiable）等。按照英国的法律，该汇票的受背书人无权将该汇票再次转让，除非另有授权。按照某些大陆法系国家的法律，则该汇票就只能以一般债权让与的方式转让。但是，如果是由背书人作出不得转让的记载，而该汇票仍然可以背书方式转让的，则背书人仅对其直接的受背书人负责；倘若该汇票仍然可以背书方式转让给其他人，则背书人对于在其作出禁止背书记载之后，再依背书取得该汇票的其他人，可不负责，即可拒绝其他人的追索。但是，按照《美国统一商法典》的规定，限制转让背书一般不能限制该票据的转让流通。

（2）限制背书人责任的背书（qualified endorsement）。背书人为了限制自己的责任，往往在背书时加"免予追索"（without recourse/sans recourse）的文句。这种文句可以起到使背书人免除其由于在汇票上签名背书而产生的责任的作用。如日后该汇票遭到拒付，执票人在向前手追索时，只能越过背书人而向其他背书人或出票人追索。但是，按照《英国票据法》的规定，加注"免予追索"字样的背书人地位，同仅凭交付票据而转让的无记名汇票的出让人的地位是相类似的，即他们虽然对间接的受让人可以免受追索，但如有下列情况则仍须对支付了对价的受让人（immediate transferee for value）负责：第一，汇票曾被伪造；第二，背书人在转让汇票时已经知道汇票将遭到拒付；第三，出让人的权利有瑕疵（如无权出让汇票）。

（3）附有条件的背书（conditional endorsement）。背书应当是无条件的，如背书人在背书时附加某种条件，则这种附加条件的记载是无效的。

3. 非转让背书

非转让背书是指背书人作背书不是为了转让票据上的权利，而是另有用意。常见的非转让背书有：

（1）委托取款背书（endorsement for collection）。背书人在背书时注明其背书的目的只是委托被背书人取款，而不是转让汇票的所有权。这种背书通常都注明"委托取款"（for collection）或"委托代收"（by procuration）等字样。按照"日内瓦公约"的规定，委托取款背书的受背书人得享有以下两项权利：第一，行使汇票上的一切权利；第二，以代理人的资格，为了取款的目的，将汇票再度背书给第三人，从而将其代理权移转于第三人，让后者代为取款，但不得作其他背书（如转让背书）。同时，在委托取款背书的条件下，由于该汇票的权利并未转让给受背书人，而仍为背书人所拥有，因此，在受背书人行使汇票上的权利时，该汇票债务人所提出的抗辩，可用于对抗受背书人。

（2）设质背书（endorsement of pledge）。也称质权背书，是指以设定质权为目的所作的背书。此种背书的受背书人，得以质权人的资格行使汇票上的权利。质权书通常都注有"基于担保"（value in security）或"出质"（value in pledge）字样。按照"日内瓦公约"

的规定，汇票的债务人不得以自己对设质背书人的抗辩来对抗设质背书的受背书人（质权人），但如果后者为在接受汇票时明知损害债务人而接受者则不在此限。

（四）我国《票据法》对于汇票的背书的规定

1. 关于背书与汇票转让

根据我国《票据法》第 27 条的规定，可以看出，汇票转让只能采用背书方式转让。

2. 背书的记载内容和形式

（1）背书记载的地方和粘单的使用。背书应当记载在汇票背面，同时，当票据凭证不能满足背书人记载事项的需要时，可以加附粘单，黏附于票据凭证上。粘单上的第一记载人，应当在汇票和粘单的黏接处签章。

（2）背书的签章和日期的记载。我国《票据法》第 29 条规定，背书由背书人签章并记载背书日期。背书未记载日期的，视为在汇票到期日前背书。

（3）背书的种类。我国票据法只承认记名背书。如我国《票据法》第 30 条规定，汇票以背书转让或者以背书将一定的汇票权利授予他人行使时，必须记载被背书人名称。

（4）禁止背书的记载。我国《票据法》第 34 条规定，背书人在汇票上记载“不得转让”字样，其后手再背书转让的，原背书人对后手的被背书人不承担保证责任。

（5）背书不得记载的内容。背书不得记载的内容包括：第一，附条件背书。第二，部分背书。

3. 委托收款背书和质押背书

我国《票据法》第 35 条规定，背书记载“委托收款”字样的，被背书人有权代背书人行使被委托的汇票权利。但是，被背书人不得再以背书转让汇票权利。汇票可以设定质押；质押时应当以背书记载“质押”字样。被背书人依法实现其质权时，可以行使汇票权利。

4. 法定禁止背书

根据我国《票据法》第 36 条的规定，汇票被拒绝承兑、被拒绝付款或者超过付款提示期限的，不得背书转让；背书转让的，背书人应当承担汇票责任。

（五）背书的连续性

背书的连续性是指汇票转让中，转让汇票的背书人和受让汇票的被背书人在票据上的签章依次前后衔接。我国《票据法》第 31 条规定，以背书转让的汇票，背书应当连续。持票人以背书的连续，证明其汇票权利；非经背书转让，而以其他合法方式取得汇票的，依法举证，证明其汇票权利。

许多国家的票据法规定，汇票的执票人应以背书的连续来证明权利的成立。所谓背书的连续，是指第一次背书的人应是该汇票的受款人，其后各次背书的背书人均应为前一次背书的被背书人，依次衔接，直至最后的执票人。如在空白背书之后以背书方式转让，则其后的背书人应视为因此项空白背书而取得汇票的受让人，以便使背书的连续性不因出现空白背书而受影响。

（六）背书人与受背书人的权利和义务

《英国票据法》规定，背书人的责任有以下三项：

（1）保证该汇票在提示时将会获得承兑和付款。

（2）对正当执票人不得否认出票人及一切前手背书人和签名的真实性。

（3）对其直接的或后来的受背书人不得否认该汇票在其背书时是有效的，并且不得否认他对该汇票享有正当的权利。

受背书人是汇票的受让人，他因背书而取得汇票上一切权利，从而成为汇票的债权人。当汇票遭到拒绝承兑或付款时，受背书人有权向一切前手背书人以及包括出票人在内的一切曾经在汇票上签名的人进行追索，必要时还可以对他们提起诉讼。不仅如此，受背书人还可以取得优于背书人的权利，付款人一般不得以其得以对抗出票人或前手背书人的抗辩事由来对抗善意并支付了对价的受背书人。这是票据法的一项基本原则，各国票据法都承认这一原则。

（七）伪造背书

伪造背书包括冒用他人名义在汇票上背书或未经授权而用他人名义在汇票上背书两种情况。对伪造背书的法律后果，英美法与大陆法之间存在严重分歧。其实质在于英美法的出发点是保护汇票的真正所有人；大陆法（以及“日内瓦公约”）则偏重保护善意的受背书人。

四、汇票的提示

（一）提示的定义、分类和期限

提示（presentment）是指执票人向付款人出示汇票，请求其承兑或付款的行为。这是执票人为行使和保全其权利所必须做的一种行为。

提示可以分为承兑提示和付款提示两种。提示承兑是指持票人向付款人出示汇票，并要求付款人承诺付款的行为。付款提示是指持票人现实地向付款人或承兑人出示汇票而请求付款的票据行为。

付款人只有在其承兑汇票之后，才成为该汇票的主债务人，承担到期付款的责任。但是，即期汇票（bills payable on demand，at sight）则只需作付款提示，而无须作承兑提示。

无论是承兑提示或是付款提示，都必须在法定期限内进行，或按票据上的记载办理。对于提示的期限，各国法律有不同的规定。“日内瓦公约”规定，见票后定期付款的汇票，应在出票日起 1 年内为承兑提示；见票即付的汇票，应于出票后 1 年内为付款提示。英美法则没有规定具体的提示期限，而只要求在“合理时间”（reasonable time）提示。如果执票人不在规定期间内作出承兑提示或付款提示，他就将丧失对前手背书人和出票人的追索权。因此，及时作出相应的提示，乃是执票人保全其权利的一种必要的程序。但是，汇票承兑人不得以执票人未按时为付款提示而解除其对汇票的责任，因为他是汇票的主债务人，负有绝对的付款义务。如果承兑人拒付，执票人可向他提起诉讼，但此项诉讼必须在法定期限内提出。关于这个诉讼时效，各国法律有不同的规定，“日内瓦公约”规定为3年，《英国票据法》规定为6年。一旦上述时效已过，执票人就将丧失汇票上的一切权利。

（二）我国对提示的规定

1. 我国《票据法》对承兑提示的规定

第一，定日付款或者出票后定期付款汇票的提示承兑的期限。我国《票据法》第39条规定，持票人应当在汇票到期日前向付款人提示承兑。

第二，见票后定期付款汇票的提示承兑的期限。我国《票据法》第40条规定，持票人应当自出票日起1个月内向付款人提示承兑。汇票未按照规定期限提示承兑的，持票人丧失对其前手的追索权。

第三，见票即付的汇票的提示承兑的期限。见票即付的汇票无须提示承兑。若汇票上没有记载付款日期的汇票，法律规定视其为见票即付的汇票，亦无须承兑。

2. 我国《票据法》对付款提示的规定

（1）付款提示的期限。根据我国《票据法》第53条的规定，持票人应当按照下列期限提示付款：第一，见票即付的汇票，自出票日起1个月内向付款人提示付款；第二，定日付款、出票后定期付款或者见票后定期付款的汇票，自到期日起10日内向承兑人提示付款。持票人未按照上述规定期限提示付款的，在作出说明后，承兑人或者付款人仍应当继续对持票人承担付款责任。

（2）付款提示的方式。一般持票人可以亲自到付款人处，或者通过邮局寄交付款人。同时，根据我国《票据法》第53条第3款的规定，通过委托收款银行或者通过票据交换系统向付款人提示付款的，视同持票人提示付款。

（3）付款提示的当事人。这包括提示人和被提示人。提示人一般为持票人，但也可以是持票人的委托代理人或质权人。被提示人包括：第一，已承兑的汇票，承兑人为被提示人。第二，见票即付的汇票，付款人为被提示人。第三，未承兑的汇票，付款人为被提示人。第四，付款人破产的，破产管理人为被提示人。第五，汇票上有担当付款人的，担当付款人是被提示人。我国《票据法》第56条第2款关于“付款人委托的付款银行的责任，限于按照汇票上记载事项从付款人账户支付汇票金额”的规定中的“付款人委托的付款银行”实际上就是“担当付款人”。

五、汇票的承兑

（一）承兑的概念

承兑是指汇票的付款人表示同意支付汇票金额的义务，并以书面签名记载于汇票之上的票据行为。

一般来说，是否要求付款人承兑，这是执票人拥有的一项自由权。但是，在某些情况下，执票人必须向付款人提示承兑；而在另一些情况下，则无须或不能向付款人提示承兑，主要有以下几种情况：

（1）凡见票后定期付款的汇票，执票人必须向付款人提示承兑，否则就无法确定付款的期日。

（2）凡汇票上载明必须提示承兑的汇票，执票人必须按汇票上的规定提示承兑。

（3）凡汇票上规定须在付款人的营业地或住所以外的其他地点付款者，执票人亦必须向付款人提示承兑，以使付款人作付款准备。

（4）凡是见票即付的汇票，无须提示承兑。

（5）凡汇票上载有“不得承兑”条款的汇票，执票人不得向付款人要求承兑。

但实际上，执票人对于远期付款的汇票，除汇票上有限制承兑的规定外，一般都乐于及时向付款人提示承兑。这样做有两个好处：一是有利于保护汇票执票人的权利，如果付款人拒绝承兑，即使汇票尚未到期，执票人也有权立即向出票人和前手背书人追偿；二是有利于汇票流通转让，因为经过承兑，付款就有保障，流通转让就较顺利。

（二）承兑的程序

首先须由执票人向付款人出示汇票，即向付款人作承兑提示，然后再由付款人决定是否予以承兑。我国《票据法》作了如下规定：

第一，承兑的时间。根据我国《票据法》第 41 条的规定，付款人对向其提示承兑的汇票，应当自收到提示承兑的汇票之日起 3 日内承兑或者拒绝承兑。

第二，承兑的接受。付款人收到持票人提示承兑的汇票时，应当向持票人签发收到汇票的回单。回单上应当记明汇票提示承兑日期并签章。

第三，承兑的格式。我国《票据法》第 42 条规定：“付款人承兑汇票的，应当在汇票正面记载‘承兑’字样和承兑日期并签章；见票后定期付款的汇票，应当在承兑时记载付款日期。汇票上未记载承兑日期的，以前条第一款规定期限的最后一日为承兑日期。”

第四，退回已承兑的汇票。即付款人依照承兑的格式填写完毕应记载事项后，应将已承兑的汇票退回持票人，如此才产生承兑的效力。

（三）承兑的方式

承兑的方式通常是由付款人在汇票正面写“承兑”字样，签上自己的名字，并注明承兑的日期。其中最重要的是付款人的签字，如无付款人的签字，该汇票即不能认为已被承兑。至于是否必须载明“承兑”字样和注明承兑日期，各国法律有不同的规定。“日内瓦公约”规定，承兑应于汇票上记载“承兑”或其他相等的字样。英美等国的法律则认为，承兑只需有承兑人的签名即可，不必加注“承兑”等字样。至于是否必须注明承兑日期，大多数国家都不以载明承兑日期作为承兑生效的必要条件。但按照“日内瓦公约”的规定，对于见票后定期付款的汇票及特别约定提示承兑期限的汇票，承兑人必须注明承兑的日期。对于这种汇票，如在承兑时未载明日期，执票人为促使其对背书人与出票人的追索权起见，应于适当时间内作成拒绝证书，以证明漏注的承兑日期。

承兑的方式包括单纯承兑和非单纯承兑。我国《票据法》43条规定，付款人承兑汇票，不得附有条件；承兑附有条件的，视为拒绝承兑。

（四）承兑的作用

承兑的作用在于确定付款人对汇票金额的付款义务。从理论上说，开立汇票是出票人单方面的行为，出票人在开立汇票时可以指定任何人为付款人，而付款人并未参与出票。因此，执票人为了确定付款人的责任，就必须向付款人提示承兑。只有当付款人在汇票上签名承兑之后，他才对汇票的付款承担责任。如果付款人拒绝承兑，他对汇票的付款就不负法律上的责任，则执票人不能对他起诉，而只能对汇票的背书人和出票人进行追索。我国《票据法》第44条规定，付款人承兑汇票后，应当承担到期付款的责任。

（五）承兑的种类

1. 普通承兑（general acceptance）

亦称为单纯承兑，即由付款人在汇票上注明“承兑”字样并签具付款人的姓名和日期，除此以外没有任何附加条件。

2. 附有限制条件的承兑（qualified acceptance）

又称为非单纯承兑，这主要有以下几种情况：(1) 有条件的承兑，例如付款人在承兑时注明必须以提交某种装运单据为付款条件等；(2) 部分承兑，即只承兑汇票金额的一部分；(3) 对付款地点加以限制；(4) 对付款的时间加以限制；(5) 当汇票有数个付款人时，只有某些付款人承兑，而不是全体付款人都承兑。

对于上述附有限制条件的承兑的效力，各国法律有不同的规定。按照《英国票据法》的规定，执票人可以拒绝接受附有限制条件的承兑，并可认为这是付款人拒绝承兑的行为。但如执票人接受附有限制条件的承兑，他必须征得出票人和被背书人的同意，否则，出票人和被背书人都可以解除对汇票所承担的义务。按照“日内瓦公约”的规定，承兑应当是无条件的。但承兑人得限制其所承兑的数额，承兑的仅是承兑汇票金额的一部分，即部分承兑是允许的，执票人应当接受，因为这对双方都有利。

六、汇票的保证

（一）汇票保证的概念和特点

汇票的保证是指票据债务人以外的第三人，在票据或其粘单上所为的，以担保特定票据债务人履行票据债务为内容的票据行为。我国《票据法》第45条规定，汇票的债务可以由保证人承担保证责任。保证人由汇票债务人以外的他人担当。

汇票保证具有如下特点：(1) 汇票保证是一种要式行为。汇票保证就在汇票上或粘单上作出，注明“保证”或类似字句，并由保证人签名。(2) 汇票保证具有独立性。这是汇票保证与民法典上的保证的一个重大区别。具体来说，在汇票保证的场合下，即使被保证的主债务因任何原因无效（除因款式欠缺而无效外），保证人仍应承担义务；但民法典上的保证则不然。(3) 汇票保证人不得享有先诉抗辩权。这也是汇票保证与民法典上的保证的一个重要区别。汇票保证具有独立性，所以汇票的执票人（债权人）可以不先向被保证人请求付款或追索，而直接向保证人提出付款请求或追索。

（二）保证人的权利和义务

1. 保证人的权利

保证人在清偿汇票债务后，有权行使执票人对承兑人、被担保人以及对于被保证人应负汇票上责任者的追索权。

2. 保证人的义务

保证人的义务主要有以下几项：(1) 保证人与被保证人负同一种责任。最主要的是担保付款的义务。(2) 当由一个以上的保证人为同一汇票债务提供保证时，各保证人均应负连带责任。(3) 保证人当其担保的汇票债务因某种理由无效时，仍应承担责任，但因款式欠缺无效者除外。(4) 保证人可以就汇票的全部金额提供担保，也可以仅对部分金额提供担保，在后一种情况下，保证人仅对他所保证的部分金额承担支付义务。

七、汇票的付款

汇票的付款（payment）是指汇票的付款人在汇票的到期日向执票人支付汇票金额，以消灭票据关系的行为。付款涉及以下几个问题。

（一）提示付款的时间

提示是付款的必要程序。至于付款提示的时间，各国法律有不同的规定，前面已有所述及。付款提示的效力主要表现在以下两个方面：(1) 作为保全偿还请求权的要件；(2) 作为汇票主债务人承担延期付款责任的条件。

（二）付款人付款的时间

关于执票人在汇票到期日向付款人提示付款人是否必须于当天付款、有无一定的宽限期，各国法律有不同的规定。按照《英国票据法》的规定，对远期付款的承兑，可以有3天的优惠日（three day of grace）。"日内瓦公约"则没有优惠日的规定。但是，按照各国的法律或习惯，如果汇票的到期日是星期日和其他公休假日，则付款的日期可顺延至下一个营业日。

（三）付款人付款的效力

汇票一旦由付款人按票面金额全部付清后，汇票上的债权债务关系即告消灭。付款人在付款时得要求执票人在汇票上签名注明"收讫"字样，并把汇票交给付款人。

如果在汇票上出现伪造背书，付款人即使向支付了对价而取得该汇票的执票人支付了汇票规定的金额，也不能解除其责任，并且在这种情况下，付款人还应向汇票的真正所有人再次付款。但按照"日内瓦公约"的规定，付款人只负责证明汇票背书的连续性，而没有义务证明签名的真实性，因此，善意的付款人经核对背书的连续性认为合格而向执票人付款之后，即可合法地解除其对汇票的责任。

（四）参加付款

参加付款是指当付款人或承兑人不向执票人付款时，由付款人以外的人代为付款的行为。英国法称之为“荣誉付款”（payment for honor）。在参加付款的情况下，付款人付款后，票据上的债权债务关系并不因之而消灭，而是由参加付款人取得了执票人的权利，他可以向被参加付款人及其前手要求偿还，但不得将该汇票再行背书转让。而且，汇票一旦由参加付款人付款后，被参加付款人的后手背书人，即因之而解除责任。

“日内瓦公约”和《英国票据法》都规定，如执票人拒绝参加付款，他就将对由于此种付款而得以解除责任的任何当事人丧失其追索权。换言之，即丧失对被参加人及其后手背书人的追索权。

八、汇票的拒付

汇票的拒付（dishonor of bill）包括拒绝承兑和拒绝付款两种情况。当执票人把远期汇票向付款人提示承兑时，如果付款人拒绝承兑，执票人即可行使追索权。拒付不仅是指付款人明白地表示拒绝承兑或拒绝付款，也包括付款人逃避、死亡或宣告破产等情形。

九、汇票的追索

当汇票遭到拒付时，为了保护执票人利益，各国法律都认为执票人有权向前手背书人以及汇票的出票人请求偿还汇票上的金额，这项权利在法律上称为追索权（right of recourse）。

按照各国票据法的规定，执票人在行使追索权时必须具备以下条件：

（1）汇票遭到拒绝承兑或拒绝付款。

（2）已在法定期限内向付款人作承兑提示或付款提示，如由于付款人或承兑人死亡、逃避或其他原因无法向其提示，或付款人、承兑人宣告破产，则无须作上述承兑提示或付款提示。

（3）必须在汇票遭到拒付后的法定期间内作成拒绝证书。所谓拒绝证书，是一种由付款地的公证人（notary public）或其他依法有权作出这种证书的机构，如法院、银行、公会等，所作成的证明付款人拒付的书面文件。

按照大多数国家的法律，除出票人已在汇票上注明不必作成拒绝证书外，一切汇票在遭到拒付时都必须作成拒绝证书，如执票人未按法定时间作成拒绝证书，则丧失对其前手背书人和出票人的追索权。按照“日内瓦公约”的规定，拒绝证书应于提示期内作成，如提示日为提示期限的最后之日，则得于其后的第一个营业日作成。但按照《英国票据法》的规定，国内汇票（inland bill）在遭到拒付时，不一定要作成拒绝证书，只有外汇票（foreign bill）才必须在拒绝之日或翌日作成拒绝证书，否则出票人和背书人即可解除对该汇票的责任。至于汇票的承兑人，则仍应对汇票负责。

（4）必须在汇票遭到拒付后的法定期间内将拒付事实通知其前手。按照《英国票据法》的规定，执票人必须将拒付事实通知其直接背书人以及任何他拟对之追索的前手。此项拒付通知必须在合理时间内作出，否则，执票人就将丧失其对前手背书人和出票人的追索权。所谓合理时间，包括以下两种情形：1）如果当事人居住在同一地区，则拒付的通知应于拒付的翌日作出，或于拒付后及时发出通知使对方能翌日收到；2）如果当事人居住在不同的地方，则拒付通知应于拒付的翌日发出，如翌日无邮班，则应于下一个邮班发出。在这个问题上，“日内瓦公约”的规定没有像英国法那样严格。按照“日内瓦公约”的规定，执票人应于拒绝承兑或拒绝付款证书作成之日后4个营业日内通知其背书人与出票人；第一背书人应于收到此项通知之日后2个营业日通知其背书人与出票人；每一背书人应于收到此通知之日后2个营业日内通知其前手背书人，依次推及出票人。不在上述期限内发出通知的，并不因此而丧失其权利。如由于怠于通知而使汇票的债务人发生损失时，怠于通知的一方应承担赔偿责任，但赔偿额不得超过汇票金额。

十、汇票上的伪造签名

汇票上的伪造签名（forged signature）是指假冒他人的名义或未经授权而用他人的名义在汇票上签名的行为。根据票据法的规定，只有自己在汇票上签名的人才承担责任，伪造签名是无效的。

现将《英国票据法》和“日内瓦公约”的有关规定及其主要分歧，以及联合国相关公约对二者的折中介绍如下。

（一）《英国票据法》的相关规定

按照《英国票据法》第24条的规定，伪造签名或未经授权而以他人名义在汇票上签名，是完全不起作用的，任何人都不能依据这种签名而取得保留该汇票的权利，也不能因为对该汇票付款而解除责任，或提出强制执行付款的要求。伪造签名主要有以下几种情形。

1. 伪造出票人的签名

如果有人假冒出票人的名义开出汇票，他对该汇票不负责任，因此这张汇票就不能作为一张有效的汇票。如果付款人付了款，他唯一的出路是向伪造者追诉。

但是，如果假冒签名的汇票已被付款人承兑，则情况就有所不同。因为按照《英国票据法》第54条的规定，承兑人一旦承兑汇票，他就不得否认出票人的存在及签名的真实性，也必须对最后“执票人”承担付款义务。此外，该汇票的背书人亦须对其后的执票人负责，因为背书人依法须对执票人保证出票人以及一切前手背书人的签名是真实的。

2. 伪造承兑人的签名

如果有人假冒承兑人的名义在汇票上承兑，该汇票应视为未经承兑。被假冒签名的承兑人不承担责任。

3. 伪造背书

伪造背书（forged endorsement）是指假冒背书人的名义在汇票上签名。按照英国法，伪造背书的后果是：第一，伪造背书视同没有背书一样，该汇票仍应是向原正当持票人付款的汇票。第二，伪造背书的善意受让人所得到的是一张未经背书的汇票，他不能因此而取得对该汇票的任何权利，因此，他亦无转让该汇票的权利。这样一来，其后手也同样不能取得对该汇票的任何权利，正当持票人有权要求汇票返还。第三，即使付款人已经承兑了汇票，成为该汇票的承兑人，但如果发现有伪造背书的事情，最后的“执票人”也无权对其要求强制执行付款义务，因为根据英国法，承兑人只对出票人的签名的真实性负责，但对背书人的签名的真实性则不负责任。第四，即使付款人（承兑人）已向“执票人”付了款，也不能解除其付款义务，该汇票的真正所有人仍有权要求付款人再次向其付款。但有一个例外，如果作为付款人的银行，对见票即付的汇票付了款，只要银行的付款是出于善意，付款银行即可解除其付款义务。

由此可见，在出现伪造背书时，英国法的立场是保护汇票的真正所有人，让从伪造者手中取得汇票的人承担损失。

（二）“日内瓦公约”的相关规定

(1) 汇票上的伪造签名对被伪造者和伪造者都没有约束力，但在汇票上作了真实签名的人的义务并不因之减少其效力。

(2) 无论由于任何方式而失去汇票的人，都不能要求以一系列背书方式取得票据权利的执票人交还汇票，除非执票人在取得汇票时有恶意或重大过失。

(3) 凡在到期日付了款的付款人即可解除对汇票的责任，除非他有诈欺行为或有重大过失。付款人只需证明背书的连续性，但对背书签名的真实性不负责任。

由此可见，“日内瓦公约”保护的是善意的执票人，而让失去汇票的真正所有人蒙受伪造签名所引起的损失。

可见，英国法主张保护汇票的真正所有人，因为如果由出票人或被人伪造签名的背书人来承担伪造签名的损失，他们就会不愿意开出汇票或接受汇票，从而使汇票的使用受到影响；而“日内瓦公约”则主张保护善意的执票人，因为如果由善意执票人或付款人承担伪造签名的损失，则他们在使用汇票时就要花时间查对有无伪造签名情况，从而影响汇票的流通使用。由于二者考虑问题的角度不同，因此虽然都是从促进票据流通的立场出发，但对伪造签名却作出截然不同的处理方法。

（三）《联合国国际汇票和国际本票公约》关于伪造背书后果的规定

《联合国国际汇票和国际本票公约》试图用折中的办法来调和两大法系的这一分歧。该公约规定，凡是有经过背书转让给他或前手的背书为空白背书的票据，并且票据上有一系列连续背书的人，即使其中任何一次背书是伪造的或是由未经授权的代理人签字的背书，只要他对此不知情，就应当认为他是票据的执票人而受到保护。该公约又规定，如果背书是伪造的，则被伪造其背书的人或者在伪造发生之前签署了票据的当事人有权因受伪造背书的影响而遭到的损失向伪造人、从伪造人手中直接取得票据的人以及向伪造人直接支付了票据款项的当事人或受票人索取赔偿。但是，向伪造人直接支付票据款项的当事人或受票人如果在付款时对伪造背书一事不知情，则可不承担上述赔偿责任，除非这种不知情是由于他未依诚信原则行事或未尽适当注意。所以，前一项规定是为了保护善意的受让人，它反映了“日内瓦公约”的原则，后一项规定是倾向于保护真正的所有人，它反映的是英美法的要求。按照该公约的规定，伪造背书的风险最终是由从伪造者手中取得票据的人承担。

第四节 本票与支票

一、本票

本票（promissory note）又称期票，是出票人约定于见票时或于一定日期，向受款人或其指定人支付一定金额的无条件的书面允诺（promise in writing）。

本票与汇票有许多共同之处。因此，世界上绝大多数国家在票据法中以汇票为中心，对汇票作相当详细的规定，而对本票则只有几条特别规定，其余事项均可适用汇票的有关规定。

本票与汇票的区别主要有以下两点：(1) 汇票有三个当事人——出票人、付款人与受款人，本票则只有两个当事人——出票人与受款人。(2) 汇票必须经过承兑之后，才能确定付款人对汇票的责任，使承兑人处于主债务人的地位，而出票人则居于从债务人的地位；本票的出票人是本票的当然的主债务人，无须办理承兑手续。

二、支票

（一）支票的概念

支票是以银行为付款人的即期支付一定金额的支付证券。支票和汇票一样有三个当事人：出票人、付款人与受款人。

（二）支票和汇票的区别

(1) 支票的付款人限于银行；而汇票的付款人则不限于银行。

(2) 支票均为见票即付；而汇票则可以是即期也可以是远期的。但近代商业中出现了一种提前开出的支票，即在支票表面记载的日期以前开出的支票。这种支票际上等于是一种“延期支票”，它不仅是支付工具，而且能起到信用工具的作用。

（三）支票项下银行和客户的关系

英国法认为，银行与客户的关系基本上是债务人与债权人的关系。客户把钱存入银行或委任银行代为收款，是把金钱借给银行，而银行则凭客户对银行开出的支票予以付款。

法国法则认为出票人与银行的关系是资金关系，银行之所以对出票人开立的支票付款，是因为出票人在银行存有资金，或者银行同意对出票人给予透支。

各国法律都对开立空头支票的恶意出票人规定了处罚方法，有的课以罚金，情节严重者还要负刑事责任。但是，银行也有义务了解客户的资信情况，并随时核对客户的账目。按照英国的法律，如果银行由于疏忽对客户开立的支票付了款，而事后发现客户的存款或财产不足以抵偿这一金额，则银行不能向受款人要求偿还这笔款项，只能向其客户要求赔偿。

（四）支票的停付和确认

有些国家的法律允许支票的出票人在出票后、付款前将其支票撤回，通知付款银行停付（stop payment）。支票的执票人不能对付款银行起诉，而只能要求出票人按其开出的支票付款或向前手追索。

为了防止这种情况的出现，支票受款人可以要求付款银行对支票予以确认。一旦付款银行在支票上签字盖章予以确认之后，付款银行对该支票就承担了绝对的付款义务，成为该支票的唯一债务人。

（五）横线支票

横线支票（crossed check）是指由出票人、背书人或执票人在支票正面画有两道平行线，或在两道平行线中间载明银行名称的支票。

横线支票的特点是只能对银行付款，即受款人必须是银行。横线支票主要有两种：

（1）普通横线支票（general check），即在支票上只画两道横线，或加上“公司”字样，但不注明银行和公司名称的支票。

（2）记名横线支票（special check），即除在支票上画两道横线外，还在两横线中间指定收款银行的名称和支票。

付款银行对普通横线支票只能付给银行，而对记名横线支票则只能付给横线上指定的银行。横线支票制度最早起源于英国，后来欧美各国亦相继采用。横线支票的作用主要是为了减少支票遗失、被窃的风险，防止他人冒领票款，保护支票真正所有人的利益。

第五节 《联合国国际汇票和国际本票公约》

为了促进各国票据法的协调和统一，联合国国际贸易法委员会从1971年起着手起草一项适用于国际汇票的《统一国际汇票法（草案）》，但该草案迟迟未能通过。1979年又将其改名为《联合国国际汇票和国际本票公约（草案）》（以下简称《公约》），此后又进行了多次修改，直到1988年才正式获得通过。但该公约尚未生效。现将该公约的适用范围及该公约在协调两大法系的分歧方面所取得的成果简要介绍如下。

一、《公约》的适用范围

根据《公约》第1章第1条的规定，该公约仅适用于载有“国际汇票（……公约)”和“国际本票（……公约)”标题的国际汇票和国际本票。对于国际汇票，该公约要求在下列五个地点中至少有两个地点要表明它们处于不同的国家：

（1）出票地点；

（2）出票人签名旁所示地点；

（3）受票人姓名旁所示地点；

（4）受款人姓名旁所示地点；

（5）付款地点。

但不求上述地点须位于《公约》的缔约国。

二、《公约》的若干主要内容

《联合国国际汇票和国际本票公约》的主要目的是尽可能弥合各国票据法特别是英美法系同“日内瓦公约”体系之间的分歧，在这方面，该公约主要在以下几个问题上取得了统一。

（一）有关票据的形式要求的规定

“日内瓦公约”对票据的形式要求相当严格，而相对地说，英美法对票据的形式要求则比较灵活。在这个问题上，《公约》基本上采纳了英美法的原则，但在下列两点上则采纳了“日内瓦公约”的精神，与英美法有所不同：

（1）按照《公约》第3条的规定，汇票上必须载有出票日期。

（2）不得开立无记名式的国际汇票，但背书人可以用空白背书的方法，使汇票在实际上变成无记名汇票；因为经过空白背书之后，其受让人在将汇票再度转让时，可以无须背书，只需交出汇票即可将其转让给别人。

（二）关于对执票人的保护

为了使票据具有流通性，各国票据法对善意或合法的执票人都给予有力的保护，认为他可以享有优于前手的权利。但各国法律对善意或合法的执票人所要求的条件不完全相同。

《公约》把执票人分为执票人和受保护的执票人两种。根据《公约》第29条的规定，受保护的执票人（protected holder）必须具备下列条件：

（1）他在该票据是完整的情况下取得该票据；

（2）他在成为执票人时对有关票据责任的抗辩不知情；

（3）他对任何人对该票据有请求权不知情；

（4）他对该票据曾遭拒付的事实不知情；

（5）该票据未超过提示付款的期限；

（6）他没有以欺诈、盗窃手段取得票据或参加与票据有关的欺诈或盗窃行为。

这些条件同英国法对正当执票人的要求有许多地方是相似的，其主要的区别是，《公约》对受保护的执票人不以支付代价为条件。这一点同大陆法的原则是一致的。

（三）关于伪造背书的后果

如果汇票被伪造背书转让，总有一方要遭受损失，问题是应当由谁来承担这种损失。在这个问题上，英美法系与“日内瓦公约”体系存在严重的分歧。

按照“日内瓦公约”的规定，伪造背书风险最终是由票据的所有人（owner of the bill）来承担。而按照英国和美国的法律，伪造背书的风险最终是由直接从伪造者手中取得票据的人来承担。

《公约》试图用折中的办法来调和两大法系的这一分歧。具体内容参见本章第三节相关内容。

（四）关于票据的抗辩

《公约》对受保护的执票人给予强有力的保护。其具体办法是限制对受保护的执票人可能提出的抗辩。按照《公约》第30条的规定，除下列情况外，当事人不得对受保护的执票人提出任何抗辩：

（1）关于票据上伪造签名的抗辩；

（2）关于票据曾发生过重大改动的抗辩；

（3）关于未经授权或越权代理人在票据上签名的抗辩；

（4）关于汇票须提示承兑而未能提示承兑的抗辩；

（5）关于未适当提示付款的抗辩；

（6）关于须在获承兑或不获付款时作成拒绝证书而未正当地作成拒绝证书的抗辩；

（7）关于票据时效（4年）已过的抗辩；

（8）基于该当事人本人与执票人之间在票据项下的交易可由于该执票人有任何欺诈行为而使该当事人在票据上签字而提出的抗辩；

（9）基于当事人不具备履行票据责任的行为能力的抗辩。

除上述几项抗辩以外，当事人不得对受保护的执票人提出任何其他抗辩。而且，受保护的执票人权利不受任何第三人对该票据的任何请求的限制，除非这种请求权是由于他本人同提出请求权的人之间的基础交易所引出的。《公约》的这些规定，对于促进票据在国际范围内流通、保障交易安全是十分必要的。

本章小结

票据是指某些可以代替现金流通的有价证券。它的经济作用主要体现在以下三个方面：（1）汇兑的作用；（2）信用工具的作用；（3）支付工具的作用。

票据的法律特征：(1) 票据是设权证券。(2) 票据是金钱债权证券。(3) 票据是完全有价证券。票据权利的发生、转让、行使均与票据不分离。(4) 票据是要式证券。(5) 票据是无因证券。(6) 票据是文义证券。票据上所创设的权利和义务均以票据上记载的文字为准。(7) 票据是流通证券。

现在国际上一般都认为票据应包括汇票、本票和支票三种票据形式。世界各国对于票据法的编制体例是不同的。票据法的基本原理主要包括：票据得以迅速、简便的方式进行转让；票据本身与其基础关系相分离；强调保护善意第三人的利益；票据是一种要式的证券。

票据发挥作用主要是通过票据持有人行使票据行为的权利进行的。而票据的债务人依据票据法的规定，可以对票据债权人进行有限制的抗辩，即拒绝履行某种义务。

汇票是一种典型的票据。汇票是由出票人签名出具的，要求受票人于见票时或于规定的日期或于将来可以确定的时间内，向特定人或凭特定人的指示或持票人，支付一定数额金钱的无条件的书面支付命令。汇票的出票、背书、提示、承兑、保证、付款、拒付、追索、伪造签名等，票据法都作出相应的规定。

本票与汇票有许多相似之处，但本票与汇票是存在明显区别的，这种区别在于：(1) 汇票与本票涉及的当事人数量不同。(2) 汇票必须经过承兑之后，才能确定付款人对汇票的责任，而本票无须办理承兑手续即可确定主债务人。支票与汇票的区别在于：(1) 支票的付款人限于银行，而汇票的付款人则不限于银行；(2) 支票均为见票即付，而汇票则可以是即期也可以是远期的。

为了促进各国票据法的协调和统一，联合国国际贸易法委员会着手起草了《联合国国际汇票和国际本票公约（草案）》，但该公约尚未生效。该公约在协调两大法系的分歧方面取得了一定的成果，如在伪造汇票的法律后果等问题上就体现了折中调和英美法系和日内瓦公约体系的立场。

重要概念

1. 票据：是发票人依法发行的、由自己无条件支付或委托他人无条件支付一定金额的有价证券。

2. 票据行为：是指当事人以发生票据权利义务为目的而依法设立、变更或消灭票据法律关系的行为。

3. 票据权利：是指持票人向票据债务人请求支付票据金额的权利，包括付款请求权和追索权。

4. 票据的抗辩：是指票据的债务人依据票据法的规定对票据债权人拒绝履行义务的行为。

5. 票据的丧失：是指持票人并非出于自己的本意而丧失对票据的占有。

6. 汇票：是由出票人签名出具的，要求受票人于见票时或于规定的日期或于将来可以确定的时间内，向特定人或凭特定人的指示或持票人，支付一定数额金钱的无条件的书面支付命令。

7. 背书：就是执票人在汇票背面签名，并把它交给对方的行为。

8. 委托取款背书：是指背书人在背书时注明其背书的目的只是委托被背书人取款，而不是转让汇票的所有权。

9. 设质背书：也称质权背书，是指以设定质权为目的所作的背书。

10. 背书的连续性：是指汇票转让中，转让汇票的背书人和受让汇票的被背书人在票据上的签章依次前后衔接。

11. 提示：是指执票人向付款人出示汇票，请求其承兑或付款的行为。这是执票人为行使和保全其权利所必须做的一种行为。

12. 承兑：是指汇票的付款人表示同意支付汇票金额的义务，并以书面签名记载于汇票之上的票据行为。

13. 汇票的保证：是指票据债务人以外的第三人，在票据或其粘单上所为的，以担保特定票据债务人履行票据债务为内容的票据行为。

14. 汇票的付款：是指汇票的付款人在汇票的到期日向执票人支付汇票金额，以消灭票据关系的行为。

15. 参加付款：是指当付款人或承兑人不向执票人付款时，由付款人以外的人代为付款的行为。

16. 汇票的追索：是指当汇票遭到拒付时，为了保护执票人利益，执票人有权向前手背书人以及汇票的出票人请求偿还汇票上的金额。

17. 汇票上的伪造签名：是指假冒他人的名义或未经授权而用他人的名义在汇票上签名的行为。

18. 伪造背书：是指假冒背书人的名义在汇票上签名。

19. 本票：又称期票，是出票人约定于见票时或于一定日期，向受款人或其指定人支付一定金额的无条件的书面允诺。

20. 支票：是以银行为付款人的即期支付一定金额的支付证券。

21. 横线支票：是指由出票人、背书人或执票人在支票正面画有两道平行线，或在两道平行线中间载明银行名称的支票。

思考与练习

1. 票据的流通使用一般要经过哪些法定程序？各程序有哪些具体要求？

2. 什么是票据关系？什么是票据的原因关系？两者的关系如何？

3. 为什么大陆法学者将票据称为不要因债券？

4. 什么是票据的资金关系？它与票据关系的关系如何？

5. 什么是票据法的拉丁法系？其主要特点有哪些？什么是票据法的日耳曼法系？其主要特点是哪些？什么是票据法的英国法系？其主要特点有哪些？

6. “日内瓦公约”主要包括哪些统一票据法公约？

7. 在拒付通知时间问题上，英国法和“日内瓦公约”的规定有何不同？

8. 根据《英国票据法》的规定，伪造签名主要有哪些情形？

9. 在伪造签名的问题上，英国法与“日内瓦公约”有何分歧？

10. 什么是伪造背书？对于伪造背书的法律后果，英美法和“日内瓦公约”及《联合国国际汇票和国际本票公约》之间有何差异？

11. 在票据形式要求问题上，英美法系和“日内瓦公约”有何分歧？《联合国国际汇票和国际本票公约》是如何弥合英美法系和“日内瓦公约”之间的分歧的？

12. 何谓正当执票人？各国法律对正当执票人是如何保护的？

第十二章 国际商事仲裁

导入案例

五洲开元公司与帕尔曼科技公司仲裁协议效力案

2017 年 6 月，原告河北五洲开元环保新材料有限公司（以下简称五洲开元公司）与被告帕尔曼科技（北京）有限公司（以下简称帕尔曼公司）签订了一份买卖合同，约定五洲开元公司向帕尔曼公司采购一套 PFV315C 型黏结聚粒机。合同为中英文双语合同，在“争议和适用法律”一节的中文表述为“根据国际商会仲裁法则规定，供需双方之间，任何合同之外或者合同相关内容引起的争议、索赔以及争执需要妥善友好解决，一旦调解失败，根据国际商会仲裁法的规定，需要最后在北京仲裁”。合同签订后，五洲开元公司依约支付了购买价款共计 185 万元。2017 年 12 月 30 日，所购设备运至五洲开元公司驻地，原告开箱并进行设备的安装，发现该设备存在铭牌涂改、电路图差错以及螺栓不紧固等问题。原告五洲开元公司认为该设备存在严重的质量问题，被告帕尔曼公司存在涂改机器铭牌日期的行为，涉嫌欺诈，故诉至北京某法院，要求解除合同，返还采购款 185 万元并赔偿经济损失 10 万元与律师费 8 万元。

被告帕尔曼公司提出主管异议，认为原被告双方签订的买卖合同中约定了仲裁，应提请仲裁机构仲裁解决，应驳回原告的起诉。但原告五洲开元公司认为，该仲裁条款未选定仲裁机构，为无效仲裁协议，作为被告帕尔曼公司住所地的北京市某法院对本案具有管辖权。被告帕尔曼公司则认为，该条款英文部分已经明确选定依据 ICC 规则进行仲裁，可以据此确定仲裁机构，合同中的中文条款不准确，结合中英文条款来看，应为有效的仲裁协议。

合同的“争议和适用法律”一节经北京市高级人民法院指定的翻译机构对该英文条款进行翻译，内容为：“因本合同或违约引起的或与之有关的争议、索赔或异议，均应由双方通过友好协商解决，如协商未果，则该等争议应在中国北京根据适用的国际商会仲裁规则进行最终解决。”

问题：

1. 原告五洲开元公司与被告帕尔曼公司签订的仲裁协议是否有效？为什么？

2. 原告五洲开元公司与被告帕尔曼公司的买卖合同纠纷，北京某法院是否具有管辖权？法院应如何判决？为什么？

在国际商事活动中，发生争议是难免的。采取什么方式来解决国际商事争议，历来是商业界和法律界重要的研究课题和实践平台。根据国际惯例，解决商事争议的方式主要有协商、调解、仲裁和诉讼。上述四种商事解决方式中，有民间性质的方式，也有通过法院实行国家强制管辖的方式，即诉讼的方式。目前，在国际上人们又把协商、调解和仲裁统称为非诉讼解决方式或称为可选择的争议解决方式，即 ADR（alternative disputes resolution）方式。对这个新概念，目前有两种不同的解释方式：一种意见认为，ADR 应是指没有强制力的争议解决方式，即只包括协商和调解，不应包括仲裁，因为仲裁属于其裁决必须被强制执行的一种解决争议的方式；另一种意见认为，ADR 应指诉讼之外的所有民间的争议解决方式，仲裁不仅应包括在内，而且是 ADR 中的一种主要方式。本章将集中阐述通过仲裁方式解决国际商事争议的问题。仲裁及国际商事争议本身的特点，决定了越来越多的商人（企业）愿意通过此种方式来解决其商事争议。

第一节 国际商事仲裁的概念及特点

一、仲裁的定义及特点

仲裁，是指当事人通过仲裁协议的方式，自愿将其之间的争议交给仲裁协议所确定的第三人予以裁决的一种争议解决方式。① 对于这个定义，我们特别要强调仲裁本身所具有的三个基本特性：（1）仲裁的合意性。当事人之间通过仲裁协议，达成自愿仲裁的合意。（2）第三人，即仲裁员的必备性。不管是常设仲裁机构的仲裁员，还是临时仲裁中由当事人指定的仲裁员，都是仲裁必不可少的必备条件。（3）裁决的强制性。即作为仲裁成果的裁决，可以在法院中申请强制执行。仲裁的这三个特点，就把其与诉讼和调解区别开了。

① 王生长．仲裁与调解相结合的理论与实务．北京：法律出版社，2001：52－55。

二、仲裁与诉讼的区别

仲裁与诉讼都是解决双方当事人经济纠纷的手段，都有着保护当事人合法权益和促进国际经济贸易发展的作用，并且已生效的仲裁裁决和法院判决都具有法律效力，当事人必须全面履行。但仲裁与诉讼因各具特色，又存在着明显的区别。

（一）受理案件的依据

法院诉讼是强制管辖，而仲裁则是协议管辖。法院诉讼不需一方当事人事先得到另一方的同意或双方达成诉讼协议，只要一方当事人向有管辖权的法院起诉，法院就可依法受理所争议的案件，另一方就应当应诉；而仲裁机构必须依据当事人之间达成的仲裁协议和一方当事人的申请受理案件。仲裁机构的管辖权来自双方当事人的自愿和授权，这是仲裁与诉讼的根本区别。此外，仲裁没有行政区域的限制。

（二）审理案件的组成人员

在法院诉讼的当事人不能选定审判员，须由法院依法指定法官或组成合议庭审理案件；而仲裁的双方当事人有权各自指定一名仲裁员，再共同指定或根据双方同意的仲裁规则产生一名首席仲裁员组成仲裁庭审理案件。

（三）审理案件的方式

法院审理案件一般是公开的；而仲裁庭审理案件不能公开进行，案情不公开，裁决也不公开，开庭时如双方当事人不同意，不允许有人旁听，审理过程中仲裁庭或仲裁机构的秘书处不接受任何人采访。

（四）审理结果

我国法院是两审终审制，一方当事人对法院判决不服的可以上诉；而仲裁裁决是终局的，不能上诉，也不允许再向任何机构提出变更裁决的要求，败诉方如不自动执行裁决，胜诉方可以向法院申请强制执行。但也有例外，有的仲裁机构的仲裁规则如英国伦敦的专业性仲裁机构谷物饲料协会（Grain and Feed Trade Association，简称 GAFTA）规则就规定，凡不满意裁决的当事人可以上诉到高一级的仲裁庭，如还不满，还可以上诉到英国伦敦高等法院，法院的判决才是最终的。

（五）受理案件的机构性质

受理诉讼案件的机构是法院，是国家机器的一部分，具有鲜明的强制性；受理仲裁案件的机构一般是民间性质的社会团体。

（六）判决和裁决在境外的执行程序

法院作出的判决要到境外执行时，需根据作出判决的所在地国与申请执行的所在地国之间所签订的司法协助条约或者互惠原则去处理。仲裁机构所作出的仲裁裁决要到境外执行时，如果作出裁决的所在地国与申请执行的所在地国均为 1958 年联合国《承认及执行外国仲裁裁决公约》（也称《纽约公约》）的成员国，则当事人可以向执行地国的主管法院提出承认及执行的申请；不是公约成员国的，则需根据司法协助条约或者互惠原则处理。

此外，仲裁与诉讼相比较，仲裁还有专业性（expertness）、保密性（confidentiality）与和谐性（harmony）等特点。在阐述诉讼与仲裁区别时还特别需要提到各国仲裁法或民商法的一条共同规定，即如果双方当事人间达成了一个有效的仲裁协议，则排除了法院的管辖权。如《中华人民共和国仲裁法》（以下简称《仲裁法》）第5条规定，当事人达成仲裁协议，一方向人民法院起诉的，人民法院不予受理。又如《美国统一仲裁法》（Uniform Arbitration Act）规定，如果当事人之间存在着有效的仲裁协议，而被申请人拒绝进行仲裁，在此情况下，法院应该指令当事人进行仲裁程序（the court shall order the parties to proceed with arbitration）。其他国家的仲裁法也有类似的规定。

三、国际商事仲裁的概念

应当指出，对于国际商事仲裁的概念，尚无统一的定论，基本上属于各国都有各国的法律主张。但是，在国际上颇有影响并且集中了许多国家仲裁法律专家智慧的由联合国国际贸易法委员会起草的《国际商事仲裁示范法》（以下简称《示范法》）对此概念作了较为深入并易于接受的解释。

国际商事仲裁就是指解决跨国性商事争议的一种仲裁方法。即如果仲裁审理的争议双方当事人具有不同国籍，或其营业地分处不同国家或地区，或争议标的、法律关系具有跨国性，即为国际商事仲裁。

区别国际仲裁和国内仲裁在理论上是很重要的。在目前阶段对我国来说具有很重要的作用，这主要表现在：

（1）只有属于国际（涉外）商事性质的仲裁，当事人才被允许选择境外的仲裁机构（包括选择临时仲裁形式），以及被允许适用国际仲裁机构的仲裁规则和境外的实体法或国际公约或国际惯例。

（2）只要属于国际（涉外）商事仲裁，当事人申请证据保全的，相关仲裁机构就应当将当事人的申请提交证据所在地的中级人民法院，但对于国内仲裁当事人申请证据保全的，相关仲裁机构则应当将该申请提交证据所在地的基层人民法院。

（3）我国人民法院可对国际（涉外）仲裁中的程序作出审查，以便决定对该裁决能否予以承认并加以执行，但我国人民法院对国际（涉外）仲裁的实体问题无权审查，如对事实的认定或法律的适用，法院无权对此作出相反的结论而予以反对。而且我国最高人民法院规定，如果中级人民法院对国际仲裁裁决不予承认和执行，必须报告相关的高级人民法院及最高人民法院。所有上述有关仲裁裁决的承认和执行问题的规定，都与国内仲裁裁决的相关规定是不同的。

四、世界常设仲裁机构简介

当今世界有100多个国家和地区有常设的国际商事仲裁机构，其一般可分为国际性、地区性、国别性等仲裁机构。

（一）国际性常设仲裁机构

1. 国际商会仲裁院

国际商会仲裁院（The International Chamber of Commerce，简称 ICC）成立于 1923 年，是国际商会下设的仲裁机构。国际商会的总部设在巴黎。国际商会仲裁院是当今世界上提供国际经济贸易仲裁服务较多的和具有广泛影响的国际仲裁机构，是全球国际商事仲裁的一大中心。

2. 解决投资争议国际中心

解决投资争议国际中心（The International Centre for the Settlement of Investment Disputes，简称 ICSID）于 1965 年在国际复兴开发银行的倡导下，签订了旨在解决有关国家与其他国家国民之间投资纠纷的《解决缔约国与他国国民间投资争端公约》。该公约于 1966 年生效，目前已有近百个成员国。解决投资争议国际中心设在美国华盛顿，专门处理国际投资争议。

（二）地区性常设仲裁机构

1. 美洲国家国际商事仲裁委员会

它是拉丁美洲国家成立的一个区域性国际仲裁组织。1975 年拉美 12 个国家签订了《美洲国家国际商事仲裁公约》。

2. 亚洲及远东经济委员会商事仲裁中心

它是由联合国亚洲及远东经济委员会组织设立并制定仲裁规则。该仲裁中心设在泰国曼谷。

（三）国别性常设仲裁机构

1. 瑞典斯德哥尔摩商会仲裁院

瑞典斯德哥尔摩商会仲裁院（The Arbitration Institute of Stockholm Chamber of Commerce，简称 AISCC）成立于 1917 年，是瑞典全国性的仲裁机构。瑞典在政治上是中立国，国际上认为该仲裁院在解决东西方经贸争议问题方面是较理想的机构。中国国际经济贸易仲裁委员会已同该仲裁院建立了业务上的联系，并且建议我国的涉外经济合同双方当事人在选择第三国仲裁时对该仲裁院予以优先考虑。

2. 伦敦国际仲裁院

伦敦国际仲裁院（London Court of International Arbitration，简称 LCIA）成立于 1892 年，原名为伦敦仲裁院（LCA），是世界上成立最早的常设仲裁机构。1998 年开始实施新的《伦敦国际仲裁规则》，同时，当事人也可约定适用《联合国国际贸易法委员会仲裁规则》。

3. 瑞士苏黎世商会仲裁院

它成立于 1911 年，设在瑞士的苏黎世，制定有《瑞士联邦苏黎世商会调解与仲裁规则》。该仲裁院既受理国内商业和工业企业之间的争议案件，也受理涉外经济贸易争议案件。由于瑞士在政治上是中立国，国际上较多的经贸纠纷都交给它仲裁。

4. 美国仲裁协会

美国仲裁协会（American Arbitration Association，简称 AAA）成立于 1926 年，总部设在纽约，并在全国各地设立分会，是全国最大的综合性常设仲裁机构。美国仲裁协会是民间常设仲裁机构，制定有自己的商事仲裁规则。它同我国仲裁机构建立了业务联系，中美两国仲裁机构成功地联合调解解决过两国贸易中发生的一系列重要争议案件。

5. 日本商事仲裁协会

日本商事仲裁协会（Japan Commercial Arbitration Association，简称 JCAA）成立于 1950 年，总营业所设在东京，在神户、名古屋、大阪和横滨也设有营业所。它有自己的商事仲裁规则。该仲裁协会除进行仲裁工作外，还从事对仲裁人员的培训、同外国仲裁机构进行业务合作等项工作。日本商事仲裁协会同数十个外国仲裁机构保持联系，并订有双边协议。

6. 香港国际仲裁中心

香港国际仲裁中心（The Hong Kong International Arbitration Centre，简称 HKIAC）成立于 1985 年，是亚洲解决争议的中心。该中心为非营利公司，在一个由专业人士组成的委员会领导下工作，中心的秘书长是其首席行政人员和登记主管，中心的行政工作皆由管理委员会通过秘书长进行。

7. 中国国际经济贸易仲裁委员会

中国国际经济贸易仲裁委员会（China International Economic and Trade Arbitration Commission，简称 CIETAC），又称中国国际商会仲裁院，成立于 1956 年，原名为对外贸易仲裁委员会，于 1980 年改名为对外经济贸易仲裁委员会，后又于 1988 年改为现名，并于 2000 年同时启用“中国国际商会仲裁院”的名称。仲裁委员会先后于 1989 年和 1990 年分别在深圳特区和上海市设立了深圳分会、上海分会，并于 1999 年在重庆、成都、长沙、福州和大连设立了 5 个办事处。仲裁委员会和其深圳分会、上海分会是一个整体，在整体上享有一个管辖权，适用统一的仲裁规则和仲裁员名册。仲裁委员会制定有自己的仲裁程序规则。仲裁委员会在其成立之时便制定了仲裁程序暂行规则。仲裁委员会现行仲裁规则自 2024 年 1 月 1 日起实施。依据现行仲裁规则，仲裁委员会根据当事人的约定受理提交契约性或非契约性的经济贸易等争议案件。

第二节 国际商事仲裁协议

仲裁的管辖权源于争议当事人的仲裁协议，仲裁协议是仲裁的基石。根据各国仲裁法

（包括一些仲裁公约）的规定，有效的书面仲裁协议是进行仲裁程序的唯一前提。有效的仲裁协议必须是书面的，其包括合同中订立的仲裁条款或以其他书面方式在纠纷发生前或发生后达成的协议。

一、仲裁协议概述

（一）仲裁协议的定义及类型

仲裁协议是指合同当事人通过在合同中订明仲裁条款、签订独立仲裁协议或采用其他方式达成的就有关争议提交仲裁的书面协议，表明当事人承认仲裁裁决的拘束力，将自觉履行其义务。它是仲裁得以进行的法定前提。一方面，没有仲裁协议，当事人无权提起仲裁，因而，仲裁协议赋予当事人提起仲裁的程序权利；另一方面，它赋予仲裁机构仲裁管辖权，是仲裁机构受理案件并作出合法有效裁决的前提条件。

根据仲裁协议形成的具体方式，仲裁协议可以分为三种类型：(1) 当事人在争议发生之前订立的，表示愿意将他们之间今后可能发生的争议提交仲裁解决的协议。这种协议通常在合同中写明，其是合同的一个组成部分，称作仲裁条款。(2) 当事人在争议发生之前或之后达成的同意将争议提交仲裁解决的独立协议，即狭义的仲裁协议。(3) 当事人通过往来函电及其他有记录的通讯方式达成的一致同意进行仲裁的协议，也属于书面仲裁协议的范畴，是一种有效的仲裁协议。我国《仲裁法》第 16 条规定，仲裁协议包括合同中订立的仲裁条款和以其他书面方式在纠纷发生前或纠纷发生后达成的请求仲裁的协议。

（二）仲裁协议的形式要件和实质要件

1. 形式要件

按照我国相关法律，仲裁协议必须是书面的，符合前述三种类型的仲裁协议均为书面形式。只有书面形式的仲裁协议才具有法律效力，根据非书面形式的仲裁协议而进行的仲裁审理以及裁决均不发生法律效果。

2. 实质要件

我国相关法律还规定了仲裁协议的一般实质要件，明确仲裁协议应当包括以下内容：(1) 请求仲裁的意思表示；(2) 仲裁事项；(3) 选定的仲裁。机构及仲裁规则这三项内容是仲裁协议生效必须具备的实质要件。

仲裁协议在具备形式要件和实质要件的前提下，即具有合法效力。

二、涉外仲裁协议的法律效力

仲裁协议是仲裁的基础，它的效力具体表现为仲裁协议对于仲裁当事人、仲裁机构以及仲裁裁决本身的作用和影响，主要包含以下几个方面。

（一）赋予并限制当事人的程序权利，排除法院的管辖权

当事人签订有仲裁协议的，当争议发生时，任何一方都有权提请仲裁，通过仲裁解决

当事人之间的争议，这是仲裁协议赋予当事人的权利。另外，如果没有仲裁协议，当事人则无权请求仲裁；若一方当事人在无仲裁协议情况下提请仲裁的，仲裁机构不予受理。同时，仲裁协议也限制了当事人选择诉讼的手段解决纠纷。订有仲裁协议的，当事人只能进行仲裁，且向仲裁协议约定的仲裁机构提请仲裁，而不能在法院提起诉讼。《中华人民共和国民事诉讼法》（以下简称《民事诉讼法》）第 288 条第 1 款规定：涉外经济贸易、运输和海事中发生的纠纷，当事人在合同中订有仲裁条款或者事后达成书面仲裁协议，提交中华人民共和国涉外仲裁机构或者在其他仲裁机构仲裁的，当事人不得向人民法院起诉。各国仲裁法也都有类似规定。

（二）赋予仲裁机构及仲裁庭对争议案件的仲裁管辖权

仲裁属于协议管辖，当事人选择仲裁是自治行为。通过仲裁协议，当事人赋予特定的仲裁机构或仲裁庭对特定的争议具有管辖权，仲裁庭进行审理并作出裁决必须以仲裁协议为依据。只有存在有效仲裁协议，并且在仲裁协议规定的争议范围内，仲裁庭才有权进行审理并作出裁决。

（三）强制执行仲裁裁决的依据

当事人在仲裁协议中一般都会规定双方承认仲裁裁决的效力，承诺主动履行仲裁裁决。对于一方当事人不履行仲裁裁决的，另一方当事人可以向有关法院申请强制执行。申请强制执行时，除提交裁决书外，通常还必须提供仲裁协议的正本或经正式证明的副本。1958 年联合国《承认及执行外国仲裁裁决公约》第 4 条规定，为了使裁决能在另一缔约国获得承认和执行，申请人应该在申请时提供：正式认证的裁决正本或经正式证明的副本；仲裁协议正本或经正式证明的副本。只有有效的仲裁协议才具有上述作用。我国仲裁法律也有相应规定。

三、涉外仲裁协议的内容

（一）仲裁协议的基本内容

仲裁协议，或仲裁条款，虽文字不多，但内容十分重要。仲裁协议应言简意赅地规定仲裁的范围、仲裁地点、仲裁机构、仲裁规则以及适用法律等主要内容。这些内容将作为争议解决的明确依据。缺乏任何一项主要内容或约定模糊不清，都可能会导致仲裁协议无法发生法律效力，从而使争议的解决增加复杂性。所以，当事人应当全面、明确地规定仲裁协议的内容。

根据法律要求，仲裁协议必须具备的基本内容通常应包括以下几项。

1. 仲裁意愿

仲裁意愿即当事人一致同意将争议提交仲裁的意思表示，表明当事人愿意接受特定仲裁机构的审理，接受仲裁机构作出的合法有效的仲裁裁决的约束，并承诺自觉履行裁决的义务。

2. 仲裁事项

仲裁事项即指提交仲裁的争议范围。它明确了当事人同意将怎样的争议提交仲裁，是直接关系到仲裁机构管辖范围的重要内容。只有在有关的争议事项范围内，当事人才赋予仲裁机构管辖权。仲裁机构只能审理仲裁事项内的争议，并作出相应的裁决；否则属于越权审理，仲裁裁决不能发生法律效力。在当事人申请执行有关仲裁裁决，或申请有关国家的法院承认和执行仲裁裁决时，法院将考察仲裁裁决是否符合仲裁事项规定的范围。只有属于该范围的裁决，法院才予以执行；超出该范围的，法院将不予执行，这种裁决在程序上不合法。

3. 仲裁地点（Place or Seat of Arbitration）

仲裁地点是仲裁协议的一项重要内容，它密切地关系到涉外仲裁审理所适用的程序法律和实体法律。

从程序法上讲，当事人在仲裁协议中规定了仲裁机构以及仲裁规则时，仲裁的进行应遵循该仲裁规则；如果当事人没有约定仲裁规则或选择的仲裁规则对仲裁程序中的某个问题缺乏规定或规定模糊时，仲裁程序的进行就需要引用仲裁地点所在国的仲裁法律或其他程序法律加以补充。程序问题适用仲裁地点所在国的法律体现了国际私法中“程序法适用法院地法”的一般原则。从实体法上讲，对于解决争议适用的实体法律，如果当事人进行了约定，则遵循约定的适用法律；如果当事人对此没有进行约定，则由仲裁机构按照一定的原则决定适用的实体法律。这类“一定的原则”通常即为冲突规则。由此看来，无论是从程序法的适用而言还是从实体法的适用而言，涉外仲裁的仲裁地点都有重要意义。

另外，除了法律适用的问题外，当事人对本国与外国的法律和实践的熟悉程度是不同的，不同的仲裁地点，进行仲裁的实际情况就不同，当事人需要选择更了解、更可信的地点进行仲裁。

因此，实践中，仲裁地点往往是当事人商谈涉外仲裁协议的重点之一。一般来讲，当事人都会力争在本国进行仲裁。如果争取不到本国仲裁，可以争取在第三国进行仲裁，或在对方国家仲裁。在仲裁协议中，当事人就仲裁地点应写明进行仲裁的国家、城市。要说明的是，仲裁地与开庭地点是不同的概念。

4. 仲裁机构

仲裁机构即经当事人仲裁协议授权受理涉外争议案件并作出仲裁裁决的仲裁管辖机构。国际仲裁有两种仲裁形式：常设仲裁机构和临时仲裁庭。常设的仲裁机构往往有明确固定的组织机构，如秘书处（局），有确定的仲裁规则作为仲裁的程序依据，拥有专业的仲裁员，仲裁员的指定、仲裁庭的组成及仲裁审理形成稳定的运作体系，方便当事人进行仲裁。临时仲裁庭是根据当事人订立的临时仲裁条款或协议，在争议发生后由当事人临时指定仲裁人员组成一次性的仲裁庭，按照当事人约定的方式和规则进行审理并作出裁决。这种仲裁方式的运用，需要当事人在临时仲裁的协议中对仲裁的方方面面进行约定，即需要订明如何指定仲裁员、组庭人数、适用何种仲裁规则或自行规定仲裁规则、仲裁费用的分担等。

由于机构仲裁比临时仲裁更为方便、确定，国际商事仲裁一般都选择机构仲裁。我国的涉外仲裁都是机构仲裁，没有临时仲裁。实践中，仲裁地点和仲裁机构所在地往往是一致的。在约定仲裁机构的时候，当事人应当写明指定仲裁机构的名称的全称。如果仲裁机构和仲裁地点不一致的，应当在仲裁协议中予以明确。有些仲裁协议或仲裁条款规定的内容很笼统，只写明仲裁在某国（或）某城市进行，没有表明仲裁机构的名称。一般认为，选择在某一仲裁地点进行仲裁，即推定当事人默示地选择了该仲裁地的涉外常设仲裁机构。但有时该地点不一定只有一个仲裁机构，或有其他情况，如果不予以明确，会使仲裁协议的管辖权产生法律漏洞，为双方当事人制造了提出管辖权异议的可能性。

5. 仲裁规则

仲裁规则是仲裁审理的程序规则，是仲裁机构审理案件的程序依据。仲裁规则包括了仲裁申请、仲裁员指定、仲裁庭组成、仲裁答辩与反诉、仲裁审理、仲裁裁决及仲裁费用等各方面的内容，同时为当事人和仲裁机构遵守。

一般说来，仲裁协议指定了某常设仲裁机构进行仲裁，就认为是接受了该仲裁机构仲裁规则的约束。中国国际经济贸易仲裁委员会仲裁规则即规定，选择该仲裁机构，则视为同意按照该仲裁委员会的仲裁规则进行仲裁。但是，有一些国家允许当事人选择他们认为合适的仲裁规则，而排除所选仲裁机构自有的仲裁规则。例如，瑞典仲裁法律即允许当事人不采用瑞典的仲裁程序规则，而选择其他国家的仲裁规则。因此，订立仲裁协议时应当明确适用的仲裁规则。各国的常设仲裁机构都制定有自己的仲裁规则，国际上还有一些国际性和区域性的仲裁示范规则。

6. 仲裁裁决的效力

仲裁裁决的效力是指仲裁裁决一经作出，是否具有终局性，对当事人有无约束力，法院是否有权经当事人的起诉而重新审理的问题。从仲裁的一般特点来讲，仲裁优于诉讼的一个特点是仲裁的裁决是终局的，一旦作出，即具有法律约束力，当事人不得向法院上诉。正是基于这一点，仲裁才被当事人广泛采纳为经济贸易争议的解决方式。它有利于争议迅速、及时地解决，避免了因多次诉讼而耗费精力、时间。

我国相关仲裁法律规定，涉外仲裁的裁决都是终局的，具有法律约束力，当事人不得上诉，只能自觉履行裁决义务。除非发生法定情况，即程序不合法，或裁决违背公共利益，法院才有权否定涉外仲裁裁决的效力。各国仲裁法律一般都认定仲裁裁决是终局的，对当事人具有约束力。仲裁裁决的效力是国家法律赋予的，当事人在仲裁协议中不能自行约定排除仲裁裁决终局效力这一强制规定。而且，即便像我国法律规定了仲裁裁决的终局性，当事人仍然可能提出诉讼并以种种证据证明法定情况的存在，使得法院决定撤销或不予执行仲裁裁决。有鉴于此，当事人一般仍应在仲裁协议中明确约定：仲裁裁决是终局的，对双方当事人均有约束力，以此来确认并强调仲裁裁决的终局性及对当事人的约束力。

（二）涉外仲裁协议的多种推荐条款

以下是几种涉外仲裁协议的参考格式。

1. 我国涉外仲裁的推荐条款

中国国际经济贸易仲裁委员会示范仲裁条款为："凡因本合同引起的或与本合同有关

的任何争议，均应提交中国国际经济贸易仲裁委员会，按照申请仲裁时该会现行有效的仲裁规则进行仲裁。仲裁裁决是终局的，对双方均有约束力。”

香港国际仲裁中心推荐的仲裁协议：“凡因本合同所引起的或与之相关的任何争议、纠纷、分歧或索赔，包括合同的存在、效力、解释、履行、违反或终止，或因本合同引起的或与之相关的任何非合同性争议，均应提交由香港国际仲裁中心管理的仲裁，并按照提交仲裁通知时有效的《香港国际仲裁中心机构仲裁规则》最终解决。”

2. 瑞典斯德哥尔摩商会仲裁院推荐的仲裁协议

“任何有关本协议的争议，应最终根据斯德哥尔摩商会仲裁院的仲裁规则进行仲裁解决。”

3. 伦敦国际仲裁院推荐的仲裁协议

“由本合同所产生的或与本合同有关的任何争议，包括该合同的成立、效力和修正，均应提交或最终根据伦敦国际仲裁院的仲裁规则解决，该规则应视为包括在本条款之中。”

4. 国际商会仲裁院推荐的仲裁协议

“有关本合同所发生的一切争议应根据国际商会的仲裁规则由一名或多名仲裁员仲裁解决。”

5. 组成临时仲裁庭的仲裁协议

“凡因执行本合同所发生或与本合同有关的任何争议，如双方协商不能解决，根据《联合国国际贸易法委员会仲裁规则》(2010 年修改)，由三名仲裁员组成仲裁庭，在×××国×××地仲裁解决。仲裁裁决是终局的，仲裁员的指定机构为×××，仲裁中使用的语言是×××，仲裁费用由败诉方负担。”

当事人签订仲裁协议的，可以参照上述格式，同时可以列明具体的争议事项。

四、涉外仲裁协议的有效性

仲裁协议要发生法律效力，必须符合法律的规定。如前所述，我国仲裁法规定了仲裁协议必须具备的形式要件和实质要件；同时，由于仲裁协议也属于合同的范畴，因此它的生效还需要满足一般合同生效的要件，如仲裁协议的当事人具有签约的民事行为能力、出于双方真实的意思表示达成仲裁协议等。只有符合这些要件，仲裁协议才能产生法律效力。一旦生效，仲裁协议即具有独立地位。

同时，我国仲裁法规定了仲裁协议无效的法定情况，同样适用于涉外仲裁协议。根据法律，下列情况属于无效的仲裁协议：

(1) 仲裁协议中规定的事项属于依法不能通过仲裁解决的。我国仲裁法规定，婚姻、收养、监护、抚养、继承纠纷以及应当由行政机关处理的行政争议不能仲裁，当事人若在协议中规定对此类性质的案件进行仲裁就属无效。国际商事仲裁协议的仲裁事项应当仅限于涉外经济贸易争议、涉外运输及海事方面的争议。

(2) 非书面形式的仲裁协议。仲裁协议必须是书面的，这是仲裁协议的法定形式要件。仲裁协议必须是以文字记载的，表现为仲裁条款、仲裁协议，或以电传、电报等书面方式确认的一致意思表示，口头的仲裁协议无效。

（3）仲裁协议的当事人无行为能力或者限制行为能力，签订的仲裁协议无效。这是民事法律行为生效的一般条件，仲裁协议也属于一种合同关系，达成这一合同的前提是当事人有签订合同的行为能力。

（4）一方采取胁迫手段，迫使对方订立仲裁协议，若证据充分，也应认定为无效。从一般法律原则上讲，因胁迫、欺诈而进行的法律行为都不能产生法律效力，仲裁协议的签订必须基于双方的自愿，否则不具有法律效力。

（5）仲裁协议对仲裁事项没有约定或者约定不明确，当事人又不能就此达成补充协议予以明确的；仲裁机构不明确或者模棱两可的。这类仲裁协议同样无效。我国仲裁法要求仲裁协议必备的三个实质内容为仲裁意愿、仲裁事项、仲裁机构，缺乏任何一个，都会导致仲裁协议的无效。仲裁法允许当事人对规定不明确或没有规定的予以补充，如果无法形成合乎法律内容的仲裁协议，则不能形成有效的仲裁协议。

此外，我国最高人民法院颁布了一系列有关仲裁的司法解释，对上述法律规定作出了进一步说明。我国仲裁法以明确列举的方式规定了仲裁协议的无效情况，对于不属上述情况的仲裁协议，则具有法律效力。这是排除式的规定，有权决定仲裁协议效力的是仲裁机构，除非当事人向法院请求裁定。除了没有禁止任意仲裁的规定外，大多数国家的仲裁法与我国的仲裁法的上述规定基本上是趋于一致的。

第三节　国际商事仲裁程序

仲裁程序是仲裁的生命线，必须高度重视和严格遵守。各个仲裁机构都有各自的仲裁规则，这些规则都规定了各类仲裁应遵守的程序。其主要内容包括：如何申请、答辩、反请求，仲裁员如何指定并组成仲裁庭，审理如何进行，裁决如何作出，仲裁费用如何收取，等等。其根本作用就是规定当事人、仲裁员和仲裁机构、工作人员在仲裁中的权利与义务、行为与方向。本节主要根据我国仲裁法以及现行的《中国国际经济贸易仲裁委员会仲裁规则》，对中国涉外仲裁程序予以介绍和阐述。

一、仲裁的申请与受理

（一）仲裁的申请

1. 申请仲裁的条件

仲裁申请是仲裁机构受理案件的直接依据，是开始仲裁程序的一项必要的法律手续。

根据《仲裁法》第 21 条的规定，申请仲裁应符合下列条件：

（1）有仲裁协议。这是进行仲裁的前提条件，没有仲裁协议，当事人无权请求仲裁，仲裁委员会一律不予受理这类争议。仲裁申请人在提交仲裁申请的同时，应当提交仲裁协议。

（2）有具体的仲裁请求和事实、理由。

（3）属于仲裁委员会的受理范围。

2. 提出申请的具体要求

当事人申请涉外仲裁的，应符合上述一般规定，同时，根据《中国国际经济贸易仲裁委员会仲裁规则》的规定，提出涉外仲裁申请还有如下具体要求：

（1）提交仲裁申请书。仲裁申请书的内容应包括以下几项：

1）申请人和被申请人的名称、地址、邮政编码、电传、传真、电话及法人代表；

2）申请人所依据的仲裁协议；

3）案情和争议要点；

4）申请人的仲裁请求及所依据的事实和证据。

（2）提交仲裁申请书时，应当附具仲裁申请人请求所依据事实的证明文件。根据“谁主张，谁举证”的原则，申请人提出申请，必须有证据支持。申请书应当附具与仲裁有关的合同、仲裁协议及相关证据。其中证据包括书面证据、实物证据和视听证据等。书面证据和证明文件均应一式 5 份。如被诉人一方有 2 人或 2 人以上的当事人的，所附材料应多备相应的份数。

（3）在仲裁委员会仲裁员名册中指定一名仲裁员，或者委托仲裁委员会主席指定。

（4）按照仲裁委员会的仲裁费用表预缴仲裁费。仲裁费的计算是按争议金额的大小采取百分比递减的方法计算的。

（二）仲裁的受理

1. 仲裁的受理

它是指仲裁机构接到申请人的仲裁申请书后，就其形式要件进行审查，然后决定对其立案审理的程序。

2. 答辩和反请求

答辩是被申请人为维护自己的权益，就仲裁申请书的要求及所依据的事实、证据和理由，对申请人所作的答复以及对自己有利的辩解。被申请人应在收到申请书后若干天内（中国国际经济贸易仲裁委员会规定为 45 天内）作出答辩，并向仲裁委员会秘书局提交答辩及有关证明文件。

反请求是仲裁程序中被申请人针对申请人的仲裁申请提出的独立的仲裁请求。被申请人对已经受理的案件，可以提出反请求，但最迟必须在收到仲裁通知书之日起 60 天内以书面形式提交仲裁委员会秘书局。被申请人提出反请求时，须写明具体的反请求，同样应按照仲裁委员会制定的仲裁费用表的规定预缴仲裁费。

被申请人不按期提交书面答辩，或申请人对被申请人的反请求未提出书面答辩的，仲裁程序可以按照仲裁规则的规定进行，不影响案件的审理。

申请人可以对其仲裁请求提出修改、变更，被申请人也可以对其反请求提出修改、变更。但是，仲裁庭认为其修改、变更的提出过迟而影响仲裁程序正常进行的，可以拒绝所提出的请求。

当事人提交申请书、答辩书、反请求书和有关证明材料及其他文书时，除应向仲裁委员会秘书局提供一份外，还应当按照对方当事人人数和组成仲裁庭的仲裁员人数备具副本。

二、仲裁庭的组成

在国际仲裁中，当事人最重要的权利之一就是有权指定仲裁员审理案件。仲裁委员会审理案件，仲裁庭采用以下组成方式：

（1）双方当事人各自在仲裁委员会仲裁员名册中指定或委托仲裁委员会主席指定一名仲裁员，之后，双方可以再行协商一名首席仲裁员或由仲裁委员会主席在仲裁员名册中指定第三名仲裁员担任首席仲裁员，组成仲裁庭共同审理案件。

（2）双方当事人可以在仲裁员名册中共同指定或者共同委托仲裁委员会主席指定一名仲裁员，由其单独审理案件，称其为独任仲裁庭。

（3）双方当事人没有在仲裁规则规定的期限内指定仲裁员的，由仲裁委员会主席指定。

根据《中国国际经济贸易仲裁委员会仲裁规则》，申请人和被申请人应各自在收到仲裁通知后 15 天内选定或委托仲裁委员会主任指定一名仲裁员。当事人未在上述期限内选定或委托仲裁委员会主任指定的，由仲裁委员会主任指定。

三、仲裁的审理

涉外仲裁审理包括开庭、调查事实和收集证据、和解、仲裁裁决等主要步骤。

（一）开庭

仲裁庭审理案件有两种方式：一种是开庭审理，另一种是书面审理。但是都不公开进行，以适应商务活动的需要。如果双方当事人要求公开审理，由仲裁庭作出是否公开审理的决定。第一次开庭的日期，经仲裁庭决定后，于开庭前 30 天通知双方当事人。当事人有正当理由的，可以请求延期，但必须在开庭前 12 天以书面形式向秘书局（处）提出，由仲裁庭决定。在开庭审理时，一般先由首席仲裁员宣布仲裁庭组成。如果当事人无异议，则首席仲裁员宣读双方当事人出席人员名单。双方当事人若对对方出庭人员有异议均可提出，如无异议，由首席仲裁员宣布正式开庭。一般先由申请人陈述案情，讲明事实，然后由被申请人答辩、陈述案情，再由仲裁庭对双方证据组织质证和提问，之后双方当事人辩论，最后由仲裁庭总结开庭情况。

经双方当事人申请或者征得双方当事人同意，仲裁庭可以只依据书面文件进行审理并作出裁决。书面审理的案件，双方当事人及其代理人、仲裁员、仲裁委员会工作人员，以及有关证人、鉴定人等，也同样不得向外界透露案件实体和程序进行的情况。

（二）调查事实和收集证据

当事人应当就其申请、答辩或反请求所依据的事实提出证据加以证明。仲裁庭认为必要时，可以自行调查事实、收集证据，包括向当事人调查、通知证人到场作证、向专家咨询、指定鉴定人进行鉴定等。

（三）和解

和解是当事人在仲裁庭之外自行协商解决争议，或者是仲裁庭通过说服教育和劝导协商，使当事人双方在互相谅解的基础上解决争议。庭外自行和解的当事人可以请求仲裁庭根据其和解协议的内容作出裁决书结案，也可以申请撤销案件。撤销案件由仲裁委员会主席（仲裁庭组成前）或仲裁庭作出决定。

经仲裁庭调解达成和解的，双方当事人应签订书面和解协议；除当事人另有约定外，仲裁庭根据该和解协议的内容作出裁决书结案。

（四）仲裁裁决

仲裁裁决是仲裁庭按照适用法律及其仲裁规则审理案件，根据查明的事实和认定的证据，对当事人就双方争议提出的请求事项作出予以支持、驳回或部分支持、部分驳回的书面决定。仲裁裁决就其内容和效力而言，可以分为中间裁决、部分裁决和最终裁决三种。

1. 中间裁决

中间裁决是指对整个争议案已部分审理清楚，为了有利于进一步审理和作出最终裁决，仲裁庭在某一审理阶段作出某项暂时性的裁决。中间裁决的范围很广，它是暂时性的，仲裁庭可以作出修改。另外，中间裁决的性质虽不是终局的，但它毕竟包括了仲裁庭要求当事人作为或不作为的决定，当事人也应遵照执行。如果一方当事人拒不执行中间裁决，那么由于该方当事人原因造成的后果，通常由该方当事人承担。

中间裁决比较普遍地应用于下列情况：在国际贸易纠纷中要求当事人合作和采取措施，保存或出售容易腐烂、变质、贬值的货物，防止损失的进一步扩大；要求当事人合作和采取措施，为仲裁庭亲自监督或委派专家监督下的设备调试和试生产提供保障条件，调试的结果往往成为判断设备品质好坏的重要依据；要求当事人合作和采取措施，组织清算委员会对合资企业的债权债务进行清算，为责任划分和损害赔偿的确定打下基础。

2. 部分裁决

部分裁决是指对整个争议中的某一个或某几个问题已经审理清楚，为了及时保护当事人的合法权益或有利于继续审理其他问题，仲裁庭先行作出的对某一个或某几个问题的终局性裁决。

部分裁决通常是在考虑到案件的实际情况和迫切需要而作出的裁决。它比较普遍地应用于下列情况：双方当事人争论不休的有关合同是否成立、是否有效的问题；确定适用法律的问题和损害赔偿的原则问题；就某一项申请或反请求而言，它是否成立；在计算错综复杂的损害赔偿金额之前，当事人责任大小的划分；在比较复杂和耗时较长的仲裁案件中，违约一方向守约一方先行支付赔偿金额；一方当事人承认同意了另一方当事人提出的某项申请或反申请索赔要求，需要以部分裁决予以确认。与最终裁决一样，部分裁决是终局的，在法律上具有强制执行的效力。

3. 最终裁决

最终裁决是指整个案件审理终结之后，仲裁庭就全部提交仲裁的争议事项作出的终局性裁决。最终裁决一经作出，除了并不多见的裁决更正、修改或补充外，整个案件的仲裁程序即告结束。

四、涉外仲裁中的财产保全

为了保护一方当事人的利益，可根据仲裁案件当事人的申请，就有关当事人的财产采取临时性的强制措施，以保证将来作出的裁决能够得到执行。一般来讲，采取强制措施应当具备以下条件。

（一）仲裁案件的当事人应提出申请

如果当事人不提出申请，仲裁机构不会主动作出采取保全措施的决定。这与诉讼保全不同，在诉讼程序中，除了当事人的申请外，法院考虑到审理案件的需要，也可以依照职权作出诉讼保全的决定。这一区别来自仲裁机构与法院是两种不同性质和法律地位的裁判机构，管辖权的性质和权力内容各不相同。

（二）申请保全措施应有正当理由

当事人申请保全措施时，一般都要求对对方当事人的财产采取强制性的保护措施，限制或禁止当事人对财产进行处分。这样采取保全措施之后，对方的民事行为会因此受到限制。因此，保全措施事关重大，必须有充分、正当的理由。

（三）申请人要提供担保

由于强制措施是根据当事人的申请、根据事态的可能性作出的，目的在于保全申请人的合法权益。因此，如果事后证明根本没有保全的必要，或者仲裁庭裁决申请人并无需要保全，甚至申请人在案件审结后败诉，则申请人均应承担保全不当的责任。也就是说，如果申请有错误，申请人应当赔偿被申请人因财产保全所遭受的损失。为了保证申请人能够有效地承担可能发生的责任，避免保全措施的滥用，作出采取保全措施决定的法院通常要求申请人提供担保，不提供担保的，驳回申请。

仲裁中财产保全的裁定应由仲裁机构转交由法院作出。《中国国际经济贸易仲裁委员会仲裁规则》第 23 条第 1 款规定：当事人申请保全措施的，仲裁委员会应当将当事人的保全措施申请转交当事人指明的有管辖权的法院。我国《民事诉讼法》也作了相同的规定。由此我们可以看出：(1) 将申请提交法院裁决的是仲裁委员会，而不是由当事人直接提交法院。(2) 决定涉外仲裁财产保全的法院必须是中级人民法院。因为涉外仲裁较复杂，影响也大，所以要由中级人民法院对财产保全作出裁决。(3) 作出了财产保全的决定后，也由该法院对其决定予以执行。

第四节　国际商事仲裁裁决的承认和执行

一、仲裁裁决承认和执行的概念

国际商事仲裁裁决的承认和执行，是解决商事争议的最终结果。如果裁决能得到承认或执行，则争议通过仲裁得到了彻底的解决；反之，如果裁决得不到承认和执行，则整个仲裁过程得不到最终结果，整个仲裁努力会付之东流，全部落空。因此，仲裁裁决能否得到最终执行，是整个仲裁的关键点。仲裁裁决的承认（recognition）和执行（enforcement）往往是作为一个概念出现的，主要是在某些公约中。如 1958 年《纽约公约》，该公约的名称就是《承认及执行外国仲裁裁决公约》；又如 1985 年由联合国国际贸易法委员会通过的《国际商事仲裁示范法》第八章的标题就是“裁决的承认和执行”。

事实上，裁决的承认和执行只解决一个问题，即裁决的法律拘束力。该拘束力表现在两个方面，一是当事人应主动地予以承认并加以执行，二是有关国家的法院应该予以承认和执行。其中，承认裁决是执行裁决的前提，执行是承认的结果，二者相辅相成，互为条件。因此，仲裁裁决的关键是执行：或者由当事人主动执行；或者由有管辖权的法院强制执行。

仲裁裁决的执行是指由执行机构依法定程序将仲裁裁决按内容和要求切实付诸实现的行为。由于大多数仲裁实行一裁终局制度，因此，仲裁裁决自作出之日起即发生法律效力，对各方当事人均具有约束力，当事人首先应自动履行。根据国际商事仲裁规则以及相关公约的规定，双方当事人应当依照仲裁裁决写明的期限自动履行裁决；仲裁裁决书未写明期限的，应当立即履行。当事人不予履行的，则另一方当事人有权向有关法院申请强制执行。具体来说，国际商事仲裁的执行，主要是指根据各国民事诉讼法或仲裁法的相关规定尤其是《纽约公约》的规定而实施的一种强制执行。

《纽约公约》在联合国总部纽约召开的国际商事仲裁大会上讨论通过，签订于 1958 年 6 月 10 日，于 1959 年 6 月 7 日起生效。截至 2024 年 7 月已有 160 多个国家和地区加入该公约。它是国际商事仲裁领域内迄今为止最为成功的一个公约，基于仲裁裁决的承认和执行的重要性，可以这么说，没有《纽约公约》，就没有国际商事仲裁。我国全国人大常务委员会在 1986 年 12 月通过了我国加入《纽约公约》的决定。

二、国际仲裁裁决在裁决作出国（地区）的强制执行

一般来说，如果某一国际仲裁裁决是在该裁决作出国（地区）申请执行，则该国际商事仲裁裁决的执行程序原则上与该国国内仲裁裁决的强制执行程序是一致的。但在某些国家，如大陆法系的有些国家，如法国给予外国裁决以及在该国作出的涉外裁决的强制执行以特殊的地位。

（一）大陆法系国家仲裁裁决的强制执行

如果在大陆法系国家要求强制执行该国作出的国际商事裁决，其前提条件是必须获得法院的强制执行许可。1998 年 1 月 1 日起生效的《德国仲裁法》规定，国内仲裁只有在获得强制执行许可后方得以强制执行。如果裁决存有该法所规定的可予以撤销的情形时，强制执行申请应予驳回，裁决应予以撤销。如果在一方当事人提出强制执行申请时，另一方当事人以裁决存有法定予以撤销的情形为由要求撤销裁决的申请最后被法院拒绝，或当事人一方未在法定期限内申请撤销裁决，则撤销裁决的理由不再被予以考虑。在意大利、瑞典和瑞士等国家法律上都有类似的规定，即对于要求强制执行仲裁裁决的申请，法院采取一审终审的程序。此外，地处东欧的国家如俄罗斯（1993 年）、乌克兰（1994 年）、匈牙利（1994 年）、罗马尼亚（1993 年）以及保加利亚（1988 年）基本上受《示范法》的影响，也采取大陆法系的“地域原则”。与其他国家的仲裁法不同，《法国民事诉讼法典》赋予外国裁决及在法国作出的国际裁决的执行以特殊的待遇，即允许在特定的条件下，要求强制执行国际商事裁决的申请人“可就拒绝承认或强制执行的决定进行上诉”。上述提及的特定条件包括如下五种具体理由：无仲裁协议（无效或过期）、仲裁庭组成不当或独任仲裁员指定不当、仲裁员未依当事人信托完成其使命、违反正当程序及违反国际公共政策。上诉应在得到有关通知之日起 1 个月内向有管辖权的上诉法院提出。上述五种准许上诉的理由也适用于申请撤销在法国作出的国际裁决。也就是说，只有存在上述五种情形之一在法国作出的国际裁决方可被撤销。

（二）英美法系国家仲裁裁决的强制执行

英美法系国家与大陆法系国家在对待承认和执行国际商事裁决的法律规定上有不少区别，但集中在以下两个问题上：第一，英美法系强调转化适用，大陆法系则强调司法确认，即只要得到法院的强制执行许可就行。英美法系的“转化适用”则是指对于法院能否强制执行仲裁裁决，首先要把该裁决转化成法院的判决，否则法院无权对裁决进行强制性执行。第二，法院在裁定是否执行裁决的程序过程中，可以作出撤销裁决或将裁决发回重审。这与大陆法的有关规定不一致，根据大陆法的原则，撤销程序与执行程序是分立的。

《美国联邦仲裁法 1990 年修正法案》规定了所谓的判决转化条款（the entry of judgement clause）。该条款意思为：如当事人在仲裁协议中约定裁决应转化为法院判决，而该法院应予具体确定的，任何一方当事人均可在裁决作出之日起 1 年内任何时候向作出此决定的法院申请裁定确认裁决。法院应将原裁决转化为判决。“该判决同在法院诉讼案件中

作出的相类似”，并在各方面都应与法院诉讼中判决具有同等效力，包括应予强制执行。著名的 1996 年《英国仲裁法》也作了相似的规定，其第 66 条明确规定了经法院签发执行许可裁决可依执行法院判决或裁定的方式进行强制执行并应得到与执行判决或裁定同样的效果。强制申请通常在一审法院提出。一旦法院签发了强制执行许可，裁决可被转化为判决。

（三）仲裁裁决在我国的强制执行

在中国，当裁决生效后，一方当事人不履行的，另一方当事人可以根据中国法律的规定，向中国法院申请执行。由于仲裁机构是民间性组织，本身没有强制执行的权力，当事人应当向法院申请强制执行。提出申请的前提是被申请人住所地或财产所在地在中国境内，方可由相关的中级人民法院执行。但是，被申请人提出证据证明仲裁裁决有我国《民事诉讼法》第 291 条规定的情形的，即存在仲裁庭的组成或者仲裁的程序与仲裁规则不符的情况，经人民法院组成合议庭审查核实，裁定不予执行。此外，人民法院认定执行该裁决违背社会公共利益的，有权裁定不予执行。上述规定表明，人民法院在执行涉外仲裁裁决时，只审查案件的程序是否符合法律和仲裁规则，而不审查案件的实体问题，即事实认定和法律适用问题。但对国内商事仲裁裁决进行审核时，法院不仅有权对仲裁程序进行审查，而且对其实体问题也有权审查。

三、国际商事仲裁在外国的强制执行

外国仲裁裁决的强制执行较为复杂，主要是根据《纽约公约》予以调整。当前，外国的仲裁裁决能得到国内的执行，主要得益于《纽约公约》在 160 多个国家和地区得到承认。对于在中国境外作出的仲裁裁决在中国境内申请执行须按照《纽约公约》的规定由中国相关的中级人民法院为一审予以执行，但如果一审法院认为不予承认，则要按照报告制度逐级申报至最高法院方能最终确定。

《纽约公约》共 16 条，它规定了公约的宗旨、执行范围、执行程序、申请执行的条件以及拒绝执行的理由。公约的宗旨是“承认及执行在另一缔约国领土内作成之裁决”，即一缔约国领土内作出的裁决，应能在另一个缔约国得到承认并得到执行。据此，《美国联邦仲裁法 1990 年修正法案》第 201 条明确指出美国法院应当按该法规定实施《纽约公约》。

在实施《纽约公约》中，特别要注意的是，许多成员国在加入公约时，都通过声明互惠保留。

关于执行的程序，《纽约公约》第 3 条规定：“（1）各缔约国均应承认其他缔约国作出的仲裁裁决；（2）应依援引裁决地的程序规则及公约有关条件予以执行，即缔约国负有责任依其国内程序规则强制执行，但执行条件不得违反公约的规定；（3）各缔约国在承认和执行适用公约规定条件的裁决时，不得给承认或执行国内仲裁裁决附加过苛的条件或征收过多的费用。”即应实施非歧视待遇，尤其是国民待遇原则。

关于申请执行的条件，《纽约公约》第4条作了简要的规定，即申请人应提交：(1) 业经证实的原裁决正本或其副本；(2) 业经证实的原仲裁协议或其副本。同时，应将上述裁决及仲裁协议翻译成执行地国的官方语言。

关于拒绝执行的理由，《纽约公约》第5条列举了下述六种情形及理由：(1) 仲裁协议无效；(2) 违反正当的仲裁程序规则；(3) 仲裁员（庭）超越仲裁权限或范围；(4) 仲裁庭组成不当，即"仲裁机关之组成或仲裁程序同当事人间的协议不符，或者当事人间未订此种协议时，又与仲裁地国的法律不符"；(5) 裁决不具有约束力或已被撤销；(6) 违反公共政策。

这与我国《民事诉讼法》上规定的不予执行的涉外裁决的规定比较接近。我国《民事诉讼法》第291条的具体规定是：对中华人民共和国涉外仲裁机构作出的裁决，被申请人提出证据证明仲裁裁决有下列情形之一的，经人民法院组成合议庭审查核实，裁定不予执行：

(1) 当事人在合同中没有订有仲裁条款或者事后没有达成书面仲裁协议的；

(2) 被申请人没有得到指定仲裁员或者进行仲裁程序的通知，或者由于其他不属于被申请人负责的原因未能陈述意见的；

(3) 仲裁庭的组成或者仲裁的程序与仲裁规则不符的；

(4) 裁决的事项不属于仲裁协议的范围或者仲裁机构无权仲裁的。

在具体执行上，最高人民法院还要求，凡要裁定不予执行的涉外裁决，必须向高级法院及最高法院事前报告。

四、中国涉外仲裁裁决在国外的强制执行

我国《仲裁法》规定，如果一方当事人申请执行涉外仲裁机构作出的已发生法律效力的仲裁裁决，若被执行人或其财产不在中华人民共和国境内，他应直接向有管辖权的外国法院申请承认和执行。在实践中，中国涉外仲裁裁决主要通过《纽约公约》在中国境外得以执行。1987年4月22日《纽约公约》对我国生效，我国开创并建立了在外国执行中国涉外仲裁裁决的机制。依据《纽约公约》，中国仲裁裁决已在世界上包括美国、英国、加拿大、新西兰、澳大利亚、新加坡、德国、意大利、法国、以色列、日本在内的多个国家和地区成功地得到了承认和强制执行。

本章小结

根据国际惯例，解决商事争议的方式主要有协商、调解、仲裁和诉讼。其中，国际商事仲裁又是最常用的一种争议解决方式。如果仲裁审理的争议双方当事人具有不同国籍，或其营业地分处不同国家或地区，或争议标的、法律关系具有国际性，即为国际商事仲裁。仲裁和诉讼的区别在于：(1) 受理案件的依据不同；(2) 审理案件的组成人员不同；

(3) 审理案件的方式不同；(4) 审理结果不同；(5) 受理案件的机构性质不同；(6) 判决和裁决在境外的执行程序不同。

当今世界有100多个国家和地区有常设的国际商事仲裁机构，其一般可分为国际性仲裁机构、地区性仲裁机构、国别性仲裁机构。这些国际商事仲裁机构在解决国际商事争议方面发挥了重要的作用。中国国际经济贸易仲裁委员会获得了较快的发展，具有了较大的影响力。

仲裁的管辖权源于争议当事人的仲裁协议，仲裁协议是仲裁的基石。有效的仲裁协议必须是书面的，其包括合同中订立的仲裁条款或以其他书面方式在纠纷发生前或发生后达成的协议。仲裁协议在具备形式要件和实质要件的前提下，才具有合法的效力。

仲裁程序是仲裁的生命线，必须高度重视和严格遵守，各个仲裁机构都有各自的仲裁规则，这些规则都规定了各类仲裁应遵守的程序。其主要内容包括：如何申请、答辩、反请求，仲裁员如何指定并组成仲裁庭，审理如何进行，裁决如何作出，仲裁费用如何收取，等等。其根本作用就是规定当事人、仲裁员和仲裁机构、工作人员在仲裁中的权利与义务、行为与方向。

国际商事仲裁裁决的承认和执行，是解决商事争议的最终结果。如果裁决能得到承认或执行，则争议通过仲裁得到了彻底的解决；反之，如果裁决得不到承认和执行，则整个仲裁过程得不到最终结果，整个仲裁努力会付之东流，全部落空。因此，仲裁裁决能否得到最终执行，是整个仲裁的关键点。

重要概念

1. 仲裁：是指当事人通过仲裁协议的方式，自愿将其之间的争议交给仲裁协议所确定的第三人予以裁决的一种争议解决方式。

2. 国际商事仲裁：就是指解决跨国性商事争议的一种仲裁方法，即如果仲裁审理的争议双方当事人具有不同国籍，或其营业地分处不同国家或地区，或争议标的、法律关系具有国际性，即为国际商事仲裁。

3. 仲裁协议：是指合同当事人通过在合同中订明仲裁条款、签订独立仲裁协议或采用其他方式达成的就有关争议提交仲裁的书面协议，表明当事人承认仲裁裁决的拘束力，将自觉履行其义务。

4. 仲裁裁决的效力：是指仲裁裁决一经作出，是否具有终局性，对当事人有无约束力，法院是否有权强制执行。

5. 仲裁申请：是仲裁机构受理案件的直接依据，是开始仲裁程序的一项必要的法律手续。

6. 仲裁受理：是指仲裁机构接到申请人的仲裁申请书后，就其形式要件进行审查，然后决定对其立案审理的程序。

7. 和解：是当事人在仲裁庭之外自行协商解决争议，或者是仲裁庭通过说服教育和劝导协商，使当事人双方在互相谅解的基础上解决争议。

8. 仲裁裁决：是仲裁庭按照适用法律及其仲裁规则审理案件，根据查明的事实和认定的证据，对当事人就双方争议提出的请求事项作出予以支持、驳回或部分支持、部分驳回的书面决定。

9. 中间裁决：是指对整个争议案已部分审理清楚，为了有利于进一步审理和作出最终裁决，仲裁庭在某一审理阶段作出某项暂时性的裁决。

10. 部分裁决：是指对整个争议中的某一个或某几个问题已经审理清楚，为了及时保护当事人的合法权益或有利于继续审理其他问题，仲裁庭先行作出的对某一个或某几个问题的终局性裁决。

11. 最终裁决：是指整个案件审理终结之后，仲裁庭就全部提交仲裁的争议事项作出的终局性裁决。

12. 仲裁裁决的执行：是指由执行机构依法定程序将仲裁裁决按内容和要求切实付诸实现的行为。

思考与练习

1. 你认为 ADR 方式是否应该包括仲裁？为什么？

2. 国际商事仲裁与我国国内商事仲裁有什么异同点？你认为中国“入世”后，是否还有必要区别国内商事仲裁和国际商事仲裁？说明理由。

3. 试述一个完整的仲裁协议的内容。

4. 仲裁实践中，“仲裁协议排除法院管辖”法律原则的法理依据是什么？

5. 涉外商事仲裁的财产保全与国内商事仲裁的财产保全有什么不同？为什么？

6. 仲裁裁决共有哪几种类型？各起什么作用？

7. 1958 年《纽约公约》与我国法律各自是如何规定不予执行仲裁裁决的理由的？分析它们的异同。